공인회계사·세무사 2차
재무회계 기출문제

황윤하 회계사

새흐름

머리말

본 교재는 공인회계사·세무사 2차 시험을 준비하는 수험생을 위한 교재입니다. 본 교재는 2015년부터 2024년까지의 공인회계사·세무사 2차 중급회계 기출문제를 수록하였습니다.

이번 교재는 기출문제를 주제별로 분류하여 연도별로 정리했던 이전 교재에 비해 기출문제를 주제별로 더 빠르고 효과적으로 공부할 수 있을 것입니다.

2010년대 후반에 금융자산, 리스, 수익과 관련된 기준서의 개정이 있었으며 개정의 영향을 받는 기출문제는 삭제하였습니다. 또한 하나의 문제에 여러 가지 주제가 섞여 있는 경우 주제별로 분리하여 수록하였습니다.

본 교재를 풀어보기 전 2차 연습서에 대한 공부가 충분해야 합니다. 2차 연습서를 통해 2차 시험에 알아야 할 개념을 충분히 숙지한 후 본 교재를 공부하는 것이 좋습니다.

또한 각각의 문제에는 난이도별로 레벨표시를 하였습니다. 세무사 동차생은 레벨 1, 세무사 유예생은 레벨 2, 회계사 동차생은 레벨 3, 회계사 유예생은 레벨 4까지 풀어보는 것을 권장합니다. 모든 문제를 다 풀어봐도 좋지만 본인의 상황에 맞게 문제를 선별하여 풀어보는 것도 좋은 전략이니 참고 바랍니다.

본 교재에 대한 해설강의는 에듀윌 경영아카데미(cpta.eduwill.net)에서 수강가능합니다.

공부하다 궁금한 점이 있으면 저에게 다음과 같은 방법으로 연락해 주시면 최대한 빠르게 답변을 드리도록 하겠습니다.

에듀윌 경영아카데미 : cpta.eduwill.net

이메일 : yunahwang@naver.com

카페 : cafe.daum.net/yunahwang

본 교재에 대한 정오표는 위의 이메일로 요청해 주시면 바로 보내드리도록 하겠습니다.

저의 교재를 선택해 주신 수험생 여러분들에게 진심으로 감사를 드립니다. 열심히 공부하셔서 좋은 결과가 있기 바랍니다.

2024년 9월

공인회계사 **황윤하**

Contents
차 례

제3장 무형자산 … 85

제4장 차입원가자본화 … 101

제5장 금융부채 … 111

제6장 자본 … 143

제9장 고객과의 계약에서 생기는 수익 … 243

제10장 복합금융상품 … 289

제13장 리스 … 373

문제 1 금융리스 | (회계사 2019, 11점) ····· 374
문제 2 금융리스 | (세무사 2019 수정, 30점) ····· 377
문제 3 리스변경 | (회계사 2020, 16점) ····· 382
문제 4 리스부채재측정과 리스변경 | (세무사 2020, 16점) ····· 390
문제 5 판매후리스 | (회계사 2021, 10점) ····· 395
문제 6 리스변경 | (회계사 2024, 10점) ····· 399

제14장 회계변경과 오류수정 … 405

문제 1 매출 관련 오류 | (세무사 2017, 7점) ····· 406
문제 2 대손충당금, 차입금, 무형자산 관련 오류 | (회계사 2018, 11점) ····· 408
문제 3 재고자산 원가흐름가정 변경 | (회계사 2020, 5점) ····· 413
문제 4 사채 관련 오류 | (회계사 2022, 11점) ····· 415
문제 5 회계정책 변경사유 | (세무사 2022, 2점) ····· 419
문제 6 재평가모형의 최초적용과 감가상각 관련 회계추정 변경 | (세무사 2022, 8점) ····· 421
문제 7 감가상각, 재고자산, 선급비용 관련 오류 | (세무사 2022, 6점) ····· 423
문제 8 리스 관련 오류 | (회계사 2023, 11점) ····· 426
문제 9 전환사채 관련 오류 | (회계사 2024, 4점) ····· 433

제15장 주당이익 … 435

문제 1 주식선택권과 주식매입권 | (회계사 2015, 6점) ····· 436
문제 2 전환사채와 전환우선주 | (회계사 2015, 6점) ····· 438
문제 3 주당이익의 비교표시 | (회계사 2016, 5점) ····· 440
문제 4 전환우선주, 주식선택권, 신주인수권부사채 | (세무사 2018, 12점) ····· 442
문제 5 전환우선주와 주식선택권 | (회계사 2021, 10점) ····· 447
문제 6 현금결제선택권이 부여된 전환사채 | (회계사 2023, 15점) ····· 451

제16장 현금흐름표 … 457

문제 1 현금흐름표를 통한 부채비율 추정, 이자지급액 | (회계사 2017, 12점) 458
문제 2 당좌차월, 투자활동현금흐름 | (세무사 2017, 15점) 462
문제 3 직접법과 간접법 | (회계사 2018, 14점) 466
문제 4 직접법과 간접법 | (세무사 2019, 30점) 473
문제 5 직접법과 간접법 | (회계사 2020, 14점) 481
문제 6 직접법과 간접법 | (세무사 2022, 14점) 486
문제 7 직접법에 의한 영업활동현금흐름 | (회계사 2023, 6점) 492
문제 8 투자활동과 재무활동 현금흐름 | (회계사 2023, 5점) 495

제17장 법인세회계 … 499

문제 1 기타포괄손익에 대한 법인세효과 | (세무사 2016, 30점) 500
문제 2 재평가모형과 전환사채에 대한 법인세효과 | (회계사 2017, 15점) 504
문제 3 다기간 법인세회계 | (회계사 2022, 12점) 511
문제 4 FVOCI금융자산과 전환사채에 대한 법인세효과 | (회계사 2023, 12점) 515
문제 5 다기간 법인세회계 | (세무사 2023, 10점) 521

제18장 재무회계 기타사항 … 525

문제 1 처분자산집단 손상차손과 매각예정비유동자산 | (회계사 2015, 5점) 526
문제 2 거래별 회계처리 | (회계사 2016, 13점) 530
문제 3 재무제표 작성 | (회계사 2018, 14점) 536

〈최근 10개년 공인회계사 2차 중급회계 출제경향 분석〉

	2015	2016	2017	2018	2019	2020	2021	2022	2023	2024	계
재고자산	7		4	4				12	13	7	47
유형자산과 투자부동산		26	21	14	10		15		10		96
무형자산						12				10	22
차입원가				6				14			20
금융부채					6		8	3		14	31
자본			6		11	7		10	8	10	52
충당부채와 보고기간후사건			4	8			2			11	25
금융자산	25	9		13	19	6	14	13	13	12	124
고객과의 계약에서 생기는 수익	23	10	25	16	30	13	16			15	148
복합금융상품	12	15			8	18		12			65
주식기준보상	6				5	9	13	13		2	48
종업원급여		10					12		6	5	33
리스	10	6	13		11	16	10			10	76
회계변경과 오류수정		6		11		5		11	11	4	48
주당이익	12	5					10		15		42
현금흐름표			12	14		14			11		51
법인세회계			15					12	12		39
기타주제	5	13		14							32
합계	100	100	100	100	100	100	100	100	99	100	999

(1) 여러 가지 주제가 혼합된 문제는 적절히 점수를 배분하였다. 강사마다 점수 배분이 다를 수 있다.

(2) 2025년 공인회계사 2차 시험부터는 중급회계와 고급회계가 별도의 과목으로 분리된다. 예전에는 둘 중 한 부분의 점수가 부족해도 다른 부분으로 만회하는 것이 가능했지만 이제는 중급회계와 고급회계를 둘 다 일정 이상 수준까지 공부해야 한다.

(3) 중급회계(하)에서 약 70%, 중급회계(상)에서 약 30% 출제된다. 2025년에도 비슷한 비율을 유지할 것으로 예상된다. 2차 시험을 대비할 때 중급회계(상)보다는 중급회계(하)에 우선적으로 시간을 투입하기를 권장한다.

(4) 재무회계 기타사항은 챕터를 구분하기 어려운 특이한 문제인 경우가 많다. 이미 출제된 특이한 문제가 다시 출제될 확률은 매우 희박하며, 이러한 문제에 시간을 쓰는 것은 매우 어리석은 일이다. 미래에는 또 다른 특이한 문제가 출제될 것이다. 그러나 그러한 문제를 대비하는 것은 불가능하므로 혹시라도 출제되면 빠르게 버려야 한다.

〈최근 10개년 세무사 2차 중급회계 출제경향 분석〉

	2015	2016	2017	2018	2019	2020	2021	2022	2023	2024	계
재고자산			23					10			33
유형자산과 투자부동산						15	30		8		53
무형자산	30										30
차입원가								6			6
금융부채		30		7		14					51
자본				10							10
충당부채와 보고기간후사건								4			4
금융자산	30			16					20		66
고객과의 계약에서 생기는 수익			15	7						30	52
복합금융상품				8					10		18
주식기준보상							18			30	48
종업원급여							12				12
리스					30	16					46
회계변경과 오류수정			7					16			23
주당이익				12							12
현금흐름표			15		30			14			59
법인세회계		30							10		40
기타주제											
합계	60	60	60	60	60	45	60	50	48	60	563

(1) 여러 가지 주제가 혼합된 문제는 적절히 점수를 배분하였다. 강사마다 점수 배분이 다를 수 있다.

(2) 최근 10년 출제비중을 요약하자면 중급회계(하) 63%, 중급회계(상) 31%, 고급회계 6%이다. 세무사 2차 시험도 중급회계(하) 비중이 가장 높다. 2차 시험을 대비할 때 중급회계(상)보다는 중급회계(하)에 우선적으로 시간을 투입하기를 권장한다.

(3) 고급회계는 최근 10년간 4번 출제되었다(2020년 지분법 15점, 2022년 지분법 6점, 파생상품 4점, 2023년 연결재무제표 12점). 2010년대에는 거의 출제되지 않았으나 2020년대 이후 출제 비중이 상당히 늘어났다. 세무사 2차 시험의 고급회계는 회계사 2차 시험처럼 어렵게 나오지는 않을 것이다. 따라서 고급회계 각 챕터별 기본예제 정도는 풀 수 있는 정도 대비를 하는 것이 가장 합리적이다.

공인회계사·세무사 2차
재무회계 기출문제

CHAPTER

제1장 재고자산

번호	내용	배점	난이도
1	소매재고법과 저가평가 (회계사 2015)	7점	Lv 1
2	매출총이익률법 (회계사 2017)	4점	Lv 1
3	계속기록법과 실지재고조사법 (세무사 2017)	7점	Lv 1
4	재고자산 감모와 저가평가 (세무사 2017)	16점	Lv 1
5	소매재고법 (회계사 2018)	4점	Lv 1
6	소매재고법 (회계사 2022)	8점	Lv 1
7	저가평가 (회계사 2022)	4점	Lv 1
8	재고자산 감모와 저가평가 (세무사 2022)	10점	Lv 2
9	농림어업 (회계사 2023)	7점	Lv 3
10	농림어업 (회계사 2023)	6점	Lv 2
11	기말재고자산에 포함될 항목 (회계사 2024)	7점	Lv 1

〈난이도 분류〉
세무사 동차생 : Lv 1까지 / 세무사 유예생 : Lv 2까지 / 회계사 동차생 : Lv 3까지 / 회계사 유예생 : Lv 4까지

문제 1
소매재고법과 저가평가 | (회계사 2015, 7점)

다음에 제시되는 (물음)은 각각 독립된 상황이다.

물음 1)

다음은 ㈜봉명의 20X1년 재고자산 관련 자료이다.

구 분	원 가	매 가
기초재고자산	₩1,000,000	₩1,500,000
당기매입액	3,000,000	5,500,000
매출액		4,000,000
순인상액		500,000
순인하액		650,000
정상파손		300,000
종업원할인		200,000

소매재고법을 적용하여 ① 20X1년 말 재고자산 원가 및 ② 20X1년도 매출원가를 각각 구하시오. 단, 원가의 흐름은 선입선출법을 적용하며 저가기준을 적용한다. 또한 원가율(%)은 소수점 둘째자리에서 반올림한다.

20X1년 말 재고자산 원가	①
20X1년도 매출원가	②

물음 2)

단일 품목의 상품만 매매하는 ㈜서원의 20X1년과 20X2년의 기말상품재고와 관련된 자료는 다음과 같다.

구 분	20X1	20X2
취득원가	₩50,000	₩15,000
순실현가능가치	45,000	13,000

㈜서원은 실지재고조사법을 적용한다. 20X1년 기초상품재고액은 ₩20,000이고, 당기매입액은 ₩80,000이다. 저가법을 적용하여 기말상품을 평가할 때 ① 20X1년도 매출원가를 구하시오. 단, 전기에서 이월된 재고자산평가충당금은 없다. 20X2년도 당기매입액이 ₩100,000일 때 ② 20X2년도 매출원가를 구하시오.

20X1년도 매출원가	①
20X2년도 매출원가	②

해설

물음 1)

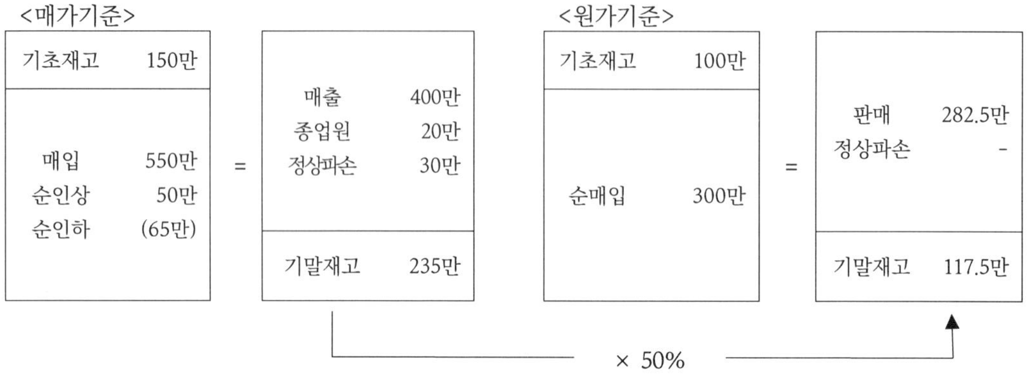

원가율(저가기준 선입선출법) = $\dfrac{300만}{550만 + 50만}$ = 50%

① 20X1년 말 재고자산 원가 = 2,350,000 × 50% = ₩1,175,000

② 20X1년 매출원가 = 1,000,000 + 3,000,000 - 1,1750,000 = ₩2,825,000

<참고>

정상파손된 재고자산의 원가는 제시되지 않았으므로 ₩0이라고 가정하고 풀이하였다. 정상파손은 매출원가에 포함될 수도 있으나 ₩0이라고 가정했으므로 정상파손의 매출원가포함여부에 따라 매출원가는 달라지지 않는다.

물음 2)

<20X1년>

기초재고 20,000 (평가충당금 -)		판매 50,000
매입 80,000	=	
		기말재고 50,000 (평가충당금 5,000)

① 20X1년 매출원가 = 50,000 + 5,000 = ₩55,000

<20X2년>

기초재고 50,000 (평가충당금 5,000)		판매 135,000
매입 100,000	=	
		기말재고 15,000 (평가충당금 2,000)

② 20X2년 매출원가 = 135,000 + (3,000) = ₩132,000

<참고>

재고자산평가손실과 환입은 매출원가에 포함한다고 가정하고 풀이하였다.

문제 2
매출총이익률법 | (회계사 2017, 4점)

㈜한국은 20X3년 말 결산을 앞두고 홍수로 인해 보관 중인 상품의 대부분이 소실되었고, 남아있는 상품의 원가는 ₩50,000이다. 홍수발생 당일에 목적지인도조건(F.O.B. destination)으로 매입한 원가 ₩20,000의 상품이 운송 중이었다. ㈜한국은 상품 원가의 125%에 해당하는 금액으로 상품을 판매하고 있다. 재고자산과 관련된 20X3년도 ㈜한국의 재무자료는 다음과 같다. 단, 홍수로 인한 재고자산손실 이외의 손실은 없다.

(1) 20X3년 1월 1일 재고실사를 한 결과, 기초재고는 원가 ₩1,000,000이었다.

(2) 20X3년도에 발생한 거래내역은 다음과 같다.

- 매출액 : ₩2,100,000
- 매입액 : ₩820,000
- 매출에누리와 환입 : ₩100,000
- 매출관련 판매수수료 : ₩40,000
- 매입에누리와 환출 : ₩20,000

㈜한국이 홍수로 인하여 20X3년도에 피해를 입은 재고자산의 손실금액을 추정하시오.

해설

	기초	+	증가	=	감소	+	기말
재고자산	1,000,000		매입 800,000		매출원가 1,600,000 홍수 150,000		50,000

매출원가율 = 100/125 = 80%

순매출 = 2,100,000 - 100,000 = ₩2,000,000

순매입 = 820,000 - 20,000 = ₩800,000

매출원가 = 2,000,000 × 80% = ₩1,600,000

기말재고자산 = ₩50,000

홍수로 인한 재고자산 소실금액 = ₩150,000

문제 3
계속기록법과 실지재고조사법 | (세무사 2017, 7점)

다음은 ㈜한국의 상품에 관련된 자료이다.

(1) 모든 매입·매출거래는 현금거래이다.

(2) 상품의 단위당 판매가격은 ₩1,500이고, 20X1년 상품의 매입·매출에 관한 자료는 다음과 같다.

일자	구분	수량(개)	단위원가	금액
1월 1일	기초상품	200	₩1,100	₩220,000
2월 28일	매입	2,400	1,230	2,952,000
3월 5일	매출	2,100		
3월 6일	매출환입	100		
8월 20일	매입	2,600	1,300	3,380,000
12월 25일	매출	1,500		
12월 31일	기말상품	1,700		

(3) 상품의 원가흐름에 대한 가정으로 가중평균법을 적용하고 있다.

(4) 20X1년 12월 31일 상품에 대한 실사수량은 1,700개이다.

물음 1)

상품에 대한 회계처리로 계속기록법을 적용하는 경우, 20X1년 12월 25일에 필요한 회계처리를 제시하시오.

(차변) ①	(대변) ②

물음 2)

상품에 대한 회계처리로 실지재고조사법을 적용하는 경우, 20X1년 포괄손익계산서에 보고되는 매출원가를 계산하시오.

해설

물음 1)

$$3/5\ \text{이동평균단가} = \frac{220,000 + 2,952,000}{200 + 2,400} = @1,220$$

매출원가 = 2,000단위 × @1,220 = ₩2,440,000

$$12/25\ \text{이동평균단가} = \frac{732,000 + 3,380,000}{600 + 2,600} = @1,285$$

매출원가 = 1,500단위 × @1,285 = ₩1,927,500

(차변) ①	현금	2,250,000	(대변) ②	매출	2,250,000
	매출원가	1,927,500		상품	1,927,500

물음 2)

기초재고 220,000	=	매출원가 4,410,000
매입액 6,332,000		기말재고 2,142,000

총평균단가 = 6,552,000/5,200 = @1,260

기말재고자산 = 1,700개 × @1,260 = ₩2,142,000

매출원가 = 220,000 + 6,332,000 − 2,142,000 = ₩4,410,000

문제 4
재고자산 감모와 저가평가 | (세무사 2017, 16점)

다음은 ㈜대한의 재고자산에 관련된 자료이다.

(1) 20X1년 1월 1일 재고자산은 ₩200,000이고, 재고자산평가충당금은 ₩15,000이다.

(2) 20X1년 1월 1일 재고자산을 ₩18,000,000에 취득하면서 ₩6,000,000은 즉시 지급하였다. 나머지 대금은 20X1년 12월 31일과 20X2년 12월 31일에 ₩6,000,000씩 총 2회에 걸쳐 분할 지급하면서, 기초 미지급 대금의 연 5% 이자도 함께 지급하기로 하였다. 취득일 현재 재고자산의 현금가격상당액은 총지급액을 유효이자율로 할인한 현재가치와 동일하며, 동 거래에 적용되는 유효이자율은 연 8%이다.

(3) 현재가치 계산 시 아래의 현가계수를 이용하고, 계산은 소수점 첫째자리에서 반올림하시오.

이자율 / 기간	단일금액 ₩1의 현가계수	
	5%	8%
1	0.95238	0.92593
2	0.90703	0.85734
3	0.86384	0.79383

(4) 20X1년 총매입액은 ₩30,000,000(1월 1일 매입액이 포함되어 있음)이고, 매입에누리와 환출은 ₩1,000,000, 매입할인은 ₩400,000이다.

(5) 20X1년 총매출액은 ₩40,000,000이고, ㈜대한이 부담한 매출운임은 ₩100,000, 매출에누리와 환입은 ₩300,000, 매출할인은 ₩150,000이다.

(6) 20X1년 12월 31일 재고자산의 장부상 수량은 1,100개, 실사수량은 1,050개이다. 재고자산의 단위당 취득원가는 ₩1,300이고, 기말 평가를 위한 자료는 다음과 같다.

단위당 현행대체원가	단위당 예상 판매가격	단위당 예상 판매비용
₩1,200	₩1,400	₩150

(7) 재고자산감모손실 중 80%는 원가성이 있고 20%는 원가성이 없는 것으로 판명되었다. 원가성이 있는 재고자산감모손실과 재고자산평가손실(환입)은 매출원가에 반영하고, 원가성이 없는 재고자산감모손실은 기타비용으로 처리한다.

물음 1)

20X1년 1월 1일의 매입액을 계산하시오.

물음 2)

㈜대한은 재고자산의 기말 장부수량에 단위당 취득원가를 적용하여 매출원가 산정을 위한 분개를 하였다. 정확한 매출원가 계산을 위해 ① 재고자산감모손실과 ② 재고자산평가손실(환입)에 대한 분개를 추가로 행하였다. ①과 ②의 분개가 매출원가에 미치는 영향을 각각 계산하시오. (단, 매출원가를 감소시키는 경우에는 금액 앞에 (-)표시를 하시오.)

물음 3)

20X1년 포괄손익계산서에 보고되는 ① 매출액, ② 매출원가, ③ 당기순이익을 각각 계산하시오. (단, ③의 당기순이익을 계산할 경우 매출총이익은 ₩3,000,000으로 가정한다.)

해설

물음 1)

R = 8%

		20X1	20X2
원금	6,000,000	6,000,000	6,000,000
액면이자		600,000	300,000

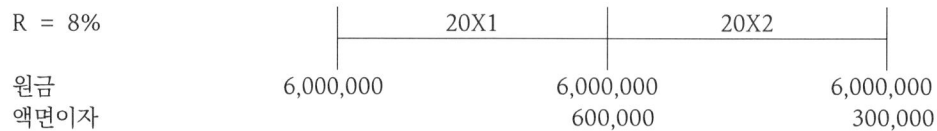

20X1년 1월 1일 매입액 = 6,000,000 + 6,600,000 × 0.92593 + 6,300,000 × 0.85734 = ₩17,512,380

물음 2)

기초재고 200,000 (평가충당금 15,000)	=	판매 27,370,000
매입액 28,600,000		감모 65,000
		기말재고 1,365,000 (평가충당금 52,500)

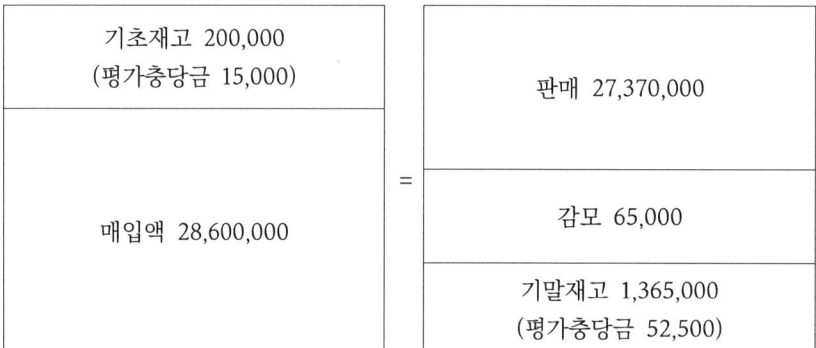

재고자산감모손실 = 50단위 × @1,300 = ₩65,000 (정상감모 ₩52,000, 비정상감모 ₩13,000)
기말재고자산평가충당금 = 1,050단위 × (1,300 - 1,250) = ₩52,500

① 감모손실 관련 수정분개

(차)	매출원가	52,000	(대)	재고자산	65,000
	감모손실	13,000			

매출원가에 미치는 영향 = ₩52,000

② 평가손실 관련 수정분개

(차)	매출원가	37,500	(대)	평가충당금	37,500

매출원가에 미치는 영향 = ₩37,500

물음 3)

총매출		₩40,000,000
매출에누리와환입		(300,000)
매출할인		(150,000)
① 매출		₩39,550,000

판매된재고자산		₩27,370,000
정상감모	65,000 × 80% =	52,000
평가손실	52,500 - 15,000 =	37,500
② 매출원가		₩27,459,500

매출총이익		₩3,000,000
판매운임		(100,000)
비정상감모	65,000 × 20% =	(13,000)
이자비용	11,512,380 × 8% =	(920,990)
③ 당기순이익		₩1,966,010

문제 5
소매재고법 | (회계사 2018, 4점)

소매업을 영위하고 있는 ㈜대한의 재고자산 관련 자료를 이용하여 물음에 답하시오.

〈관련 자료〉

(1) 당기 재고자산 관련 자료

구분	원가	판매가
기초재고액	₩10,000	₩15,000
당기총매입액	80,000	126,000
매입환출	8,000	11,000
매입할인	5,000	
매입에누리	3,000	
당기총매출액		75,000
매출환입	4,000	7,000
매출할인		3,000
매출에누리		2,000
당기가격인상액		15,000
당기가격인상취소액		3,000
당기가격인하액		10,000
당기가격인하취소액		2,000
종업원할인		5,000
정상파손	4,000	6,000
비정상파손	10,000	15,000

(2) 정상파손의 원가는 매출원가에 포함하며, 비정상파손의 원가는 영업외비용으로 처리한다.

소매재고법을 적용하여 재고자산 원가를 측정한다고 할 때 아래 항목의 금액을 계산하시오. 단, 원가율은 소수점 아래 둘째자리에서 반올림하여 첫째 자리로 계산하시오. (예: 5.67%는 5.7%로 계산)

구 분	매출원가
가중평균법	①
저가기준선입선출법	②

해설

<가중평균법>

<매가기준>

기초	15,000	=	매출	63,000
매입	115,000		종업원	5,000
순인상	12,000		정상파손	6,000
순인하	(8,000)		비정상파손	15,000
			기말	45,000

<원가기준>

기초	10,000	=	판매	35,790
매입	64,000		정상파손	4,000
			비정상파손	10,000
			기말	24,210

(매가기준 기말 45,000 × 53.8% → 원가기준 기말 24,210)

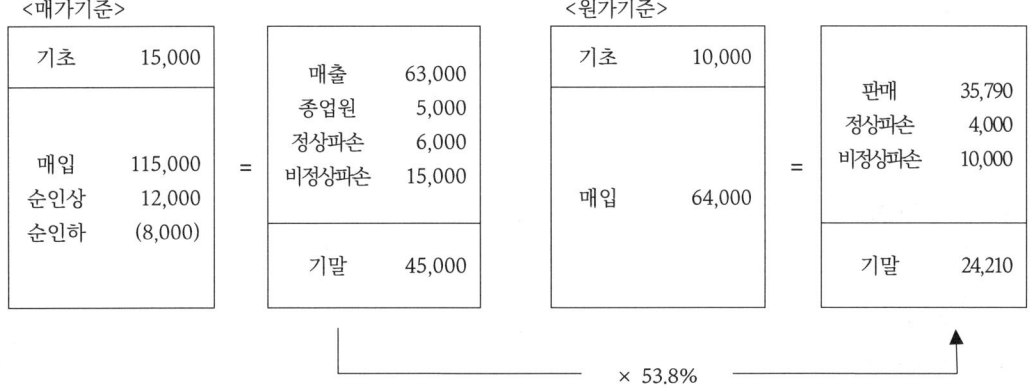

순매입(원가) = 80,000 + (8,000) + (5,000) + (3,000) = ₩64,000

순매입(매가) = 126,000 + (11,000) = ₩115,000

순매출 = 75,000 + (7,000) + (3,000) + (2,000) = ₩63,000

평균법 원가율 = $\frac{74,000 - 10,000}{134,000 - 15,000}$ = 53.8%

① 평균법매출원가 = 35,790 + 4,000 = ₩39,790

<저가기준선입선출법>

<매가기준>

기초	15,000	=	매출	63,000
매입	115,000		종업원	5,000
순인상	12,000		정상파손	6,000
순인하	(8,000)		비정상파손	15,000
			기말	45,000

<원가기준>

기초	10,000	=	판매	38,310
매입	64,000		정상파손	4,000
			비정상파손	10,000
			기말	21,690

(매가기준 기말 45,000 × 48.2% → 원가기준 기말 21,690)

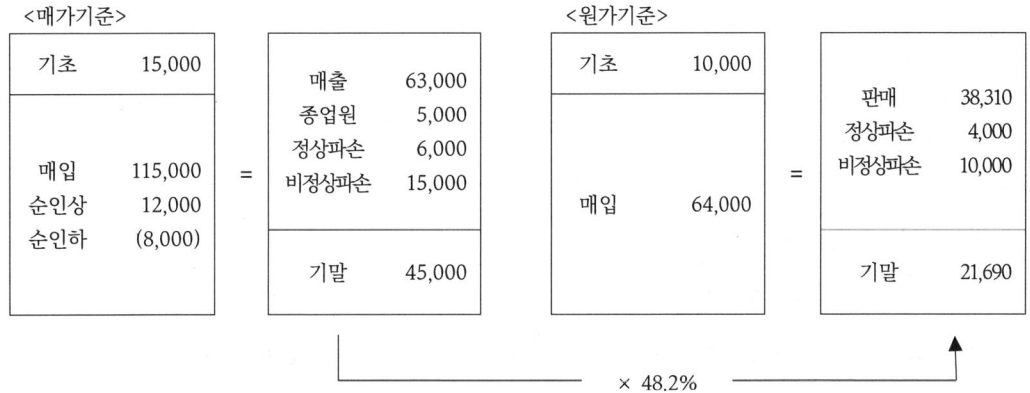

저가기준선입선출법원가율 = $\frac{64,000 - 10,000}{127,000 - 15,000}$ = 48.2%

② 저가기준선입선출법매출원가 = 38,310 + 4,000 = ₩42,310

문제 6
소매재고법 | (회계사 2022, 8점)

소매업을 영위하고 있는 ㈜대한은 재고자산에 대해 소매재고법을 적용하고 있다. 다음의 <자료>을 이용하여 <요구사항>에 답하시오.

<자료>

1. ㈜대한의 당기 재고자산과 관련된 항목별 원가와 매가는 다음과 같다.

항목	원가	매가
기초재고자산	?	₩40,000
당기매입액(총액)	?	210,000
매입환출	₩3,000	5,000
매입할인	1,000	
매출액(총액)		120,000
매출환입	2,000	16,000
매출에누리		4,000
가격인상액(순액)		22,000
가격인하액(순액)		15,000
정상파손	2,000	4,000
비정상파손	6,000	12,000
종업원할인		2,000

2. ㈜대한이 재고자산에 대해 원가기준으로 선입선출법과 가중평균법을 각각 적용하여 측정한 원가율은 다음과 같다.

적용방법	원가율
원가기준 선입선출법	55%
원가기준 가중평균법	50%

3. 정상파손의 원가는 매출원가에 포함하며, 비정상파손의 원가는 영업외비용으로 처리한다.

4. 원가율 계산 시 소수점 이하는 반올림한다(예: 61.6%는 62%로 계산).

<요구사항 1>

㈜대한의 재고자산 관련 <자료>를 이용하여 기초재고자산과 당기매입액(총액)의 원가를 계산하시오.

기초재고자산 원가	①
당기매입액(총액) 원가	②

<요구사항 2>

㈜대한이 재고자산에 대해 저가기준으로 선입선출법을 적용하였을 경우와 가중평균법을 적용하였을 경우 매출원가를 각각 계산하시오.

적용방법	매출원가
저가기준 선입선출법	①
저가기준 가중평균법	②

해설

<요구사항 1>

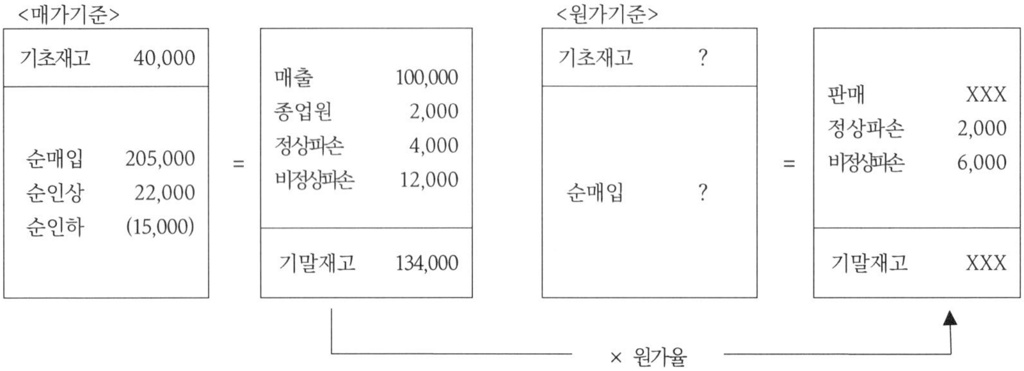

선입선출법 원가율 = $\dfrac{\text{순매입} - 6,000}{212,000 - 12,000}$ = 55%

순매입 = ₩116,000

② 총매입 = 116,000 + 4,000 = ₩120,000

평균법 원가율 = $\dfrac{\text{판매가능재고} - 6,000}{252,000 - 12,000}$ = 50%

판매가능재고 = ₩126,000

① 기초재고자산원가 = 126,000 - 116,000 = ₩10,000

<요구사항 2>

저가기준선입선출법 원가율 = $\dfrac{116,000 - 6,000}{227,000 - 12,000}$ = 51%

기말재고원가 = 134,000 × 51% = ₩68,340

① 매출원가 = 126,000 - 6,000 - 68,340 = ₩51,660

저가기준평균법 원가율 = $\dfrac{126,000 - 6,000}{267,000 - 12,000}$ = 47%

기말재고원가 = 134,000 × 47% = ₩62,980

② 매출원가 = 126,000 - 6,000 - 62,980 = ₩57,020

문제 7
저가평가 | (회계사 2022, 4점)

㈜대한은 재고자산에 대해 저가법을 적용하고 있으며, 기말 재고자산에 대한 <자료>는 다음과 같다.

<자료>

1. 상품과 원재료에 대한 단위당 취득원가는 다음과 같다.

구분	상품	원재료
취득원가	₩600/개	₩20/g

2. 기말 현재 보유 중인 상품의 수량은 3,000개이며, 이 중 2,000개는 확정판매계약을 이행하기 위해 보유중이다. 상품의 판매가격은 다음과 같다.

구분	일반판매	확정판매계약
판매가격	₩550/개	₩500/개

3. 상품 판매 시 확정판매계약 여부와 상관없이 개당 ₩10에 해당하는 판매비용이 발생할 것으로 예상된다.
4. 기말 현재 보유 중인 원재료는 400g이며, 제품을 생산하기 위해 사용된다. 제품의 원가는 순실현가능가치를 초과할 것으로 예상되며, 기말 현재 원재료의 현행대체원가는 ₩16/g이다.

<자료>를 이용하여 ㈜대한이 상품과 원재료에 대해 인식할 재고자산평가손실 금액을 각각 계산하시오.

항목	상품	원재료
재고자산평가손실	①	②

해설

구분	수량	단위당 장부금액	단위당 순실현가치	평가충당금
상품(확정)	2,000단위	₩600	₩490	2,000 × @110 = ₩220,000
상품(일반)	1,000단위	600	540	1,000 × @60 = ₩60,000

① 상품 평가손실 = ₩280,000

구분	수량	단위당 장부금액	단위당 현행대체원가	평가충당금
원재료	400단위	₩20	₩16	400 × @4 = ₩1,600

② 원재료 평가손실 = ₩1,600

문제 8
재고자산 감모와 저가평가 | (세무사 2022, 10점)

다음은 ㈜세무의 20X1년 상품(동일품목)의 매입·매출에 관한 자료이며, ㈜세무는 한국채택국제회계기준에 따라 적절하게 회계처리를 하였다고 가정한다.

1) 20X1년 1월 1일 상품수량은 1,000개이고, 상품평가충당금은 ₩15,000이다.
2) 20X1년 1월 2일 ㈜한국으로부터 상품 2,500개를 취득하면서 ₩500,000은 즉시 지급하고, 나머지 대금 ₩2,000,000은 20X2년 말에 지급하기로 하였으며, ㈜세무 공장까지의 운반비 ₩80,000은 ㈜한국이 부담하였다. 취득일 현재 상품의 현금가격상당액은 총지급액을 유효이자율로 할인한 현재가치와 동일하며, 동 거래에 적용되는 유효이자율은 연 9%이다. (단, 9%의 1기간과 2기간 기간 말 단일금액 ₩1의 현가계수는 각각 0.9174와 0.8417이다. 금액계산은 소수점 첫째자리에서 반올림한다.)
3) 20X1년 8월 20일 상품 2,600개를 수입하였는데, 상품대금 중 US$700은 20X1년 6월 30일 선지급하였고, US$1,200은 20X1년 8월 20일 입고시점에 지급하였으며, US$800은 20X2년 1월 15일 지급하였다. 환율정보는 다음과 같다.

20X1년 6월 30일	20X1년 8월 20일	20X1년 12월 31일	20X2년 1월 15일
₩1,150/US$	₩1,350/US$	₩1,400/US$	₩1,480/US$

4) 20X1년 10월 8일 상품 4,100개를 판매하였다.
5) 20X1년 12월 25일 상품 1,500개의 구입대금 ₩1,725,000을 지급하였다. 동 상품은 도착지 인도조건으로 계약하였고 20X1년 말 현재 운송 중이다.
6) 20X1년 12월 28일 도착지 인도조건으로 판매하는 계약을 체결하고 출고한 상품 300개는 20X1년 말 현재 운송 중이다.

<추가자료>

1) 상품의 감모손실 중 75%는 원가성이 있고, 25%는 원가성이 없는 것으로 가정한다. 원가성이 있는 감모손실과 평가손실(환입)은 매출원가에 반영하고, 원가성이 없는 감모손실은 기타비용으로 처리한다.
2) 20X1년 말 현재 ㈜세무는 동일한 상품을 개당 ₩1,250에 구입할 수 있으며, ㈜세무가 판매할 경우 개당 예상 판매가격은 ₩1,300이며, 개당 예상 판매비용은 ₩40이다.

물음 1)

20X1년 1월 2일 매입한 상품의 취득원가는 얼마인가?

물음 2)

20X1년 8월 20일 매입한 상품의 취득원가는 얼마인가?

물음 3)

상품 감모손실이 없다고 가정할 때, 20X1년 말 상품 재고수량은 몇 개인가?

물음 4)

20X1년 원가성 있는 감모수량이 150개라면, 20X1년 말 현재 ㈜세무의 창고에 보관 중인 실제 상품 재고수량은 몇 개인가?

물음 5)

20X1년 매출원가에 반영될 상품평가손실(환입)은 얼마인가? 매출원가를 증가시키면 '증가' 감소시키면 '감소'라고 표시하시오. (단, 원가성 있는 감모수량은 150개이며, 평가충당금을 고려하기 전 상품단가는 ₩1,280으로 가정한다.)

해설

물음 1)

수량	차변		대변	수량
1,000	기초재고 XXX (평가충당금 15,000)	=	판매 XXX	4,100
5,100	매입액 5,688,400		감모 256,000	200
			기말재고 2,304,000 (평가충당금 36,000)	1,800

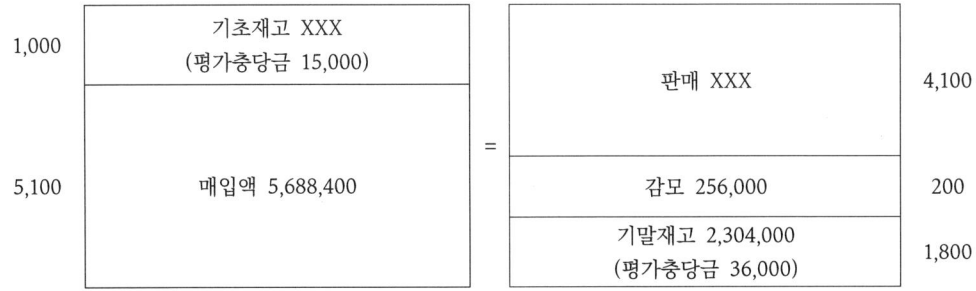

20X1년 1월 2일 매입 = 500,000 + 2,000,000 × 0.8417 = ₩2,183,400

물음 2)

20X1년 8월 20일 매입 = \$700 × @1,150 + \$2,000 × @1,350 = ₩3,505,000

<참고>

20X1. 6.30	(차)	선급금	805,000	(대)	현금	805,000
20X1. 8.20	(차)	매입	3,505,000	(대)	선급금	805,000
					현금	1,620,000
					매입채무	1,080,000
20X1.12.31	(차)	환율변동손실	40,000	(대)	매입채무	40,000
20X2. 1.15	(차)	환율변동손실	64,000	(대)	매입채무	64,000
	(차)	현금	1,184,000	(대)	매입채무	1,184,000

물음 3)

감모손실이 없을 경우 기말 재고수량 = 1,000 + 5,100 − 4,100 = 2,000단위

<참고>

전체 감모의 75%인 정상감모가 150개이므로 전체감모는 200개이다.

물음 4)

창고실사수량	XXX
도착지인도조건판매	300개
기말재고자산	1,800개

기말 실사수량 = 1,500단위

물음 5)

기말순실현가치 = 1,300 - 40 = ₩1,260

기말평가충당금 = 1,800단위 × @20 = ₩36,000

재고자산평가손실 = 36,000 - 15,000 = ₩21,000 (매출원가 증가)

문제 9
농림어업 | (회계사 2023, 7점)

㈜대한농림은 사과를 생산·판매하는 사과 과수원을 운영하고 있다. <자료>를 이용하여 각 <요구사항>에 답하시오.

<자료>

1. 사과나무의 20X1년 초 장부금액은 ₩50,000이며, 잔존내용연수는 5년이다. 잔존가치는 없으며, 정액법으로 감가상각하고 원가모형을 적용한다.
2. 20X1년 9월에 20박스의 사과를 수확하였으며, 수확한 사과의 순공정가치는 박스당 ₩30,000이고 수확비용은 총 ₩20,000이다.
3. 20X1년 10월에 10박스를 ₩400,000에 판매하였고, 판매비용은 총 ₩10,000이다.
4. 20X1년 말 사과 10박스를 보유하고 있고, 10박스의 순공정가치는 ₩450,000이다.
5. 20X1년에 생산되기 시작하여 20X1년 말 수확되지 않고 사과나무에서 자라고 있는 사과의 순공정가치는 ₩200,000으로 추정된다.

<요구사항 1>

㈜대한농림의 20X1년도 포괄손익계산서 상 당기순이익에 미치는 영향을 계산하시오.

당기순이익에 미치는 영향	①

<요구사항 2>

20X1년 말 ㈜대한농림의 재무상태표에 보고할 재고자산과 유형자산의 금액을 계산하시오.

재고자산	①
유형자산	②

해설

20X1. 9.XX	(차)	수확비용	20,000	(대)	현금	20,000
	(차)	수확물	600,000	(대)	수확물평가이익	600,000
20X1.10.XX	(차)	현금 매출원가	400,000 300,000	(대)	매출 수확물	400,000 300,000
	(차)	판매비	10,000	(대)	현금	10,000
20X2.12.31	(차)	생물자산	200,000	(대)	생물자산평가이익	200,000
	(차)	감가상각비	10,000	(대)	감가상각누계액	10,000

<요구사항 1>

수확비용		(₩20,000)
수확물평가이익	20박스 × @30,000 =	600,000
매출		400,000
매출원가	600,000 × 10/20 =	(300,000)
판매비		(10,000)
생물자산평가이익		200,000
감가상각비	50,000 × 1/5 =	(10,000)
① 당기순이익영향		₩860,000

<요구사항 2>

① 재고자산 = 수확물 300,000 + 생물자산 200,000 = ₩500,000

② 유형자산 = 50,000 - 10,000 = ₩40,000

<참고>

(1) 생산용식물(사과나무 등)은 유형자산으로 분류한다.

(2) 생산용식물에서 자라는 생산물은 생물자산이다. 사과나무에 달려 있는 사과는 생물자산으로 회계처리하며, 사과나무에서 분리되는 때부터 수확물로 회계처리한다.

(3) 수확물은 보고기간말에 순공정가치로 측정하지 않고, 일반적인 재고자산처럼 저가평가한다. 따라서 기말 수확물 순공정가치는 불필요한 자료이며, 순실현가치가 제시되지 않았으므로 저가평가로 인한 평가손실은 발생하지 않았다고 가정한다.

<참고>

<기초자산>	
사과나무	₩50,000
	₩50,000

<기말자산>	
사과나무	₩40,000
사과(수확물)	300,000
현금	370,000
사과(생물자산)	200,000
	₩910,000

20X1년 당기손익영향 = 910,000 – 50,000 = ₩860,000

문제 10
농림어업 | (회계사 2023, 6점)

㈜민국농림은 돼지를 사육하는 돼지농장을 운영하고 있다. <자료>를 이용하여 각 <요구사항>에 답하시오.

<자료>

1. 20X1년 1월 1일 돼지 1마리를 ₩500,000에 취득하였다. 취득 시 돼지의 공정가치는 ₩480,000이며, 추정매각부대비용은 ₩20,000이다.
2. ㈜민국농림은 우수 돼지사육농가로 선정되어 정부로부터 20X1년 1월 1일에 ₩60,000의 보조금을 수령하였다. 보조금을 수령한 ㈜민국농림은 돼지를 2년간 사육해야 하며, 만약 사육을 중단할 경우 기간경과에 비례하여 반환해야 하는 의무조항을 준수해야 한다. 돼지는 20X1년 말까지 정상적으로 사육되었다.
3. 20X1년 말 돼지의 공정가치와 추정매각부대비용은 각각 ₩600,000과 ₩30,000이다.

<요구사항 1>

㈜민국농림의 20X1년도 포괄손익계산서 상 당기순이익에 미치는 영향을 계산하시오.

당기순이익에 미치는 영향	①

<요구사항 2>

생물자산을 인식하기 위해서는 첫번째로 과거사건의 결과로 자산을 통제할 수 있어야 하고, 두번째로 자산과 관련된 미래경제적효익의 유입가능성이 높아야 함과 동시에 세번째 요건을 충족해야 한다. ① 세번째 요건이 무엇인지를 서술하고, ② 생물자산의 최초 인식시점에 한하여 세번째 요건을 충족하지 못할 경우 생물자산의 측정방법을 서술하시오.

세번째 요건	①
세번째 요건 미충족 시 측정방법	②

해설

20X1. 1. 1	(차)	생물자산 생물자산평가손실	460,000 40,000	(대)	현금	500,000
	(차)	현금	60,000	(대)	이연보조금수익	60,000
20X1.10.XX	(차)	생물자산	110,000	(대)	생물자산평가이익	110,000
	(차)	이연보조금수익	30,000	(대)	보조금수익	30,000

<요구사항 1>

생물자산평가손실	(₩40,000)
생물자산평가이익	110,000
보조금수익	30,000
① 당기순이익영향	₩100,000

<요구사항 2>

① 자산의 공정가치나 원가를 신뢰성 있게 측정할 수 있다.

② 원가에서 감가상각누계액과 손상차손누계액을 차감한 금액으로 측정한다.

<참고>

정부보조금의 조건은 다양하다. 예를 들어, 특정지역에서 5년 동안 경작할 것을 요구하고, 경작기간이 5년 미만인 경우에는 모두 반환해야 하는 보조금이 있을 수 있다. 이러한 경우에는 5년이 경과하기 전까지는 보조금을 당기손익으로 인식하지 아니한다. 그러나 시간의 경과에 따라 보조금의 일부가 기업에 귀속될 수 있는 경우에는 시간의 경과에 따라 그 정부보조금을 당기손익으로 인식한다.

문제 11
기말재고자산에 포함될 항목 | (회계사 2024, 7점)

20X1년 12월 31일 현재 <자료>의 수정사항을 반영하기 전 ㈜한국의 기말재고실사 금액과 매출액은 각각 ₩2,000,000과 ₩4,000,000이었다.

<자료>

1. 20X1년 12월 20일에 ㈜서울에 판매한 상품 A의 하자가 발견되어 반품되었고, ㈜한국은 이를 승인하였다. ㈜한국은 반품받은 상품 A의 하자 원인을 조사한 후 20X2년 1월 2일 ㈜한국의 재고창고에 보관 조치함과 동시에 ㈜서울과의 매출거래를 취소하였다. 상품 A의 원가는 ₩1,000,000이며 매출총이익률은 50%이다.

2. ㈜한국은 20X1년 12월 1일 장부금액 ₩200,000인 상품 B를 ㈜부산에게 ₩400,000에 판매하고 매출로 인식하였다. ㈜부산과의 본 거래는 ㈜한국이 6개월 후 ₩420,000에 재구매하는 약정을 맺었다.

3. ㈜한국은 20X1년 11월 25일과 12월 5일에 상품 C를 ㈜대구에게 각각 ₩500,000, ₩300,000에 외상판매하고 매출로 인식하였다. ㈜대구와의 거래는 판매일로부터 30일 이내에 반품 가능한 조건부로 이루어졌으며, 매출총이익률은 20%이다. 단, 반품 가능성은 신뢰성있게 측정할 수 없으며, ㈜한국은 반환제품회수권을 재고자산에 포함시킨다.

4. 원재료 A의 기말재고자산 금액에는 매입가격 ₩200,000과 수입통관세금 ₩10,000(향후 본 원재료를 사용한 제품이 완성되는 시점에 환급받을 수 있음), 원재료 A의 후속생산단계에 투입하기 위하여 필요한 창고보관비용 ₩20,000, 하역료 ₩20,000이 포함되어 있으며, 매입처로부터 받은 리베이트 ₩40,000은 기타수익으로 처리하였다.

<자료>를 반영한 ㈜한국의 20X1년 기말재고자산과 매출액의 정확한 금액을 계산하시오.

20X1년 기말재고자산	①
20X1년 매출액	②

해설

	재고자산	매출
수정전금액	₩2,000,000	₩4,000,000
(1)	1,000,000	(2,000,000)
(2)	200,000	(400,000)
(3)	240,000	(300,000)
(4)	(50,000)	-
수정후금액	① ₩3,390,000	② ₩1,300,000

<참고>

항목별 수정분개는 다음과 같다.

(1)	(차)	매출	2,000,000	(대)	매출채권(또는 환불부채)	2,000,000
		상품	1,000,000		매출원가	1,000,000
(2)	(차)	매출	400,000	(대)	차입금	400,000
		상품	200,000		매출원가	200,000
	(차)	이자비용	3,333	(대)	미지급이자	3,333
(3)	(차)	매출	300,000	(대)	매출채권	300,000
		반환재고회수권	240,000		매출원가	240,000
(4)	(차)	관세미수금	10,000	(대)	원재료	10,000
	(차)	기타수익	40,000	(대)	원재료	40,000

MEMO

CHAPTER

제2장 유형자산과 투자부동산

번호	내용	배점	난이도
1	유형자산의 정의 (회계사 2016)	12점	Lv 2
2	정부보조금, 교환취득, 재평가모형 (회계사 2016)	14점	Lv 1
3	재평가모형, 정부보조금과 손상차손 (회계사 2017)	14점	Lv 2
4	투자부동산의 유형자산 대체 (회계사 2017)	7점	Lv 2
5	유형자산의 투자부동산 대체 (회계사 2018)	14점	Lv 3
6	재평가모형 (회계사 2019)	5점	Lv 1
7	정부보조금 (회계사 2019)	5점	Lv 1
8	유형자산의 투자부동산 대체 (세무사 2020)	15점	Lv 1
9	교환취득, 손상차손, 재평가모형 (회계사 2021)	15점	Lv 2
10	교환취득 (세무사 2021)	10점	Lv 1
11	재평가모형과 손상차손 (세무사 2021)	20점	Lv 1
12	정부보조금, 복구원가, 별도감가상각 (회계사 2023)	10점	Lv 1
13	교환취득, 손상차손, 재평가모형 (세무사 2023)	8점	Lv 1

〈난이도 분류〉
세무사 동차생 : Lv 1까지 / 세무사 유예생 : Lv 2까지 / 회계사 동차생 : Lv 3까지 / 회계사 유예생 : Lv 4까지

문제 1
유형자산의 정의 | (회계사 2016, 12점)

아래에서 제시되는 물음은 각각 독립적인 상황이고, <참고 사항>은 자산, 부채에 대한 정의를 제공하고 있다.

<참고 사항>

자산 : 과거사건으로 생긴 결과로서 기업이 통제하고 있고 미래 경제적 효익이 기업에 유입될 것으로 기대되는 자원

부채 : 과거사건으로 생긴 현재의무로서 기업이 가진 경제적 효익이 있는 자원의 유출을 통해 그 이행이 예상되는 의무

유형자산 : 재화나 용역의 생산이나 제공, 타인에 대한 임대 또는 관리활동에 사용할 목적으로 보유하는 물리적 형태가 있는 자산으로서 한 회계기간을 초과하여 사용할 것이 예상되는 자산

생물자산 : 살아있는 동물이나 식물과 수확시점의 수확물

무형자산 : 물리적 실체는 없지만 식별가능한 비화폐성 자산

<사례 1>

㈜분재나라는 1,000종의 분재로 이루어진 정원을 운영하고 있다. ㈜분재나라의 대부분의 수입은 관람객들의 정원입장료이며, 드물게 분재의 판매도 이루어지나 전체 매출액에서 차지하는 비중은 크지 않다.

물음 1)

㈜분재나라가 보유하고 있는 분재에 대하여 유형자산으로 보아야 한다는 주장과 생물자산으로 보아야 한다는 주장이 대립되고 있다. 둘 중 하나의 주장을 선택하고 이를 뒷받침할 수 있는 논거를 5줄 이내로 제시하시오.

<사례 2>

㈜반도는 특정 반도체 생산 라인에 특화된 기계장치를 운영 중이다. 반도체 산업의 특성상 해당 기계장치는 매 5년마다 대대적인 수리를 받거나 또는 새로운 기계장치로 대체되어야 한다.

물음 2)

㈜반도는 매년도 말에 기계장치의 교체를 위한 충당부채를 인식해야 하는가? 충당부채를 인식해야 한다면 그 주장을 뒷받침하는 논거를 5줄 이내로 제시하시오. 충당부채를 인식하지 않는다면 그 주장을 뒷받침하는 논거와 올바른 회계처리 방안에 대하여 5줄 이내로 제시하시오.

<사례 3>

㈜대한은 민국 지역에 도시가스를 공급하고 있으며, 그 지역 사용자들에게 가스계량기를 설치해주고 있다. 최초 설치 시 가스계량기와 설치비용은 사용자가 전액 부담한다. ㈜대한은 법률에 의해 계량기를 10년 주기로 교체해야 할 의무가 있으며, 향후 가스계량기의 교체에 소요될 비용은 추산한 후 매월 일정액을 사용자로부터 수령하고 10년 시점에서 무상으로 가스계량기를 교체해 주고 있다.

물음 3)

㈜대한은 가스계량기를 최초 설치할 때 유형자산으로 인식할 수 있는가? 유형자산으로 인식한다면 그 주장을 뒷받침하는 논거를 5줄 이내로 제시하시오. 유형자산으로 인식하지 않는다면 그 주장을 뒷받침하는 논거와 올바른 회계처리 방안에 대하여 5줄 이내로 제시하시오.

해설

물음 1)

㈜분재나라의 대부분의 수익은 입장료이며 판매의 비중은 크지 않다. 따라서 해당 분재는 주된 영업에 사용하는 물리적실체가 있는 자산이며 유형자산에 해당한다.

물음 2)

정기적인 수리를 위한 지출은 과거사건으로 인한 현재의무가 아니므로 충당부채로 인식하지 않는다. 해당 지출은 후속원가에 해당하며 자산의 인식요건을 충족하는 경우 기계장치 장부금액에 가산하여 5년에 걸쳐 감가상각한다. 자산의 인식요건을 충족하지 못하는 경우 즉시 비용처리한다.

물음 3)

가스계량기는 ㈜대한이 주된 영업에 사용하는 물리적 실체가 있는 자산이므로 유형자산에 해당한다. 고객이 부담한 지출액 만큼 유형자산과 계약부채를 인식한다. 유형자산은 10년에 걸쳐 감가상각하며, 계약부채는 10년에 걸쳐 수익으로 인식한다.

문제 2
정부보조금, 교환취득, 재평가모형 | (회계사 2016, 14점)

<공통 자료>를 이용하여 다음 물음에 대해 답하시오.

<공통 자료>

1. 20X1년 1월 1일 ㈜한국은 ₩500,000의 정부보조금을 수취하여 영업용으로 차량운반구 A를 ₩1,000,000에 취득하였다. 차량운반구 A의 내용연수는 5년, 잔존가치는 없으며 정액법으로 감가상각한다. 정부보조금은 차량운반구 A의 원가에서 차감하는 형식으로 표시하며, 정액법으로 내용연수에 걸쳐 상각한다. ㈜한국은 20X2년 1월 1일에 정부가 요구한 기준을 충족할 수 없어 수취한 정부보조금 ₩500,000을 모두 상환하였다.

2. ㈜한국은 정부보조금 상환 후, 차량운반구 A를 20X2년 1월 1일에 ㈜대한의 차량운반구 B(취득원가 ₩2,000,000, 감가상각누계액 ₩1,000,000)와 교환하여 영업용으로 사용하기 시작하였다. 교환시점의 차량운반구 A의 공정가치는 ₩1,000,000이고 차량운반구 B의 공정가치는 ₩900,000이다. 동 교환거래는 상업적 실질이 있으며, 차량운반구 A의 공정가치가 더 명백하다. ㈜한국은 공정가치 차이 ₩100,000을 현금으로 수취하였다. ㈜한국은 차량운반구 B에 대해 정액법으로 감가상각하고 잔존가치 ₩0, 잔존내용연수 4년을 적용한다.

3. ㈜한국은 차량운반구 B에 대해 재평가모형을 적용하여 평가하며, 재평가잉여금은 자산을 사용하는 기간 동안 이익잉여금으로 대체한다. ㈜한국은 차량운반구 B에 대하여 매년말 자산손상 징후를 검토하며, 회수가능액이 공정가치보다 낮은 경우 손상차손을 인식한다. 차량운반구 B의 각 연도말 공정가치, 사용가치 및 순공정가치는 다음과 같다.

구 분	20X2년 말	20X3년 말
공정가치	₩600,000	₩350,000
사용가치	650,000	50,000
순공정가치	550,000	100,000

물음 1)

① ㈜한국이 20X1년에 당기비용으로 인식할 금액과 ② 20X1년 말 ㈜한국의 차량운반구 A의 장부금액은 각각 얼마인가? 또한 ③ 20X2년 1월 1일 ㈜한국이 정부보조금을 모두 상환했을 때, 차량운반구 A의 장부금액은 얼마인가?

20X1년에 당기비용으로 인식할 금액	①
20X1년 말 차량운반구 A의 장부금액	②
20X2년 1월 1일 정부보조금을 모두 상환했을 때, 차량운반구 A의 장부금액	③

물음 2)

① 20X2년 1월 1일 차량운반구 교환시 ㈜한국이 인식할 차량운반구 B의 취득원가와 ② ㈜한국이 인식할 처분이익은 각각 얼마인가? 단, 손실의 경우에는 금액 앞에 '(-)'를 표시하고, 해당 금액이 없는 경우에는 '0'으로 표시하시오.

20X2년 1월 1일 교환시 ㈜한국이 인식할 차량운반구 B의 취득원가	①
20X2년 1월 1일 교환시 ㈜한국이 인식할 처분이익	②

물음 3)

① ㈜한국이 20X2년에 당기비용으로 인식할 금액과 ② ㈜한국이 20X3년에 당기비용으로 인식할 금액은 각각 얼마인가?

20X2년에 당기비용으로 인식할 금액	①
20X3년에 당기비용으로 인식할 금액	②

물음 4)

교환거래에서 상업적 실질 판단기준에 대해 5줄 이내로 기술하시오.

해설

물음 1)

20X1 초		20X1 말
차량 A 1,000,000	dep 200,000 →	800,000
보조금 500,000	(-)dep 100,000 →	400,000

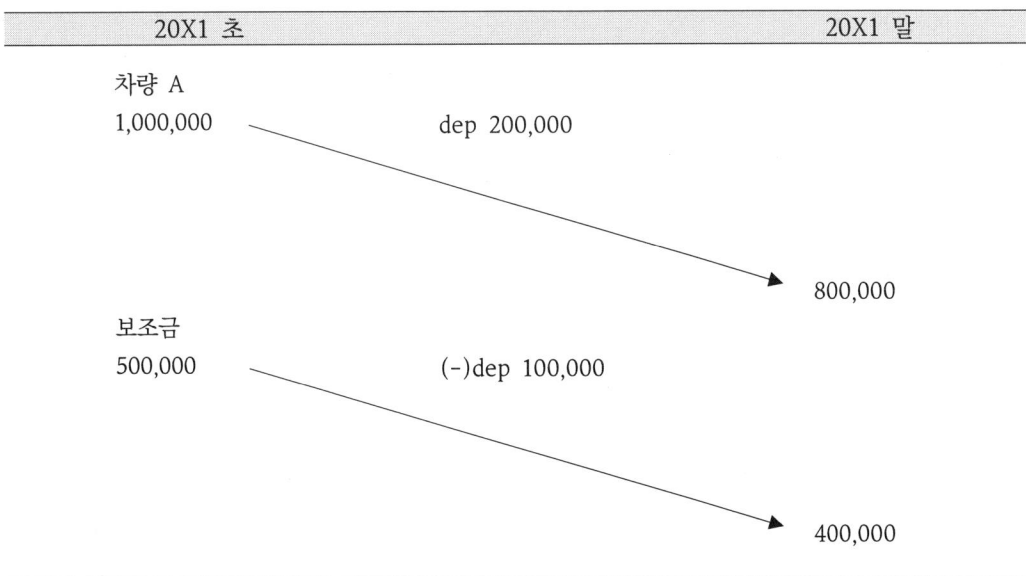

① 20X1년 당기비용 = 200,000 - 100,000 = ₩100,000

② 20X1년 말 차량운반구A 장부금액 = 800,000 - 400,000 = ₩400,000

③ 20X2년 1월 1일 정부보조금을 모두 상환했을 때 차량운반구A 장부금액 = ₩800,000

물음 2)

제공자산	=	차량A (FV ₩100만)		
취득자산	=	차량B (취득원가 ₩90만)	+	현금 ₩10만 (취득원가 ₩10만)

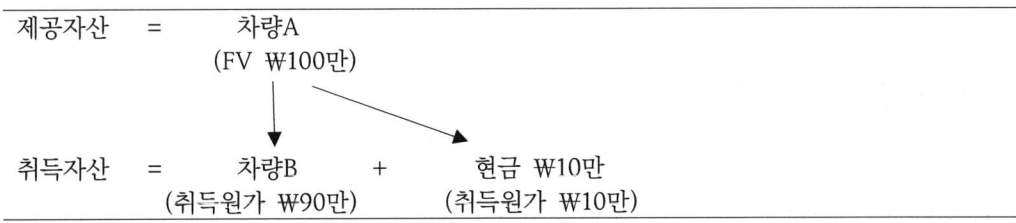

① 차량운반구 B 취득원가 = ₩900,000

② 처분이익 = 1,000,000 - 800,000 = ₩200,000

물음 3)

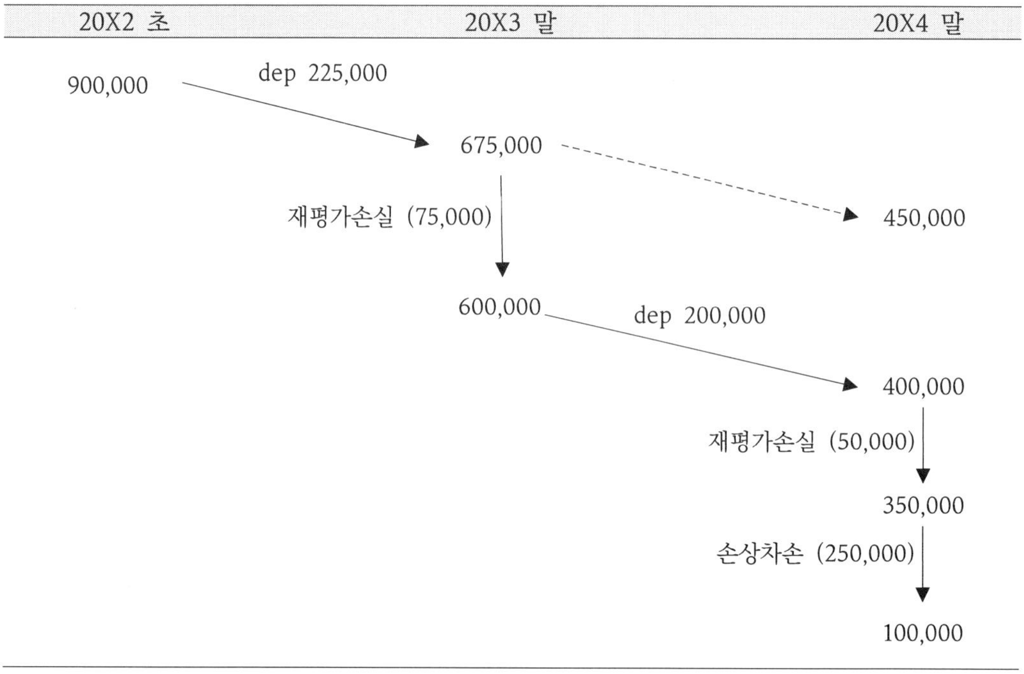

<20X2년>

보조금상환으로 인한 감가상각비	₩100,000
감가상각비	225,000
재평가손실	75,000
① 20X2년 당기비용	₩400,000

<20X3년>

감가상각비	₩200,000
재평가손실	50,000
손상차손	250,000
② 20X3년 당기비용	₩500,000

물음 4)

(1) 취득한 자산과 관련된 현금흐름의 구성(위험, 유출입시기, 금액)이 제공한 자산과 관련된 현금흐름의 구성과 다르다.

(2) 교환거래의 영향을 받는 영업 부분의 기업특유가치가 교환거래의 결과로 변동한다.

(3) 위 (1)이나 (2)의 차이가 교환된 자산의 공정가치에 비하여 유의적이다.

문제 3
재평가모형, 정부보조금과 손상차손 | (회계사 2017, 14점)

㈜한국은 20X1년 1월 1일 설립되어 사업을 시작하였다. <공통 자료>와 <상황별 정보>를 이용하여 다음 물음에 답하시오.

<공통 자료>

(1) ㈜한국은 투자부동산에 대해서는 공정가치 모형을 적용하며 유형자산에 대해서는 재평가모형을 적용한다.

(2) 20X1년 말과 20X2년 말 재평가로 인한 내용연수와 잔존가치의 변경은 없다.

(3) 재평가모형을 적용하여 장부금액을 조정하는 경우 기존의 감가상각누계액을 전액 제거하는 방법을 적용한다.

(4) 자산을 사용함에 따라 재평가잉여금의 일부를 이익잉여금으로 대체하는 회계처리 방법은 채택하지 않았다.

<상황별 정보>

(1) ㈜한국은 20X1년 7월 1일 토지와 건물을 일괄하여 ₩90,000,000에 현금 취득하였다. 동 토지와 건물 취득시 공정가치는 각각 ₩80,000,000과 ₩20,000,000이었다. ㈜한국은 이를 2년 동안 사업에 사용한 후 철거하고 새 건물을 건축할 예정이다. 건물의 철거비는 ₩5,000,000이 발생할 것으로 추정된다. 20X1년 말 토지의 공정가치는 ₩70,000,000이며, 건물의 공정가치는 취득시와 동일하다. 건물에 관한 추가 정보는 다음과 같다.

- 추정 잔존가치: ₩0
- 추정 내용연수: 2년
- 감가상각방법: 체감잔액법(연수합계법)
- 할인율 : 5%

(2) ㈜한국은 20X1년 7월 1일 정부보조금 ₩90,000(상환의무 없음)을 현금 지원받아 동일자에 기계장치를 ₩500,000에 현금 취득하였다. ㈜한국은 수취한 정부보조금을 관련자산차감법으로 회계처리한다. 20X1년 말 현재 동 기계장치의 순공정가치는 ₩400,000, 사용가치는 ₩420,000이며, 손상차손의 인식요건을 충족한다. 기계장치에 관한 추가 정보는 다음과 같다.

- 추정 잔존가치: ₩50,000
- 추정 내용연수: 3년
- 감가상각방법: 정액법

(3) ㈜한국은 20X1년 10월 1일 임대수익을 얻을 목적으로 공정가치가 ₩12,000,000인 차량운반구를 ₩10,000,000에 현금 취득하였다. 20X1년말 차량운반구의 공정가치는 ₩11,000,000이다. 차량운반구에 관한 추가 정보는 다음과 같다.

- 추정 잔존가치: ₩600,000
- 추정 내용연수: 5년
- 감가상각방법: 정액법

물음 1)

각 상황별로 필요한 회계처리를 모두 수행한 경우 ㈜한국의 20X1년도 포괄손익계산서상 당기순이익과 기타포괄이익에 미친 영향을 구하시오. 단, 음의 영향을 미칠 경우 '(-)'를 숫자 앞에 표시하시오.

구분	당기순이익	기타포괄이익
상황1	①	②
상황2	③	④
상황3	⑤	⑥

물음 2)

각 상황과 관련된 모든 유형자산과 투자부동산의 20X1년 기말잔액을 구하시오.

	유형자산	투자부동산
상황 1+2+3	⑦	⑧

해설

<상황 1>

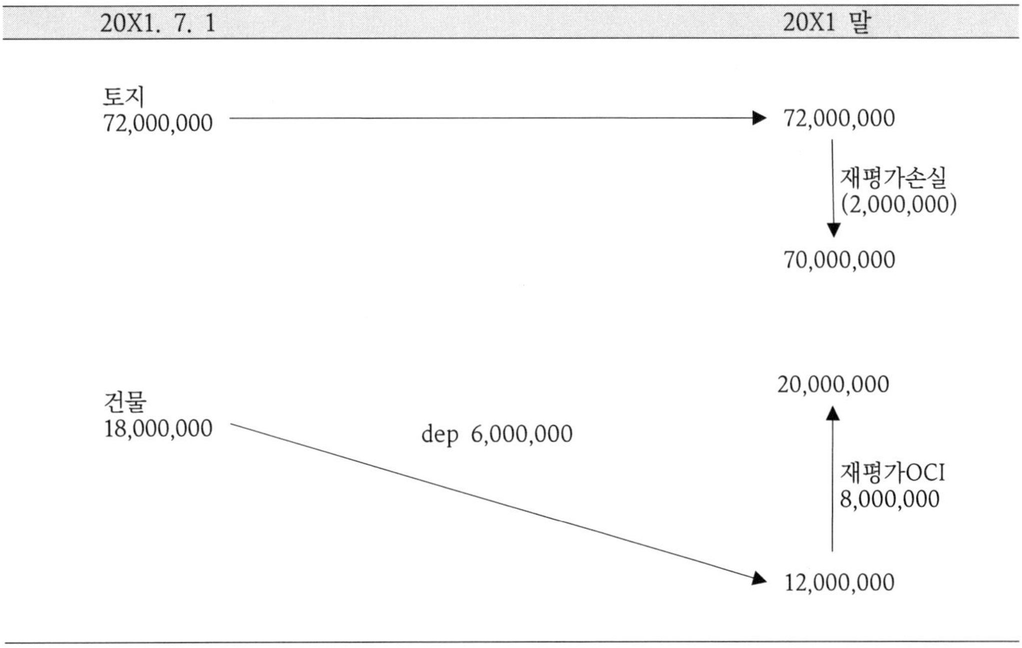

토지취득원가 = 90,000,000 × 80,000,000/100,000,000 = ₩72,000,000

건물취득원가 = 90,000,000 × 20,000,000/100,000,000 = ₩18,000,000

20X1년 건물감가상각비 = 18,000,000 × 2/3 × 6/12 = ₩6,000,000

<참고>

2년 동안 건물을 사용한 후 발생할 것으로 예상되는 철거비는 복구충당부채 인식대상이 아니다.

<상황 2>

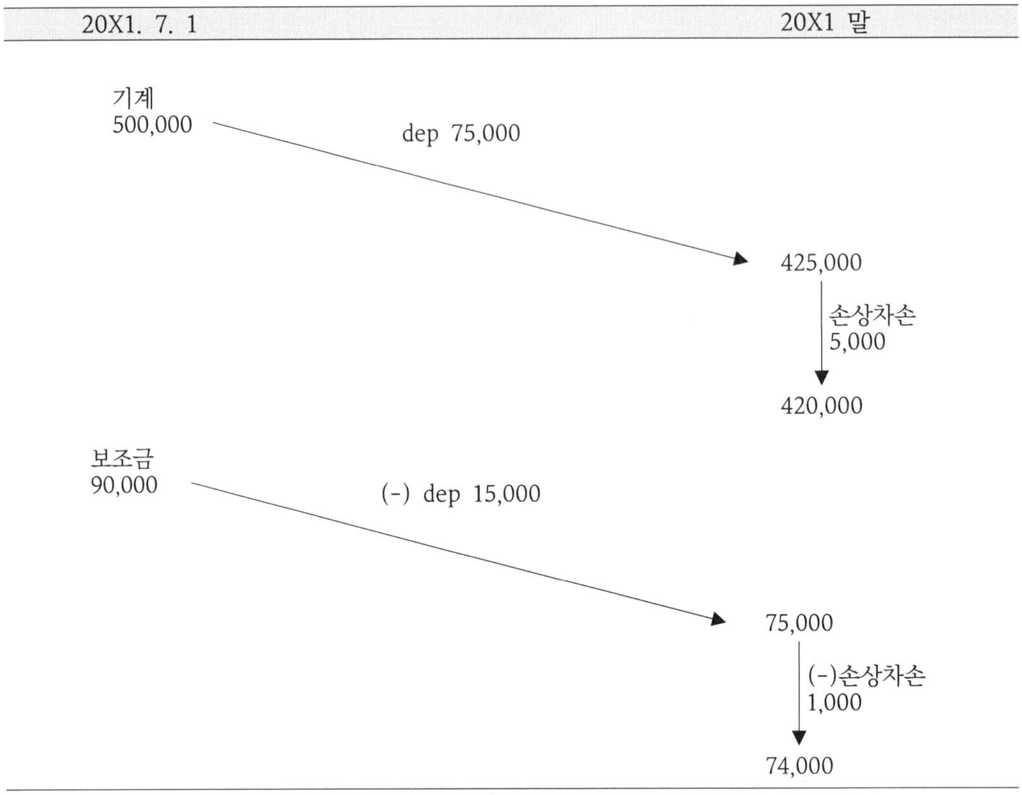

20X1년 기계감가상각비 = (500,000 – 50,000) × 1/3 × 6/12 = ₩75,000

20X1년 보조금상각액 = 90,000 × 1/3 × 6/12 = ₩15,000

20X1년 손상차손 차감액 = 5,000 × 1/5 = ₩1,000

<참고>

현행 한국채택국제회계기준은 정부보조금이 있는 자산의 손상차손시 손상차손 금액만큼 정부보조금을 상계하는지에 대한 명시적인 규정이 없다. 한국채택국제회계기준 제1020호 “정부보조금의 회계처리와 정부지원의 공시” 문단 17에는 다음과 같이 서술하고 있다.

> 감가상각자산과 관련된 정부보조금은 일반적으로 이러한 자산의 감가상각비가 인식되는 비율에 따라 인식기간에 걸쳐 당기손익으로 인식한다.

손상차손이 발생하는 경우는 일반적이지 않은 상황으로 보아 손상차손 금액만큼 정부보조금을 상계하는 것이 타당하다.

<상황 3>

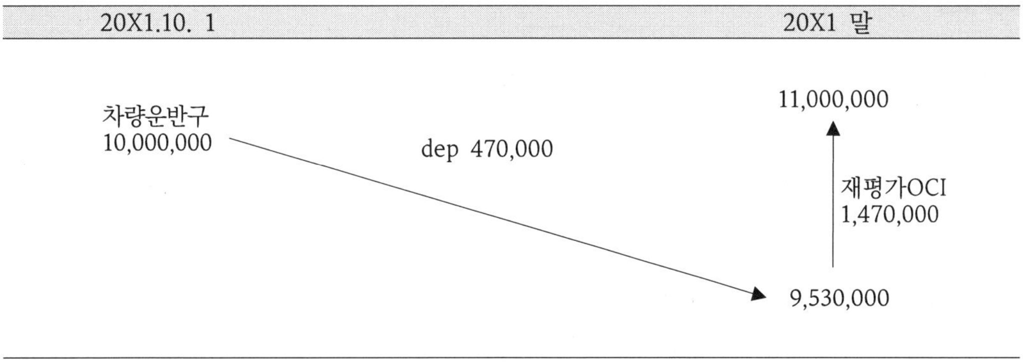

20X1년 차량운반구감가상각비 = (10,000,000 - 600,000) × 1/5 × 3/12 = ₩470,000

<참고>

차량운반구는 부동산이 아니므로 투자부동산에 해당하지 않는다.

물음 1)

① 상황 1 당기순이익영향 = (2,000,000) + (6,000,000) = (-)₩8,000,000

② 상황 1 기타포괄손익영향 = ₩8,000,000

③ 상황 2 당기순이익영향 = (75,000) + (5,000) + 15,000 + 1,000 = (-)₩64,000

④ 상황 2 기타포괄손익영향 = ₩0

⑤ 상황 3 당기순이익영향 = (-)₩470,000

⑥ 상황 3 기타포괄손익영향 = ₩1,470,000

물음 2)

토지	₩70,000,000
건물	20,000,000
기계장치	420,000
정부보조금	(74,000)
차량운반구	11,000,000
⑦ 유형자산	₩101,346,000

⑧ 투자부동산 = ₩0

문제 4
투자부동산의 유형자산 대체 | (회계사 2017, 7점)

다음은 ㈜한국의 20X1년 10월 1일 시세차익을 목적으로 취득한 건물에 관련한 자료이다.

(1) ㈜한국은 건물을 아래의 지급조건으로 취득하였다. 건물 취득일 현재 건물의 현금가격 상당액은 총지급액을 5%의 이자율로 할인한 현재가치와 동일하다.

- 20X1년 10월 1일: ₩1,000,000 현금 지급
- 20X2년 9월 30일: ₩1,000,000 현금 지급

(2) 건물 취득시점에 건물의 내용연수는 20년으로 추정하였으며, 잔존가치는 없고 정액법으로 상각한다.

(3) ㈜한국은 투자부동산에 대해서는 공정가치 모형을 적용하며 유형자산에 대해서는 원가모형을 적용한다.

(4) ㈜한국은 20X2년 4월 1일부터 건물을 본사 사옥으로 사용하기 시작하였다.

(5) ㈜한국은 20X5년 7월 1일에 동 건물을 ₩1,700,000에 처분하였다.

(6) 건물의 공정가치와 회수가능액은 다음과 같으며 손상차손의 인식요건을 충족한다.

일자	공정가치	회수가능액
20X1.12.31.	₩2,035,100	₩2,040,000
20X2. 4. 1.	2,059,200	2,070,000
20X2.12.31.	2,127,500	2,150,000
20X3.12.31.	1,800,000	1,575,000
20X4.12.31.	1,821,600	1,770,000

위의 거래들에 대해 ㈜한국이 관련 회계처리를 모두 적절하게 수행한 경우 해당연도 당기순이익에 미치는 영향을 구하시오. 단, 원 이하는 반올림하며, 당기순이익에 음의 영향을 미칠 경우 '(-)'를 숫자 앞에 표시하시오.

구분	금액
20X1년	①
20X2년	②
20X3년	③
20X4년	④
20X5년	⑤

해설

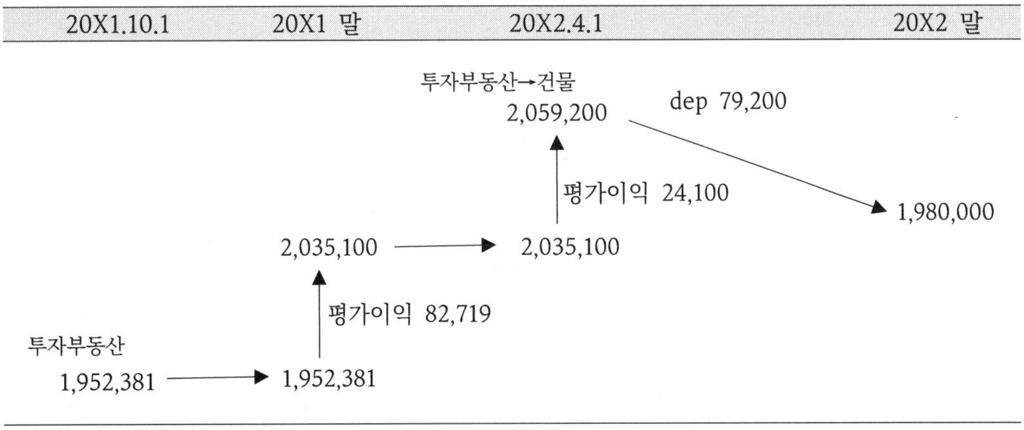

투자부동산 취득원가 = 1,000,000 + 1,000,000 ÷ 1.05 = ₩1,952,381

20X2년 감가상각비 = 2,59,200 × 1/19.5 × 9/12 = ₩79,200

20X1년 초 미지급비용 = 1,000,000 ÷ 1.05 = ₩952,381

20X1년 이자비용 = 952,381 × 5% × 3/12 = ₩11,905

20X2년 이자비용 = 952,381 × 5% × 9/12 = ₩35,714

① 20X1년 당기손익영향 = 82,719 + (11,905) = ₩70,814

② 20X2년 당기손익영향 = 24,100 + (79,200) + (35,714) = (-)₩90,814

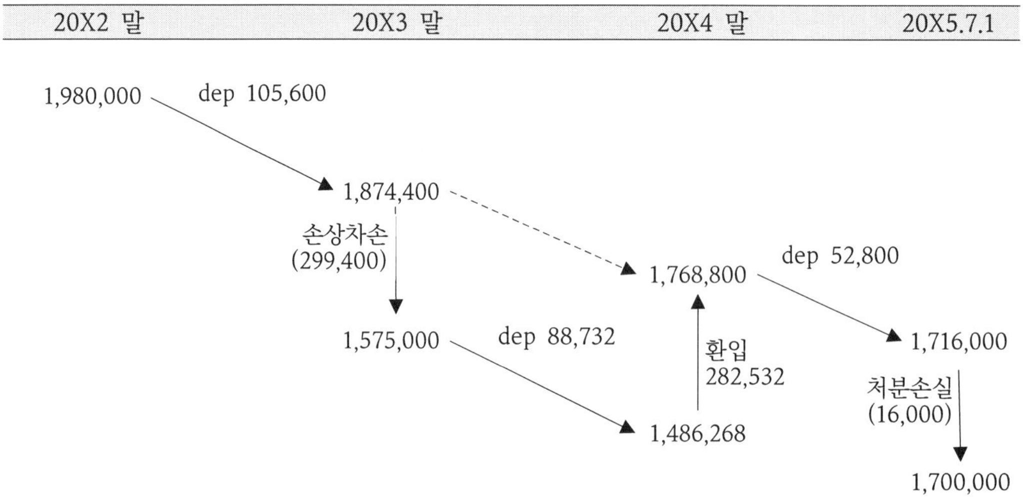

20X3년 감가상각비 = 2,059,200 × 1/19,5 = ₩105,600

20X4년 감가상각비 = 1,575,000 × 1/17.75 = ₩88,732

20X5년 감가상각비 = 1,768,800 × 1/16.75 × 6/12 = ₩52,800

③ 20X3년 당기손익영향 = (105,600) + (299,400) = (-)₩405,000

④ 20X4년 당기손익영향 = (88,732) + 282,532 = ₩193,800

⑤ 20X5년 당기손익영향 = (52,800) + (16,000) = (-)₩68,800

문제 5
유형자산의 투자부동산 대체 | (회계사 2018, 14점)

<관련 자료>를 이용하여 물음에 답하시오.

<관련 자료>

(1) ㈜대한은 사옥으로 사용하기 위하여 20X1년 4월 1일 토지와 건물을 일괄하여 취득하였으며 대금은 분할지급하기로 하였다.

1) 취득 관련 대금 지급조건
- 20X1년 4월 1일: ₩1,000,000 지급
- 20X2년 3월 31일: ₩4,000,000 지급
- 20X3년 3월 31일: ₩5,000,000 지급

토지와 건물 취득일 현재 현금가격상당액은 총지급액을 연 5%의 이자율로 할인한 현재가치와 동일하다. 단, 현재가치 계산 시 아래의 현가계수를 이용하시오.

기간	5%의 현가계수	
	단일금액 ₩1	정상연금 ₩1
1	0.9524	0.9524
2	0.9070	1.8594

2) 취득일 현재 토지와 건물의 상대적 공정가치 비율은 7:3이다.
3) 취득시점에 건물의 내용연수는 10년으로 추정하였으며, 잔존가치는 없고 정액법으로 상각한다.

(2) 20X3년 4월 1일 ㈜대한은 사옥으로 사용하던 건물을 ㈜누리에게 임대하기로 하였고, 임대는 동일자로 즉시 개시되었다.

(3) 20X1년부터 20X3년까지 건물과 토지 관련 사항은 다음과 같으며, 20X1년 말 건물에 대한 손상징후가 있다.

	건물 공정가치	건물 회수가능액	토지 공정가치
20X1.12.31	₩2,800,000	₩2,553,000	₩7,000,000
20X2.12.31	2,475,000	2,450,000	6,500,000
20X3. 4. 1	2,480,000	2,500,000	6,500,000
20X3.12.31	2,450,000	2,500,000	6,600,000

(4) ㈜대한은 유형자산을 재평가모형으로 회계처리하고 투자부동산은 공정가치모형으로 회계처리를 하고 있다. 재평가모형을 적용하여 장부금액을 조정할 때 감가상각누계액을 전액 제거하는 방법을 사용하며 매년 재평가를 실시한다. 또한 유형자산의 경우 자본에 포함된 재평가잉여금은 자산을 사용하는 기간 중에 이익잉여금으로 대체하지 않는다.

물음 1)

위의 거래들에 대해 ㈜대한이 관련 회계처리를 모두 적절하게 수행한 경우 20X2년 당기순이익과 기타포괄이익에 미치는 영향을 계산하시오. 단, 당기순이익과 기타포괄이익이 감소하는 경우에는 (-)를 숫자 앞에 표시하시오.

당기순이익	①
기타포괄이익	②

물음 2)

위의 거래들에 대해 ㈜대한이 관련 회계처리를 모두 적절하게 수행한 경우 20X3년 당기순이익과 기타포괄이익에 미치는 영향을 계산하시오. 단, 당기순이익과 기타포괄이익이 감소하는 경우에는 (-)를 숫자 앞에 표시하시오.

당기순이익	①
기타포괄이익	②

물음 3)

유형자산의 재평가모형과 투자부동산의 공정가치모형을 다음 양식에 따라 간략하게 비교 설명하시오.

구분	유형자산 재평가모형	투자부동산 공정가치모형
평가손익 회계처리	①	②
감가상각여부	③	④

해설

물음 1)

전체 취득원가 = 1,000,000 + 4,000,000 × 0.9524 + 5,000,000 × 0.9070 = ₩9,344,600

토지 취득원가 = 9,344,600 × 70% = ₩6,541,220

건물 취득원가 = 9,344,600 × 30% = ₩2,803,380

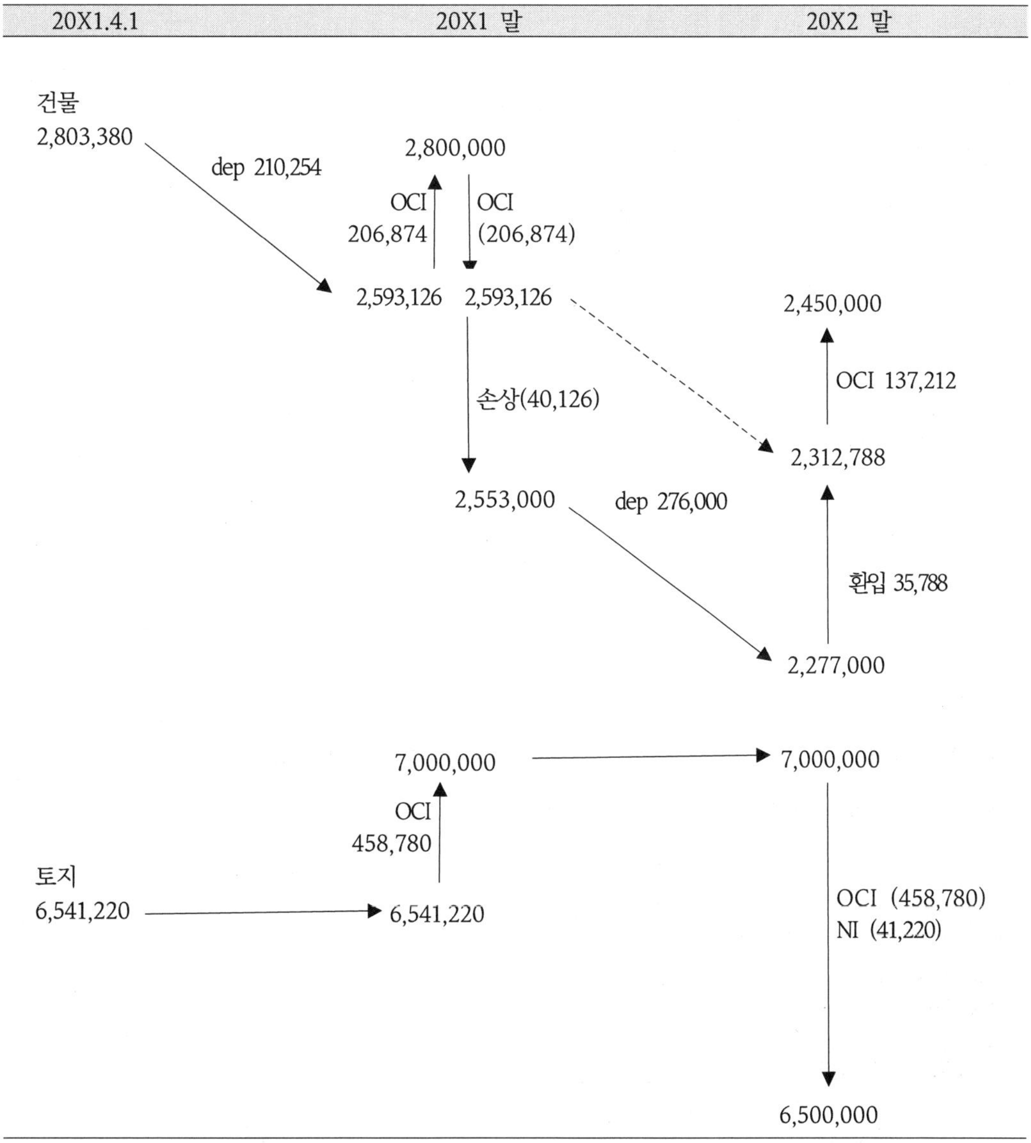

20X1년 건물 감가상각비 = 2,803,380 × 1/10 × 9/12 = ₩210,254

20X2년 건물 감가상각비 = 2,553,000 × 1/9.25 = ₩276,000

<참고>

KIFRS 제1036호에서는 손상차손환입으로 증액된 장부금액은 과거에 손상차손을 인식하기 전 장부금액에서 감가상각 또는 상각 후 남은 금액을 초과할 수 없다고 규정한다. 따라서 20X1년 말 장부금액 (₩2,593,126)에서 손상이 발생하지 않았을 경우의 감가상각비(2,593,126 × 1/9.25 = ₩280,338)을 차감한 금액까지 환입가능하다.

<참고>

20X2년 말 공정가치로 재평가 후 장부금액은 ₩2,475,000이지만 회수가능액이 해당 금액이 미달하는 ₩2,450,000이다. 손상이 발생한 상태이며 회수가능액으로 감액하여야한다. 이를 고려하여 20X2년 말 ₩2,450,000까지 증액한다.

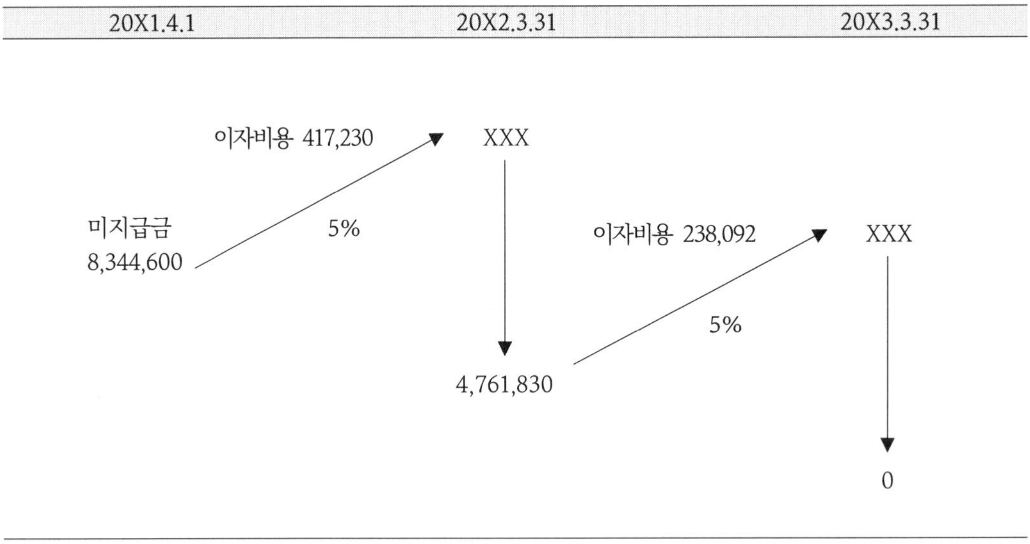

20X2년 이자비용 = 417,230 × 3/12 + 238,092 × 9/12 = ₩282,877

20X3년 이자비용 = 238,092 × 3/12 = ₩59,523

토지재평가손실	(₩41,220)
건물 감가상각비	(276,000)
건물 손상환입	35,788
이자비용	(282,877)
① 20X2년 당기손익	(-)₩564,309

토지재평가	(₩458,780)
건물재평가	137,212
② 20X2년 기타포괄손익	(-)₩321,568

물음 2)

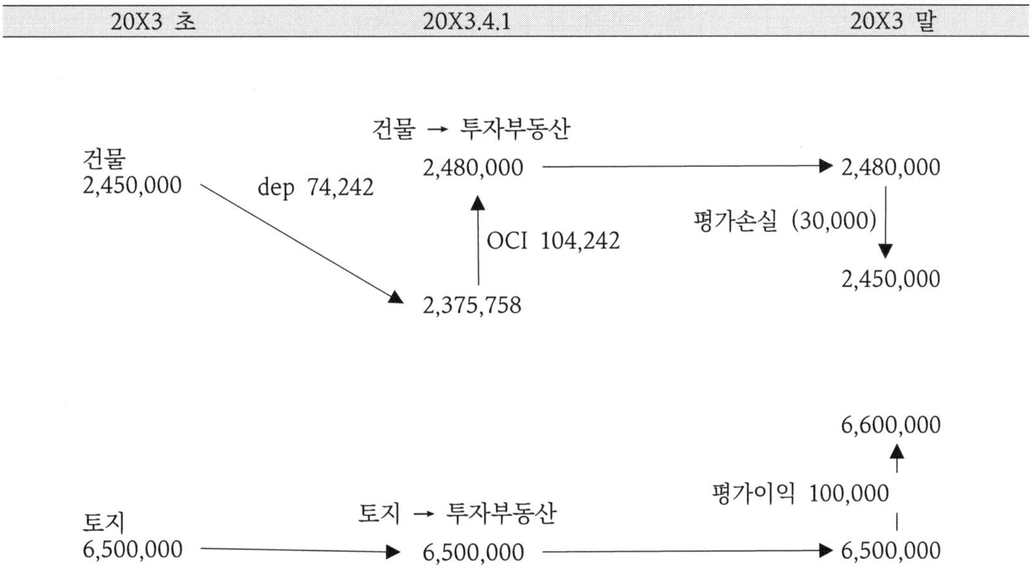

건물감가상각비	(₩74,242)
투자부동산평가손실(건물)	(30,000)
투자부동산평가이익(토지)	100,000
이자비용	(59,523)
① 20X3년 당기손익	(-)₩63,765

건물재평가	104,242
② 20X3년 기타포괄손익	₩104,242

<참고>

현행 국제회계기준은 투자부동산을 다음과 같이 정의하고 있다.

임대수익이나 시세차익 또는 둘 다를 얻기 위하여 소유자가 보유하거나 리스이용자가 사용권자산으로 보유하고 있는 부동산[토지, 건물(또는 건물의 일부분) 또는 둘 다]. 다만, 다음 목적으로 보유하는 부동산은 제외한다. (가) 재화나 용역의 생산 또는 제공이나 관리목적에 사용 (나) 통상적인 영업과정에서의 판매

따라서 20X3년 4월 1일 임대목적으로 전환하는 경우 건물 뿐만 아니라 토지도 투자부동산으로 대체하는 것이 타당하다.

물음 3)

① 유형자산 재평가모형 평가손익

자산의 장부금액이 재평가로 인하여 증가하게 된 경우 기타포괄이익으로 인식한다. 단, 당기손실로 인식한 재평가손실이 있는 경우 해당 금액만큼을 한도로 당기이익을 인식하고 그 초과분은 기타포괄이익으로 인식한다.

자산의 장부금액이 재평가로 인하여 감소하게 된 경우 당기손실로 인식한다. 단, 기타포괄이익으로 인식한 재평가이익이 있을 경우 해당 금액만큼은 기타포괄손실로 인식하고 그 초과분은 당기손실로 인식한다.

② 투자부동산 공정가치모형 평가손익

투자부동산 공정가치평가로 인한 손익은 당기손익으로 인식한다.

③ 유형자산 재평가모형 감가상각

감가상각을 한다.

④ 투자부동산 공정가치모형 감가상각

감가상각을 하지 않는다.

문제 6
재평가모형 | (회계사 2019, 5점)

㈜대한의 기계장치 관련 자료는 다음과 같다.

(1) ㈜대한은 20X1년 1월 1일에 기계장치를 ₩1,500,000에 취득하였다. 기계장치의 추정 내용연수는 5년, 추정 잔존가치는 ₩0이며, 정액법을 사용하여 감가상각한다.

(2) ㈜대한은 동 기계장치에 대해 재평가모형을 적용한다. 재평가모형을 적용하여 장부금액을 조정하는 경우 기존의 감가상각누계액을 전액 제거하는 방법을 사용한다.

(3) ㈜대한의 20X1년 1월 1일 재평가잉여금 잔액은 ₩0이며, 동 기계장치 이외의 다른 자산으로부터 발생한 재평가잉여금은 없다.

(4) 동 기계장치의 20X1년 말과 20X2년 말의 공정가치는 다음과 같다.

20X1년 12월 31일	20X2년 12월 31일
₩1,600,000	₩750,000

㈜대한이 (1) 기계장치를 사용하는 기간 동안 재평가잉여금을 이익잉여금으로 대체하는 경우와 (2) 유형자산을 제거할 때 재평가잉여금을 이익잉여금으로 대체하는 경우로 구분하여, 20X2년도 포괄손익계산서의 당기순이익과 기타포괄이익에 미치는 영향을 각각 계산하시오. (단, 재평가로 인한 내용연수와 잔존가치의 추정변경은 없다. 당기순이익과 기타포괄이익이 감소하는 경우에는 (-)를 숫자 앞에 표시하시오.)

구 분	20X2년	
	(1) 사용기간 동안 대체	(2) 유형자산 제거 시 대체
당기순이익에 미치는 영향	①	②
기타포괄이익에미치는 영향	③	④

해설

(1) 기계장치를 사용하는 기간 동안 재평가잉여금을 이익잉여금으로 대체하는 경우

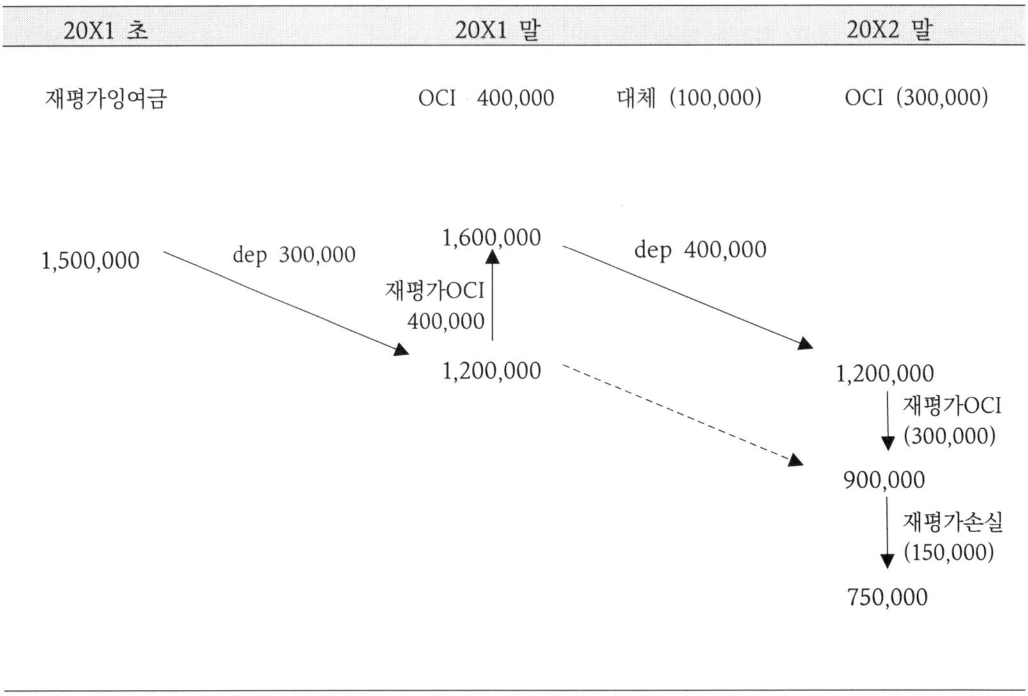

① 20X2년 당기순이익에 미치는 영향 = (400,000) + (150,000) = (-)₩550,000

③ 20X2년 기타포괄이익에 미치는 영향 = (-)₩300,000

(2) 유형자산을 제거할 때 재평가잉여금을 이익잉여금으로 대체하는 경우

20X1 초	20X1 말		20X2 말
재평가잉여금	OCI 400,000	-	OCI (400,000)

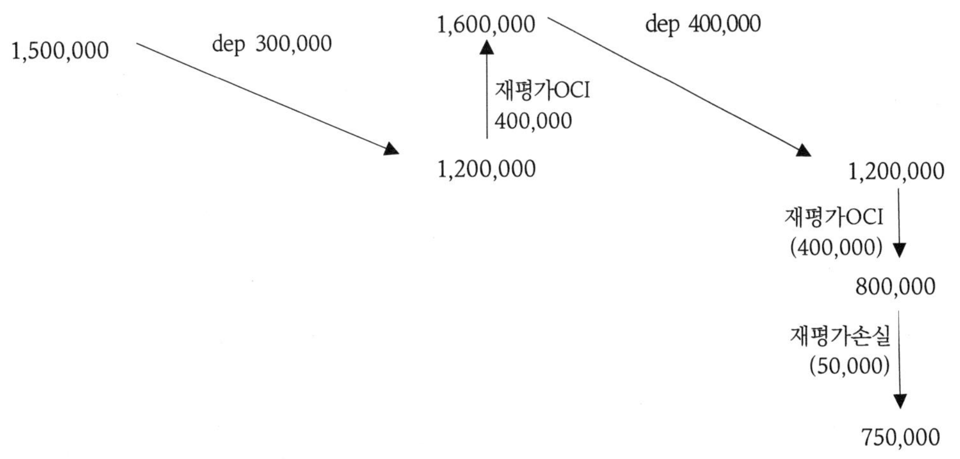

② 20X2년 당기순이익에 미치는 영향 = (400,000) + (50,000) = (-)₩450,000

④ 20X2년 기타포괄이익에 미치는 영향 = (-)₩400,000

문제 7
정부보조금 | (회계사 2019, 5점)

다음의 〈자료〉를 이용하여 동 기계장치와 관련된 정부보조금에 대해 (1) 원가차감법으로 회계처리하는 경우와 (2) 이연수익법으로 회계처리하는 경우로 구분하여 〈요구사항〉에 답하시오.

〈자료〉

(1) ㈜민국은 20X1년 10월 1일에 기계장치를 ₩1,800,000에 구입하면서 정부로부터 ₩800,000을 보조받았다. 동 기계장치의 추정 내용연수는 5년이고 추정 잔존가치는 ₩0이다. 동 기계장치에 대해 ㈜민국은 정액법을 사용하여 월할로 감가상각한다.

(2) ㈜민국은 20X4년 7월 1일에 동 기계장치를 ₩850,000에 처분하였다.

〈요구사항 1〉

㈜민국이 20X4년도 포괄손익계산서에 인식할 감가상각비를 각각 계산하시오.

구 분	20X4년	
	(1) 원가차감법	(2) 이연수익법
감가상각비	①	②

〈요구사항 2〉

동 기계장치 처분 시 회계처리가 ㈜민국의 20X4년도 포괄손익계산서의 당기순이익에 미치는 영향을 각각 계산하시오. 단, 20X4년도 감가상각비와 정부보조금 수익을 모두 고려하여 계산하시오. 당기순이익이 감소하는 경우에는 (-)를 숫자 앞에 표시하시오.

구 분	20X4년	
	(1) 원가차감법	(2) 이연수익법
당기순이익에 미치는 영향	③	④

해설

(1) 원가차감법

20X1.10.1	20X1 말	20X2 말	20X3 말	20X4.7.1
기계 1,800,000	1,710,000	1,350,000	990,000	810,000
	dep 90,000	dep 360,000	dep 360,000	dep 180,000
보조금 800,000	760,000	600,000	440,000	360,000
	(-)dep 40,000	(-)dep 160,000	(-)dep 160,000	(-)dep 80,000

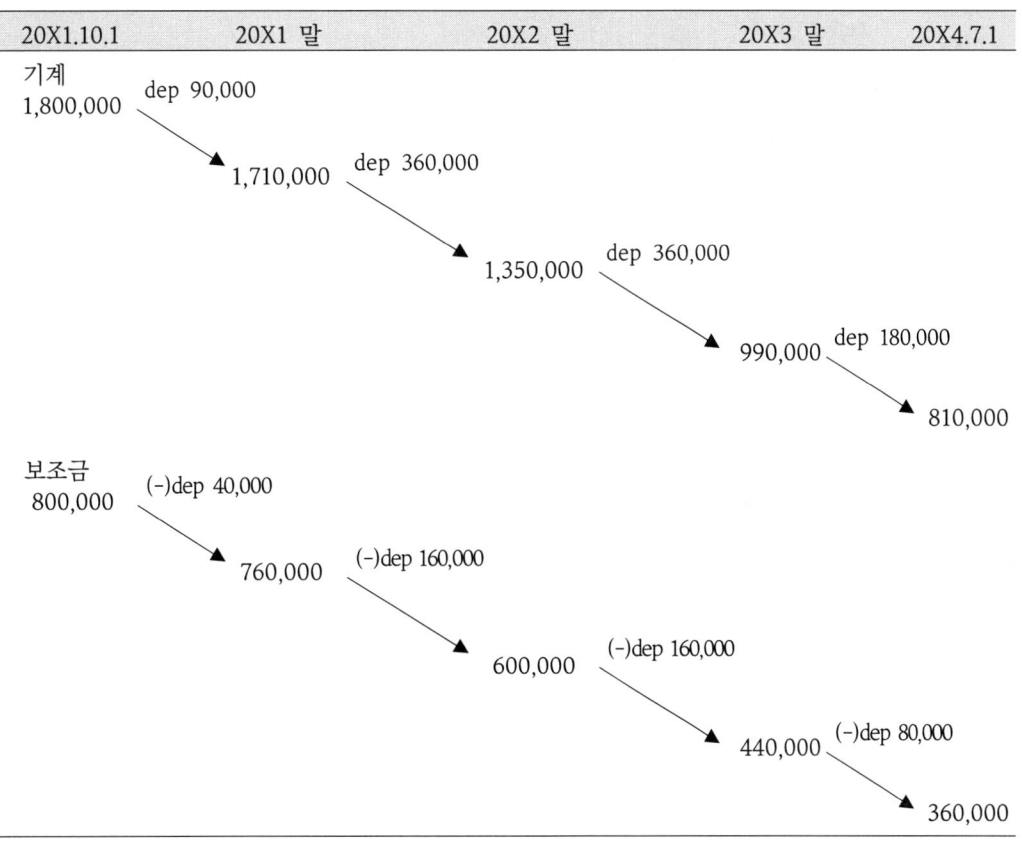

① 20X4년 감가상각비 = 180,000 − 80,000 = ₩100,000

③ 20X4년 당기순이익 영향 = 감가상각비 (100,000) + 처분이익 400,000 = ₩300,000

(2) 이연수익법

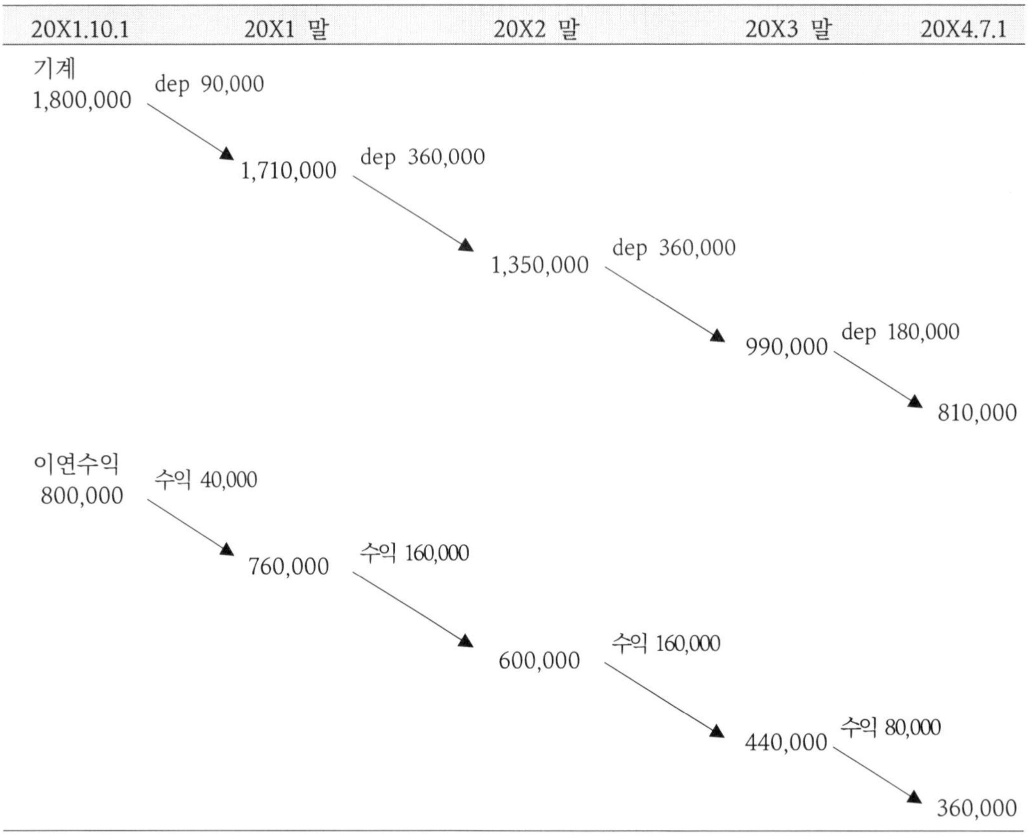

② 20X4년 감가상각비 = ₩180,000

④ 20X4년 당기순이익 영향 = 감가상각비 (180,000) + 처분이익 40,000 + 보조금수익 440,000

= ₩300,000

문제 8
유형자산의 투자부동산 대체 | (세무사 2020, 15점)

㈜세무의 공장건물과 관련된 사항은 다음과 같다.

1) ㈜세무는 20X1년 1월 1일에 공장건물을 ₩25,000,000에 신규 취득하였다. ㈜세무는 곧바로 공장건물을 제품생산에 사용하였다. ㈜세무는 공장건물에 대하여 내용연수 10년, 잔존가치는 ₩0으로 추정하고, 정액법에 의해 감가상각하기로 하였으며 재평가모형을 적용하였다. 20X1년 말과 20X2년 말 공장건물의 공정가치는 각각 ₩24,750,000과 ₩26,400,000이었다. ㈜세무는 자산의 장부금액을 재평가금액으로 조정할 때, 총장부금액은 장부금액의 변동에 비례하여 수정하고, 재평가일의 감가상각누계액은 손상차손누계액을 고려한 후 총장부금액과 장부금액의 차이가 같아지도록 조정한다. 또한 재평가잉여금은 이익잉여금으로 대체하지 않는다.
2) ㈜세무는 20X3년 들어 경기악화로 동 공장건물의 가동을 멈추게 되었다. 이에 따라 ㈜세무는 20X3년 7월 1일에 동 공장건물을 임대목적으로 전환하고 즉시 임대를 개시하였다. ㈜세무는 임대목적으로 전환한 시점에서 공장건물을 투자부동산으로 분류변경하고, 공정가치모형을 적용하기로 하였다. 20X3년 7월 1일 현재 공장건물의 공정가치는 ₩25,000,000이었다.

물음 1)

㈜세무의 20X1년 말 재무상태표에 표시될 공장건물의 감가상각누계액과 재평가잉여금을 계산하시오.

공장건물의 감가상각누계액	공장건물 관련 재평가잉여금
①	②

물음 2)

㈜세무의 20X2년 말 재무상태표에 표시될 공장건물의 감가상각누계액과 재평가잉여금을 계산하시오.

공장건물의 감가상각누계액	공장건물 관련 재평가잉여금
①	②

물음 3)

㈜세무의 20X3년 7월 1일 재분류 직전 공장건물 감가상각누계액과 재분류로 인하여 발생하는 재평가손익을 계산하고, 20X3년 7월 1일 수행할 분개를 제시하시오.

재분류 직전 공장건물 감가상각누계액	재분류로 인하여 발생하는 재평가손익 (단, 손실은 금액 앞에 '(-)'를 표시하며, 계산된 금액이 없는 경우에는 '없음'으로 표시)
①	②

(차변)	(대변)

해설

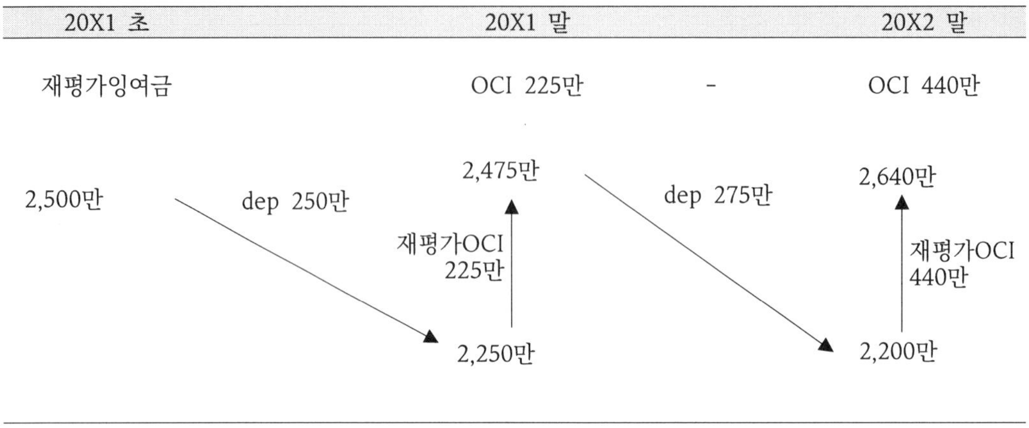

20X1년 감가상각비 = 25,000,000 × 1/10 = ₩2,500,000

20X1년 재평가잉여금(OCI) = 24,750,000 − 22,500,000 = ₩2,250,000

20X2년 감가상각비 = 24,750,000 × 1/9 = ₩2,750,000

20X2년 재평가잉여금(OCI) = 26,400,000 − 22,000,000 = ₩4,400,000

<20X1년 말>	<재평가 전>		<재평가 후>
건물	₩25,000,000		₩27,500,000
감가상각누계액	(2,500,000)	× 1.1배 →	(2,750,000)
합계	₩22,500,000		₩24,750,000

<20X2년 말>	<재평가 전>		<재평가 후>
건물	₩27,500,000		₩33,000,000
감가상각누계액	(5,500,000)	× 1.2배 →	(6,600,000)
합계	₩22,000,000		₩26,400,000

물음 1)

① 20X1년 말 감가상각누계액 = ₩2,750,000

② 20X1년 말 재평가잉여금 = ₩2,250,000

물음 2)

① 20X2년 말 감가상각누계액 = ₩6,600,000

② 20X2년 말 재평가잉여금 = 2,250,000 + 4,400,000 = ₩6,650,000

물음 3)

20X3년 초 장부가치 = ₩26,400,000 (취득원가 ₩33,000,000, 감가상각누계액 ₩6,600,000)

20X3년 감가상각비 = 26,400,000 × 1/8 × 6/12 = ₩1,650,000

20X3년 7월 1일 장부가치 = 26,400,000 - 1,650,000

= ₩24,750,000 (취득원가 ₩33,000,000, 감가상각누계액 ₩8,250,000)

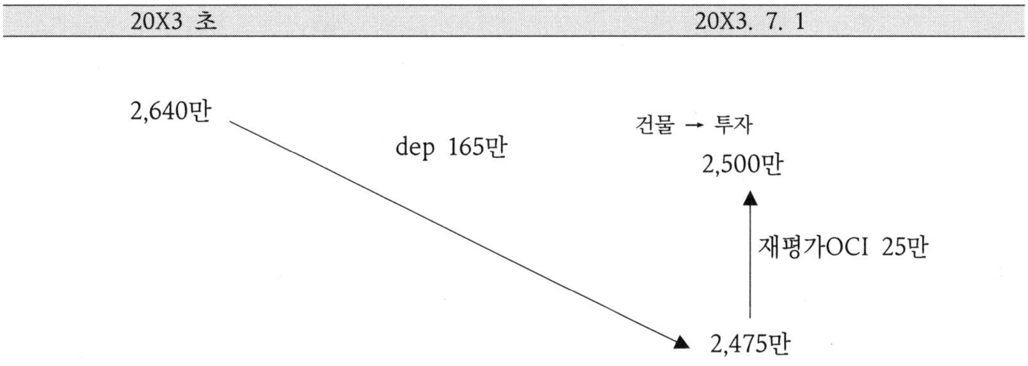

<20X3. 7. 1>	<재평가 전>		<재평가 후>
건물	₩33,000,000		₩33,333,333
감가상각누계액	(8,250,000)	× 1.0101 →	(8,333,333)
합계	₩24,750,000		₩25,000,000

① 재분류 직전 공장건물 감가상각누계액 = 6,600,000 + 1,650,000 = ₩8,250,000

② 재분류로 인하여 발생하는 재평가손익 = 25,000,000 - 24,750,000 = ₩250,000 (기타포괄이익)

<순액 회계처리>

20X3. 7. 1	(차)	감가상각비	1,650,000	(대)	건물	1,650,000
	(차)	건물	250,000	(대)	재평가잉여금(OCI)	250,000
	(차)	투자부동산	25,000,000	(대)	건물	25,000,000

<총액 회계처리>

20X3. 7. 1	(차)	감가상각비	1,650,000	(대)	감가상각누계액	1,650,000
	(차)	건물	333,333	(대)	재평가잉여금(OCI)	250,000
					감가상각누계액	83,333
	(차)	투자부동산	25,000,000	(대)	건물	33,333,333
		감가상각누계액	8,333,333			

<답안지 작성>

20X3. 7. 1	(차)	감가상각비	1,650,000	(대)	건물	33,000,000
		감가상각누계액	6,600,000		재평가잉여금(OCI)	250,000
		투자부동산	25,000,000			

문제 9
교환취득, 손상차손, 재평가모형 | (회계사 2021, 15점)

※ 다음의 각 물음은 독립적이다.

㈜대한의 유형자산과 관련된 다음의 <공통 자료>를 이용하여 각 물음에 답하시오.

<공통 자료>

1. ㈜대한의 20X1년 12월 31일 현재 재무상태표 상 유형자산은 다음과 같다.

계정과목	금액
토　　지	₩1,150,000
손상차손누계액	(　?　)
기계장치	₩2,000,000
감가상각누계액	(1,200,000)
손상차손누계액	(100,000)
건　　물	₩3,300,000

2. ㈜대한은 토지와 건물에 대해서는 재평가모형을 적용하고 있으며, 처분 부대원가는 무시할 수 없는 수준이다. 한편, 기계장치에 대해서는 원가모형을 적용하고 있다.
3. 재평가모형을 적용하여 장부금액을 조정하는 경우 기존의 감가상각누계액을 전액 제거하는 방법을 사용하며, 재평가잉여금을 이익잉여금으로 대체하지 않는다.
4. 20X2년 초 토지와 건물의 공정가치는 20X1년 말 공정가치와 동일하다.
5. ㈜대한은 토지를 2년 전인 20X0년 초 ₩1,100,000에 취득하였으며, 20X0년 말과 20X1년 말 공정가치와 회수가능액은 다음과 같다.

구분	20X0년 말	20X1년 말
공정가치	₩1,200,000	₩1,150,000
회수가능액	1,250,000	950,000

6. 20X1년 말 현재 기계장치는 취득 후 3년이 경과하였으며, 잔존가치 없이 정액법으로 감가상각한다. 또한 기계장치의 취득 이후 손상은 20X1년에 최초로 발생하였다.
7. 건물은 20X1년 초에 본사사옥으로 사용하기 위하여 ₩4,000,000에 취득(내용연수 4년, 잔존가치 ₩0, 정액법 상각)하였다.

물음 1)

다음의 <추가 자료 1>을 이용하여 답하시오.

<추가 자료 1>
1. ㈜대한은 20X2년 초 보유하고 있던 토지를 ㈜민국의 토지와 교환하면서 ₩100,000을 지급하였다. ㈜민국 토지의 장부금액은 ₩800,000이며 공정가치는 ₩1,200,000이다.
2. 교환은 상업적 실질이 있으며, ㈜대한의 토지공정가치가 ㈜민국의 토지 공정가치보다 더 명백하다.
3. ㈜대한이 교환으로 취득한 토지의 20X2년 말 공정가치는 ₩1,380,000이다.

<공통 자료>에 비어있는 20X1년 말 재무상태표 상 토지의 ① 손상차손누계액과 토지와 관련한 회계처리가 20X2년도 포괄손익계산서 상 ② 당기순이익에 미치는 영향 및 ③ 기타포괄이익에 미치는 영향을 각각 계산하시오. 단, 당기순이익이나 기타포괄이익이 감소하는 경우에는 금액 앞에 (-)를 표시하시오.

20X1년 말 손상차손누계액	①
20X2년 당기순이익에 미치는 영향	②
20X2년 기타포괄이익에 미치는 영향	③

물음 2)

다음의 <추가 자료 2>를 이용하여 답하시오.

<추가 자료 2>
1. ㈜대한이 20X2년에 기계장치의 내용연수와 잔존가치를 변경하여 내용연수는 2년 연장되고, 잔존가치는 ₩200,000으로 변경되었다.
2. 20X2년 말 기계장치에 손상징후가 존재하였으며, 기계장치의 20X2년 말 사용가치는 ₩670,000이고 순공정가치는 ₩700,000이다.

기계장치와 관련한 회계처리가 20X2년도 당기순이익에 미치는 영향을 계산하시오. 단, 당기순이익이 감소하는 경우에는 금액 앞에 (-)를 표시하시오.

당기순이익에 미치는 영향	①

물음 3)

다음의 <추가 자료 3>을 이용하여 답하시오.

<추가 자료 3>

1. ㈜대한은 20X2년 초에 ₩600,000을 지출하여 건물에 냉난방장치를 설치하였다. 동 지출은 자산의 인식 요건을 충족하나, 동 지출로 내용연수와 잔존가치의 변동은 없었다.
2. 20X2년 말 건물의 공정가치는 ₩2,500,000이다.
3. 20X2년 말 건물에 손상징후가 존재하였으며, 건물의 20X2년 말 순공정가치와 사용가치는 다음과 같다.

순공정가치	사용가치
₩2,200,000	₩2,000,000

건물과 관련하여 20X1년 말 재무상태표에 인식할 ① 재평가잉여금과 20X2년도 포괄손익계산서에 인식할 ② 감가상각비와 ③ 손상차손을 계산하시오.

20X1년 말 재평가잉여금	①
20X2년 감가상각비	②
20X2년 손상차손	③

해설

물음 1)

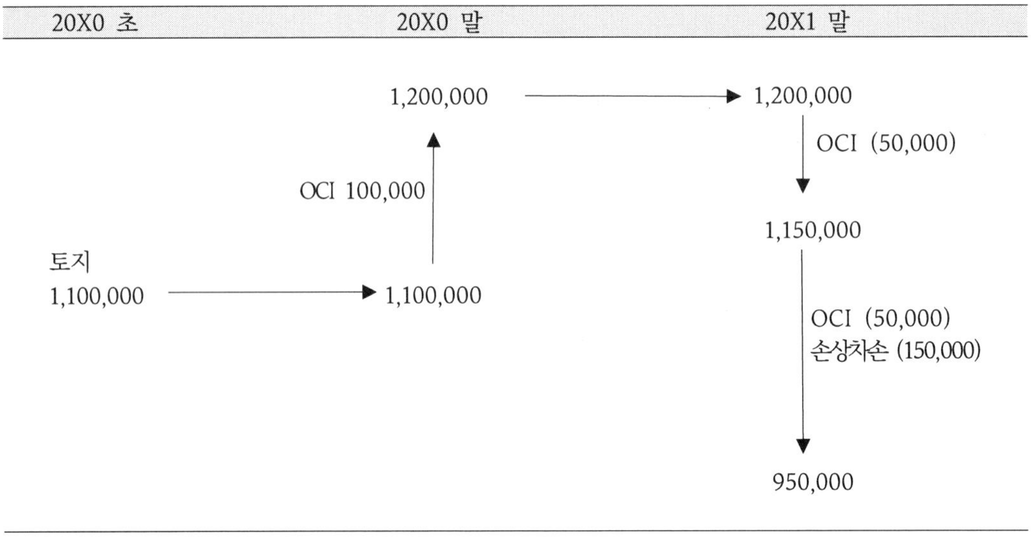

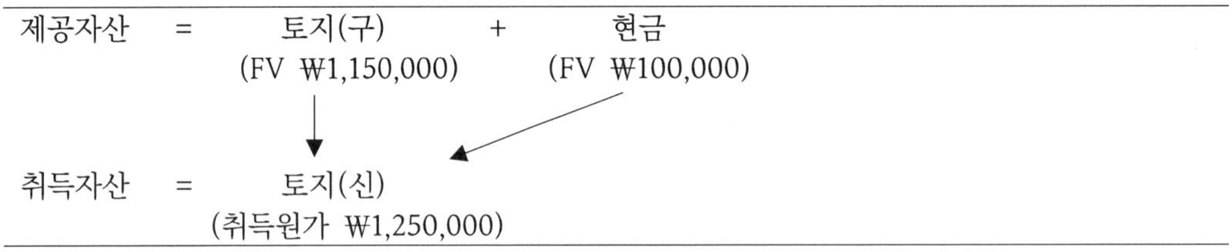

토지(구) 처분이익 = 1,150,000 - 950,000 = ₩200,000

토지(신) 재평가잉여금(OCI) = 1,380,000 - 1,250,000 = ₩130,000

① 20X1년 말 손상차손누계액 = ₩200,000

② 20X2년 당기순이익에 미치는 영향 = ₩200,000

③ 20X2년 기타포괄손익에 미치는 영향 = ₩130,000

<참고>

20X0. 1. 1	(차)	토지(구)	1,100,000	(대)	현금	1,100,000
20X0.12.31	(차)	토지(구)	100,000	(대)	재평가잉여금(OCI)	100,000
20X1.12.31	(차)	재평가잉여금(OCI)	50,000	(대)	토지(구)	50,000
	(차)	재평가잉여금(OCI)	50,000	(대)	손상차손누계액	200,000
		유형자산손상차손	150,000			
20X2. 1. 1	(차)	토지(신)	1,250,000	(대)	토지(구)	1,150,000
		손상차손누계액	200,000		현금	100,000
					유형자산처분이익	200,000
20X2.12.31	(차)	토지(신)	130,000	(대)	재평가잉여금(OCI)	130,000

물음 2)

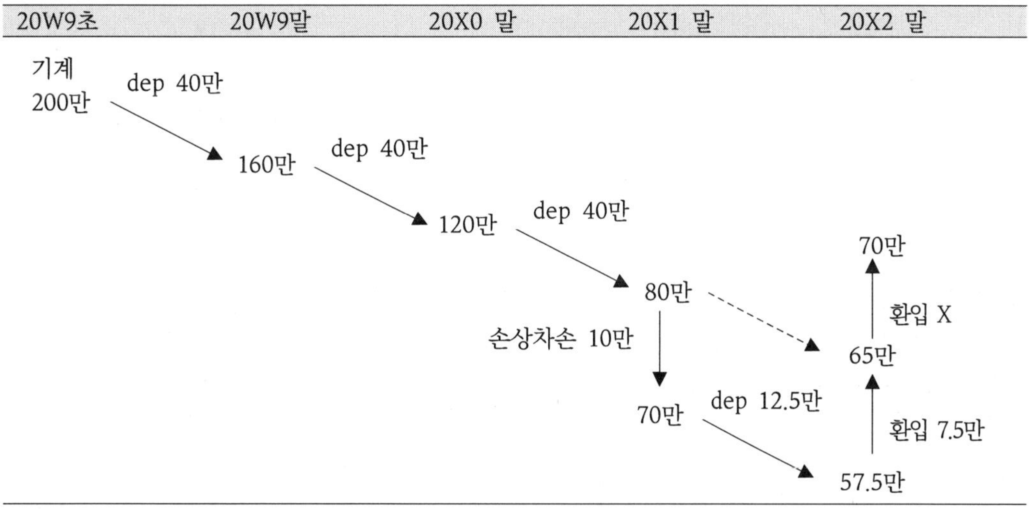

기계장치의 취득원가는 ₩2,000,000, 손상인식전 매년 감가상각비는 ₩400,000이므로 최초의 내용연수는 5년, 잔존가치 ₩0임을 알 수 있다.

20X2년 감가상각비 = (700,000 - 200,000) × 1/4 = ₩125,000

손상이 발생하지 않았을 경우의 20X2년 감가상각비 = (800,000 - 200,000) × 1/4 = ₩150,000

20X2년 말 손상환입 한도 = 800,000 - 150,000 = ₩650,000

① 20X2년 당기순이익 영향 = (125,000) + 75,000 = (-)₩50,000

물음 3)

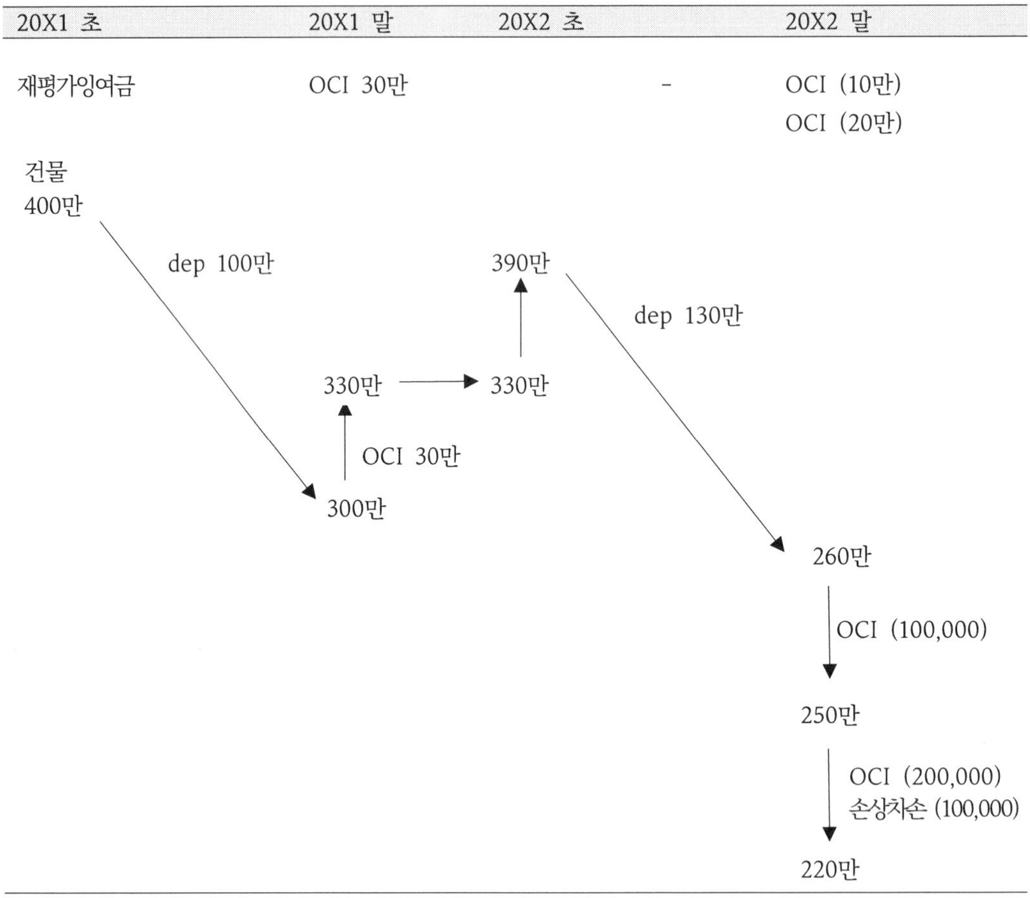

① 20X1년 말 재평가잉여금 = ₩300,000

② 20X2년 감가상각비 = 3,900,000 × 1/3 = ₩1,300,000

③ 20X2년 손상차손 = ₩100,000

문제 10
교환취득 | (세무사 2021, 10점)

㈜세무는 20X1년 1월 1일 자사 소유 건물을 ㈜국세의 건물과 교환하였다. 동 교환거래는 상업적 실질이 있고, ㈜세무의 건물 공정가치가 ㈜국세의 건물 공정가치보다 더 명백하며, ㈜세무는 ㈜국세로부터 공정가치 차이 ₩400,000을 현금수취하였다. 교환시점에 ㈜세무와 ㈜국세의 건물에 대한 장부금액과 공정가치는 다음과 같다.

	㈜세무	㈜국세
장부금액(순액)	₩1,400,000	₩1,300,000
공정가치	1,600,000	1,200,000

물음 1)

동 건물의 교환거래에 대하여, ① ㈜세무가 인식할 건물의 취득원가와 ② ㈜국세가 인식할 건물 취득원가를 계산하시오.

㈜세무가 인식할 건물 취득원가	①
㈜국세가 인식할 건물 취득원가	②

물음 2)

동 건물의 교환거래에 대하여, ① ㈜세무가 인식할 처분손익과 ② ㈜국세가 인식할 처분손익을 계산하시오. (단, 처분손실이 발생하면 금액 앞에 '(-)'를 표시하시오.)

㈜세무가 인식할 처분손익	①
㈜국세가 인식할 처분손익	②

해설

물음 1)

㈜세무의 입장

제공자산 = 세무건물
(FV ₩1,600,000)

취득자산 = 국세건물 + 현금 ₩400,000
(취득원가 ₩1,200,000) (취득원가 ₩400,000)

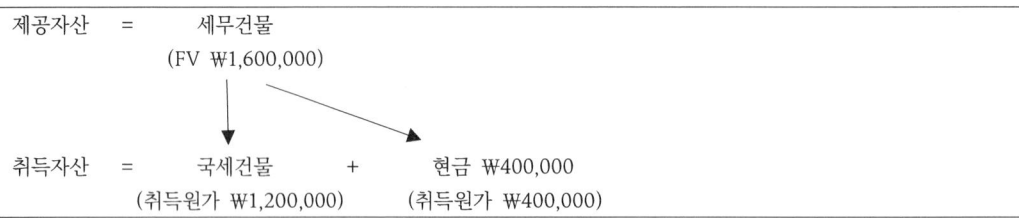

처분손익 = 1,600,000 - 1,400,000 = ₩200,000이익

㈜국세의 입장

(차)	세무건물	1,600,000	(대)	국세건물	1,300,000
	처분손실	100,000		현금	400,000

① ㈜세무가 인식할 건물 취득원가 = ₩1,200,000

② ㈜국세가 인식할 건물 취득원가 = ₩1,600,000

물음 2)

① ㈜세무가 인식할 처분손익 = ₩200,000

② ㈜국세가 인식할 처분손익 = (-)₩100,000

문제 11
재평가모형과 손상차손 | (세무사 2021, 20점)

㈜세무는 20X1년 1월 1일 기계장치를 취득하고(취득원가 ₩1,200,000, 내용연수 5년, 잔존가치 ₩0, 정액법 감가상각), 매년 말 재평가모형을 적용한다. 동 기계장치의 기말 장부금액은 기존의 감가상각누계액을 전액 제거하는 방법으로 조정하며, 재평가잉여금이 발생할 경우 자산을 사용하는 기간 중에 이익잉여금으로 대체하지 않는다. 또한, 동 기계장치에 대하여 손상징후를 검토하고 손상징후가 발견되면 이를 반영하는데, 처분부대원가는 무시할 수 없을 정도로 판단한다. 재평가와 자산손상을 적용하기 위한 연도별 자료는 다음과 같다.

	20X1년 말	20X2년 말	20X3년 말
공정가치	₩1,050,000	₩730,000	₩490,000
사용가치	1,090,000	680,000	470,000
순공정가치	1,020,000	690,000	480,000

물음 1)

㈜세무가 20X1년 말에 계상할 ① 손상차손과 ② 기타포괄손익을 계산하시오. (단, 손상차손 혹은 기타포괄손익이 없으면 0으로 표시하고, 기타포괄손실이 발생하면 금액 앞에 '(-)'를 표시하시오.)

손상차손	①
기타포괄손익	②

물음 2)

㈜세무가 20X2년 말에 계상할 ① 손상차손을 계산하시오.

손상차손	①

물음 3)

㈜세무가 20X3년 말에 보고할 ① 기타포괄손익을 계산하시오. (단, 기타포괄손실이 발생하면 금액 앞에 '(-)'를 표시하시오.)

기타포괄손익	①

해설

물음 1)

20X1 초	20X1 말		20X2 말		20X3 말
재평가잉여금	OCI 9만	-	OCI (5.75만) OCI (3.25만)	-	OCI 1.5만

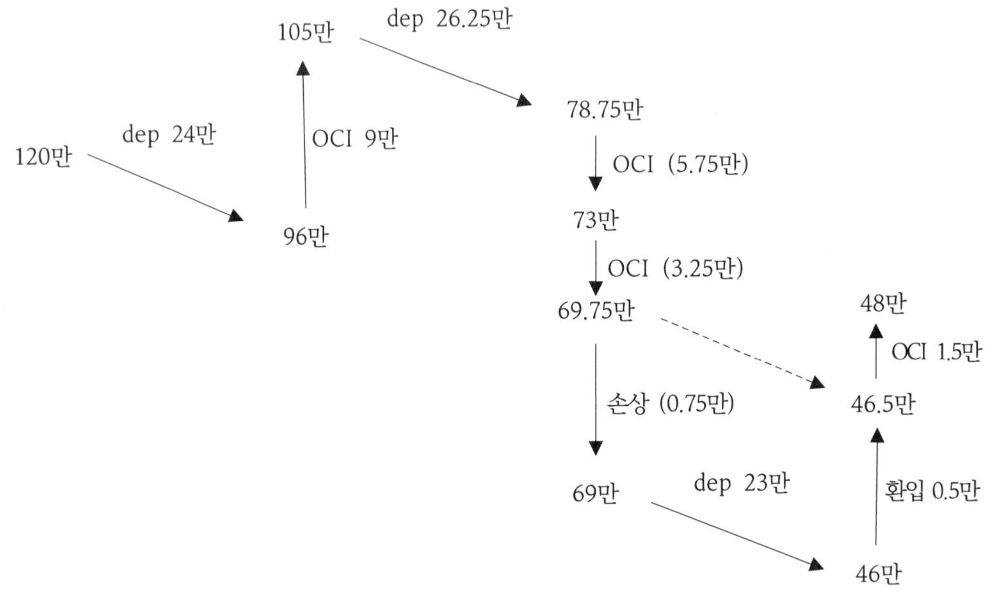

20X1년 감가상각비 = 1,200,000 × 1/5 = ₩240,000

20X2년 감가상각비 = 1,050,000 × 1/4 = ₩262,500

20X3년 감가상각비 = 690,000 × 1/3 = ₩230,000

20X1년 말 회수가능액 = max(1,090,000, 1,020,000) = ₩1,090,000

20X2년 말 회수가능액 = max(680,000, 690,000) = ₩690,000

20X3년 말 회수가능액 = max(470,000, 480,000) = ₩480,000

① 20X1년 손상차손 = ₩0

② 20X1년 기타포괄손익 = ₩90,000

물음 2)

① 20X2년 손상차손 = ₩7,500

<참고>

KIFRS_제1036호_자산손상 기준서에서는 손상차손을 자산 또는 현금창출단위의 장부금액이 회수가능액을 초과하는 금액이라고 정의한다. 따라서 20X2년 발생한 손상차손은 장부금액 ₩730,000과 회수가능액 ₩690,000의 차이인 ₩40,000이다. 그러나 출제자의 의도는 당기손익으로 반영할 손상차손을 물어본 것으로 보인다.

물음 3)

① 20X3년 기타포괄손익 = ₩15,000

문제 12
정부보조금, 복구원가, 별도감가상각 | (회계사 2023, 10점)

㈜대한의 유형자산과 관련된 다음의 <자료>를 이용하여 각 물음에 답하시오.

<자료>

(1) ㈜대한은 20X1년 1월 1일 주유소사업을 시작하면서 동 일자로 다음의 자산을 취득하였다.

(단위: ₩)

자산항목	취득금액	내용연수	잔존가치
주유기계	50,000,000	5년	10,000,000
저유설비	15,000,000	3년	3,000,000
배달트럭	12,000,000	4년	2,000,000

(2) 주유기계는 인공지능이 탑재된 설비로 정부산하 인공지능사업단으로부터 ₩20,000,000을 지원받아 취득하였다. 보조금에 대한 상환의무는 없고, 보조금은 자산의 장부금액 계산 시 차감하는 방법으로 회계처리한다.

(3) ㈜대한은 저유설비의 허가를 받으면서 저유설비의 내용연수 종료 시에 저유설비와 관련된 환경복구공사를 이행해야 하는 법적 의무를 부여받았다. 복구의무는 충당부채의 인식요건을 충족하며, 종료시점에 소요되는 복구원가는 저유설비 취득원가의 50%로 추정된다. 복구원가를 현재가치로 계상하기 위해 적용할 할인율은 연 10%이다(3기간, 이자율 10%, 단일금액 ₩1의 현재가치는 ₩0.7513148이다).

(4) 배달트럭의 주요 부품인 타이어는 2년마다 교체해야 할 것으로 추정하고 있다. 타이어 가격은 ₩5,000,000(잔존가치는 없으며, 취득 시에는 배달트럭 원가에 포함되어 있음)이며, 배달트럭을 구성하는 타이어의 원가가 배달트럭 전체원가에 비교하여 유의적이라고 가정한다.

(5) ㈜대한의 모든 자산은 정액법으로 감가상각을 하고 있으며, 원가모형을 적용하고 있다.

(6) 계산과정에서 발생하는 소수점은 소수점 아래 첫째자리에서 반올림한다(예: 1,029.6은 1,030으로 계산).

물음 1)

㈜대한이 20X1년도 포괄손익계산서에 계상해야 할 감가상각비를 감가상각 대상 자산 항목별로 구분하여 기재하시오.

물음 2)

20X3년 7월 1일에 주유기계를 ₩25,000,000에 처분하였을 경우 주유기계처분손익을 계산하시오. 단, 처분손실이 발생할 경우 금액 앞에 (-)를 표시하시오.

주유기계처분손익	①

물음 3)

저유설비와 관련하여 20X3년 말 실제 복구원가는 ₩7,000,000이었다. 20X3년도 ㈜대한의 저유설비와 관련한 회계처리가 20X3년도 포괄손익계산서 상 당기순이익에 미치는 영향을 계산하시오. 단, 당기순이익이 감소하는 경우 금액 앞에 (-)를 표시하시오.

당기순이익에 미치는 영향	①

해설

물음 1)

<주유기계>

감가상각비(보조금 차감 전)	(50,000,000 − 10,000,000) × 1/5 =	₩8,000,000
보조금상각	20,000,000 × 1/5 =	(4,000,000)
주유기계 감가상각비		₩4,000,000

<저유설비>

복구충당부채 = 7,500,000 × 0.7513148 = ₩5,634,861

저유설비 취득원가 = 15,000,000 + 5,634,861 = ₩20,634,861

저유설비 감가상각비 = (20,634,861 − 3,000,000) × 1/3 = ₩5,878,287

<배달트럭>

감가상각비(타이어제외)	(7,000,000 − 2,000,000) × 1/4 =	₩1,250,000
감가상각비(타이어)	5,000,000 × 1/2 =	2,500,000
배달트럭 감가상각비		₩3,750,000

물음 2)

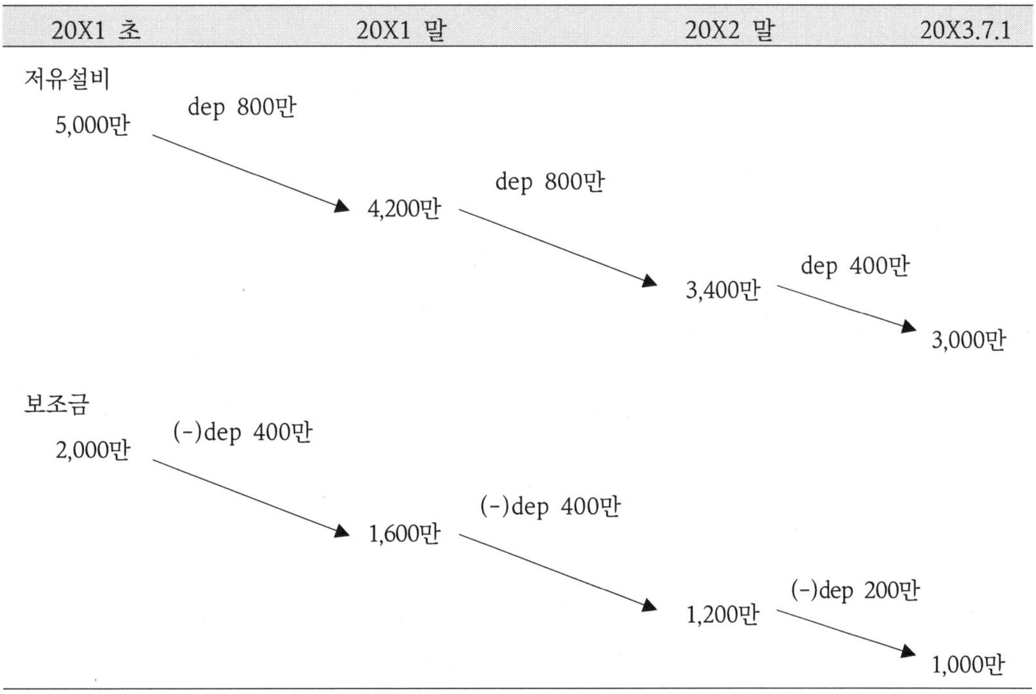

처분일 장부금액 = 30,000,000 - 10,000,000 = ₩20,000,000

① 주유기계처분손익 = 25,000,000 - 20,000,000 = ₩5,000,000 이익

물음 3)

이자비용	$5,634,861 \times 1.1^2 \times 10\%$ =	(₩681,818)
복구공사이익	7,500,000 - 7,000,000 =	500,000
감가상각비	(20,634,861 - 3,000,000) × 1/3 =	(5,878,287)
① 당기손익영향		(₩6,060,105)

문제 13
교환취득, 손상차손, 재평가모형 | (세무사 2023, 8점)

다음은 ㈜세무와 ㈜대한이 각각 보유한 영업용차량과 관련된 자료이다.

(1) 20X1년 1월 1일 ㈜세무와 ㈜대한은 원가모형을 적용하고 있는 다음과 같은 영업용차량을 서로 교환하면서 ㈜세무는 ㈜대한으로부터 현금 ₩20,000을 수취하였다.

구분	㈜세무	㈜대한
취득원가	₩400,000	₩600,000
감가상각누계액	150,000	400,000
공정가치	240,000	220,000

(2) 교환거래는 상업적 실질이 있으며, 취득한 자산과 제공한 자산 모두 공정가치를 신뢰성 있게 측정할 수 있다. ㈜세무가 소유한 영업용차량의 공정가치보다 ㈜대한이 소유한 영업용차량의 공정가치가 더 명백하다.

(3) ㈜세무는 ㈜대한으로부터 취득한 영업용차량에 대해 잔존내용연수는 5년, 잔존가치는 ₩20,000으로 추정하였으며, 정액법으로 감가상각한다. 동 영업용차량에 대해 원가모형을 적용하며, 20X2년 말과 20X3년 말 회수가능액은 각각 ₩110,000과 ₩95,000이다. ㈜세무는 20X2년 말에 영업용차량에 대해 손상차손이 20X3년 말에 손상차손환입이 발생하였다고 판단하였다.

(4) ㈜대한은 ㈜세무로부터 취득한 영업용차량에 대해 잔존내용연수는 4년, 잔존가치는 ₩0으로 추정하였으며, 연수합계법으로 감가상각한다. 동 영업용차량에 대해 재평가모형을 적용하며, 매년 말 공정가치로 재평가를 실시하고, 자산의 총장부금액에서 감가상각누계액을 제거하는 방법을 사용한다. 동 영업용차량의 20X1년 말과 20X2년 말의 공정가치는 각각 ₩160,000과 ₩50,000이다. ㈜대한은 동 영업용차량을 사용하는 기간 동안 손상차손이 발생하지 않은 것으로 판단하였으며, 재평가잉여금을 이익잉여금으로 대체하지 않는다.

물음 1)

㈜세무가 영업용차량과 관련하여 ① 20X2년 말 인식해야 할 손상차손, ② 20X3년 말 인식해야 할 손상차손환입을 계산하시오.

20X2년 말 인식해야 할 손상차손	①
20X3년 말 인식해야 할 손상차손환입	②

물음 2)

㈜대한의 영업용차량에 대한 회계처리가 ① 20X1년 기타포괄손익에 미치는 영향 ② 20X2년도 당기순이익에 미치는 영향을 계산하시오. (단, 기타포괄이익과 당기순이익이 감소하는 경우 금액 앞에 '(-)'를 표시하시오.)

20X1년도 기타포괄손익에 미치는 영향	①
20X2년도 당기순이익에 미치는 영향	②

해설

물음 1)

㈜세무 (취득자산 공정가치가 더 명백)

(차)	대한차량	220,000	(대)	세무차량	250,000
	현금	20,000			
	처분손실	10,000			

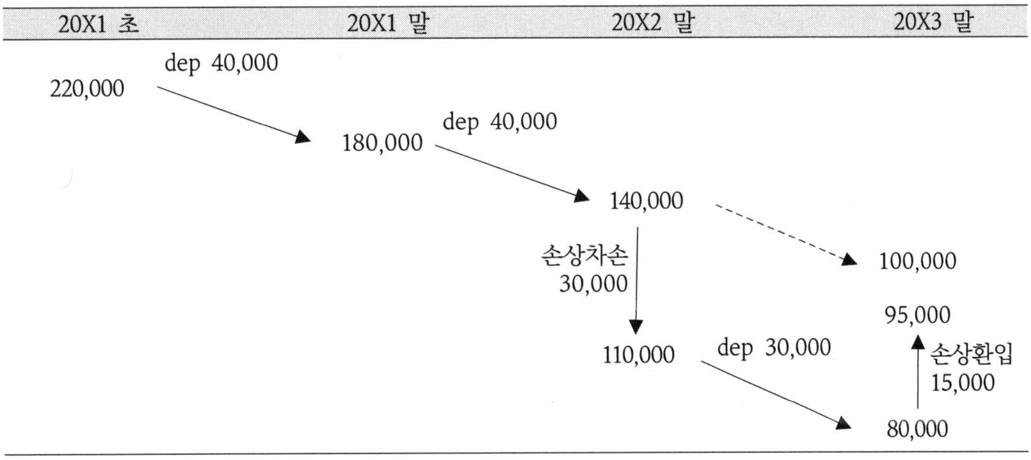

20X1년, 20X2년 감가상각비 = (220,000 - 20,000) × 1/5 = ₩40,000

20X3년 감가상각비 = (110,000 - 20,000) × 1/3 = ₩30,000

① 20X2년 말 손상차손 = ₩30,000

② 20X3년 말 손상차손환입 = ₩15,000

물음 2)

㈜대한 (제공자산 공정가치가 더 명백)

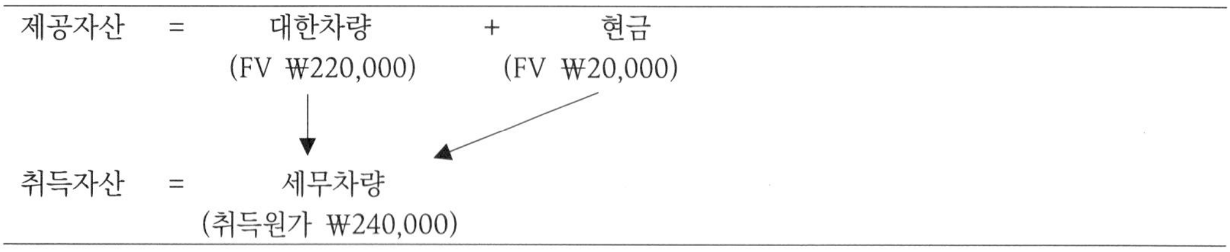

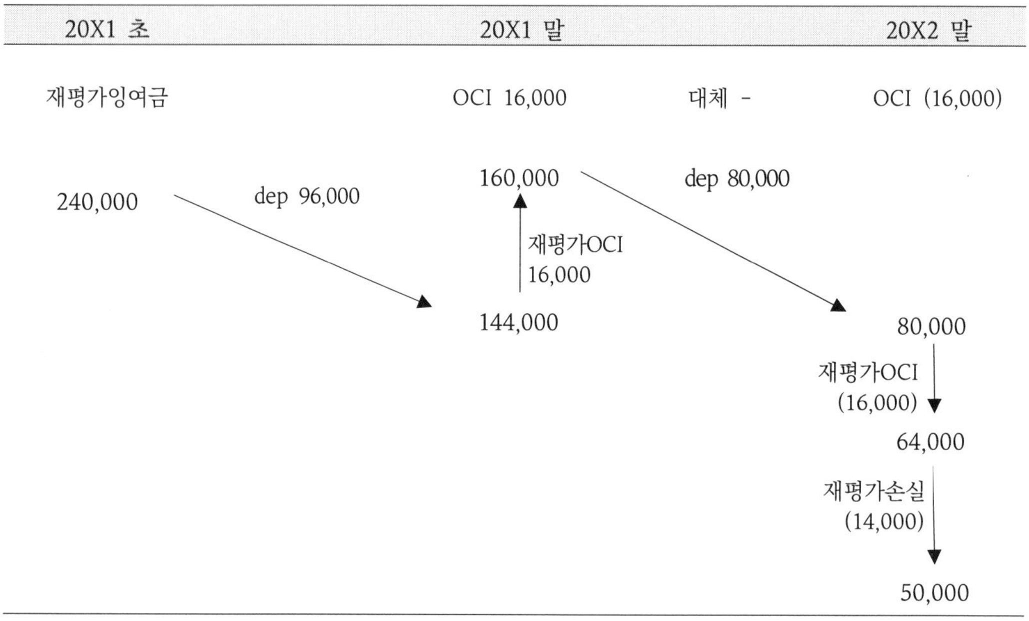

20X1년 감가상각비 = 240,000 × 4/10 = ₩96,000

20X2년 감가상각비 = 160,000 × 3/6 = ₩80,000

① 20X1년 기타포괄이익에 미치는 영향 = ₩16,000

② 20X2년 당기순이익에 미치는 영향 = (80,000) + (14,000) = (-)₩94,000

CHAPTER

제3장 무형자산

번호	내용	배점	난이도
1	재평가모형 (세무사 2015)	22점	Lv 1
2	연구비와 개발비 (세무사 2015)	8점	Lv 1
3	연구비와 개발비 (회계사 2020)	12점	Lv 1
4	무형자산의 인식, 측정, 상각 (회계사 2024)	10점	Lv 1

〈난이도 분류〉

세무사 동차생 : Lv 1까지 / 세무사 유예생 : Lv 2까지 / 회계사 동차생 : Lv 3까지 / 회계사 유예생 : Lv 4까지

문제 1
재평가모형 | (세무사 2015, 22점)

㈜대한은 20X1년 1월 1일 무형자산인 라이선스를 ₩100,000에 현금으로 취득하여 사용하기 시작하였다. 라이선스는 정액법(내용연수 5년, 잔존가치 없음)을 적용하여 상각하며, 상각누계액 계정을 사용한다. 라이선스에 대한 활성시장이 존재하며, ㈜대한은 라이선스에 대하여 매 회계기간 말 상각 후 재평가하는 회계처리를 적용하고 있다. 재평가시 상각누계액의 수정방법은 총장부금액과 상각누계액을 비례하여 수정하는 방법을 적용한다. 각 회계기간 말 현재 라이선스의 공정가치는 다음과 같다. 물음에 답하시오. (단, 손상차손은 고려하지 않음)

	20X1년 12월 31일	20X2년 12월 31일	20X3년 12월 31일
공정가치	₩92,000	₩55,200	₩40,480

물음 1)

㈜대한이 무형자산인 라이선스와 관련하여 당해 자산을 사용하면서 재평가잉여금을 이익잉여금으로 대체하지 않는 방법을 선택할 때, ①~③의 금액을 각각 계산하시오.

① 20X1년 말 재평가잉여금

② 20X2년도 비용으로 인식되는 재평가손실금액

③ 20X3년 말 재평가잉여금

물음 2)

㈜대한이 무형자산인 라이선스와 관련하여 당해 자산을 사용하면서 재평가잉여금을 이익잉여금으로 대체하는 방법을 선택할 때, ①~③의 금액을 각각 계산하시오.

① 20X2년 말 이익잉여금으로 대체되는 재평가잉여금

② 20X2년도 비용으로 인식되는 재평가손실금액

③ 20X3년도 수익으로 인식되는 재평가이익금액

해설

물음 1)

20X1 초	20X1 말		20X2 말		20X3 말
재평가잉여금	OCI 12,000	-	OCI (12,000)	-	OCI 1,880

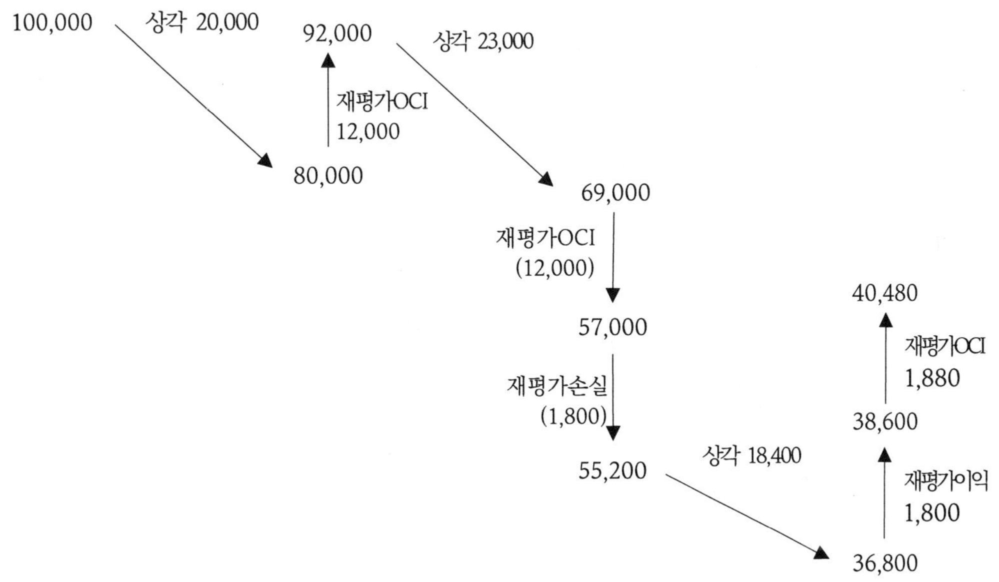

① 20X1년 말 재평가잉여금 = ₩12,000

② 20X2년도 비용으로 인식되는 재평가손실금액 = ₩1,800

③ 20X3년 말 재평가잉여금 = ₩1,880

물음 2)

	20X1 초	20X1 말		20X2 말		20X3 말
재평가잉여금		OCI 12,000	대체 (3,000)	OCI (9,000)	-	OCI 480

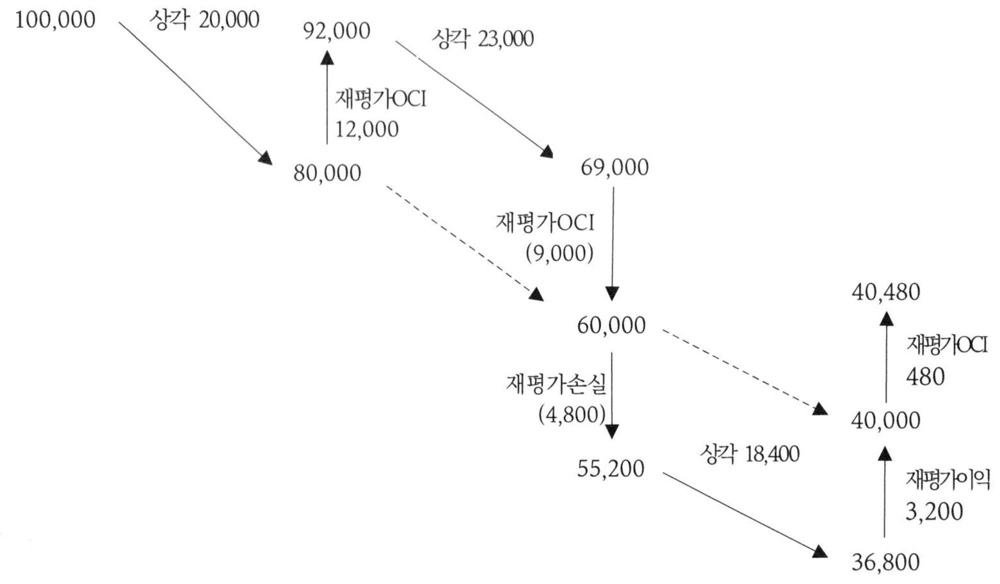

① 20X2년 말 이익잉여금으로 대체되는 재평가잉여금 = ₩3,000

② 20X2년도 비용으로 인식되는 재평가손실금액 = ₩4,800

③ 20X3년도 수익으로 인식되는 재평가이익금액 = ₩3,200

문제 2
연구비와 개발비 | (세무사 2015, 8점)

다음은 무형자산(개발비) 인식에 관한 자료이다. 물음에 답하시오.

물음 1)

개발활동에 속하는 지출이 무형자산(개발비)으로 인식되기 위해서는 'K-IFRS 제1038호 문단 57'의 6가지 사항을 모두 제시할 수 있어야 한다. 이 6가지 사항을 기술하시오.

물음 2)

㈜대한은 20X5년 중에 <보기>와 같은 지출을 하였다.

① 개발활동에 해당하는 지출을 <보기>에서 3개 고르시오.

② ㈜대한이 개발활동에 해당하는 지출 (위 ①)과 관련하여 [물음 1]의 무형자산(개발비)으로 인식되기 위한 6가지 사항을 모두 제시할 수 있을 때, ㈜대한의 20X5년 말 재무상태표에 표시되는 무형자산(개발비) 금액을 계산하시오. (단, 상각은 고려하지 않는다.)

<보기>

가. 신규 또는 개선된 재료, 장치, 제품, 공정, 시스템이나 용역에 대하여 최종적으로 선정된 안을 설계, 제작, 시험하는 활동과 관련된 지출 : ₩10,000

나. 생산이나 사용 전의 시제품과 모형을 설계, 제작, 시험과 관련된 지출 : ₩3,000

다. 연구결과나 기타 지식을 탐색, 평가, 최종선택, 응용하는 활동과 관련된 지출 : ₩5,000

라. 재료, 장치, 제품, 공정, 시스템이나 용역에 대한 여러 가지 대체안을 탐색하는 활동과 관련된 지출 : ₩5,000

마. 새로운 기술과 관련된 공구, 지그, 주형, 금형 등을 설계하는 활동과 관련된 지출 : ₩1,000

바. 새로운 지식을 얻고자 하는 지출 : ₩2,000

해설

물음 1)

(1) 무형자산을 사용하거나 판매하기 위해 그 자산을 완성할 수 있는 기술적 실현가능성
(2) 무형자산을 완성하여 사용하거나 판매하려는 기업의 의도
(3) 무형자산을 사용하거나 판매할 수 있는 기업의 능력
(4) 무형자산이 미래경제적효익을 창출하는 방법. 그 중에서도 특히 무형자산의 산출물이나 무형자산 자체를 거래하는 시장이 존재함을 제시할 수 있거나 또는 무형자산을 내부적으로 사용할 것이라면 그 유용성을 제시할 수 있다.
(5) 무형자산의 개발을 완료하고 그것을 판매하거나 사용하는 데 필요한 기술적, 재정적 자원 등의 입수가능성
(6) 개발과정에서 발생한 무형자산 관련 지출을 신뢰성 있게 측정할 수 있는 기업의 능력

물음 2)

① 가, 나, 마
② 개발비 = 10,000 + 3,000 + 1,000 = ₩14,000

문제 3
연구비와 개발비 | (회계사 2020, 12점)

다음의 〈자료〉를 이용하여 물음에 답하시오.

〈자료〉

(1) ㈜민국은 바이오신약 개발프로젝트 X와 Y를 진행 중에 있다. 프로젝트 X는 20X1년 6월 1일 임상 승인을 받아 무형자산의 인식기준을 충족하였으며, 이후 발생한 지출은 모두 자산화 요건을 충족한다. 프로젝트 Y는 20X1년 중 임상에 실패하여 개발을 중단하였다. 프로젝트X, Y와 관련된 지출액은 다음과 같으며, 프로젝트 X의 20X1년 지출액 중 6월 1일 이후에 지출한 금액은 ₩500,000이다.

구분	20X1년	20X2년
프로젝트 X	₩800,000	₩100,000*
프로젝트 Y	700,000	-

* 20X2년 1월 2일 지출금액임

20X2년 1월 3일 프로젝트 X의 개발이 종료되고 바로 제품에 대한 생산이 시작되었다. 개발비의 내용연수는 3년이고 잔존가치는 ₩0이며 연수합계법에 따라 상각한다. 상각은 월할계산을 원칙으로 한다.

(2) ㈜민국은 20X2년 1월 1일 제3자로부터 신약관련기술을 ₩500,000에 구입하고 기타무형자산으로 인식하였다. 기타무형자산의 내용연수는 5년, 잔존가치는 ₩0, 정액법으로 상각한다. 제3자로부터 구입한 신약관련기술에 대한 활성시장은 존재한다.

(3) ㈜민국은 개발비에 대해서는 원가모형을 적용하며, 기타무형자산에 대해서는 재평가모형을 적용한다. 20X2년 말과 20X3년 말 개발비의 회수가능액과 기타무형자산의 공정가치는 다음과 같다.

구분	개발비 회수가능액	기타무형자산 공정가치
20X2년 말	₩150,000	₩480,000
20X3년 말	200,000	280,000

(4) ㈜민국은 20X1년 1월 1일 토지사용과 관련하여 지방자치단체와 임대차계약을 체결하는 과정에서 지방자치단체 조례의 감면 요건을 충족하여, 임차료를 전액 면제받았다. ㈜민국은 면제받은 임차료의 공정가치 ₩1,000,000을 토지무상사용권으로 인식하였다. ㈜민국은 토지무상사용권이 소비되는 행태를 신뢰성 있게 결정할 수 없었으며, 토지무상사용권의 내용연수는 10년, 잔존가치는 ₩0으로 추정하였다.

물음 1)

개발프로젝트와 관련하여 ㈜민국이 20X1년 말 인식할 무형자산과 20X1년 비용을 계산하시오. (단, 20X1년 무형자산과 관련된 손상차손은 발생하지 않는다고 가정한다.)

무형자산	①
비용	②

물음 2)

㈜민국이 개발비와 관련하여 20X2년에 인식할 손상차손과 20X3년에 인식할 손상차손환입을 계산하시오. (단, 회수가능액이 장부금액보다 낮으면 손상징후가 있는 것으로 가정하며, 회수가능액이 장부금액보다 증가하는 것은 해당 자산의 용역잠재력 증가를 반영한 것으로 본다.)

20X2년 손상차손	①
20X3년 손상차손환입	②

물음 3)

㈜민국은 재평가잉여금을 사용하는 기간 동안 이익잉여금으로 대체하며, 대체분개 후 재평가를 수행한다. 매 보고기간 말 자산의 장부금액이 공정가치와 중요하게 차이가 나며, 손상차손은 발생하지 않았고, 발생한 비용 중 자본화된 금액은 없다. 기타무형자산과 관련된 회계처리가 ㈜민국의 20X3년 당기순이익 및 기타포괄이익에 미치는 영향을 계산하시오. (단, 당기순이익과 기타포괄이익이 감소하는 경우에는 (-)를 숫자 앞에 표시하시오.)

당기순이익에 미치는 영향	①
기타포괄이익에 미치는 영향	②

물음 4)

토지무상사용권과 관련된 회계처리가 ㈜민국의 20X1년 당기순이익에 미치는 영향을 계산하시오. (단, 당기순이익이 감소하는 경우에는 (-)를 숫자 앞에 표시하시오.)

당기순이익에 미치는 영향	①

물음 5)

기업회계기준서 제1038호 '무형자산'의 정의에서는 영업권과 구별하기 위해 무형자산이 식별가능할 것을 요구한다. 무형자산의 식별가능성이 무엇인지 간략히 서술하시오.

해설

물음 1)

① 20X1년 말 무형자산 = ₩500,000

② 20X1년 비용 = 300,000 + 700,000 = ₩1,000,000

물음 2)

① 20X2년 손상차손 = ₩150,000

② 20X3년 손상차손환입 = ₩50,000

20X2. 1. 3	20X2 말	20X3 말

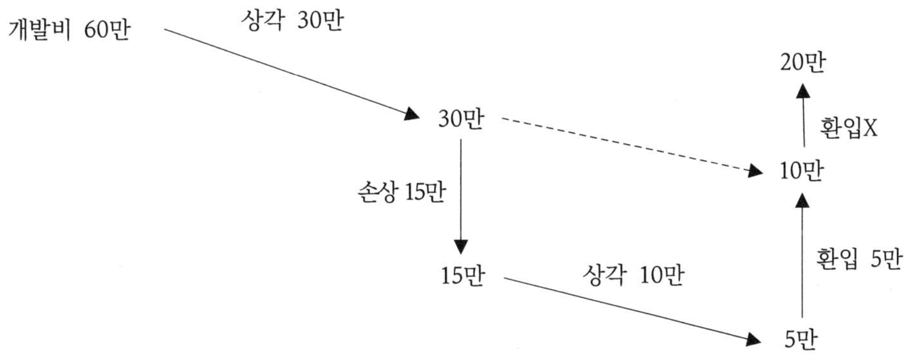

20X1년 무형자산상각비 = 600,000 × 3/6 = ₩300,000

20X2년 무형자산상각비 = 150,000 × 2/3 = ₩100,000

물음 3)

① 20X3년 당기손익영향 = (120,000) + (20,000) = (-)₩140,000

② 20X3년 기타포괄손익영향 = (-)₩60,000

20X2 초	20X2 말		20X3 말
재평가잉여금	OCI 8만	대체 (2만)	OCI (6만)

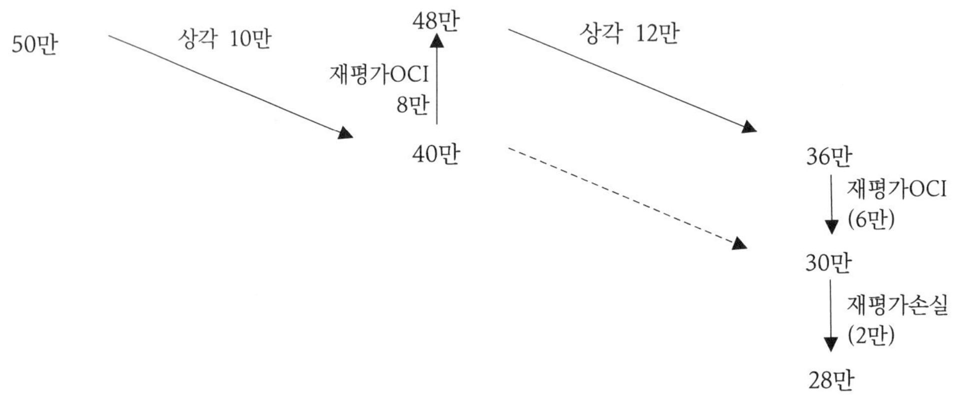

물음 4)

〈자산차감법을 적용하는 경우〉

20X1. 1. 1	(차)	토지사용권	1,000,000	(대)	정부보조금	1,000,000
20X1.12.31	(차)	무형자산상각비	100,000	(대)	토지사용권	100,000
	(차)	정부보조금	100,000	(대)	무형자산상각비	100,000

〈이연수익법을 적용하는 경우〉

20X1. 1. 1	(차)	토지사용권	1,000,000	(대)	이연보조금수익	1,000,000
20X1.12.31	(차)	무형자산상각비	100,000	(대)	토지사용권	100,000
	(차)	이연보조금수익	100,000	(대)	보조금수익	100,000

① 20X1년 당기손익영향 = (100,000) + 100,0000 = ₩0

물음 5)

자산은 다음 중 하나에 해당하는 경우에 식별가능하다.

(1) 자산이 분리가능하다. 즉, 기업의 의도와는 무관하게 기업에서 분리하거나 분할할 수 있고, 개별적으로 또는 관련된 계약, 식별가능한 자산이나 부채와 함께 매각, 이전, 라이선스, 임대, 교환할 수 있다.

(2) 자산이 계약상 권리 또는 기타 법적 권리로부터 발생한다. 이 경우 그러한 권리가 이전가능한지 여부 또는 기업이나 기타 권리와 의무에서 분리가능한지 여부는 고려하지 아니한다.

문제 4
무형자산의 인식, 측정, 상각 | (회계사 2024, 10점)

㈜대한은 기능성 운동복을 생산하여 판매하는 회사이다. ㈜대한이 인식하는 무형자산은 자산의 경제적 효익이 소비될 것으로 예상되는 형태를 신뢰성있게 결정할 수 없으며, ㈜대한은 원가모형을 적용하고 있다. 다음의 <자료>를 이용하여 <요구사항>에 답하시오.

<자료>

1. ㈜대한은 20X1년 1월 1일 경쟁입찰을 통해 특허권을 ₩500,000에 취득하였다. 이 특허권은 향후 10년 간 현금유입에 기여할 것으로 추정된다. ㈜대한은 5년 후 업종변경을 계획하고 있어 변경하기 전까지 이 특허권을 사용할 계획이다. 이에 경쟁입찰에서 탈락한 ㈜민국은 5년 후 본 특허권을 양도할 것을 제안하였고, ㈜대한은 특허권 구입과 동시에 5년 후 ㈜민국에게 취득가액의 50%에 매도하기로 약정하였다. 20X3년에 특허권 침해사건으로 인해 법적소송이 발생하였으나 소송에서 승소하여 특허권의 미래경제적효익은 유지되었다. 본 소송과 관련하여 ₩150,000의 법률대리인비용을 20X3년 1월 1일에 지출하였다.

2. ㈜대한이 생산하는 제품과 유사한 제품을 생산하는 ㈜한국이 보유하고 있던 고객목록을 20X1년 1월 1일 ₩200,000에 구입하였다. 의류는 5년을 주기로 소비자의 취향이 바뀌는 관계로 본 고객목록은 구입시점으로부터 5년 간 사용할 수 있을 것으로 추정하였다. 다만, ㈜한국의 고객목록을 ㈜대한이 활용하기 위해서는 고객목록 데이터의 보정이 필요하여 구입시점부터 1년 간 보정작업을 수행하였다.

3. 20X2년 1월 1일 ㈜대한은 의류생산기계를 기계가동을 위해 필요한 2개의 소프트웨어와 함께 ₩10,000,000에 일괄구입하였다. 기계와 소프트웨어 A, B의 공정가치는 각각 ₩7,000,000, ₩3,000,000, ₩2,000,000이다. 다만 소프트웨어 A가 없더라도 의류생산기계의 사용은 가능하나 소프트웨어 A를 사용할 경우 기계의 효율성이 높아진다. 반면에 소프트웨어 B 없이는 의류생산기계의 가동이 불가능하며 소프트웨어 B로부터 발생하는 미래경제적효익은 확인할 수 없다. 동종업종에서 10년 전 소프트웨어 A, B를 모두 사용해 본 결과 각각 3년 간 경제적효익이 발생하였으나, ㈜대한이 20X2년 1월 1일 진부화를 고려하여 추정한 결과 2년 간 경제적효익이 발생할 것으로 예상되었다. 그러나 본 소프트웨어의 효익에 대한 제3자의 접근을 법적으로 통제할 수 있는 기간은 5년이다.

4. ㈜대한은 20X3년 1월 1일 자체 생산한 의류의 판매촉진과 광고를 위해 웹 사이트를 개발하였다. 개발에 들어간 금액은 ₩300,000이며, 웹 사이트를 운영하기 위한 직원의 훈련비 ₩100,000이 지출되었다. 이 웹 사이트는 3년 간 사용가능할 것으로 추정하였다.

<요구사항 1>

㈜대한이 20X1년, 20X2년, 20X3년에 인식할 무형자산상각비를 각각 계산하시오.

20X1년 무형자산상각비	①
20X2년 무형자산상각비	②
20X3년 무형자산상각비	③

<요구사항 2>

㈜대한은 20X3년에 자체 브랜드인 바바패션을 런칭하였다. 브랜드 개발에 지출된 금액은 ₩200,000이다. ㈜대한이 지출한 브랜드 개발금액 ₩200,000을 무형자산으로 인식할 수 있는지 여부와 그 이유를 각각 서술하시오.

인식 여부	①
이유	②

해설

<요구사항 1>

<특허권>

20X3년 초 발생한 소송비용은 자산의 성능유지를 위한 수익적 지출의 성격이므로 무형자산으로 인식하지 않는다.

20X1년 무형자산상각비 = (500,000 - 250,000) × 1/5 = ₩50,000

20X2년 무형자산상각비 = (500,000 - 250,000) × 1/5 = ₩50,000

20X3년 무형자산상각비 = (500,000 - 250,000) × 1/5 = ₩50,000

<고객목록>

보정 후 20X2년 초부터 사용하기 시작하였으므로 20X2년 초부터 4년에 걸쳐 상각한다.

20X2년 무형자산상각비 = 200,000 × 1/4 = ₩50,000

20X3년 무형자산상각비 = 200,000 × 1/4 = ₩50,000

<소프트웨어>

소프트웨어A는 별도의 무형자산으로 식별되며, 소프트웨어B는 별도의 무형자산으로 식별되지 않는다. 소프트웨어B는 유형자산의 일부에 해당한다.

소프트웨어A 취득원가 = 10,000,000 × 3,000,000/12,000,000 = ₩2,500,000

20X2년 무형자산상각비 = 2,500,000 × 1/2 = ₩1,250,000

20X3년 무형자산상각비 = 2,500,000 × 1/2 = ₩1,250,000

<웹사이트>

판매촉진과 광고를 목적으로 하는 웹사이트이므로 무형자산으로 인식하지 않고 발생한 비용을 광고비, 교육훈련비 등으로 처리한다.

① 20X1년 무형자산상각비 = ₩50,000

② 20X2년 무형자산상각비 = 50,000 + 50,000 + 1.250,000 = ₩1,350,000

③ 20X3년 무형자산상각비 = 50,000 + 50,000 + 1,250,000 = ₩1,350,000

<요구사항 2>

① 무형자산으로 인식하지 않는다.

② 자가창출 브랜드와 이와 유사한 항목은 원가를 신뢰성 있게 측정할 수 없으므로 무형자산으로 인식하지 않는다.

MEMO

CHAPTER

제4장 차입원가자본화

번호	내용	배점	난이도
1	특정차입금의 일시투자와 정부보조금 (회계사 2018)	6점	Lv 2
2	자본화중단과 정부보조금 (회계사 2022)	14점	Lv 3
3	특정차입금의 일시투자 (세무사 2022)	6점	Lv 1

〈난이도 분류〉
세무사 동차생 : Lv 1까지 / 세무사 유예생 : Lv 2까지 / 회계사 동차생 : Lv 3까지 / 회계사 유예생 : Lv 4까지

문제 1
특정차입금의 일시투자와 정부보조금 | (회계사 2018, 6점)

㈜대한의 공장건물 신축과 관련한 아래의 자료를 이용하여 물음에 답하시오.

〈관련 자료〉

(1) 공장건물 신축공사는 20X1년 4월 1일에 개시되어 20X2년 9월 30일에 완공되었다.

(2) 공장건물 신축과 관련된 공사비 지출 내역은 다음과 같다.

일자	금액
20X1년 4월 1일	₩20,000,000
20X1년 10월 1일	30,000,000
20X2년 4월 1일	40,000,000

(3) ㈜대한의 차입금 내역은 다음과 같으며 이자는 모두 상환일에 지급한다.

차입금	차입일	차입금액	상환일	연 이자율
특정차입금 A	20X1. 3.1	₩10,000,000	20X2. 2.28	6%
일반차입금 B	20X1.11.1	12,000,000	20X2.10.31	6%
일반차입금 C	20X2. 7.1	10,000,000	20X3. 6.30	4%

(4) 특정차입금 A는 20X1년 3월 1일부터 20X1년 5월 31일까지 연 이자율 3%의 금융상품에 일시 예입하였으며, 일반차입금 C는 20X2년 7월 1일부터 한달간 연 이자율 3%의 금융상품에 일시 예입하였다.

(5) ㈜대한은 공장건물 신축과 관련하여 20X1년 4월 1일에 ₩12,000,000의 정부보조금을 수령하여 전액 공사비로 지출하였다.

물음 1)

20X1년도 공장건물 신축과 관련한 자본화가능차입원가를 계산하시오.

물음 2)

20X2년 공장건물 신축과 관련한 자본화가능차입원가를 계산하시오. 단, 20X1년에 자본화한 차입원가는 20X2년도 지출액 계산에 포함시키지 않으며 이자율은 소수점 아래 둘째자리에서 반올림하여 첫째 자리로 계산하시오. (예: 5.67%는 5.7%로 계산)

해설

물음 1)

<20X1년 자본화 차입원가>

4/1　8,000,000 × 9/12 = 6,000,000
10/1　30,000,000 × 3/12 = 7,500,000

연평균지출액 ₩13,500,000
- 특정차입금 : 7,500,000 × 6% = 450,000
- (1,666,667) × 3% = (50,000)
- 일반차입금 : 7,666,667 × 6% = 460,000

특정차입금 연평균 차입액 = 10,000,000 × 9/12 = ₩7,500,000
특정차입금 연평균 일시투자액 = 10,000,000 × 2/12 = ₩1,666,667

	차입금 A (6%)	차입금 B (6%)
연평균차입액	10,000,000 × 1/12 = ₩833,333	12,000,000 × 2/12 = ₩2,000,000
가중평균차입이자율	6%	
일반차입금 한도	833,333 × 6% + 2,000,000 × 6% = ₩170,000	

20X1년 자본화할 차입원가 = 450,000 + (50,000) + 170,000 = ₩570,000

<참고>

특정차입금의 차입일은 3월 1일, 자본화기간의 시작은 4월 1일이다. 자본화기간 이전에 차입한 금액은 일반차입금에 해당한다. 따라서 3월 한 달간의 일시투자는 일반차입금의 일시투자에 해당한다.

물음 2)

<20X2년 자본화 차입원가>

1/1　38,000,000 × 9/12 = 28,500,000
4/1　40,000,000 × 6/12 = 20,000,000

연평균지출액 ₩48,500,000
- 특정차입금 : 1,666,667 × 6% = 100,000
- 일반차입금 : 46,833,333 × 5.3% = 2,482,167

특정차입금 연평균 차입액 = 10,000,000 × 2/12 = ₩1,666,667

	차입금 B (6%)	차입금 C (4%)
연평균차입액	12,000,000 × 10/12 = ₩10,000,000	10,000,000 × 6/12 = ₩5,000,000
가중평균차입이자율	6% × 1,000만/1,500만 + 4% × 500만/1,500만 = 5.3%	
일반차입금 한도	10,000,000 × 6% + 5,000,000 × 4% = ₩800,000	

20X2년 자본화할 차입원가 = 100,000 + 800,000 = ₩900,000

문제 2
자본화중단과 정부보조금 | (회계사 2022, 14점)

※ 다음의 각 물음은 독립적이다.

㈜대한의 공장건물 신축과 관련한 다음의 <자료>를 이용하여 물음에 답하시오.

<자료>

1. 20X1년 4월 1일 ㈜대한은 ㈜민국과 도급계약을 체결하였으며, 동 건설공사는 20X3년 3월 31일에 완공되었다. ㈜대한의 공장건물은 차입원가 자본화 적격자산에 해당한다.
2. 동 공사와 관련된 공사비 지출 내역은 다음과 같다.

일자	공사비 지출액
20X1년 8월 1일	₩120,000
20X1년 9월 1일	1,500,000
20X2년 4월 1일	3,000,000
20X2년 12월 1일	1,500,000

3. 상기 공사비 지출 내역 중 20X1년 8월 1일 ₩120,000은 물리적인 건설공사 착공 전 각종 인허가를 얻기 위한 활동에서 발생한 것이다.
4. ㈜대한의 차입금 내역은 다음과 같으며, 모든 차입금은 매년 말 이자지급 조건이다.

차입금	차입금액	차입일	상환일	연이자율
특정차입금A	₩900,000	20X1. 8. 1	20X2 .8.31	6%
특정차입금B	1,800,000	20X2.11. 1	20X3. 3.31	7%
일반차입금C	1,000,000	20X1. 1. 1	20X3. 9.30	8%
일반차입금D	500,000	20X1. 7. 1	20X4. 6.30	10%

5. ㈜대한은 20X2년 12월 1일에 ₩300,000의 정부보조금을 수령하여 즉시 동 공장건물을 건설하는데 모두 사용하였다.
6. ㈜대한은 전기 이전에 자본화한 차입원가는 연평균 지출액 계산 시 포함하지 아니하며, 연평균 지출액과 이자비용은 월할계산한다.
7. 자본화이자율은 소수점 아래 둘째자리에서 반올림한다(예: 5.67%는 5.7%로 계산).

물음 1)

㈜대한이 20X1년~20X3년에 자본화할 차입원가를 계산하시오.

구분	20X1년	20X2년	20X3년
특정차입금 자본화 차입원가	①	③	⑤
일반차입금 자본화 차입원가	②	④	⑥

물음 2)

㈜대한은 ㈜민국과 상기 도급계약의 일부 조항 해석에 대한 이견이 발생하여, 20X3년 1월 한 달 동안 적격자산에 대한 적극적인 개발활동을 중단하였다. 이 기간 동안 상당한 기술 및 관리활동은 진행되지 않았으며, 이러한 일시적 지연이 필수적인 경우도 아니어서 ㈜대한은 동 기간 동안 차입원가의 자본화를 중단하였다. 이 때, ㈜대한이 20X3년 자본화할 차입원가를 계산하시오. 단, 동 건설공사는 예정대로 20X3년 3월 31일에 완공되었다.

구분	20X3년
특정차입금 자본화 차입원가	①
일반차입금 자본화 차입원가	②

해설

물음 1)

<20X1년 차입원가자본화>

8/1	120,000 × 5/12 =	₩50,000
9/1	1,500,000 × 4/12 =	500,000
	연평균지출액	₩550,000

- 특정차입금 : 375,000 × 6% = ₩22,500
- 일반차입금 : 175,000 × 8.4% = 14,700

특정차입금A 연평균 차입액 = 900,000 × 5/12 = ₩375,000

	일반차입금 C (8%)	일반차입금 D (10%)
연평균차입액	100만 × 12/12 = ₩100만	50만 × 6/12 = ₩25만
가중평균차입이자율	8% × 100만/125만 + 10% × 25만/125만 = 8.4%	
일반차입금 한도	100만 × 8% + 25만 × 10% = ₩105,000	

① 20X1년 특정차입금 자본화차입원가 = ₩22,500

② 20X1년 일반차입금 자본화차입원가 = ₩14,700

<20X2년 차입원가자본화>

1/1	1,620,000 × 12/12 =	₩1,620,000
4/1	3,000,000 × 9/12 =	2,250,000
12/1	1,200,000 × 1/12 =	100,000
	연평균지출액	₩3,970,000

- 특정차입금 : 600,000 × 6% = ₩36,000
- 300,000 × 7% = 21,000
- 일반차입금 : 3,070,000 × 8.7% = 267,090

특정차입금A 연평균 차입액 = 900,000 × 8/12 = ₩600,000

특정차입금B 연평균 차입액 = 1,800,000 × 2/12 = ₩300,000

	일반차입금 C (8%)	일반차입금 D (10%)
연평균차입액	100만 × 12/12 = ₩100만	50만 × 12/12 = ₩50만
가중평균차입이자율	8% × 100만/150만 + 10% × 50만/150만 = 8.7%	
일반차입금 한도	100만 × 8% + 50만 × 10% = ₩130,000	

③ 20X2년 특정차입금 자본화차입원가 = 36,000 + 21,000 = ₩57,000

④ 20X2년 일반차입금 자본화차입원가 = ₩130,000

<20X3년 차입원가자본화>

1/1　　5,820,000 × 3/12 = ₩1,455,000

연평균지출액　₩1,455,000

- 특정차입금 : 450,000 × 7% = ₩31,500
- 일반차입금 : 1,005,000 × 8.8% = 88,440

특정차입금B 연평균 차입액 = 1,800,000 × 3/12 = ₩450,000

	일반차입금 C (8%)	일반차입금 D (10%)
연평균차입액	100만 × 9/12 = ₩75만	50만 × 12/12 = ₩50만
가중평균차입이자율	8% × 75만/125만 + 10% × 50만/125만 = 8.8%	
일반차입금 한도	75만 × 8% + 50만 × 10% = ₩110,000	

⑤ 20X3년 특정차입금 자본화차입원가 = ₩31,500

⑥ 20X3년 일반차입금 자본화차입원가 = ₩88,440

물음 2)

<20X3년 차입원가자본화>

1/1　　5,820,000 × 2/12 = ₩970,000

연평균지출액　₩970,000

- 특정차입금 : 300,000 × 7% = ₩21,000
- 일반차입금 : 670,000 × 8.6% = 57,620

특정차입금B 연평균 차입액 = 1,800,000 × 2/12 = ₩300,000

	일반차입금 B (7%)	일반차입금 C (8%)	일반차입금 D (10%)
연평균차입액	180만 × 1/12 = ₩15만	100만 × 9/12 = ₩75만	50만 × 12/12 = ₩50만
가중평균차입이자율	7% × 15만/140만 + 8% × 75만/140만 + 10% × 50만/140만 = 8.6%		
일반차입금 한도	15만 × 7% + 75만 × 8% + 50만 × 10% = ₩120,500		

① 20X3년 특정차입금 자본화차입원가 = ₩21,000

② 20X3년 일반차입금 자본화차입원가 = ₩57,620

<참고>

특정차입금은 자본화 중단기간 동안 일반차입금으로 전환된다고 가정한다.

문제 3
특정차입금의 일시투자 | (세무사 2022, 6점)

㈜세무는 20X1년 4월 1일 구축물 건설을 시작하여 20X2년 12월 31일 완료하였다. 아래 ① ~ ⑥은 각각 얼마인가? (단, 20X2년 적격자산 평균지출액 계산 시 20X1년 자본화 차입원가는 고려하지 않는다. 또한, 이자비용과 평균지출액은 월할 계산하며, 일반차입금 자본화 이자율은 퍼센트 기준으로 소수 둘째자리에서 반올림(예 : 12.36% ➜ 12.4%)하시오.)

1) 구축물 건설관련 공사대금의 지출내역은 다음과 같다.

20X1. 4. 1	20X1.10. 1	20X2. 1. 1	20X2.10. 1
₩600,000	₩900,000	₩300,000	₩1,200,000

2) 구축물 건설과 관련된 차입금 내역은 다음과 같다.

은행명	차입금액	연 이자율	차입기간	분류
AA은행	₩800,000	4%	20X1. 4. 1. ~ 20X2.12.31.	특정차입금
BB은행	₩600,000	6%	20X1. 4. 1. ~ 20X2. 6.30.	일반차입금
CC은행	₩900,000	9%	20X1.10. 1. ~ 20X2. 4.30.	일반차입금

3) AA은행의 차입금 중 ₩200,000은 20X1년 중 3개월 동안 일시투자로 연 3%의 투자수익을 창출하였다.

20X1년	
특정차입금 자본화 차입원가	①
일반차입금 자본화 이자율	②
일반차입금 자본화 차입원가	③
20X2년	
특정차입금 자본화 차입원가	④
일반차입금 자본화 이자율	⑤
일반차입금 자본화 차입원가	⑥

해설

<20X1년 차입원가자본화>

4/1	600,000 × 9/12 =	₩450,000
10/1	900,000 × 3/12 =	225,000
	연평균지출액	₩675,000

특정차입금 :	600,000 × 4% =	₩24,000
	(50,000) × 3% =	(1,500)
일반차입급 :	125,000 × 7% =	8,750

특정차입금 연평균차입액 = 800,000 × 9/12 = ₩600,000

특정차입금 연평균일시투자액 = 200,000 × 3/12 = ₩50,000

	일반차입금 BB (6%)	일반차입금 CC (9%)
연평균차입액	600,000 × 9/12 = ₩450,000	900,000 × 3/12 = ₩225,000
가중평균차입이자율	6% × 450,000/675,000 + 9% × 225,000/675,000 = 7%	
일반차입금 한도	675,000 × 7% = ₩47,250	

① 특정차입금 자본화 차입원가 = 24,000 + (1,500) = ₩22,500

② 일반차입금 자본화 이자율 = 7%

③ 일반차입금 자본화 차입원가 = ₩8,750

<20X2년 차입원가자본화>

1/1	1,500,000 × 12/12 =	₩1,500,000
1/1	300,000 × 12/12 =	300,000
10/1	1,200,000 × 3/12 =	300,000
	연평균지출액	₩2,100,000

특정차입금 :	800,000 × 4% =	₩32,000
일반차입급 :	1,300,000 × 7.5% =	97,500

특정차입금 연평균차입액 = 800,000 × 12/12 = ₩800,000

	일반차입금 BB (6%)	일반차입금 CC (9%)
연평균차입액	600,000 × 6/12 = ₩300,000	900,000 × 4/12 = ₩300,000
가중평균차입이자율	6% × 300,000/600,000 + 9% × 300,000/600,000 = 7.5%	
일반차입금 한도	600,000 × 7.5% = ₩45,000	

④ 특정차입금 자본화 차입원가 = ₩32,000

⑤ 일반차입금 자본화 이자율 = 7.5%

⑥ 일반차입금 자본화 차입원가 = ₩45,000

MEMO

C H A P T E R

제5장 금융부채

번호	내용	배점	난이도
1	이자지급일 사이 사채발행 (세무사 2016)	15점	Lv 1
2	사채발행비와 조기상환 (세무사 2016)	10점	Lv 1
3	이자지급일 사이 연속상환사채 발행 (세무사 2016)	5점	Lv 1
4	이자지급일 사이 사채발행 (세무사 2018)	7점	Lv 1
5	이자지급일 사이 사채발행과 조건변경 (회계사 2019)	6점	Lv 1
6	조건변경 (세무사 2020)	14점	Lv 2
7	조건변경과 금융보증 (회계사 2021)	8점	Lv 2
8	연속상환사채 (회계사 2022)	3점	Lv 1
9	이자지급일 사이 사채발행과 출자전환 (회계사 2024)	10점	Lv 2
10	공매도 (회계사 2024)	4점	Lv 3

〈난이도 분류〉

세무사 동차생 : Lv 1까지 / 세무사 유예생 : Lv 2까지 / 회계사 동차생 : Lv 3까지 / 회계사 유예생 : Lv 4까지

문제 1
이자지급일 사이 사채발행 | (세무사 2016, 15점)

㈜한국이 발행한 사채와 관련된 다음의 물음은 서로 독립적인 상황이다. 아래의 공통자료를 이용하여 물음에 답하시오.

(1) 기간별 현재가치(현가)계수는 다음과 같다.

기 간	6%	7%	8%	9%	10%
1	0.9434	0.9346	0.9259	0.9174	0.9091
2	0.8900	0.8734	0.8573	0.8417	0.8264
3	0.8396	0.8163	0.7938	0.7722	0.7513
합계	2.6730	2.6243	2.5770	2.5313	2.4868

(2) 경과기간 혹은 잔여기간은 월단위로 계산한다.

(3) 계산금액은 특별한 언급이 없는 한, 소수점 첫째 자리에서 반올림한다.

㈜한국은 20X1년 4월 1일 표시이자율이 연6%인 액면금액 ₩500,000인 사채를 발행하였다. 권면상 사채발행일이 20X1년 1월 1일로 기록된 동 사채의 실제발행일은 20X1년 4월 1일이다. 20X1년 1월 1일 사채에 적용되는 시장이자율은 연 8%이며, 20X1년 4월 1일 사채에 적용되는 시장이자율은 연 7%이다. 사채는 상각후원가로 측정되며, 만기일은 20X3년 12월 31일(만기 3년). 이자이급일은 매년 말 12월 31일이며, 사채발행비는 발생하지 않았다. 물음에 답하시오.

물음 1)

㈜한국이 발행한 사채와 관련하여 실제 발행일의 사채발행금액을 계산하시오.

물음 2)

㈜한국이 발행한 사채와 관련하여 20X1년도에 인식할 이자비용을 계산하시오.

물음 3)

㈜한국이 사채의 실제 발행일로부터 잔여상환기간에 걸쳐 인식할 총이자비용을 계산하시오.

해설

물음 1)

R = 7%	20X1	20X2	20X3
액면금액			500,000
액면이자	30,000	30,000	30,000

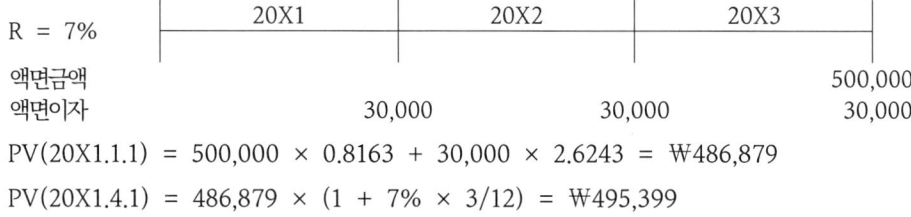

PV(20X1.1.1) = 500,000 × 0.8163 + 30,000 × 2.6243 = ₩486,879

PV(20X1.4.1) = 486,879 × (1 + 7% × 3/12) = ₩495,399

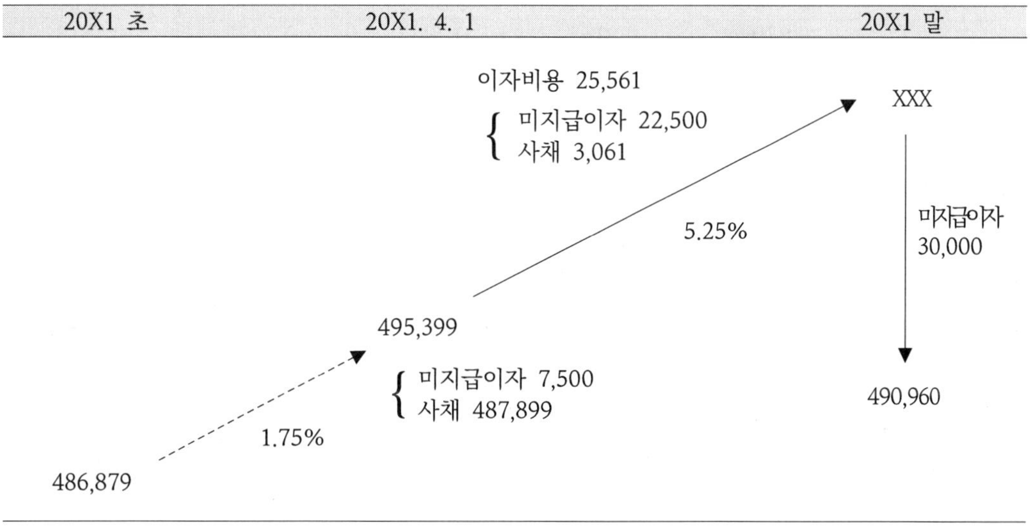

사채발행금액(경과이자포함) = ₩495,399

사채발행금액(경과이자제외) = ₩487,899

물음 2)

20X1년 이자비용 = ₩25,561

물음 3)

지급할 현금 총액	500,000 + 30,000 × 3 =	₩590,000
수취한 현금		(495,399)
3년간 이자총액		₩94,601

문제 2
사채발행비와 조기상환 | (세무사 2016, 10점)

㈜한국이 발행한 사채와 관련된 다음의 물음은 서로 독립적인 상황이다. 아래의 공통자료를 이용하여 물음에 답하시오.

(1) 기간별 현재가치(현가)계수는 다음과 같다.

기 간	6%	7%	8%	9%	10%
1	0.9434	0.9346	0.9259	0.9174	0.9091
2	0.8900	0.8734	0.8573	0.8417	0.8264
3	0.8396	0.8163	0.7938	0.7722	0.7513
합계	2.6730	2.6243	2.5770	2.5313	2.4868

(2) 경과기간 혹은 잔여기간은 월단위로 계산한다.

(3) 계산금액은 특별한 언급이 없는 한, 소수점 첫째 자리에서 반올림한다.

㈜한국은 권면상 발행일이 20X1년 1월 1일에 사채를 실제로 발행하였으며, 사채발행비 ₩6,870이 발생하였다. 실제 발행일인 20X1년 1월 1일 사채에 적용되는 시장이자율은 연 8%이다. 사채의 액면금액은 ₩500,000이고, 표시이자율은 연 6%이며, 이자지급일은 매년 말 12월 31일이다. 사채는 상각후 원가로 측정되며, 만기일은 20X3년 12월 31일이다(만기 3년). 사채발행차금의 상각은 유효이자율법을 사영하며, 이자율 계산시 소수점 셋째 자리에서 반올림한다(예 : 4.226% →4.23%). 물음에 답하시오.

물음 1)

20X1년 12월 31일 사채의 장부금액이 ₩477,340인 경우, 사채발행일에 적용된 유효이자율을 계산하시오.

물음 2)

20X2년 4월 1일에 동 사채가 ₩485,500에 상환된 경우, 사채상환손익을 계산하시오. (단, 상환일에 발생한 거래원가는 없다고 가정한다.)

해설

물음 1)

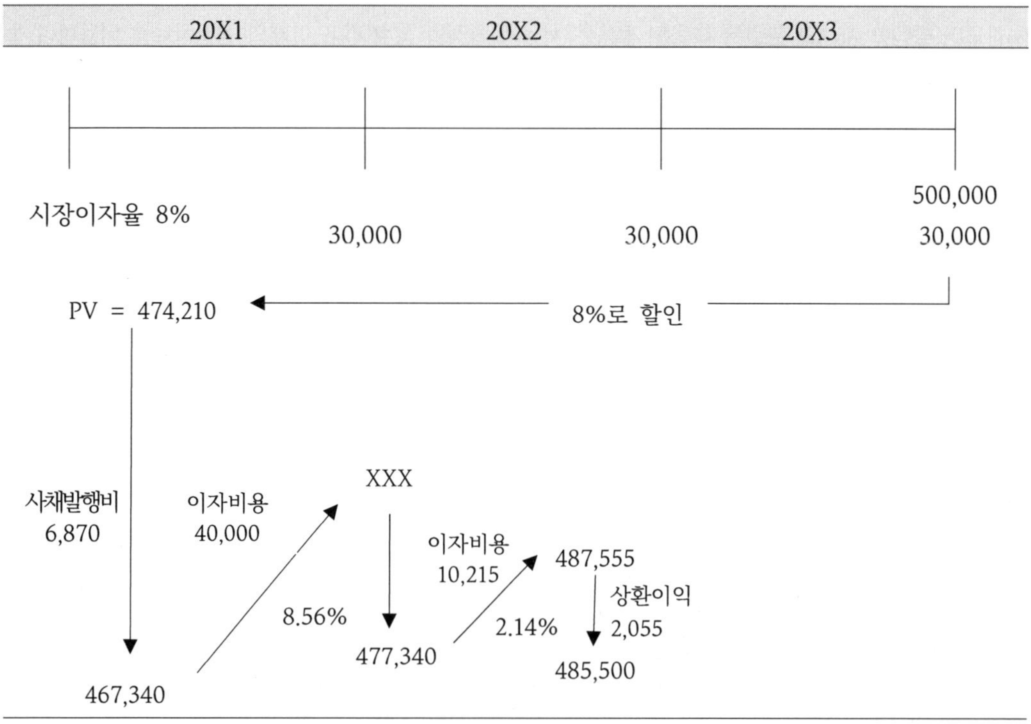

20X1년 말 액면이자포함 장부가치 = 477,340 + 30,000 = ₩507,340

20X1년 이자비용 = 507,340 - 467,340 = ₩40,000

유효이자율 = 40,000/467,340 = 8.56%

물음 2)

20X2.4.1 장부금액 (경과이자포함) = 477,340 × 1.0214 = ₩487,555

사채상환이익 = 487,555 - 485,500 = ₩2,055

<참고>

문제에서 제시한 상환대가는 경과이자포함한 금액이라 가정하고 풀이하였다.

문제 3
이자지급일 사이 연속상환사채 발행 | (세무사 2016, 5점)

㈜한국이 발행한 사채와 관련된 다음의 물음은 서로 독립적인 상황이다. 아래의 공통자료를 이용하여 물음에 답하시오.

(1) 기간별 현재가치(현가)계수는 다음과 같다.

기 간	6%	7%	8%	9%	10%
1	0.9434	0.9346	0.9259	0.9174	0.9091
2	0.8900	0.8734	0.8573	0.8417	0.8264
3	0.8396	0.8163	0.7938	0.7722	0.7513
합계	2.6730	2.6243	2.5770	2.5313	2.4868

(2) 경과기간 혹은 잔여기간은 월단위로 계산한다.

(3) 계산금액은 특별한 언급이 없는 한, 소수점 첫째 자리에서 반올림한다.

㈜한국은 다음과 같은 조건의 사채를 발행하였다. 사채의 액면금액은 ₩300,000이고, 매년 12월 31일에 3회에 걸쳐 액면금액을 균등하게 분할하여 연속상환한다. 사채의 권면상 발행일은 20X1년 1월 1일이며, 표시이자율은 연 5%이다. 사채의 실제 발행일은 20X1년 4월 1일이며, 사채발행비는 발생하지 않았다. 20X1년 1월 1일 사채에 적용되는 시장이자율은 연 10%이며, 20X1년 4월 1일 사채에 적용되는 시장이자율은 연 9%이다. 사채는 상각후 원가로 측정되며, 이자지급일은 매년 12월 31일이다. ㈜한국이 동 사채와 관련하여 인식해야하는 20X1년 12월 31일 사채의 장부금액을 계산하시오.

해설

R = 9%		20X1	20X2	20X3
액면금액		100,000	100,000	100,000
액면이자		15,000	10,000	5,000

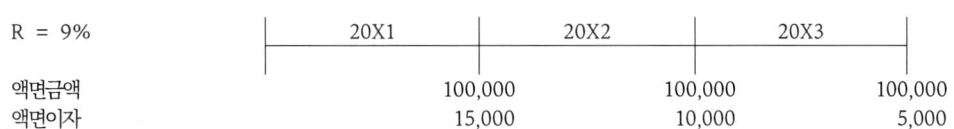

PV = 115,000 × 0.9174 + 110,000 × 0.8417 + 105,000 × 0.7722 = ₩279,169

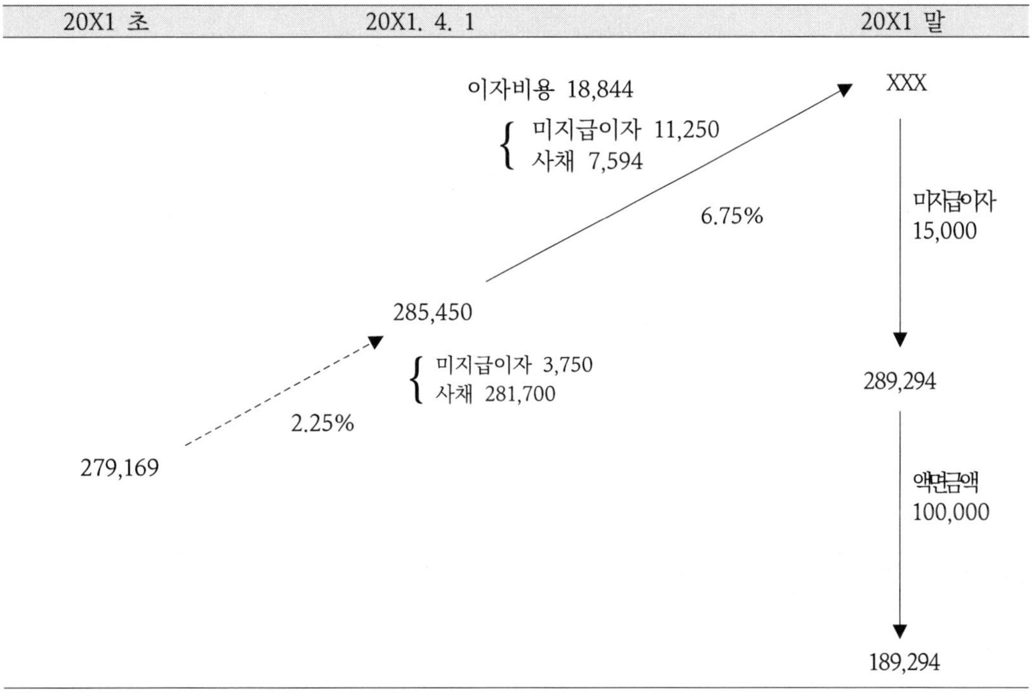

20X1년 12월 31일 사채 장부금액 = ₩189,294

<참고>

20X1년 말 사채 장부금액은 남아있는 현금흐름의 현재가치로 계산할 수 있다.

20X1년 12월 31일 사채 장부금액 = 110,000 × 0.9174 + 105,000 × 0.8417 = ₩189,293

문제 4
이자지급일 사이 사채발행 | (세무사 2018, 7점)

㈜세무는 액면가 ₩1,000,000, 표시이자율 연 12%, 만기 3년, 이자지급일이 매년 말이며 권면상 발행일이 20X1년 1월 1일인 사채를 20X1년 5월 1일에 ㈜한국에게 발행하고 상각후원가로 측정하는 금융부채로 분류하였다. (단, 동 사채의 권면상 발행일(20X1년 1월 1일)의 유효이자율은 연 13%이며 실제발행일(20X1년 5월 1일)의 유효이자율은 연 15%이다. 현재가치 계산이 필요한 경우 다음의 현가계수는 이용하고 금액은 소수점 첫째자리에서 반올림하여 계산한다. (예 : ₩555.555.. → ₩556))

<단일금액 ₩1의 현가계수>				
	12%	13%	14%	15%
1기간	0.89286	0.88496	0.87719	0.86957
2기간	0.79719	0.78315	0.76947	0.75614
3기간	0.71178	0.69305	0.67497	0.65752

<정상연금 ₩1의 현가계수>				
	12%	13%	14%	15%
1기간	0.89286	0.88496	0.87719	0.86957
2기간	1.69005	1.66810	1.64666	1.62571
3기간	2.40183	2.36115	2.32163	2.28323

물음 1)

㈜세무가 20X1년 5월 1일에 수행해야 할 회계처리를 제시하시오.

(차변) ①	(대변) ②

물음 2)

㈜세무가 20X1년 말에 수행해야 할 회계처리를 각각 제시하시오. (단, ㈜한국은 취득한 ㈜세무 사채를 상각후원가로 측정하는 금융자산으로 분류하고 있다.)

(차변) ①	(대변) ②

해설

물음 1)

R = 15%	20X1	20X2	20X3
액면금액			1,000,000
액면이자	120,000	120,000	120,000

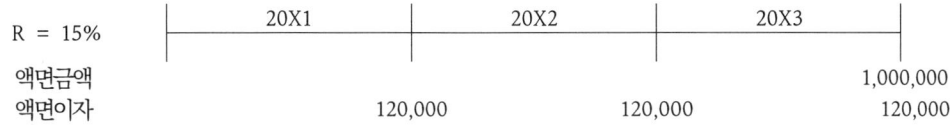

PV(1/1) = 1,000,000 × 0.65752 + 120,000 × 2.28323 = ₩931,508

PV(5/1) = 931,508 × 1.05 = ₩978,083

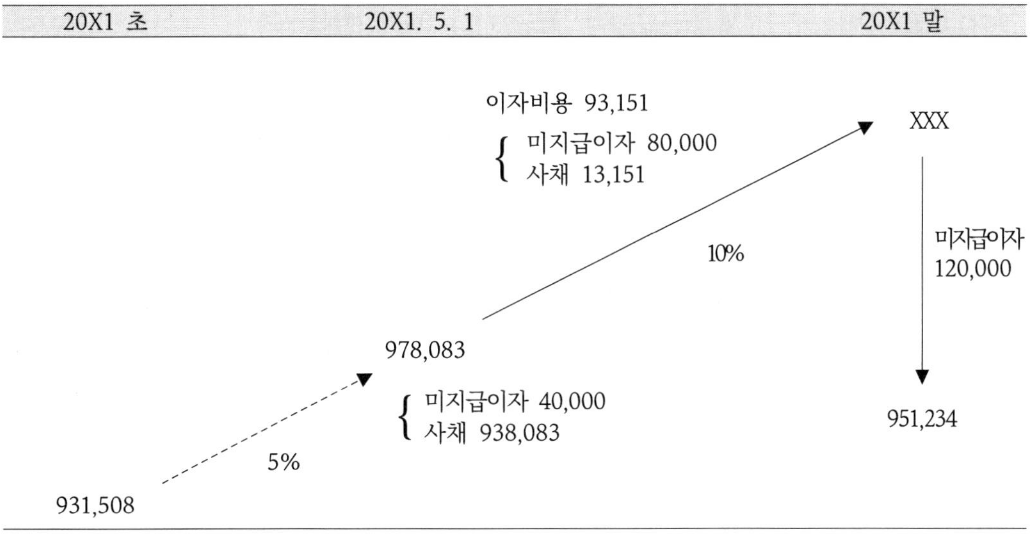

<순액회계처리>

20X1. 5. 1	(차)	현금	978,083	(대)	사채	938,083
					미지급이자	40,000

<총액회계처리>

20X1. 5. 1	(차)	현금	978,083	(대)	사채	1,000,000
		사채할인발행차금	61,917		미지급이자	40,000

물음 2)

<순액회계처리>

20X1.12.31	(차)	이자비용	93,151	(대)	미지급이자	80,000
					사채	13,151
	(차)	미지급이자	120,000	(대)	현금	120,000

<총액회계처리>

20X1.12.31	(차)	이자비용	93,151	(대)	미지급이자	80,000
					사채할인발행차금	13,151
	(차)	미지급이자	120,000	(대)	현금	120,000

<답안지작성>

20X1.12.31	(차)	이자비용	93,151	(대)	현금	120,000
		미지급이자	40,000		사채할인발행차금	13,151

문제 5
이자지급일 사이 사채발행과 조건변경 | (회계사 2019, 6점)

㈜대한은 B사채를 20X1년 1월 1일에 발행하려고 하였으나, 시장상황이 여의치 않아 3개월 지연되어 20X1년 4월 1일에 ㈜민국에게 발행(판매)을 완료하였다. 다음의 〈자료〉를 이용하여 물음에 답하시오.

〈자료〉

(1) B사채의 발행조건은 다음과 같다.

- 액면금액: ₩1,000,000
- 만기일: 20X4년 12월 31일
- 표시이자율: 연 5%
- 이자지급일: 매년 12월 31일

(2) 각 일자의 동종사채에 대한 시장이자율은 다음과 같다. 한편, 미래현금흐름의 현재가치는 공정가치와 동일한 것으로 본다.

일자	시장이자율
20X1년 1월 1일	5%
20X1년 4월 1일	6%
20X2년 1월 1일	4%
20X4년 12월 31일	5%

(3) 사채발행 및 취득과 직접적으로 관련되는 비용은 없다.

(4) 현재가치 계산 시 아래의 현가계수를 이용하고, 답안 작성 시 원 이하는 반올림한다.

기간	단일금액 ₩1의 현가계수			정상연금 ₩1의 현가계수		
	4%	5%	6%	4%	5%	6%
1	0.9615	0.9524	0.9434	0.9615	0.9524	0.9434
2	0.9246	0.9070	0.8900	1.8861	1.8594	1.8334
3	0.8890	0.8638	0.8396	2.7751	2.7232	2.6730
4	0.8548	0.8227	0.7921	3.6299	3.5459	3.4651

물음 1)

㈜대한의 ① 20X1년 4월 1일 발행일의 현금수령액과 ② 20X1년도 포괄손익계산서에 인식할 이자비용을 계산하시오.

현금수령액	①
이자비용	②

물음 2)

㈜대한은 20X4년 12월 31일에 표시이자를 지급한 직후 B사채를 상환하는 대신 ㈜독도와 만기를 3년 연장하고, 연 2%의 이자를 매년 말 지급하기로 합의하였다. 이 경우 ㈜대한이 ① 조건변경에 따라 인식할 금융부채조정손익과 ② 20X5년도 포괄손익계산서에 인식할 이자비용을 계산하시오. (단, 손실의 경우에는 (-)를 숫자 앞에 표시하시오.)

금융부채조정손익	①
이자비용	②

해설

물음 1)

R = 6%	20X1	20X2	20X3	20X4
원금				1,000,000
액면이자	50,000	50,000	50,000	50,000

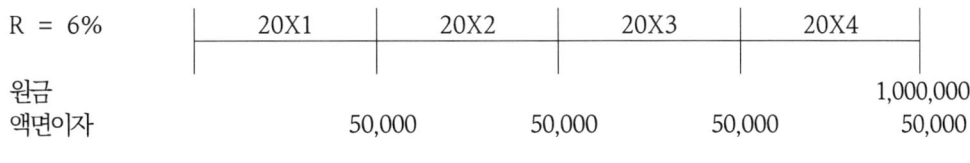

PV(20X1.1.1) = 1,000,000 × 0.7921 + 50,000 × 3.4651 = ₩965,355

PV(20X1.4.1) = 964,355 × 1.015 = ₩979,835

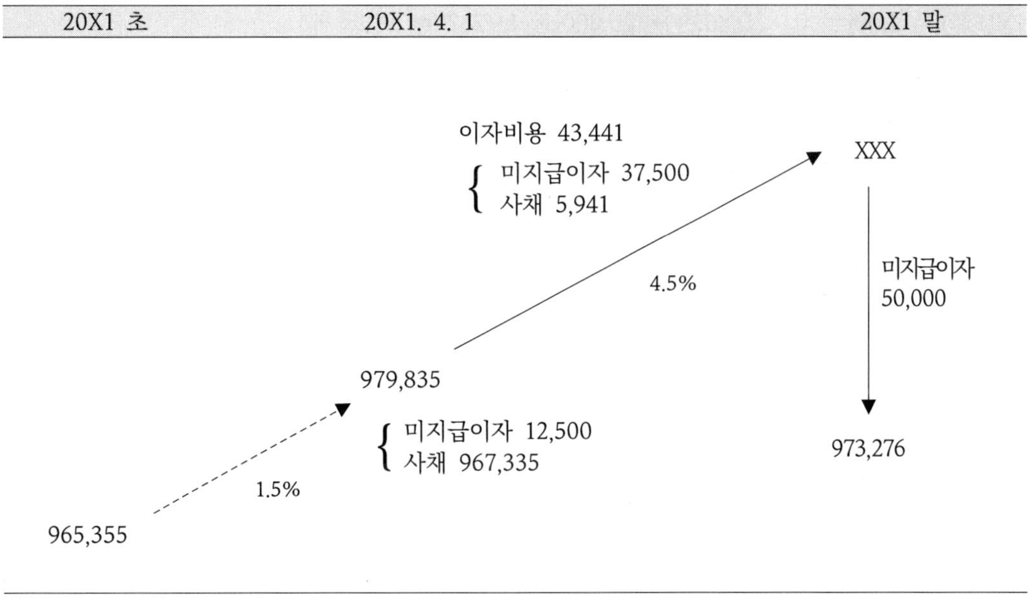

① 현금수령액 = ₩979,835

② 이자비용 = 965,355 × 4.5% = ₩43,441

물음 2)

<변경된 현금흐름>

R = 6%	20X5	20X6	20X7
원금			1,000,000
액면이자	20,000	20,000	20,000

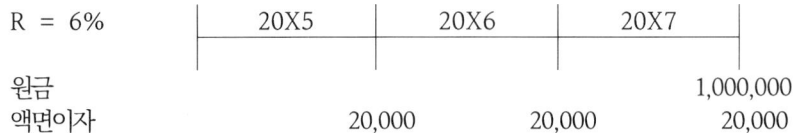

PV(6%) = 1,000,000 × 0.8396 + 20,000 × 2.6730 = ₩893,060

현재가치 감소비율 = 106,940/1,000,000 = 10.69% (실질적 조건변경에 해당)

PV(5%) = 1,000,000 × 0.8638 + 20,000 × 2.7232 = ₩918,264

① 금융부채조정이익 = 1,000,000 - 918,264 = ₩81,736

② 20X5년 이자비용 = 918,264 × 5% = ₩45,913

문제 6
조건변경 | (세무사 2020, 14점)

㈜세무는 액면금액이 ₩1,000,000인 사채(표시이자율 연6%, 만기일 20X2년 12월 31일, 매년 말 이자지급)를 발행하고 상각후원가로 측정하는 금융부채로 분류하였다. 사채발행시점의 유효이자율은 연 8%이었으며, 20X0년 12월 31일 현재 동 사채의 장부금액은 ₩964,298이다. 20X1년 1월 1일 ㈜세무는 사채의 만기를 20X4년 12월 31로 연장하고, 표시이자율을 연 6%에서 연 3%로 낮추기로 채권자와 합의하였으며, 이 과정에서 채무조정수수료 ₩15,000을 지급하였다. 사채 계약조건 변경일(20X1년 1월 1일) 현재 ㈜세무의 신용위험을 고려한 현행시장이자율은 연 10%이다. 현재가치 계산이 필요할 경우 다음의 현가계수를 이용하고 금액은 소수점 첫째자리에서 반올림하여 계산한다. [예: ₩555.555 → ₩556]

기간	단일금액 ₩1의 현가계수		정상연금 ₩1의 현가계수	
	8%	10%	8%	10%
1	0.9259	0.9091	0.9259	0.9091
2	0.8573	0.8264	1.7833	1.7355
3	0.7938	0.7513	2.5771	2.4868
4	0.7350	0.6830	3.3121	3.1699

물음 1)

20X1년 1월 1일 위 사채의 계약조건변경이 실질적인 변경인지의 여부와 그에 대한 판단 근거를 기술하고, 20X1년 1월 1일 ㈜세무가 수행할 회계처리를 제시하시오.

실질적 조건변경 여부	판단 근거
실질적 조건변경이면 ○, 그렇지 않으면 ×로 표시	

(차변)	(대변)

물음 2)

조건변경 후 ㈜세무가 위 사채와 관련하여 인식해야 하는 20X1년 이자비용과 20X1년 말 현재 동 사채의 장부금액을 각각 계산하시오.

20X1년 이자비용	20X1년 말 사채장부금액
①	②

물음 3)

만약 위의 계약조건 변경 시 만기 연장은 동일하나, 표시이자율을 연 3%가 아니라 연 5%로 낮추기로 합의하였다고 가정할 때, 해당 계약조건변경이 실질적인 변경인지 여부와 그에 대한 판단 근거를 기술하고, 20X1년 1월 1일 ㈜세무가 수행할 회계처리를 제시하시오.

실질적 조건변경 여부	판단 근거
실질적 조건변경이면 ○, 그렇지 않으면 ×로 표시	

(차변)	(대변)

해설

물음 1)

<현재의 현금흐름>

R = 8%		20X1	20X2
원금			1,000,000
액면이자		60,000	60,000

PV = ₩964,298

<변경된 현금흐름>

R = 8%		20X1	20X2	20X3	20X4
원금					1,000,000
액면이자		30,000	30,000	30,000	30,000
수수료	15,000				

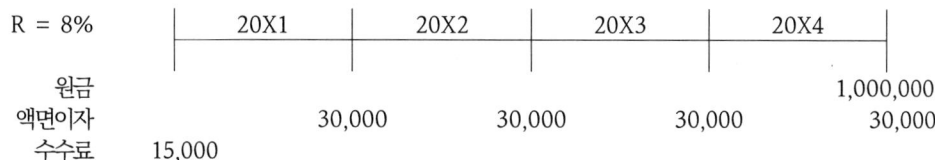

PV = 1,000,000 × 0.7350 + 30,000 × 3.3121 + 15,000 = ₩849,363

현재가치의 감소 = 964,298 - 849,363 = ₩114,935

현재가치감소비율 = 114,935/964,298 = 11.92%

실질적조건변경 여부	판단근거
O	현재가치 감소비율 11.92%

새로운 사채의 공정가치 = 1,000,000 × 0.6830 + 30,000 × 3.1699 = ₩778,097

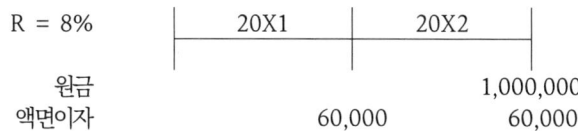

<순액회계처리>

20X1. 1. 1	(차)	사채(구)	964,298	(대)	사채(신)	778,097
					채무조정이익	186,201
	(차)	채무조정이익	15,000	(대)	현금	15,000

<총액회계처리>

20X1. 1. 1	(차)	사채(구)	1,000,000	(대)	사채(신)	1,000,000
		사채할인발행차금(신)	221,903		사채할인발행차금(구)	35,702
					채무조정이익	186,201
	(차)	채무조정이익	15,000	(대)	현금	15,000

<답안지작성>

20X1. 1. 1	(차)	사채(구)	1,000,000	(대)	사채(신)	1,000,000
		사채할인발행차금(신)	221,903		사채할인발행차금(구)	35,702
					채무조정이익	171,201
					현금	15,000

물음 2)

① 20X1년 이자비용 = 778,097 × 10% = ₩77,810

② 20X1년 말 사채 장부금액 = 778,097 × 1.1 – 30,000 = ₩825,907

물음 3)

<변경된 현금흐름>

R = 8%	20X0	20X1	20X2	20X3	20X4
원금					1,000,000
액면이자		50,000	50,000	50,000	50,000
수수료	15,000				

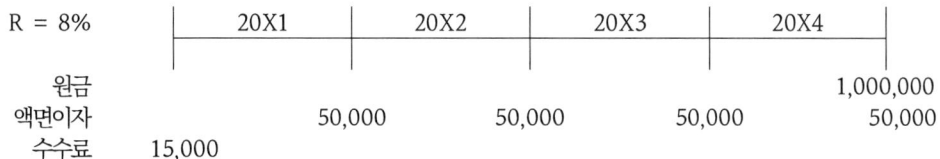

PV = 1,000,000 × 0.7350 + 50,000 × 3.3121 + 15,000 = ₩915,605

현재가치의 감소 = 964,298 - 915,605 = ₩48,693

현재가치감소비율 = 48,693/964,298 = 5.05%

실질적조건변경 여부	판단근거
X	현재가치 감소비율 5.05%

조건변경후사채장부금액(수수료지급 전) = 1,000,000 × 0.7350 + 50,000 × 3.3121 = ₩900,605

채무조정이익 = 964,298 - 900,605 = ₩63,693

<순액회계처리>

20X1. 1. 1	(차)	사채	63,693	(대)	채무조정이익	63,693
	(차)	사채	15,000	(대)	현금	15,000

<총액회계처리>

20X1. 1. 1	(차)	사채할인발행차금	63,693	(대)	채무조정이익	63,693
	(차)	사채할인발행차금	15,000	(대)	현금	15,000

<답안지작성>

20X1. 1. 1	(차)	사채할인발행차금	78,693	(대)	채무조정이익	63,693
					현금	15,000

문제 7
조건변경과 금융보증 | (회계사 2021, 8점)

다음의 <자료>를 이용하여 <요구사항>에 답하시오. 단, 각 <요구사항>은 독립적이다.

<자료>

1. ㈜대한은 20X1년 1월 1일에 ㈜민국으로부터 현금 ₩500,000을 1년간 차입(연 이자율 8%, 이자는 만기상환 시 지급)하였다. 차입금의 이자율은 시장이자율과 동일하다. ㈜대한은 20X1년 12월 31일에 동 차입금의 만기를 20X4년 12월 31일로 연장하고, 연 이자율을 4%(매년 말 후급)로 하향조정하는 것에 대해 ㈜민국과 합의하였다. 20X1년 말 현재 시장이자율은 연 10%이며, 미지급이자는 없다.

2. ㈜대한은 20X2년 1월 1일 추가 운영자금을 나라은행으로부터 차입(차입금A)하고자 하였는데, 나라은행은 ㈜대한의 지급불능 위험을 회피하기 위하여 제3자 보증을 요구하였다. 이에 20X2년 1월 1일 ㈜만세가 ㈜대한으로부터 지급보증의 공정가치인 ₩6,000을 보증료로 수취하고 나라은행에 보증을 제공하기로 하였다. 동 금융보증계약에 따라 ㈜만세는 ㈜대한이 보유한 차입금A의 지급불이행으로 나라은행이 손실을 입을 경우 이를 보상한다. 금융보증기간은 20X2년 1월 1일부터 20X5년 12월 31일까지이며, ㈜만세는 수취한 보증료를 보증기간 4년 동안 매년 균등하게 수익으로 인식한다. ㈜만세가 연도별로 추정한 ㈜대한의 차입금A에 대한 손실충당금 잔액은 다음과 같으며, 이는 나라은행이 추정한 금액과 동일하다.

20X2년 말	20X3년 말	20X4년 말	20X5년 말
₩1,000	₩3,500	₩3,700	₩3,700

3. 현재가치 계산 시 아래의 현가계수를 이용하고, 답안 작성 시 원 이하는 반올림한다.

기간	단일금액 ₩1의 현가계수		정상연금 ₩1의 현가계수	
	8%	10%	8%	10%
1	0.9259	0.9091	0.9259	0.9091
2	0.8573	0.8265	1.7833	1.7355
3	0.7938	0.7513	2.5771	2.4869

<요구사항 1>

㈜대한은 20X1년 12월 31일에 금융부채의 조건 변경 과정에서 ㈜민국에게 수수료 ₩7,000을 지급하였다. 이 경우 20X1년 말 ㈜대한이 조건변경에 따라 인식할 ① 금융부채조정손익과 20X1년 말 재무상태표에 인식할 ㈜민국에 대한 ② 동 차입금의 장부금액을 각각 계산하시오. 단, 금융부채조정손실이 발생할 경우에는 금액 앞에 (-)를 표시하시오.

금융부채조정손익	①
차입금의 장부금액	②

<요구사항 2>

㈜만세가 ㈜대한을 위해 20X2년 1월 1일 나라은행과 체결한 금융보증계약이 ㈜만세의 20X3년도와 20X4년도의 포괄손익계산서 상 당기순이익에 미치는 영향을 각각 계산하시오. 단, 당기순이익이 감소하는 경우에는 금액 앞에 (-)를 표시하시오.

20X3년 당기순이익에 미치는 영향	①
20X4년 당기순이익에 미치는 영향	②

해설

<요구사항 1>

실질적 조건변경 여부 판단

R = 8%		20X1	20X2	20X3
원금				5000,000
액면이자		20,000	20,000	20,000
수수료	7,000			

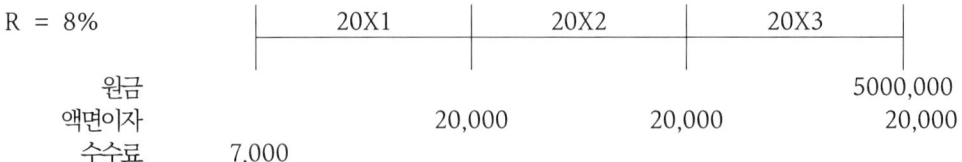

PV = 500,000 × 0.7938 + 20,000 × 2.5771 + 7,000 = ₩455,442

현재가치 감소금액 = 500,000 − 455,442 = ₩44,558 (8.91% 감소, 실질적 조건변경 ×)

20X1.12.31	(차) 차입금	51,558	(대) 금융부채조정이익	51,558
	(차) 차입금	7,000	(대) 현금	7,000

조건변경후 부채(수수료 지급 전) = 500,000 × 0.7938 + 20,000 × 2.5771 = ₩448,442

① 금융부채조정이익 = 500,000 − 448,442 = ₩51,558

② 20X1년 말 차입금 장부금액 = 448,442 − 7,000 = ₩441,442

<참고>

차입금은 채무자의 신용도에 따라 이자율이 결정된다. 따라서 해당 차입금에 적용될 유효이자율은 8%이다.

<요구사항 2>

20X2. 1. 1	(차) 현금	6,000	(대) 금융보증부채		6,000
20X2.12.31	(차) 금융보증부채	1,500	(대) 금융보증수익		1.500
20X3.12.31	(차) 금융보증부채	1,500	(대) 금융보증수익		1.500
	(차) 금융보증손실	500	(대) 금융보증부채		500
20X4.12.31	(차) 금융보증부채	1,500	(대) 금융보증수익		1.500
	(차) 금융보증손실	1,700	(대) 금융보증부채		1,700
20X5.12.31	(차) 금융보증부채	1,500	(대) 금융보증수익		1.500
	(차) 금융보증손실	1,500	(대) 금융보증부채		1,500
	(차) 금융보증부채	3,700	(대) 현금		3,700

20X2년 말 금융보증부채 = max(① 4,500, ② 1,000) = ₩4,500
20X3년 말 금융보증부채 = max(① 3,000, ② 3,500) = ₩3,500
20X4년 말 금융보증부채 = max(① 1,500, ② 3,700) = ₩3,700
20X5년 말 금융보증부채 = max(① 0, ② 3,700) = ₩3,700

① 20X3년 당기손익영향 = 1,500 + (500) = ₩1,000
② 20X4년 당기손익영향 = 1,500 + (1,700) = (-)₩200

문제 8
연속상환사채 | (회계사 2022, 3점)

㈜대한은 20X1년 1월 1일에 ㈜민국에게 연속상환사채를 발행하였다. 아래의 <자료>를 이용하여 <요구사항>에 답하시오.

<자료>

- 사채의 발행조건은 다음과 같다.

  - 사채의 액면금액 : ₩1,000,000
  - 만기상환일 : 20X4년 12월 31일
  - 표시이자율 : 연 8%
  - 이자지급일 : 매년 12월 31일(연 1회)
  - 원금의 상환방법 : 20X1년부터 20X4년까지 매년 말 ₩250,000씩 상환
  - 사채발행일 현재 동 사채에 적용되는 유효이자율 : 연 5%

- 동 사채와 관련하여 이자계산 시 월할계산한다. 현재가치 계산 시 아래의 현가계수를 이용한다.

기간	단일금액 ₩1의 현가계수		
	4%	5%	8%
1	0.9615	0.9524	0.9259
2	0.9246	0.9070	0.8573
3	0.8890	0.8638	0.7938
4	0.8548	0.8227	0.7350

<요구사항 1>

㈜대한의 사채와 관련하여 20X2년도에 인식될 이자비용을 계산하시오.

20X2년 이자비용	①

<요구사항 2>

㈜대한이 20X3년 1월 1일에 위 사채를 재매입하여 자기사채로 처리하는 경우 ㈜대한의 20X3년도 포괄손익계산서 상 당기순이익에 미치는 영향을 계산하시오. 단, 자기사채의 매입시점에 동 사채에 적용되는 시장이자율은 연 4%이며, 당기순이익이 감소하는 경우 금액 앞에 (-)를 표시하시오.

당기순이익에 미치는 영향	①

해설

<요구사항 1>

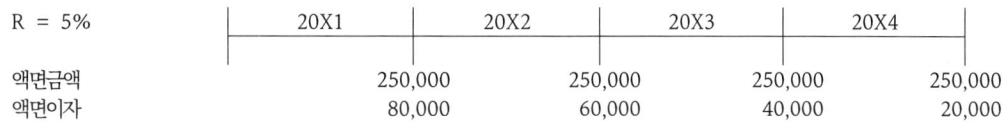

R = 5%	20X1	20X2	20X3	20X4
액면금액	250,000	250,000	250,000	250,000
액면이자	80,000	60,000	40,000	20,000

PV = 330,000 × 0.9524 + 310,000 × 0.9070 + 290,000 × 0.8638 + 270,000 × 0.8227
= ₩1,068,093

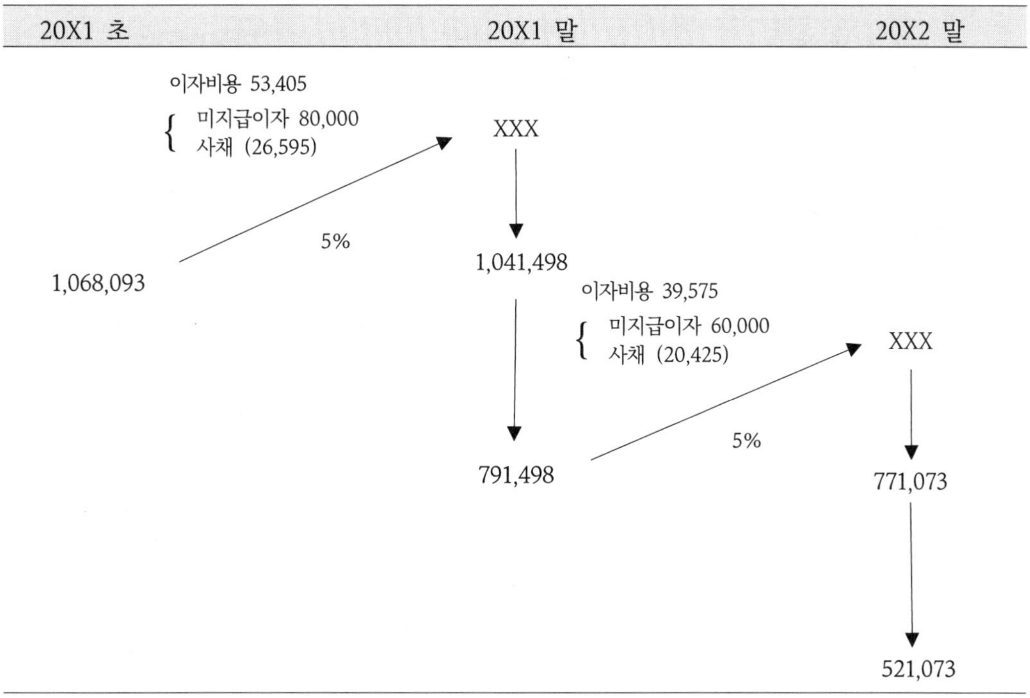

① 20X2년 이자비용 = (1,068,093 × 1.05 − 330,000) × 5% = ₩39,575

<요구사항 2>

사채 장부금액 = (1,068,093 × 1.05 − 330,000) × 1.05 − 310,000 = ₩521,073

사채 공정가치 = 290,000 × 0.9615 + 270,000 × 0.9246 = ₩528,477

사채상환손실 = 528,477 − 521,073 = ₩7,404

① 당기손익영향 = (-)₩7,404

문제 9
이자지급일 사이 사채발행과 출자전환 | (회계사 2024, 10점)

㈜대한은 다음 조건의 사채를 20X1년 4월 1일 ㈜민국에게 발행(판매)하였다.

1. 사채의 액면금액은 ₩2,000,000이며, 사채 권면상의 발행일은 20X1년 1월 1일, 표시이자율은 연 5%, 이자지급시기는 매년 12월 31일이다.

2. 사채의 액면금액은 분할상환하며, 분할상환 내역은 다음과 같다.

20X1년 말	20X2년 말	20X3년 말
₩600,000	₩600,000	₩800,000

3. 사채 발행 시 거래원가는 발생하지 않았으며, 사채발행일의 시장(유효)이자율은 연 9%이다. ㈜대한은 동 사채를 상각후원가로 측정하는 금융부채로 분류하였다.

4. 사채의 잔여 계약상 현금흐름을 현행 시장이자율로 할인한 현재가치는 공정가치와 동일하다.

5. 현재가치 계산 시 아래의 현가계수를 이용하고, 답안 작성 시 원 미만은 반올림한다.

기간	단일금액 ₩1의 현가계수		정상연금 ₩1의 현가계수	
	7%	9%	7%	9%
1	0.9346	0.9174	0.9346	0.9174
2	0.8734	0.8417	1.8080	1.7591
3	0.8163	0.7722	2.6243	2.5313

물음 1)

㈜대한이 발행한 ① 사채의 발행금액과 동 사채와 관련하여 ㈜대한이 20X1년도에 인식해야 하는 ② 이자비용을 각각 계산하시오.

사채발행금액	①
이자비용	②

물음 2)

㈜대한은 20X2년 7월 1일에 위 사채 전부를 공정가치로 재취득(매입)하여 자기사채로 처리한 후 즉시 소각하였다. 재취득(매입) 시점의 현행 시장이자율은 연 7%이다. ㈜대한이 자기사채를 취득하기 위해 지급해야 하는 ① 총금액과 동 사채와 관련한 회계처리가 ㈜대한의 20X2년도 포괄손익계산서 상 ② 당기순이익에 미치는 영향을 각각 계산하시오. 단, 당기순이익이 감소하는 경우에는 금액 앞에 (-)를 표시하시오.

자기사채 취득 시 지급해야 할 총금액	①
당기순이익에 미치는 영향	②

물음 3)

(물음 2)와 관계없이 ㈜대한이 20X3년 1월 1일에 자사의 주식(액면총액 ₩500,000)을 발행하여 위 사채 전부를 중도 상환(출자전환)하였다고 가정한다. 아래 각 요구사항에 답하시오. 단, <요구사항>은 독립적이다.

<요구사항 1>

사채의 중도 상환 시 발행한 주식의 공정가치는 ₩700,000이고, 20X3년 1월 1일 현행 시장이자율은 연 7%일 경우, ㈜대한이 사채의 중도 상환으로 인해 인식할 ① 주식발행초과금의 증가액과 ② 사채상환손익을 각각 계산하시오. 단, 사채상환손실이 발생하는 경우에는 금액 앞에 (-)를 표시하시오.

주식발행초과금 증가액	①
사채상환손익	②

<요구사항 2>

사채의 중도 상환 시 발행한 주식의 공정가치를 신뢰성있게 측정할 수 없는 경우, ㈜대한이 사채의 중도 상환으로 인해 인식할 ① 주식발행초과금의 증가액과 ② 사채상환손익을 각각 계산하시오. 단, 20X3년 1월 1일 현행 시장이자율은 연 7%이며, 사채상환손실이 발생하는 경우에는 금액 앞에 (-)를 표시하시오.

주식발행초과금 증가액	①
사채상환손익	②

해설

물음 1)

R = 9%	20X1	20X2	20X3
원금	600,000	600,000	800,000
액면이자	100,000	70,000	40,000

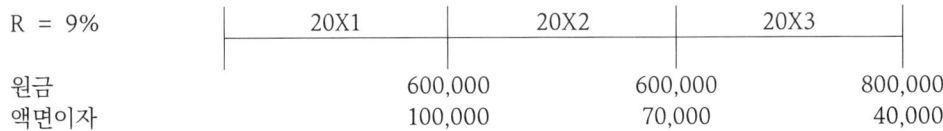

PV1/1 = 700,000 × 0.9174 + 670,000 × 0.8417 + 840,000 × 0.7722 = ₩1,854,767

PV4/1 = 1,854,767 × 1.0225 = ₩1,896,499

사채순수발행가액 = 1,896,499 – 25,000 = ₩1,871,499

① 사채발행금액 = ₩1,871,499 (경과이자 ₩25,000 제외)

② 이자비용 = 1,854,767 × 6.75% = ₩125,197

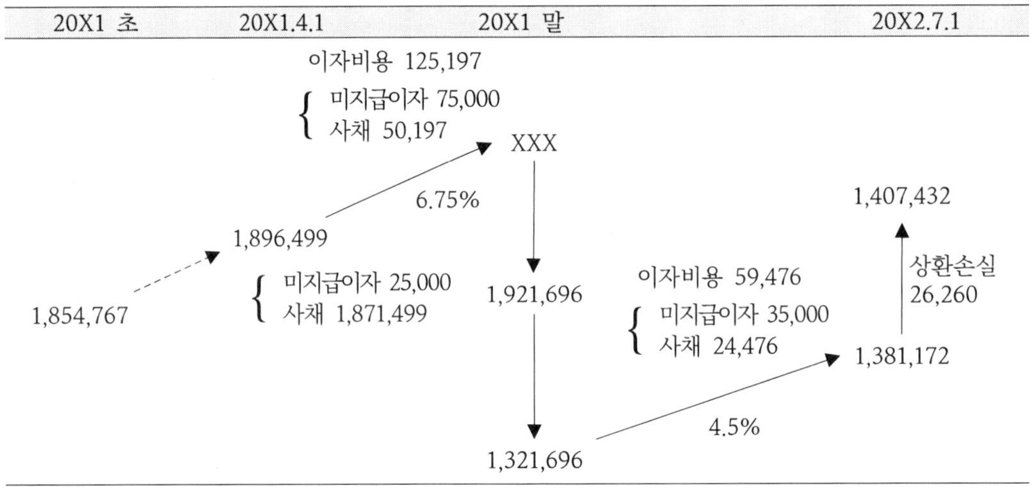

물음 2)

① 자기사채취득시 지급총액 = (670,000 × 0.9346 + 840,000 × 0.8734) × 1.035 = ₩1,407,432

② 20X2년 당기손익영향 = (59,476) + (26,260) = (-)₩85,736

물음 3)

<요구사항 1>

20X3년 초 사채장부금액 = 1,321,696 × 1.09 - 670,000 = ₩770,649

출자전환으로 인식할 주식의 발행가액 = ₩700,000

출자전환으로 인한 이익 = 770,649 - 700,000 = ₩70,649

20X3. 1. 1	(차)	사채	70,649	(대)	출자전환이익	70,649
	(차)	사채	700,000	(대)	자본금	500,000
					주식발행초과금	200,000

① 주식발행초과금 증가액 = ₩200,000

② 사채상환손익 = ₩70,649

<요구사항 2>

출자전환으로 인식할 주식의 발행가액 = 840,000 × 0.9346 = ₩785,064

출자전환으로 인한 손실 = 770,649 - 785,064 = (₩14,415)

20X3. 1. 1	(차)	출자전환손실	14,415	(대)	사채	14,415
	(차)	사채	785,064	(대)	자본금	500,000
					주식발행초과금	285,064

① 주식발행초과금 증가액 = ₩285,064

② 사채상환손익 = (-)₩14,415

문제 10
공매도 | (회계사 2024, 4점)

다음의 <자료>를 이용하여 물음에 답하시오.

<자료 >

1. ㈜대한은 20X1년 11월 1일에 상장회사인 A사 주식의 주가하락을 예상하고, 단기간의 매매차익을 얻기 위하여 ㈜민국이 보유한 A사 주식 200주를 공정가치(1주당 ₩1,000)로 차입하여 시장에 미리 매도(공매도)하였다.

2. ㈜대한은 20X1년 11월 1일 공매도를 위한 거래원가로 ₩15,000을 현금지급하였다.

3. 20X1년 12월 31일 A사 주식의 1주당 공정가치는 ₩1,200이다.

4. 20X2년 1월 31일 A사 주식의 1주당 공정가치는 ₩1,500이며, ㈜대한은 A사 주식을 매입하여 ㈜민국에게 상환하였다.

위 거래와 관련하여 ㈜대한의 20X1년 말 재무상태표에 표시될 ① 금융부채의 금액과 20X1년도 포괄손익계산서 상 ② 당기순이익에 미치는 영향을 각각 계산하시오. 단, 당기순이익이 감소하는 경우에는 금액 앞에 (-)를 표시하시오.

금융부채	①
당기순이익에 미치는 영향	②

해설

20X1.11. 1	(차)	FVPL금융자산	200,000	(대)	FVPL금융부채	200,000
	(차)	현금	200,000	(대)	FVPL금융자산	200,000
	(차)	수수료비용	15,000	(대)	현금	15,000
20X1.12.31	(차)	FVPL평가손실	40,000	(대)	FVPL금융부채	40,000
20X2. 1.31	(차)	FVPL평가손실	60,000	(대)	FVPL금융부채	60,000
	(차)	FVPL금융자산	300,000	(대)	현금	300,000
	(차)	FVPL금융부채	300,000	(대)	FVPL금융자산	300,000

① 20X1년 말 금융부채 = ₩240,000

② 20X1년 당기손익 = (15,000) + (40,000) = (-)₩55,000

MEMO

CHAPTER

제6장 자본

번호	내용	배점	난이도
1	무상증자와 주식배당 (회계사 2017)	6점	Lv 1
2	자본변동표와 자기주식 회계처리 (세무사 2018)	10점	Lv 1
3	자본변동표와 주당이익, 부채비율 (회계사 2019)	11점	Lv 1
4	자본변동표와 배당금배분 (회계사 2020)	7점	Lv 1
5	자본변동표와 전환우선주, 배당금배분 (회계사 2022)	10점	Lv 2
6	자본변동표와 배당금배분 (회계사 2023)	8점	Lv 1
7	자본변동표와 배당금배분 (회계사 2024)	10점	Lv 1

〈난이도 분류〉
세무사 동차생 : Lv 1까지 / 세무사 유예생 : Lv 2까지 / 회계사 동차생 : Lv 3까지 / 회계사 유예생 : Lv 4까지

문제 1
무상증자와 주식배당 | (회계사 2017, 6점)

다음 각 물음에 답하시오. 제시된 물음은 독립적이다.

물음 1)

재무상태표상 자본 합계의 변동없이 자본금을 증가시킬 수 있는 방법을 모두 제시하시오.

물음 2)

다음은 ㈜한국의 20X1년 12월 31일 현재 자본구성을 보고하고 있는 부분재무상태표이다.

<부분재무상태표>		
Ⅰ. 납입자본		₩70,000,000
1. 보통주 자본금	30,000,000	
2. 주식발행초과금	50,000,000	
3. 자기주식	(10,000,000)	
Ⅱ. 기타자본		₩20,000,000
1. FVOCI금융자산 평가이익	20,000,000	
Ⅲ. 이익잉여금		₩135,000,000
1. 이익준비금	20,000,000	
2. 임의적립금	35,000,000	
3. 미처분이익잉여금	80,000,000	
자본 합계		₩225,000,000

㈜한국이 자본 합계의 변동없이 자본금을 최대로 증가시킬 수 있는 회계처리를 제시하시오. 단, 물음과 관련하여 필요한 법적절차는 모두 이행한 것으로 가정한다.

해설

물음 1)

(1) 무상증자

(2) 주식배당

물음 2)

(차)	주식발행초과금	50,000,000	(대)	보통주자본금	50,000,000
(차)	이익준비금	20,000,000	(대)	보통주자본금	20,000,000
(차)	임의적립금	35,000,000	(대)	미처분이익잉여금	35,000,000
(차)	미처분이익잉여금	115,000,000	(대)	보통주자본금	115,000,000

문제 2
자본변동표와 자기주식 회계처리 | (세무사 2018, 10점)

㈜세무의 20X0년 말 재무상태표에서 확인한 자본계정은 다음과 같다.

<자본>

I. 자본금*

1. 보통주자본금 ₩50,000,000 (총 10,000주)
2. 우선주자본금** ₩50,000,000 (총 10,000주)

Ⅱ. 자본잉여금

1. 주식발행초과금 ₩70,000,000
2. 감자차익 ₩6,000,000
3. 자기주식처분이익 ₩2,000,000

Ⅲ. 이익잉여금

1. 이익준비금 ₩10,000,000
2. 이월이익잉여금 ₩12,000,000

자본총계 : ₩200,000,000

* 보통주와 우선주의 1주당 액면가액은 동일하며, 20X1년에 배당 결의와 배당금 지급은 없었다.

** 우선주는 20X0년 1월 1일 발행된 전환우선주로, 전환우선주 1주를 보통주 1주로 전환할 수 있고, 누적적, 비참가적 우선주이며 액면금액을 기준으로 연 배당률은 6%이다. 해당 우선주는 최초 발행 이후 추가로 발행되거나 전환되지 않았다.

㈜세무의 20X1년 자본 변동과 관련한 사항은 다음과 같다. 물음에 답하시오.

- 1월 1일 : ㈜세무는 액면금액 ₩1,000,000의 신주인수권부사채를 액면발행하였다. 만기는 20X3년 말, 표시이자율은 5%이며, 사채상환할증금은 없다. 일반사채 시장이자율은 10%이며, 3기간 10% 단일금액의 현가계수는 0.75131, 연금의 현가계수는 2.48685이다.
- 1월 1일 : ㈜세무는 최고경영자인 나세무씨에게 주식선택권 10,000개(개당 행사가격 ₩14,000)를 부여하고 3년간 용역제공조건을 부여하였다. 용역제공조건 기간이 종료한 후 나세무씨는 주식선택권 1개당 보통주 1주로 행사가능하며, 주식선택권의 단위당 공정가치는 ₩1,800이다. ㈜세무는 나세무씨가 해당 주식선택권을 가득할 것으로 기대한다.
- 7월 1일 : ㈜세무는 보통주 5,000주 유상증자를 실시하였다. 납입금액은 주당 ₩11,000이고 유상증자 직전 보통주의 주당 공정가치는 ₩22,000이다.
- 9월 1일 : ㈜세무는 자기주식(보통주)을 주당 ₩8,000에 3,000주 취득하였다.
- 10월 1일 : ㈜세무는 자기주식(보통주)을 주당 ₩6,000에 1,200주 처분하였다.
- 11월 1일 : ㈜세무는 자기주식(보통주)을 주당 ₩15,000에 900주 처분하였다.
- 12월 31일 : ㈜세무는 작년(20X0년 4월 1일 취득)에 구입한 토지(취득가액 : ₩10,000,000)를 취득시점에 유형자산으로 분류했으며, 변경사항은 없다. 토지의 측정방법은 취득시점부터 재평가모형을 적용하고 있다. 20X0년 12월 31일 동 토지의 공정가치는 ₩8,000,000이며, 20X1년 12월 31일의 공정가치는 ₩15,000,000이다.
- 12월 31일 : ㈜세무가 20X1년도에 보고한 당기순이익*은 ₩54,800,000이다.

* 해당 당기순이익은 20X1년 발생한 ㈜세무의 모든 당기손익을 반영한 금액임.

물음 1)

㈜세무는 자기주식 회계처리에 대해 원가법을 적용하고 있으며, 자기주식처분이익과 자기주식처분손실은 우선적으로 서로 상계처리 한다. 20X1년 10월 1일 ㈜세무가 자기주식 처분과 관련하여 수행해야 할 회계처리를 제시하시오.

(차변) ①	(대변) ②

물음 2)

㈜세무가 20X1년 1월 1일 발행한 주식선택권과 관련하여 20X1년 말에 수행해야 할 회계처리를 제시하시오.

(차변) ①	(대변) ②

물음 3)

㈜세무는 신주인수권부사채 발행과 관련하여 발생한 자본요소를 자본잉여금으로 분류하며, 자기주식과 주식선택권은 자본조정으로 분류한다. ㈜세무가 20X1년 말 재무상태표에 보고할 다음의 각 항목을 계산하시오. (단, 각 항목이 음의 값을 갖는 경우 금액 앞에 (-)를 하고 보고할 금액이 없으면 0으로 표시하시오.

구분	20X1년 말 자본 구성항목의 금액
자본잉여금	①
기타포괄손익누계액	②
자본조정	③

해설

물음 1)

(차)	현금	7,200,000	(대) 자기주식	9,600,000
	자기주식처분이익	2,000,000		
	자기주식처분손실	400,000		

<참고>

자기주식관련 전체 회계처리는 다음과 같다.

20X1. 9. 1	(차)	자기주식	24,000,000	(대)	현금	24,000,000
20X1.10. 1	(차)	현금	7,200,000	(대)	자기주식	9,600,000
		자기주식처분이익	2,000,000			
		자기주식처분손실	400,000			
20X1.11. 1	(차)	현금	13,500,000	(대)	자기주식	7,200,000
					자기주식처분손실	400,000
					자기주식처분이익	5,900,000

물음 2)

20X1년 말 총예상 주식보상비용 = 10,000개 × @1,800 = ₩18,000,000

20X1년 주식보상비용 = 18,000,000 × 1/3 = ₩6,000,000

(차) 주식보상비용	6,000,000	(대) 주식선택권	6,000,000

물음 3)

R = 10%	20X1	20X2	20X3
액면금액			1,000,000
사채상환할증금			-
액면이자	50,000	50,000	50,000

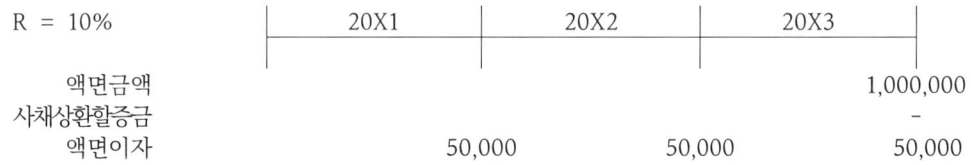

BW = 1,000,000 × 0.75131 + 50,000 × 2.48685 = ₩875,653

신주인수권대가 = 1,000,000 - 875,653 = ₩124,347

	자본금	자본잉여금	자본조정	기타포괄손익누계액	이익잉여금
기초	100,000,000	78,000,000	-	-	22,000,000
1/1 BW발행		124,347			
7/1 유상증자	25,000,000	30,000,000			
9/1 자기주식취득			(24,000,000)		
10/1 자기주식처분		(2,000,000)	9,200,000		
11/1 자기주식처분		5,900,000	7,600,000		
12/31 주식선택권			6,000,000		
NI					54,800,000
OCI				5,000,000	
기말	125,000,000	112,024,347	(1,200,000)	5,000,000	76,800,000

① 자본잉여금 = ₩112,024,347

② 기타포괄손익누계액 = ₩5,000,000

③ 자본조정 = (-)₩1,200,000

문제 3
자본변동표와 주당이익, 부채비율 | (회계사 2019, 11점)

다음은 ㈜대한의 20X2년 1월 1일의 <부분 재무상태표>이다.

<부분 재무상태표>

자본금		₩8,000,000
1. 보통주자본금	₩6,000,000	
2. 우선주자본금	2,000,000	
자본잉여금		30,500,000
1. 주식발행초과금	30,000,000	
2. 감자차익	500,000	
자본조정		(1,000,000)
1. 자기주식(보통주)	(1,000,000)	
기타포괄손익누계액		2,000,000
1. 재평가잉여금	2,000,000	
이익잉여금		11,000,000
1. 이익준비금	5,000,000	
2. 미처분이익잉여금	6,000,000	
자본총계		₩50,500,000

다음의 <자료>를 이용하여 각 물음에 답하며, 각 물음은 독립적이다.

<자 료>

(1) ㈜대한은 20X1년 1월 1일에 설립되었으며, ㈜대한의 보통주와 우선주는 설립과 동시에 발행되었다.

(2) ㈜대한의 20X2년 1월 1일 현재 발행된 보통주는 12,000주이며, 주당 발행금액은 ₩2,000이고, 주당 액면금액은 ₩500이다. ㈜대한의 20X2년 1월 1일 현재 발행된 우선주는 1,000주이며, 주당 액면금액은 ₩2,000이다.

(3) 우선주는 누적적, 비참가적 우선주 한 종류만 발행되었으며, 배당률은 연 6%이다.

(4) ㈜대한이 20X2년 1월 1일 현재 보유하고 있는 자기주식의 수량은 500주이다. 자기주식의 취득은 원가법으로 처리하며, 자기주식의 처분 시 단가산정은 가중평균법에 의한다.

(5) ㈜대한은 자본금을 확충하기 위하여 20X2년 2월 1일에 주식발행초과금을 재원으로 하여 현재 유통 중인 보통주를 대상으로 15%의 무상증자를 실시하였다.

(6) ㈜대한은 20X1년 경영성과에 대해서 20X2년 2월 15일 주주총회에서 현금배당(₩1,000,000)을 원안대로 승인하고 이를 지급하였다.

(7) ㈜대한은 경영전략 상의 계획에 의하여 20X2년 3월 1일에 보통주 1,200주를 발행하고 그 대가로 공정가치가 ₩1,000,000인 토지를 취득하였다. 단, 현물출자로 인한 자산의 취득원가는 해당 자산의 공정가치로 한다.

(8) ㈜대한은 보유하고 있는 자기주식 중 100주를 20X2년 7월 1일에 주당 ₩2,500에 재발행하였으며, 20X2년 10월 1일에 200주를 소각하였다.

(9) ㈜대한은 20X2년 중에 중간배당(현금배당) ₩500,000을 지급하였으며 20X2년 기말에 결산배당으로 ₩700,000(현금배당 ₩500,000과 주식배당 ₩200,000)을 책정하였다. ㈜대한의 주주총회 예정일은 20X3년 2월 15일이다.

(10) ㈜대한의 20X2년 당기순이익은 ₩2,000,000이다.

물음 1)

㈜대한의 20X2년 말 재무상태표에 표시되는 자본금, 자본잉여금, 자본조정 그리고 이익잉여금의 금액을 각각 계산하시오. 단, 음의 값은 (-)를 숫자 앞에 표시하시오.

항 목	금 액
자본금	①
자본잉여금	②
자본조정	③
이익잉여금	④

물음 2)

㈜대한의 20X2년의 ① 가중평균유통보통주식수, ② 기본주당순이익을 각각 계산하시오. 단, 주식 수는 월할 기준으로 계산한다. 답안 작성 시 원 이하는 반올림한다.

물음 3)

㈜대한의 20X2년 기말 총자산이익률이 2%일 때 20X2년 말의 부채비율을 계산하시오. 단, 총자산이익률은 [(당기순이익/기말 자산) × 100], 부채비율은 [(기말 부채/기말 자본) × 100]을 사용하며, 계산 결과(%)는 소수점 첫째자리에서 반올림한다.

해설

물음 1)

	자본금	자본잉여금	자본조정	기타포괄손익누계액	이익잉여금
기초	₩8,000,000	₩30,500,000	(₩1,000,000)	₩2,000,000	₩11,000,000
2/1 무상증자	862,500	(862,500)			
2/15 현금배당					(1,000,000)
3/1 현물출자	600,000	400,000			
7/1 자기주식처분		50,000	200,000		
10/1 자기주식소각	(100,000)	(300,000)	400,000		
중간배당					(500,000)
당기손익					2,000,000
기말	₩9,362,500	₩29,787,500	(₩400,000)	₩2,000,000	₩11,500,000

① 자본금 = ₩9,362,500

② 자본잉여금 = ₩29,787,500

③ 자본조정 = (-)₩400,000

④ 이익잉여금 = ₩11,500,000

20X2. 2. 1	(차)	주식발행초과금*1	862,500	(대)	보통주자본금	862,500
20X2. 2.15	(차)	미처분이익잉여금	1,000,000	(대)	현금	1,000,000
20X2. 3. 1	(차)	토지	1,000,000	(대)	보통주자본금	600,000
					주식발행초과금	400,000
20X2. 7. 1	(차)	현금	250,000	(대)	자기주식	200,000
					자기주식처분이익	50,000
20X2.10. 1	(차)	자본금	100,000	(대)	자기주식	400,000
		감자차익	300,000			
중간배당	(차)	미처분이익잉여금	500,000	(대)	현금	500,000

*1 : (12,000주 - 500주) × 15% × @500 = ₩862,500

<참고>

20X2년 2월 15일 현재 이익준비금 적립액이 자본금의 1/2 이상이므로 이익준비금을 적립하지 않아도 된다.

물음 2)

날짜	내용	주식수	가중치	평균주식수
1/1	전기이월	11,500 + 1,725	12/12	13,225
3/1	현물출자	1,200	10/12	1,000
7/1	자기주식처분	100	6/12	50
			① 가중평균유통보통주식수	14,275

	당기순이익		₩2,000,000
(-)	우선주배당	2,000,000 × 6% =	(120,000)
	보통주귀속당기순이익		₩1,880,000

$$② \text{ 기본주당순이익} = \frac{₩1,880,000}{14,275\text{주}} = @132$$

물음 3)

$$\text{총자산이익률} = \frac{\text{당기순이익}2,000,000}{\text{기말자산}100,000,000} = 2\%$$

$$\text{부채비율} = \frac{\text{기말부채}47,750,000}{\text{기말자본}52,250,000} = 91\%$$

문제 4
자본변동표와 배당금배분 | (회계사 2020, 7점)

다음 자료를 이용하여 〈요구사항〉에 답하시오.

〈자료〉

(1) ㈜대한은 20X1년 초에 설립되었으며, 20X3년 1월 1일 현재 자본부분은 다음과 같다.

Ⅰ. 자본금		₩7,500,000
1. 보통주자본금	₩5,000,000	
2. 우선주자본금	2,500,000	
Ⅱ. 자본잉여금		1,500,000
1. 보통주주식발행초과금	1,500,000	
Ⅲ. 기타포괄손익누계액		(20,000)
1. 금융자산평가손익	(20,000)	
Ⅳ. 이익잉여금		3,000,000
1. 이익준비금	1,000,000	
2. 미처분이익잉여금	2,000,000	
자본총계		₩11,980,000

(2) ㈜대한의 자본금은 설립 이후 20X3년 초까지 변화가 없었으며, 보통주와 우선주의 1주당 액면금액은 각각 ₩1,000과 ₩2,000이다.

(3) ㈜대한은 20X2년 경영성과에 대해 20X3년 3월 25일 주주총회에서 현금배당 ₩1,050,000을 원안대로 승인하고 지급하였으며, 이익준비금은 상법 규정에 따라 최소 금액만을 적립하기로 결의하였다.

(4) ㈜대한은 20X3년 4월 1일 보통주 5,000주를 1주당 ₩950에 현금 발행하였다.

(5) ㈜대한은 20X3년 5월 1일 주가 안정화를 위해 현재 유통 중인 보통주 1,000주를 1주당 ₩900에 취득하였으며, 자본조정으로 분류한 자기주식의 취득은 원가법으로 회계처리하였다.

(6) ㈜대한은 20X3년 7월 1일 자본잉여금 ₩1,000,000과 이익준비금 ₩500,000을 재원으로 하여 보통주에 대한 무상증자를 실시하였다.

(7) ㈜대한은 20X3년 10월 1일 보유 중인 자기주식 500주를 1주당 ₩1,300에 재발행하였다.

(8) ㈜대한의 20X3년도 당기순이익은 ₩1,200,000이다.

〈요구사항 1〉

㈜대한의 20X3년 말 재무상태표에 표시되는 자본금, 자본잉여금, 자본조정 및 이익잉여금의 금액을 계산하시오. (단, 음의 값은 (-)를 숫자 앞에 표시하시오)

자본금	①
자본잉여금	②
자본조정	③
이익잉여금	④

〈요구사항 2〉

20X3년 3월 25일 주주총회에서 지급된 현금배당과 관련하여, 우선주가 누적적·완전참가적 우선주인 경우와 누적적·비참가적 우선주인 경우 각각에 대해서 보통주의 배당금지급액을 계산하시오. 단, 우선주 배당률은 연 6%이고, 1년분의 배당금이 연체되어 있다.

누적적·완전참가적 우선주인 경우	①
누적적·비참가적 우선주인 경우	②

해설

〈요구사항 1〉

	자본금	자본잉여금	자본조정	기타포괄손익누계액	이익잉여금
20X3년 초	₩7,500,000	₩1,500,000	-	(₩20,000)	₩3,000,000
3/25 현금배당					(1,050,000)
4/1 유상증자	5,000,000	(250,000)			
5/1 자기주식취득			(900,000)		
7/1 무상증자	1,500,000	(1,000,000)			(500,000)
10/1 자기주식처분		200,000	450,000		
당기손익					1,200,000
20X3년 말	₩14,000,000	₩450,000	(₩450,000)	(₩20,000)	₩2,650,000

① 자본금 = ₩14,000,000

② 자본잉여금 = ₩450,000

③ 자본조정 = (-)₩450,000

④ 이익잉여금 = ₩2,650,000

20X3. 3.25	(차)	미처분이익잉여금	1,050,000	(대)	현금	1,050,000
	(차)	미처분이익잉여금	105,000	(대)	이익준비금	105,000
20X3. 4. 1	(차)	현금	4,750,000	(대)	보통주자본금	5,000,000
		주식발행초과금	250,000			
20X3. 5. 1	(차)	자기주식	900,000	(대)	현금	900,000
20X3. 7. 1	(차)	주식발행초과금	1,000,000	(대)	보통주자본금	1,500,000
		이익준비금	500,000			
20X2.10. 1	(차)	현금	650,000	(대)	자기주식	450,000
					자기주식처분이익	200,000

〈요구사항 2〉

<누적적·완전참가적 우선주인 경우>

	우선주	보통주
연체배당	2,500,000 × 6% = 150,000	-
당기배당	2,500,000 × 12% = 300,000	1,050,000 - 450,000 = 600,000
합계	₩450,000	₩600,000

당기평균배당률 = 900,000/7,500,000 = 12%

① 보통주의 배당금 지급액 = ₩600,000

<누적적·비참가적 우선주인 경우>

	우선주	보통주
연체배당	2,500,000 × 6% = 150,000	-
당기배당	2,500,000 × 6% = 150,000	1,050,000 - 300,000 = 750,000
합계	₩300,000	₩750,000

② 보통주의 배당금 지급액 = ₩750,000

문제 5
자본변동표와 전환우선주, 배당금배분 | (회계사 2022, 10점)

※ 다음의 각 물음은 독립적이다.

다음은 ㈜대한의 자료이고, 각 물음에 답하시오.

<공통자료>

1. 다음은 20X4년 1월 1일 ㈜대한의 부분 재무상태표이다.

<부분 재무상태표>

자본금		₩6,000,000
1. 보통주자본금	₩4,000,000	
2. 우선주자본금	2,000,000	
자본잉여금		9,800,000
1. 주식발행초과금	6,800,000	
2. 감자차익	3,000,000	
자본조정		(1,000,000)
1. 자기주식(보통주)	(1,000,000)	
기타포괄손익누계액		4,000,000
1. 재평가잉여금	4,000,000	
이익잉여금		8,000,000
1. 이익준비금	3,000,000	
2. 미처분이익잉여금	5,000,000	
자본총계		₩26,800,000

2. 20X4년 1월 1일 자본의 구성항목은 다음과 같다.

- 20X4년 1월 1일 현재 발행된 보통주(주당 액면금액: ₩5,000, 주당 발행금액: ₩10,000)는 800주이고, 우선주(주당 액면금액: ₩5,000, 주당 발행금액: ₩12,000)는 400주이다.
- 우선주는 20X4년 1월 1일 현재 한 종류만 발행되었으며, 우선주는 누적적 우선주로 10%까지 부분참가적 우선주이다.
- 보통주배당률은 연 3%이고, 우선주배당률은 연 4%이다.
- ㈜대한이 20X4년 1월 1일 현재 보유하고 있는 자기주식의 수량은 100주이다.

물음 1)

<공통자료>와 <추가자료 1>을 활용하여 물음에 답하시오.

<추가자료 1>

1. ㈜대한은 자본금을 확충하기 위하여 20X4년 2월 1일에 주식발행초과금을 재원으로 하여 현재 유통중인 보통주를 대상으로 20%의 무상증자를 실시하였다.
2. ㈜대한은 유상증자로 보통주 신주(주당 액면금액: ₩5,000, 주당 신주발행금액: ₩12,000) 105주를 발행하기로 하고, 20X4년 2월 15일에 청약증거금 ₩250,000을 수령하였다. 20X4년 4월 1일 신주발행관련 직접비용 ₩200,000을 현금지급하고 나머지 유상증자대금을 전액 납입 받아 유상증자를 완료하였다.
3. ㈜대한은 재무전략의 일환으로 20X4년 9월 1일에 보통주 200주(주당 액면금액: ₩5,000)를 발행하고 그 대가로 공정가치가 ₩1,200,000인 토지를 취득하였다. 단, 현물출자로 인한 자산의 취득원가는 해당 자산의 공정가치로 한다.
4. ㈜대한의 20X4년 당기순이익은 ₩1,500,000이다. ㈜대한은 20X4년 경영성과에 대해서 20X5년 2월 15일 주주총회에서 20X4년도 재무제표에 대한 결산승인을 수행하였으며 현금배당(₩500,000), 이익준비금 적립(₩500,000)을 원안대로 승인하고 이를 지급하였다.

㈜대한의 20X4년 말 재무상태표에 표시되는 자본금, 자본잉여금 그리고 이익잉여금의 금액을 각각 계산하시오.

자본금	①
자본잉여금	②
이익잉여금	③

물음 2)

<공통자료>와 <추가자료 2>를 활용하여 다음의 <요구사항>에 답하시오. 단, 회계처리는 대한민국의 상법규정에 근거하여 수행하였다.

<추가자료 2>

1. ㈜대한은 20X4년 3월 1일 지분상품으로 분류되는 전환우선주 100주(주당 액면금액: ₩5,000, 주당 발행가액: ₩12,000)를 유상증자하였다. 유상증자 시 신주발행관련 직접비용 ₩10,000이 발생하였다. 전환우선주는 발행일로부터 3개월이 경과한 후부터 보통주로 전환이 가능하며, 우선주 1주가 보통주 1.4주(주당 액면금액: ₩5,000)로 전환되는 조건이다.
2. ㈜대한이 20X4년 3월 1일 발행한 전환우선주 중 40주가 20X4년 9월 1일 보통주로 전환되었다.
3. ㈜대한은 20X4년 4월 1일에 지분상품으로 분류되는 상환우선주 100주(주당 액면금액: ₩5,000)를 주당 ₩12,500에 발행하였다.
4. 20X4년 6월 1일에 지분상품으로 분류되는 상환우선주 100주를 주당 ₩13,000에 취득하였다.
5. 20X4년 8월 1일에 20X4년 6월 1일에 취득한 상환우선주를 소각하였다. ㈜대한은 상환우선주의 상환을 위하여 별도의 임의적립금을 적립하지 않았다.

<요구사항 1>

㈜대한의 20X4년 9월 1일 전환우선주 전환과 관련된 회계처리를 수행하시오.

<요구사항 2>

㈜대한의 20X4년 말 재무상태표에 표시되는 자본금과 자본잉여금의 금액을 각각 계산하시오.

자본금	①
자본잉여금	②

물음 3)

㈜대한은 20X1년 1월 1일 설립되었으며, ㈜대한의 보통주와 우선주는 설립과 동시에 발행되었다. ㈜대한은 설립 이래 배당금을 지급하지 못하다가 처음으로 20X4년 4월 1일에 20X3년 12월 31일을 기준으로 하는 ₩500,000의 현금배당을 선언하였다. ㈜대한의 우선주와 보통주에 배분되는 배당금을 각각 계산하시오. 단, 답안 작성 시 원 이하는 반올림한다.

우선주에 배분되는 배당금	①
보통주에 배분되는 배당금	②

해설

물음 1)

날짜	내용	자본금	자본잉여금	자본조정	이익잉여금
기초잔액	-	6,000,000	9,800,000	(1,000,000)	8,000,000
20X4. 2. 1	무상증자	700,000	(700,000)		
20X4. 2.15	청약증거금수취			250,000	
20X4. 4. 1	청약주식발행	525,000	535,000	(250,000)	
20X4. 9. 1	현물출자	1,000,000	200,000		
20X4.12.31	당기순이익				1,500,000
기말잔액	-	8,225,000	9,835,000	(1,000,000)	9,500,000

① 자본금 = ₩8,225,000

② 자본잉여금 = ₩9,835,000

③ 이익잉여금 = ₩9,500,000

<무상증자>

20X4. 2. 1	(차)	주식발행초과금	700,000	(대)	자본금	700,000

무상증자주식수 = (800주 - 100주) × 20% = 140주

무상증자금액 = 140주 × @5,000 = ₩700,000

<청약에 의한 주식발행>

20X4. 2.15	(차)	현금	250,000	(대)	신주청약증거금	250,000
20X4. 4. 1	(차)	현금	1,010,000	(대)	자본금	525,000
		신주청약증거금	250,000		주식발행초과금	735,000
	(차)	주식발행초과금	200,000	(대)	현금	200,000

<현물출자>

20X4. 9. 1	(차)	현금	1,200,000	(대)	자본금	1,000,000
					주식발행초과금	200,000

물음 2)

날짜	내용	자본금	자본잉여금	자본조정	이익잉여금
기초잔액	-	6,000,000	9,800,000	(1,000,000)	8,000,000
20X4. 3. 1	전환우선주발행	500,000	690,000		
20X4. 4. 1	상환우선주발행	500,000	750,000		
20X4. 6. 1	상환우선주취득			(1,300,000)	
20X4. 8. 1	상환우선주소각			1,300,000	(1,300,000)
20X4. 9. 1	전환우선주전환	80,000	(80,000)		
기말잔액	-	7,080,000	11,160,000	(1,000,000)	6,700,000

① 자본금 = ₩7,080,000

② 자본잉여금 = ₩11,160,000

<전환우선주>

20X4. 3. 1	(차)	현금	1,200,000	(대)	우선주자본금	500,000
					주식발행초과금	700,000
	(차)	주식발행초과금	10,000	(대)	현금	10,000
20X4. 9. 1	(차)	우선주자본금*1	200,000	(대)	보통주자본금*3	280,000
		주식발행초과금*2	276,000		주식발행초과금	196,000

*1 : 40주 × @5,000 = ₩200,000

*2 : 690,000 × 40/100 = ₩276,000

*3 : 40주 × 1.4 × @5,000 = ₩280,000

<상환우선주>

20X4. 4. 1	(차)	현금	1,250,000	(대)	우선주자본금	500,000
					주식발행초과금	750,000
20X4. 6. 1	(차)	자기주식	1,300,000	(대)	현금	1,300,000
20X4. 8. 1	(차)	미처분이익잉여금	1,300,000	(대)	자기주식	1,300,000

<참고>

출제자가 상법규정을 따른다고 가정했으므로 우선주의 소각은 상법규정에 충실한 회계처리를 제시하였다. 우리나라 상법규정을 따르지 않고 세계적으로 널리 쓰이는 회계처리방식을 적용하면 다음과 같다.

20X4. 8. 1	(차)	우선주자본금	500,000	(대)	자기주식	1,300,000
		감자차손	800,000			

물음 3)

보통주자본금(자기주식제외) = 700주 × @5,000 = ₩3,500,000

우선주자본금 = 400주 × @5,000 = ₩2,000,000

	우선주	보통주
연체배당	2,000,000 × 4% × 2년 = 160,000	-
당기기본배당	2,000,000 × 4% = 80,000	3,500,000 × 3% = 105,000
당기추가배당	2,000,000 × 2.8182% = 56,364	155,000 - 56,364 = 98,636
합계	₩296,364	₩203,636

당기추가배당금 = 500,000 - 160,000 - 80,000 - 105,000 = ₩155,000

추가배당률 = 155,000/5,500,000 = 2.8182%

① 우선주에 배분되는 배당금 = ₩296,364

② 보통주에 배분되는 배당금 = ₩203,637

<참고>

만약 6%까지의 부분참가적우선주라면 배당금의 배분은 다음과 같다.

	우선주	보통주
연체배당	2,000,000 × 4% × 2년 = 160,000	-
당기기본배당	2,000,000 × 4% = 80,000	3,500,000 × 3% = 105,000
당기추가배당	2,000,000 × 2% = 40,000	155,000 - 40,000 = 115,000
합계	₩280,000	₩220,000

당기추가배당금 = 500,000 - 160,000 - 80,000 - 105,000 = ₩155,000

추가배당률 = 155,000/5,500,000 = 2.8182%

문제 6
자본변동표와 배당금배분 | (회계사 2023, 8점)

※ 다음의 각 물음은 독립적이다. 다음의 <자료>를 이용하여 물음 에 답하시오.

〈자료〉

1. ㈜대한은 20X1년 1월 1일에 설립되었으며, 보통주와 우선주는 설립과 동시에 발행되었다.
2. 다음은 ㈜대한의 20X2년 1월 1일의 〈부분 재무상태표〉이다.

〈부분 재무상태표〉

(단위: ₩)

자본금		6,000,000
1. 보통주자본금	4,000,000	
2. 우선주자본금	2,000,000	
자본잉여금		20,500,000
1. 주식발행초과금	20,000,000	
2. 감자차익	500,000	
자본조정		(1,000,000)
1. 자기주식(보통주)	(1,000,000)	
기타포괄손익누계액		2,000,000
1. 재평가잉여금	2,000,000	
이익잉여금		9,000,000
1. 이익준비금	3,000,000	
2. 임의적립금	2,000,000	
3. 미처분이익잉여금	4,000,000	
자본총계		36,500,000

3. ㈜대한의 20X2년 1월 1일 현재 발행된 보통주는 8,000주이며, 주당 발행금액은 ₩2,000이고, 주당 액면금액은 ₩500이다. ㈜대한의 20X2년 1월 1일 현재 발행된 우선주는 4,000주이며, 주당 액면금액은 ₩500이다.
4. 우선주는 한 종류만 발행되었으며 보통주 배당률은 연 4%, 우선주 배당률은 연 6%이다.
5. ㈜대한이 20X2년 1월 1일 현재 보유하고 있는 자기주식의 수량은 1,000주이다. 자기주식의 취득은 원가법으로 처리하며, 자기주식의 처분 시 단가산정은 가중평균법에 의한다.
6. ㈜대한의 20X2년 매출액은 ₩100,320,000이고, 당기순이익은 ₩1,950,000이다.

물음 1)

㈜대한은 설립 이래 처음으로 20X3년 3월 말에 20X2년 말을 기준일로 하는 ₩500,000의 현금배당을 선언하였다. 아래의 각 사례에 대응하여 ㈜대한의 우선주와 보통주에 각각 배분되는 배당금을 계산하시오. 단, 답안 작성 시 원 이하는 반올림한다.

사례	우선주 금액	보통주 금액
(사례 1) 우선주는 누적적 우선주로 완전참가적 우선주	①	②
(사례 2) 우선주는 누적적 우선주로 7.5%까지 부분참가적 우선주	③	④

물음 2)

㈜대한은 공장을 증설하기 위하여 20X2년 12월 말에 ㈜민국으로부터 공정가치가 ₩1,550,000인 공장부지를 취득하고 보통주 3,500주를 발행하여 지급하였다. 또한 ㈜대한은 20X2년 12월 말에 주식발행초과금을 재원으로 보통주 200주를 무상증자하였다.

〈요구사항 1〉

상기의 보통주 신주 발행 및 무상증자 직후 20X2년 12월 말 ㈜대한의 보통주자본금과 자본잉여금을 각각 계산하시오.

보통주자본금	①
자본잉여금	②

〈요구사항 2〉

㈜대한의 20X2년 말의 부채비율이 120%라고 할 때, ㈜대한의 20X2년 기말 총자산회전율을 계산하시오. 단, 총자산회전율은 [(매출액/기말 자산) × 100], 부채비율은 [(기말 부채/기말 자본) × 100]을 사용하며, 계산 결과(%)는 소수점 첫째 자리에서 반올림한다(예를 들어 53.2%는 53%로 계산).

기말 총자산회전율	①

물음 3)

상환우선주에 대해서 ① 주주가 상환권을 갖는 경우와 ② 발행회사가 상환권을 갖는 경우에 대해 한국채택국제회계기준 상의 분류 측면에서 이를 각각 서술하시오.

해설

물음 1)

보통주자본금(자기주식제외) = (8,000주 - 1,000주) × @500 = ₩3,500,000

우선주자본금 = ₩2,000,000

<사례 1>

	우선주	보통주
연체배당	2,000,000 × 6% × 1년 = 120,000	-
당기기본배당	2,000,000 × 6% = 120,000	3,500,000 × 4% = 140,000
당기추가배당	2,000,000 × 2.1818% = 43,636	120,000 - 43,636 = 76,364
합계	① ₩283,636	② ₩216,364

당기추가배당금 = 500,000 - 120,000 - 120,000 - 140,000 = ₩120,000

추가배당률 = 120,000/5,500,000 = 2.1818%

<사례 2>

	우선주	보통주
연체배당	2,000,000 × 6% × 1년 = 120,000	-
당기기본배당	2,000,000 × 6% = 120,000	3,500,000 × 4% = 140,000
당기추가배당	2,000,000 × 1.5% = 30,000	120,000 - 30,000 = 90,000
합계	③ ₩270,000	④ ₩230,000

당기추가배당금 = 500,000 - 120,000 - 120,000 - 140,000 = ₩120,000

추가배당률 = 120,000/5,500,000 = 2.18%

물음 2)

〈요구사항 1〉

현물출자	(차)	토지	1,550,000	(대)	보통주자본금	1,750,000
		주식발행초과금	200,000			
무상증자	(차)	주식발행초과금	100,000	(대)	보통주자본금	100,000

① 보통주자본금 = 4,000,000 + 1,750,000 + 100,000 = ₩5,850,000

② 자본잉여금 = 20,500,000 + (200,000) + (100,000) = ₩20,200,000

〈요구사항 2〉

기말자본 = 36,500,000 + 현물출자 1,550,000 + 당기순이익 1,950,000 = ₩40,000,000

기말부채 = 40,000,000 × 120% = ₩48,000,000

기말자산 = 40,000,000 + 48,000,000 = ₩88,000,000

기말 총자산회전율 = 100,320,000/88,000,000 = 114%

물음 3)

① 주주가 상환권을 갖는 상환우선주는 부채로 분류한다.

② 발행회사가 상환권을 갖는 상환우선주는 자본으로 분류한다.

문제 7
자본변동표와 배당금배분 | (회계사 2024, 10점)

다음 <자료>를 이용하여 물음에 답하시오.

<자료 1>

- ㈜대한은 20X0년 1월 1일에 설립되었으며, ㈜대한의 보통주와 우선주는 설립과 동시에 발행되었다.
- 다음은 ㈜대한의 20X2년 1월 1일의 <부분 재무상태표>이다.

<부분재무상태표>

자본금		₩6,000,000
1. 보통주자본금	₩4,000,000	
2. 우선주자본금	2,000,000	
자본잉여금		5,400,000
1. 주식발행초과금	5,000,000	
2. 감자차익	400,000	
자본조정		(1,375,000)
1. 자기주식(보통주)	(1,375,000)	
기타포괄손익누계액		4,000,000
1. 재평가잉여금	4,000,000	
이익잉여금		10,000,000
1. 이익준비금	4,000,000	
2. 미처분이익잉여금	6,000,000	
자본총계		₩24,025,000

- ㈜대한의 20X2년 1월 1일 현재 발행된 보통주는 800주이며, 1주당 발행금액은 ₩6,000이고, 1주당 액면금액은 ₩5,000이다. ㈜대한의 20X2년 1월 1일 현재 발행된 우선주는 400주이며, 1주당 액면금액은 ₩5,000이다.
- ㈜대한의 20X2년 1월 1일 현재 우선주는 한 종류만 발행되었으며 보통주 배당률은 연 4%, 우선주 배당률은 연 6%이다. 해당 누적적 우선주는 12%까지 부분참가적 우선주이다.
- ㈜대한이 20X2년 1월 1일 현재 보유하고 있는 자기주식의 수량은 250주이다. 자기주식의 취득은 원가법으로 처리하며, 자기주식의 처분 시 단가산정은 가중평균법에 의한다.
- 자본거래에서 발생한 차손은 이미 인식한 관련 자본잉여금과 우선 상계한다.

<자료 2>

- ㈜대한은 설립 이래 배당금을 지급하지 못하다가 20X1년 경영성과에 대해 20X2년 2월 15일 주주총회에서 설립 후 처음으로 현금배당 ₩500,000을 원안대로 승인하고 이를 지급하였다.
- ㈜대한은 사업확장을 위하여 20X2년 3월 1일에 보통주 300주(1주당 액면금액: ₩5,000)를 발행하고 그 대가로 공정가치가 ₩1,300,000인 토지를 취득하였다. 단, 현물출자로 인한 자산의 취득원가는 해당 자산의 공정가치로 한다.
- ㈜대한은 20X2년 3월 1일 지분상품으로 분류되는 전환우선주 100주(1주당 액면금액: ₩5,000, 1주당 발행금액: ₩6,000)를 유상증자하였다. 유상증자 시 신주발행 관련 직접비용 ₩10,000이 발생하였다. 전환우선주는 발행일로부터 3개월이 경과한 후부터 보통주로 전환이 가능하며, 우선주 1주가 보통주 1.15주(1주당 액면금액: ₩5,000)로 전환되는 조건이다.
- ㈜대한이 20X2년 3월 1일 발행한 전환우선주 중 40주가 20X2년 9월 1일 보통주로 전환되었다. ㈜대한은 관련 회계처리를 대한민국의 상법규정에 근거하여 수행하였다.
- ㈜대한은 보유하고 있는 자기주식 중 20주를 20X2년 7월 1일에 1주당 ₩6,500에 재발행하였다.
- ㈜대한은 20X2년 11월 1일 자본잉여금 ₩500,000과 이익준비금 ₩500,000을 재원으로 하여 보통주에 대한 무상증자를 실시하였다.
- ㈜대한의 20X2년도 당기순이익은 ₩1,000,000이다.
- ㈜대한은 20X2년 중에 중간배당(현금배당) ₩400,000을 지급하였으며, 20X2년 말 이사회결의 전 결산배당으로 ₩600,000(현금배당 ₩400,000과 주식배당 ₩200,000)을 책정하였다.
- ㈜대한의 주주총회 예정일은 20X3년 2월 15일이다.

물음 1)

㈜대한의 20X2년 말 재무상태표에 표시되는 자본금, 자본잉여금, 자본조정 및 이익잉여금의 금액을 각각 계산하시오. 단, 음의 값은 금액 앞에 (-)를 표시하시오.

자본금	①
자본잉여금	②
자본조정	③
이익잉여금	④

물음 2)

㈜대한의 20X2년 2월 15일 주주총회에서 지급된 현금배당과 관련하여, ㈜대한의 우선주와 보통주에 배분되는 배당금을 각각 계산하시오. 단, 답안 작성 시 원 미만은 반올림한다.

우선주에 배분되는 배당금	①
보통주에 배분되는 배당금	②

해설

물음 1)

	자본금	자본잉여금	자본조정	이익잉여금
기초잔액	₩6,000,000	₩5,400,000	(₩1,375,000)	₩10,000,000
2/15 현금배당				(500,000)
3/1 현물출자	1,500,000	(200,000)		
3/1 우선주발행	500,000	90,000		
7/1 자기주식처분		20,000	110,000	
9/1 우선주전환	30,000	(30,000)		
11/1 무상증자	1,000,000	(500,000)		(500,000)
중간배당				(400,000)
당기순이익				1,000,000
기말잔액	₩9,030,000	₩4,780,000	(₩1,265,000)	₩9,600,000

20X2. 2.15	(차)	미처분이익잉여금	500,000	(대)	현금	500,000
20X2. 3. 1	(차)	토지	1,300,000	(대)	보통주자본금	1,500,000
		주식발행초과금	200,000			
20X2. 3. 1	(차)	현금	600,000	(대)	우선주자본금	500,000
					주식발행초과금	100,000
	(차)	주식발행초과금	10,000	(대)	현금	10,000
20X2. 7. 1	(차)	현금	130,000	(대)	자기주식	110,000
					자기주식처분이익	20,000
20X2. 9. 1	(차)	우선주자본금	200,000	(대)	보통주자본금	230,000
		주식발행초과금	36,000		주식발행초과금	6,000
20X2.11. 1	(차)	자본잉여금	500,000	(대)	보통주자본금	1,000,000
		이익준비금	500,000			
중간배당	(차)	미처분이익잉여금	400,000	(대)	현금	400,000

<참고>

20X2년 2월 15일 현재 이익준비금 적립액이 자본금의 1/2 이상이므로 이익준비금을 적립하지 않아도 된다.

물음 2)

보통주자본금(자기주식제외) = (800주 - 250주) × @5,000 = ₩2,750,000

우선주자본금 = 400주 × @5,000 = ₩2,000,000

	우선주	보통주
연체배당	2,000,000 × 6% × 1년 = 120,000	-
당기기본배당	2,000,000 × 6% = 120,000	2,750,000 × 4% = 110,000
당기추가배당	2,000,000 × 3.1579% = 63,158	150,000 - 63,158 = 86,842
합계	₩303,158	₩196,842

당기추가배당금 = 500,000 - 120,000 - 120,000 - 110,000 = ₩150,000

추가배당률 = 150,000/4,750,000 = 3.1579%

CHAPTER

제7장 충당부채와 보고기간후사건

번호	내용	배점	난이도
1	손실부담계약충당부채 (회계사 2017)	4점	Lv 1
2	복구충당부채 (회계사 2018)	8점	Lv 2
3	보고기간후사건 (회계사 2021)	2점	Lv 1
4	보고기간후사건 (세무사 2022)	4점	Lv 1
5	손실부담계약충당부채 (회계사 2024)	7점	Lv 3
6	구조조정충당부채 (회계사 2024)	4점	Lv 2

〈난이도 분류〉
세무사 동차생 : Lv 1까지 / 세무사 유예생 : Lv 2까지 / 회계사 동차생 : Lv 3까지 / 회계사 유예생 : Lv 4까지

문제 1
손실부담계약충당부채 | (회계사 2017, 4점)

㈜한국은 거래처와 개당 ₩450으로 300개의 재고자산을 판매하기로 하는 확정계약을 체결한 상태이다. ㈜한국의 20X1년 말 현재 기말재고 보유수량은 100개이고, 장부상 개당 원가는 ₩500이며, 개당 순실현가능가치는 ₩400이다. 확정판매로 계약된 재고자산과 동일한 재고자산 구매시 개당 원가는 ₩550으로 예상된다. 확정판매계약 이행을 위한 판매비용은 발생하지 않는다. 위에서 주어진 자료를 이용하여 다음 물음에 답하시오.

물음 1)

20X1년 ㈜한국의 당기순이익에 미치는 영향을 계산하시오.

물음 2)

20X1년 말 ㈜한국이 해야 할 회계처리를 제시하고, 그 근거를 간략하게 설명하시오.

해설

물음 1)

<현재 보유분>

현재 보유하고 있는 재고자산은 확정판매계약이행을 위하여 보유 중인 재고자산이므로 확정판매계약금액에 기초하여 순실현가치를 산출한다.

순실현가치 = 450 - 0 = ₩450

재고자산평가손실 = 100개 × (500 - 450) = ₩5,000

<확정계약 이행을 위해 추가로 매입하야하는 부분>

재고자산을 단위당 ₩550에 매입하여 확정계약을 이행하여야한다. 확정계약에 의한 순실현가치는 ₩450이므로 단위당 ₩100이 손실이 예상되며 해당금액을 손실부담계약충당부채로 인식한다.

손실부담계약손실 = 200개 × @100 = ₩20,000

20X1년 당기손익영향 = (5,000) + (20,000) = (₩25,000)

물음 2)

(차)	재고자산평가손실	5,000	(대)	재고자산평가충당금	5,000
(차)	손실부담계약손실	20,000	(대)	손실부담계약충당부채	20,000

문제 2
복구충당부채 | (회계사 2018, 8점)

20X1년 1월 1일에 ㈜대한은 해저유전 관련 플랫폼을 ₩800,000에 취득하여 4년 동안 운영하기로 하였다. ㈜대한은 해저유전 관련 플랫폼을 사용한 마지막 년도에 플랫폼을 완벽히 해체하고, 해저를 밀봉해야 하는 법적인 의무를 가지고 있다. 불가피한 위험과 불확실성을 고려하여 최선의 추정치를 계산한 결과,이와 관련된 복구비용은 ₩200,000이 될 것으로 예측하고 있다. 복구비용의 현재가치 계산 시 적용할 유효이자율은 연 10%이며, ㈜대한은 정액법(추정 잔존가치는 ₩0)을 적용하여 감가상각하기로 하였다. 다음의 물음에 답하시오. 단, 원 이하는 반올림하고, 현재가치 계산 시 아래의 현가계수를 이용하시오. (8점)

기간	10%의 현가계수	
	단일금액 ₩1	정상연금 ₩1
1	0.9091	0.9091
2	0.8264	1.7355
3	0.7513	2.4868
4	0.6830	3.1698

물음 1)

㈜대한이 ① 20X1년 1월 1일에 수행해야 할 회계처리와 ② 20X1년 12월 31일에 수행해야 할 회계처리를 제시하시오.

물음 2)

20X4년 12월 31일에 ㈜대한은 플랫폼의 이전과 해저를 밀봉하는 비용으로 ₩220,000을 지불하였다. 20X4년 12월 31일에 수행해야 할 회계처리를 제시하시오.

물음 3)

(물음 1), (물음 2)와 독립적으로 20X1년 말에 ㈜대한의 플랫폼과 관련된 복구비용의 일부를 제3자(A)가 변제할 것이 거의 확실하게 되었고, 해당 금액의 현재가치는 ₩100,000으로 예상된다. 20X1년 말 ㈜대한이 복구비용 변제와 관련하여 수행해야 할 회계처리를 제시하시오.

물음 4)

위 물음들과는 독립적으로 ㈜대한은 취득 시에 플랫폼과 관련된 복구비용을 제3자(B)와 연대하여 부담하기로 하였다. 전체 복구 의무 중 ㈜대한이 부담해야 할 부분의 현재가치는 ₩100,000이고, 제3자(B)가 이행할 것으로 기대되는 부분의 현재가치는 ₩100,000이다. ㈜대한이 20X1년 1월 1일에 해저유전 관련 플랫폼 취득과 관련하여 수행해야 할 회계처리를 제시하고 그 이유를 간략하게 설명하시오.

해설

물음 1)

20X1년 초 복구충당부채 = 200,000 × 0.6830 = ₩136,600

구축물 취득원가 = 800,000 + 136,600 = ₩936,600

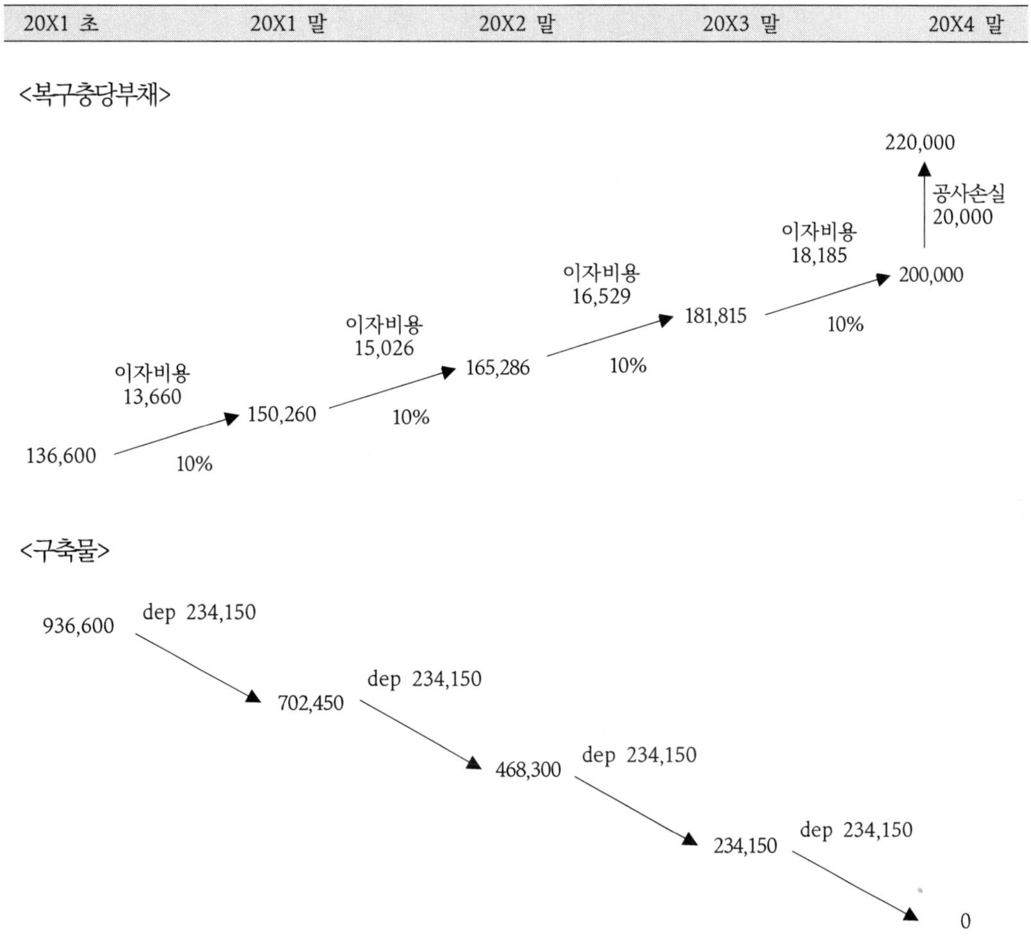

20X1. 1. 1	(차)	구축물	936,600	(대)	현금	800,000
					복구충당부채	136,600
20X1.12.31	(차)	감가상각비	234,150	(대)	감가상각누계액	234,150
	(차)	이자비용	13,660	(대)	복구충당부채	13,660

물음 2)

20X4.12.31	(차)	감가상각비	234,150	(대)	감가상각누계액	234,150
	(차)	이자비용	18,185	(대)	복구충당부채	18,185
	(차)	복구충당부채	200,000	(대)	현금	220,000
		복구공사손실	20,000			

물음 3)

20X1.12.31	(차)	변제자산	100,000	(대)	이연변제수익	100,000

부채로 인식한 이연변제수익은 잔여 기간에 걸쳐 상각하여 당기손익(변제수익 또는 감가상각비 차감)으로 인식한다.

물음 4)

20X1. 1. 1	(차)	구축물	900,000	(대)	현금	800,000
					복구충당부채	100,000

제3자와 연대하여 의무를 지는 경우에는 해당 의무 중에서 경제적효익이 있는 자원의 유출가능성이 높은 부분에 대하여 충당부채를 인식하고, 제3자가 이행할 것으로 예상되는 부분은 우발부채로 주석 공시한다.

문제 3
보고기간후사건 | (회계사 2021, 2점)

보고기간 말 이전에 장기차입약정(예: 차입기간 내 유동비율 100% 유지)을 위반했을 때 채권자가 즉시 상환을 요구할 수 있는 채무에 대해 '보고기간 후' 재무제표 발행승인일 전에 채권자가 약정위반을 이유로 상환을 요구하지 않기로 합의하였다. 이 경우 동 채무를 유동부채와 비유동부채 중 어떤 항목으로 분류해야 하는지 설명하고 그 이유를 간략히 기술하시오.

해설

보고기간 말 이전에 장기차입약정을 위반했을 때 대여자가 즉시 상환을 요구할 수 있는 채무는 보고기간 후 재무제표 발행승인일 전에 채권자가 약정위반을 이유로 상환을 요구하지 않기로 합의하더라도 유동부채로 분류한다. 보고기간 말 현재 해당 합의가 없었으므로 보고기간 말에는 유동부채로 분류하며 합의가 이루어진 날 비유동부채로 대체한다.

문제 4
보고기간후사건 | (세무사 2022, 4점)

다음은 ㈜세무의 결산일(20X1년 12월 31일) 이후, 이사회가 재무제표를 승인하기 전에 발생한 사건들이다. 아래의 사건들이 개별적으로 ㈜세무의 20X1년 당기순손익에 미치는 영향은 각각 얼마인가? (단, 각 사건들은 상호 독립적이고, 금액적으로 중요하며, 당기순이익을 증가시키면 '이익'으로, 감소시키면 '손실'로 표시하시오.)

사건 1) 20X2년 1월 31일
20X1년 말 현재 자산손상의 징후가 있었으나, 손상금액의 추정이 어려워서 자산손상을 인식하지 않았던 매출거래처 A가 파산되어 매출채권 ₩100,000의 회수가 불가능하게 되었다.

사건 2) 20X2년 2월 1일
보유하던 기계장치(20X1년 말 장부금액 ₩500,000)가 지진으로 파손되었으며, 고철판매 등으로 ₩8,000을 회수할 수 있을 것으로 파악되었다.

사건 3) 20X2년 2월 5일
인근 국가에서의 전쟁 발발로 환율이 비정상적으로 급등하였다. 이러한 환율변동을 20X1년 말 재무제표에 반영할 경우, ㈜세무가 추가로 인식해야 할 외환손실은 ₩300,000이다.

사건 4) 20X2년 2월 7일
㈜세무는 소송 중이던 사건의 판결 확정으로 ₩150,000의 배상금을 지급하게 되었다. ㈜세무는 이사회 승인 전 20X1년 말 재무상태표에 동 사건과 관련하여 충당부채 ₩170,000을 계상하고 있었다.

구분	금액 및 이익/손실
사건 1	①
사건 2	②
사건 3	③
사건 4	④

해설

<사건 1> 수정을 요하는 보고기간 후 사건

20X1.12.31	(차)	매출채권손상차손	100,000	(대)	손실충당금	100,000

① ₩100,000 손실

<사건 2> 수정을 요하지 아니하는 보고기간 후 사건

② 영향 없음

<사건 3> 수정을 요하지 아니하는 보고기간 후 사건

③ 영향 없음

<사건 4> 수정을 요하는 보고기간 후 사건

20X1.12.31	(차)	소송충당부채	20,000	(대)	손실	20,000

④ ₩20,000 이익

문제 5
손실부담계약충당부채 | (회계사 2024, 7점)

20X1년 1월 1일에 설립된 ㈜대한은 상품 A를 매입하여 판매하며, 제품 B를 생산하여 판매하는 회사이다. ㈜대한은 당기순이익 극대화를 위해 의사결정한다. <자료>를 이용하여 <요구사항>에 답하시오.

<자료>

1. ㈜대한은 ㈜민국의 상품 A 200개를 20X2년 7월 1일에 단위당 ₩20,000에 현금 매입하는 확정매입계약을 20X1년 7월 1일에 체결하였다. 본 확정매입계약을 ㈜대한이 해지할 수는 있으나 해지할 경우 손해배상금 ₩1,500,000을 지급해야 한다. 상품 A의 단위당 현행원가는 다음과 같다.

20X1.7.1.	20X1.12.31.
₩20,000	₩15,000

2. ㈜대한은 제품 B 300개를 단위당 판매가격 ₩10,000으로 20X2년 7월 1일 ㈜한국에 납품해야 하는 확정판매계약을 20X1년 2월 1일에 체결하였다. ㈜한국과의 계약을 통해 ㈜대한은 해당 제품의 판매와 관련한 판매비용을 절감할 수 있게 되었지만, 이 계약을 이행하지 않을 경우 위약금 ₩1,000,000이 발생하게 된다. 20X1년 12월 31일 현재 제품 B의 단위당 원가 및 가격 관련 정보는 다음과 같다.

장부상원가	일반판매가격	추정판매비용
₩15,000	₩15,000	₩2,000

<요구사항 1>

㈜대한의 20X1년도 12월 31일 상품 A와 관련된 확정계약손실액을 계산하시오.

확정계약손실액	①

<요구사항 2>

20X2년 7월 1일 상품 A의 단위당 현행원가가 각각 ₩17,000과 ₩13,000일 경우, 상품 A와 관련한 회계처리가 ㈜대한의 20X2년도 포괄손익계산서 상 당기순이익에 미치는 영향을 각각 계산하시오. 단, 당기순이익이 감소하는 경우에는 금액 앞에 (-)를 표시하시오.

현행원가가 ₩17,000일 경우	①
현행원가가 ₩13,000일 경우	②

<요구사항 3>

제품 B와 관련하여 20X1년 12월 31일 현재 ㈜대한의 재고수량이 각각 100개와 400개일 경우, ㈜대한이 20X1년도 포괄손익계산서에 인식할 비용을 각각 계산하시오.

재고수량이 100개일 경우	①
재고수량이 400개일 경우	②

해설

<요구사항 1>

계약이행시손실 = 200개 × @5,000 = ₩1,000,000

손해배상금 = ₩1,500,000

① 확정계약손실액 = min(1,000,000, 1,500,000) = ₩1,000,000

<요구사항 2>

<20X2년 7월 1일 실제원가가 ₩17,000인 경우>

20X2년 7월 1일 계약이행시손실 = 200개 × @3,000 = ₩600,000 (계약이행 선택)

20X1.12.31	(차)	손실부담계약손실	1,000,000	(대)	손실부담계약충당부채	1,000,000
20X2. 7. 1	(차)	손실부담계약충당부채	400,000	(대)	충당부채환입	400,000
	(차)	재고자산	3,400,000	(대)	현금	4,000,000
		손실부담계약충당부채	600,000			

① 20X2년 당기손익영향 = ₩400,000

<20X2년 7월 1일 실제원가가 ₩13,000인 경우>

20X2년 7월 1일 계약이행시손실 = 200개 × @7,000 = ₩1,400,000 (계약이행 선택)

20X1.12.31	(차)	손실부담계약손실	1,000,000	(대)	손실부담계약충당부채	1,000,000
20X2. 7. 1	(차)	손실부담계약손실	400,000	(대)	손실부담계약충당부채	400,000
	(차)	재고자산	2,600,000	(대)	현금	4,000,000
		손실부담계약충당부채	1,400,000			

② 20X2년 당기손익영향 = (-)₩400,000

<참고>

20X1년 7월 1일 상품의 현행원가가 ₩10,000이라 가정한 경우의 풀이는 다음과 같다.

20X2년 7월 1일 계약이행시손실 = 200개 × @10,000 = ₩2,000,000 (손해배상금 선택)

20X2년 7월 1일 손실부담계약충당부채 = min(2,000,000, 1,500,000) = ₩1,500,000

20X1.12.31	(차)	손실부담계약손실	1,000,000	(대)	손실부담계약충당부채	1,000,000
20X2. 7. 1	(차)	손실부담계약손실	500,000	(대)	손실부담계약충당부채	500,000
	(차)	손실부담계약충당부채	1,500,000	(대)	현금	1,500,000

20X2년 당기손익영향 = (-)₩500,000

<요구사항 3>

<기말 재고수량이 100개일 경우>

계약이행시 손실 = 300개 × @5,000 = ₩1,500,000 (추가제작시 단위당 제조원가 ₩15,000 가정)

위약금 = ₩1,000,000

손실부담계약충당부채로 인식할 금액은 ₩1,000,000이며, 재고자산은 일반판매가 기준으로 저가평가한다.

항목	수량	장부금액	순실현가치	평가충당금
제품B (일반판매)	100개	₩15,000	₩13,000	100 × @2,000 = ₩200,000

20X1.12.31	(차)	손실부담계약손실	1,000,000	(대)	손실부담계약충당부채	1,000,000
	(차)	재고자산평가손실	200,000	(대)	재고자산평가충당금	200,000

① 20X2년 비용 = 1,000,000 + 200,000 = ₩1,200,000

<기말 재고수량이 400개일 경우>

계약이행시 손실 = 300개 × @5,000 = ₩1,500,000

위약금 = ₩1,000,000

손실부담계약충당부채로 인식할 금액은 ₩1,000,000이며, 재고자산은 일반판매가 기준으로 저가평가한다.

항목	수량	장부금액	순실현가치	평가충당금
제품B (일반판매)	400개	₩15,000	₩13,000	400 × @2,000 = ₩800,000

20X1.12.31	(차)	손실부담계약손실	1,000,000	(대)	손실부담계약충당부채	1,000,000
	(차)	재고자산평가손실	800,000	(대)	재고자산평가충당금	800,000

② 20X2년 비용 = 1,000,000 + 800,000 = ₩1,800,000

<참고>

손실부담계약충당부채 산정시 적용할 계약이행시 손실은 경제학적인 기회비용이 아니라 회계상 손실을 의미한다. 만약 장부금액 ₩100인 재고자산을 ₩150에 판매할 수 있으나 ₩90에 확정판매계약을 맺은 경우 경제학적인 기회비용은 ₩60이며, 회계상 손실은 ₩10이다. 손실부담계약충당부채는 계약이행시 회계상 손실 ₩10과 위약금 중 작은 금액이다.

<참고>

장부금액 ₩100인 자산을 ₩80에 확정판매계약(위약금 ₩30)을 맺었으며, 일반판매가는 ₩200이라 가정한다. 이 경우 회사는 위약금을 부담하고 일반판매를 하는 것이 유리한 대안이다. 그러나 계약불이행을 가정하고 위약금을 충당부채로 인식하는 것은 아니다. 충당부채로 인식할 금액은 계약이행시 손실 ₩20과 위약금 ₩30 중 작은 금액이다.

문제 6
구조조정충당부채 | (회계사 2024, 4점)

다음의 <자료>를 이용하여 물음에 답하시오.

<자료>

1. ㈜대한은 20X1년 말 A사업부의 폐쇄 및 이전(구조조정)에 대한 구체적인 계획을 수립하고 이를 종업원 등의 이해관계자들에게 공표한 후 즉시 이행하였다. A사업부에 대한 구조조정은 20X3년 말에 완료될 것으로 예상된다.

2. 20X1년 말 현재 구조조정과 관련하여 발생할 것으로 예상되는 항목별 금액은 다음과 같다. 단, A사업부에 대한 외부 컨설팅은 구조조정을 위한 필수적 활동이며, 아래 표에 제시된 지출과 손익은 모두 해당 연도의 기말에 발생한 것으로 가정한다.

구분	20X2년 말	20X3년 말
A사업부 종업원 해고급여	₩100,000	₩200,000
A사업부 외부 컨설팅비	80,000	50,000
A사업부 예상 영업손실	10,000	12,000
기존 직원 교육훈련비	20,000	30,000
구조조정 관련 자산 처분이익	3,000	2,000

3. 20X1년 말 충당부채 계산 시 적용할 할인율은 연 10%이며, 이후 할인율의 변동은 없다. 관련 현가계수는 아래와 같으며, 답안 작성 시 원 미만은 반올림한다.

기간	1	2
단일금액 ₩1의 현가계수	0.9091	0.8265

4. 구조조정과 관련한 모든 지출과 손익은 예상과 동일하게 발생하였다.

A사업부 구조조정과 관련한 회계처리가 ㈜대한의 ① 20X1년도 당기순이익과 ② 20X2년도 당기순이익에 미치는 영향을 각각 계산하시오. 단, 당기순이익이 감소하는 경우에는 금액 앞에 (-)를 표시하시오.

20X1년도 당기순이익에 미치는 영향	①
20X2년도 당기순이익에 미치는 영향	②

해설

① 20X1년 당기손익

구조조정손실	180,000 × 0.9091 + 250,000 × 0.8265 =	(₩370,263)
합계		(-)₩370,263

② 20X2년 당기손익

이자원가	370,263 × 10% =	(₩37,026)
영업손실		(10,000)
교육훈련비		(20,000)
처분이익		3,000
합계		(-)₩64,026

<참고>

구조조정충당부채 관련 회계처리는 다음과 같다.

20X1.12.31	(차)	구조조정손실	370,263	(대)	구조조정충당부채	370,263
20X2.12.31	(차)	이자원가	37,026	(대)	구조조정충당부채	37,026
		구조조정충당부채	180,000		현금	180,000

MEMO

CHAPTER

제8장 금융자산

번호	내용	배점	난이도
1	AC금융자산과 FVOCI금융자산의 신용손상 (회계사 2018)	13점	Lv 1
2	투자채무상품 (세무사 2018)	6점	Lv 1
3	AC금융자산과 FVOCI금융자산의 신용손상 (세무사 2018)	10점	Lv 1
4	이자지급일 사이 AC금융자산의 취득과 중도처분 (회계사 2019)	4점	Lv 1
5	신용손상과 분류변경 (회계사 2019)	15점	Lv 2
6	금융자산의 분류와 내재파생상품 (회계사 2020)	6점	Lv 4
7	FVOCI금융자산 신용위험과 분류변경 (회계사 2021)	14점	Lv 1
8	신용손상과 분류변경 (회계사 2022)	13점	Lv 2
9	수취채권의 양도와 금융자산 분류 (회계사 2023)	13점	Lv 4
10	계약상 현금흐름 변경 (세무사 2023)	9점	Lv 1
11	금융자산 분류변경 (세무사 2023)	11점	Lv 1
12	신용손상과 분류변경 (회계사 2024)	12점	Lv 1

〈난이도 분류〉

세무사 동차생 : Lv 1까지 / 세무사 유예생 : Lv 2까지 / 회계사 동차생 : Lv 3까지 / 회계사 유예생 : Lv 4까지

문제 1
AC금융자산과 FVOCI금융자산의 신용손상 | (회계사 2018, 13점)

㈜대한은 20X1년 1월 1일에 발행된 ㈜민국의 사채를 동 일자에 취득하였으며, 취득 시에 신용이 손상되어 있지는 않았다. ㈜대한이 취득한 사채와 관련된 조건은 다음과 같다.

(1) 액면금액 : ₩3,000,000

(2) 이자지급 : 액면금액의 8%를 매년 12월 31일에 지급

(3) 상환일 : 20X4년 12월 31일에 일시 상환

(4) 사채발행 시 유효이자율 : 연12%

(5) 사채발행 및 취득과 직접적으로 관련된 비용은 없음

(6) 단, 현재가치 계산 시 아래의 현가계수를 이용하고, 원 이하는 반올림한다.

기간	8% 의 현가계수		12% 의 현가계수	
	단일금액 ₩1	정상연금 ₩1	단일금액 ₩1	정상연금 ₩1
1	0.9259	0.9259	0.8929	0.8929
2	0.8574	1.7833	0.7972	1.6901
3	0.7938	2.5771	0.7117	2.4018
4	0.7350	3.3121	0.6356	3.0374

물음 1)

㈜대한은 취득한 사채를 상각후원가 측정 금융자산으로 분류하였다. ㈜대한은 20X1년도 이자는 정상적으로 수취하였으나, 20X1년 말에 상각후원가 측정 금융자산의 신용이 후속적으로 심각하게 손상되었다고 판단하였다. ㈜대한은 해당 상각후원가 측정 금융자산의 채무불이행 발생확률을 고려하여, 20X2년부터 20X4년까지 매년 말에 수취할 이자의 현금흐름을 각각 ₩80,000으로, 만기에 수취할 원금의 현금흐름을 ₩2,200,000으로 추정하였다. ㈜대한이 상각후원가 측정 금융자산에 대하여 20X1년 말에 수행해야 할 회계처리를 제시하시오.

물음 2)

(물음 1)과 관련하여, ㈜대한은 20X2년 ₩80,000의 이자를 회수하였다. ㈜대한은 20X2년 말에 상각후원가 측정 금융자산의 채무불이행 발생확률을 고려하여 20X3년부터 20X4년까지 매년 말에 수취할 이자의 현금흐름을 각각 ₩160,000으로, 만기에 수취할 원금의 현금흐름을 ₩2,400,000으로 추정하였다. ㈜대한이 상각후원가 측정 금융자산에 대하여 20X2년 말에 수행해야 할 회계처리를 제시하시오.

물음 3)

위 물음들과는 독립적으로 20X1년 말에 ㈜대한은 상각후원가 측정 금융자산의 신용위험이 유의하게 증가하지 않았다고 가정한다. ㈜대한의 채무가 불이행되어 예상되는 향후 12개월의 신용손실금액(현재가치)과 확률은 아래와 같다.

향후 12개월 신용손실금액(현재가치)	확률
₩100,000	20%
200,000	40%
300,000	40%

그리고 향후 12개월의 개별 채무불이행 발생위험(발생확률)이 10%라고 추정하였다. ㈜대한의 기대신용손실금액을 가중평균 방법을 활용하여 추정하시오.

물음 4)

㈜대한이 취득한 사채를 기타포괄손익-공정가치 측정 금융자산으로 분류한 것을 제외하고, 손상과 관련된 모든 자료는 (물음 1)과 동일하다고 가정한다. 20X1년 말 사채의 공정가치가 ₩1,600,000일 때, ㈜대한이 기타포괄손익-공정가치 측정 금융자산에 대하여 (1) 20X1년 말에 수행해야 할 회계처리를 제시하시오. 또한, (2) 20X1년 ① 당기순이익과 ② 기타포괄이익에 미치는 영향을 계산하시오. 단, 당기순이익과 기타포괄이익이 감소하는 경우에는 (-)를 숫자 앞에 표시하시오.

(1)	회계처리	
(2)	당기순이익	①
	기타포괄이익	②

해설

물음 1)

R = 12%	20X1	20X2	20X3	20X4
				3,000,000
	240,000	240,000	240,000	240,000

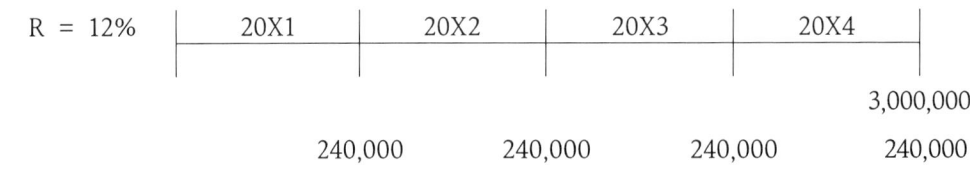

PV = 240,000 × 3.0374 + 3,000,000 × 0.6356 = ₩2,635,776

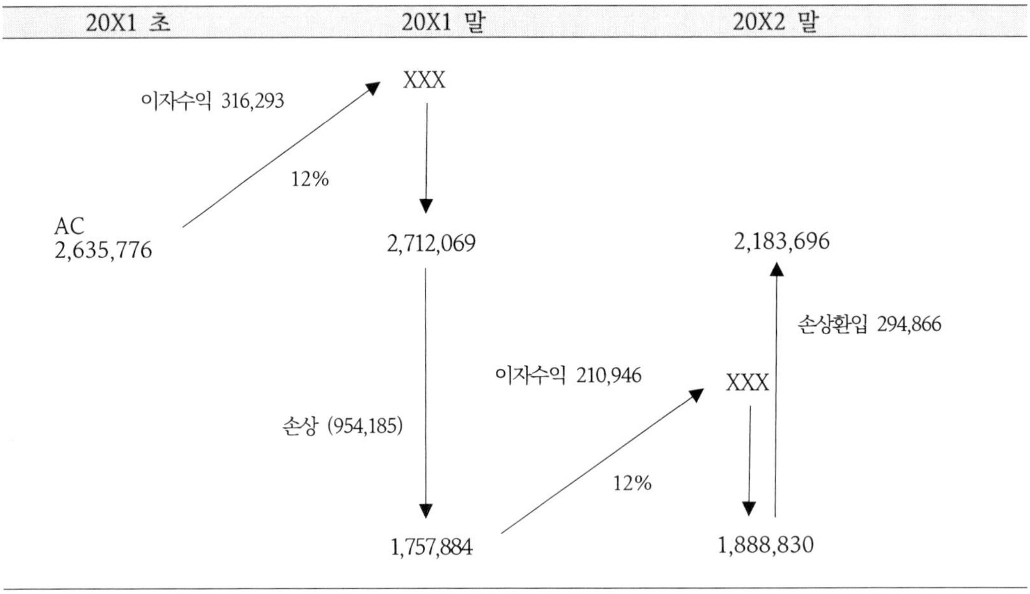

<20X1년 말 추정미래현금흐름의 현재가치>

R = 12%	20X2	20X3	20X4
원금			2,200,000
액면이자	80,000	80,000	80,000

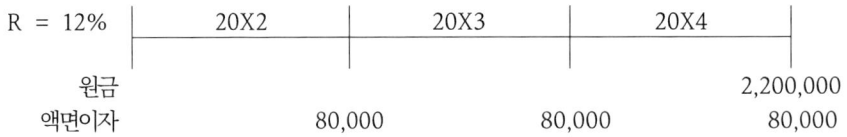

상각후원가 = 80,000 × 2.4018 + 2,200,000 × 0.7117 = ₩1,757,884

<20X2년 말 추정미래현금흐름의 현재가치>

R = 12%	20X3	20X4
원금		2,400,000
액면이자	160,000	160,000

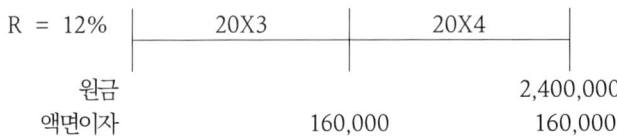

상각후원가 = 160,000 × 1.6901 + 2,400,000 × 0.7972 = ₩2,183,696

<금융자산 총장부금액을 직접 줄이는 경우>

20X1.12.31	(차)	현금	240,000	(대)	이자수익	316,293
		AC금융자산	76,293			
	(차)	손상차손	954,185	(대)	AC금융자산	954,185

<손실충당금을 인식하는 경우>

20X1.12.31	(차)	현금	240,000	(대)	이자수익	316,293
		AC금융자산	76,293			
	(차)	손상차손	954,185	(대)	손실충당금	954,185

물음 2)

<금융자산 총장부금액을 직접 줄이는 경우>

20X2.12.31	(차)	현금	80,000	(대)	이자수익	210,946
		AC금융자산	130,946			
	(차)	AC금융자산	294,866	(대)	손상차손환입	294,866

<손실충당금을 인식하는 경우>

20X2.12.31	(차)	현금	80,000	(대)	이자수익	210,946
		AC금융자산	130,946			
	(차)	손실충당금	294,866	(대)	손상차손환입	294,866

<참고>

상각후원가측정금융자산 신용손상시 금융자산의 총장부금액을 직접 줄여도 되고, 손실충당금을 인식해도 된다. 답안지 작성시에는 손실충당금을 인식하는 방법을 적용하는 것을 권장한다.

물음 3)

기대신용손실 = (100,000 × 20% + 200,000 × 40% + 300,000 × 40%) × 10% = ₩22,000

물음 4)

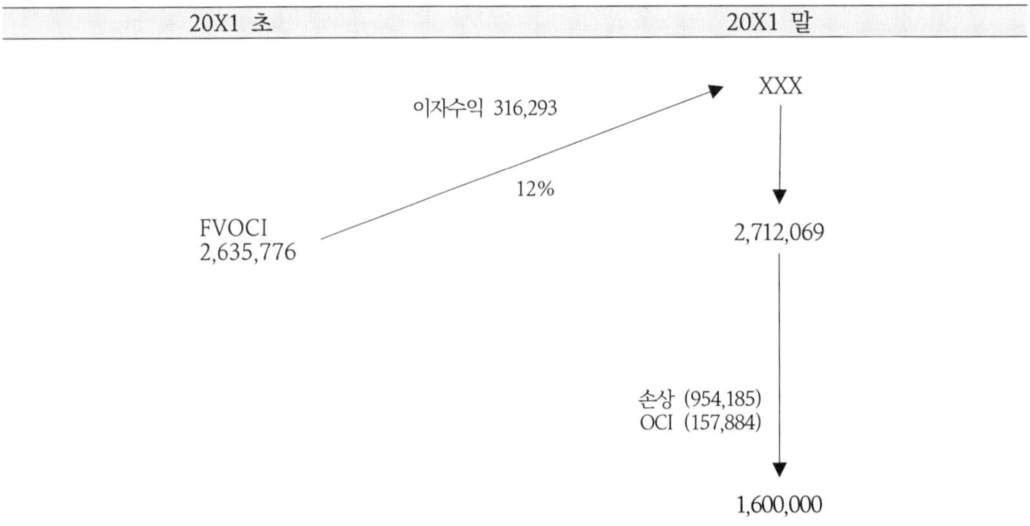

<20X1년 말 추정미래현금흐름의 현재가치>

R=12%	20X2	20X3	20X4
원금			2,200,000
액면이자	80,000	80,000	80,000

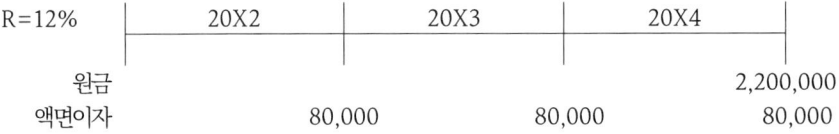

상각후원가 = 80,000 × 2.4018 + 2,200,000 × 0.7117 = ₩1,757,884
공정가치 = ₩1,600,000

} 20X1년 말 기타포괄손익누계액 (₩157,884)

20X1년 기타포괄손익 = (₩157,884)

(1) 회계처리

20X1.12.31	(차)	현금	240,000	(대)	이자수익	316,293
		FVOCI금융자산	76,293			
	(차)	손상차손	954,185	(대)	FVOCI금융자산	1,112,069
		FVOCI평가손실	157,884			

(2) ① 20X1년 당기손익 영향 = 316,293 + (954,185) = (-)₩637,892
② 20X1년 기타포괄손익 영향 = (-)₩157,884

문제 2
투자채무상품 | (세무사 2018, 6점)

㈜한국은 ㈜세무가 발행한 액면가 ₩1,000,000, 표시이자율 연 12%, 만기 3년, 이자지급일이 매년 말이며 권면상 발행일이 20X1년 1월 1일인 사채를 20X1년 5월 1일에 취득하였다. 동 사채의 권면상 발행일의 유효이자율은 연 13%이며, 실제발행일의 유효이자율은 15%이다. 현재가치 계산이 필요한 경우 다음의 현가계수를 이용하고 금액은 소수점 첫째자리에서 반올림하여 계산한다.

<단일금액 ₩1의 현가계수>

이자율 기간	12%	13%	14%	15%
1	0.89286	0.88496	0.87719	0.86957
2	0.79719	0.78315	0.76947	0.75614
3	0.71178	0.69305	0.67497	0.65752

<정상금액 ₩1의 현가계수>

이자율 기간	12%	13%	14%	15%
1	0.89286	0.88496	0.87719	0.86957
2	1.69005	1.66810	1.64666	1.62571
3	2.40183	2.36115	2.32163	2.28323

물음 1)

㈜한국이 해당 채무상품을 상각후원가측정금융자산으로 분류한 경우 20X1년 수행해야 할 회계처리를 제시하시오.

물음 2)

㈜한국이 해당 채무상품을 (ㄱ) 당기손익-공정가치로 측정하는 금융자산으로 분류하였을 경우와 (ㄴ) 기타포괄손익- 공정가치로 측정하는 금융자산으로 분류하였을 경우 각각에 대해 동 사채와 관련된 회계처리가 ㈜한국의 20X1년 포괄손익계산서상 당기순이익과 기타포괄이익에 미치는 영향 (다음 표의 ①~③)을 계산하시오. (단, 20X1년 말 현재 시장이자율은 연 14%이며, 당기순이익과 기타포괄이익이 감소하는 경우에는 금액 앞에 (-)를 표시하시오.)

(ㄱ) 당기손익-공정가치 측정 금융자산으로 분류	당기순이익에 미치는 영향	①
(ㄴ) 기타포괄손익-공정가치 측정 금융자산으로 분류	당기순이익에 미치는 영향	②
	기타포괄이익에 미치는 영향	③

해설

물음 1)

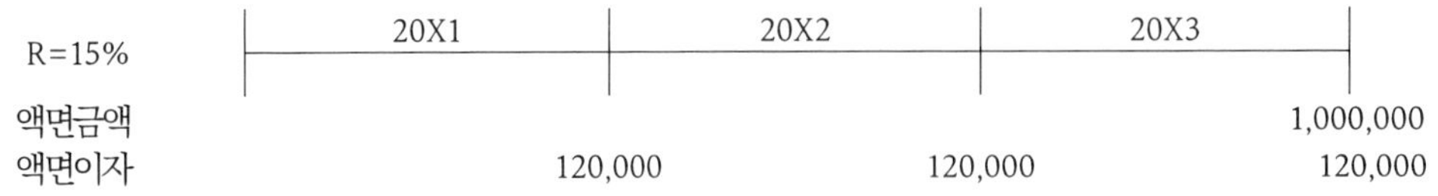

PV(1/1) = 1,000,000 × 0.65752 + 120,000 × 2.28323 = ₩931,508

PV(5/1) = 931,508 × 1.05 = ₩978,083

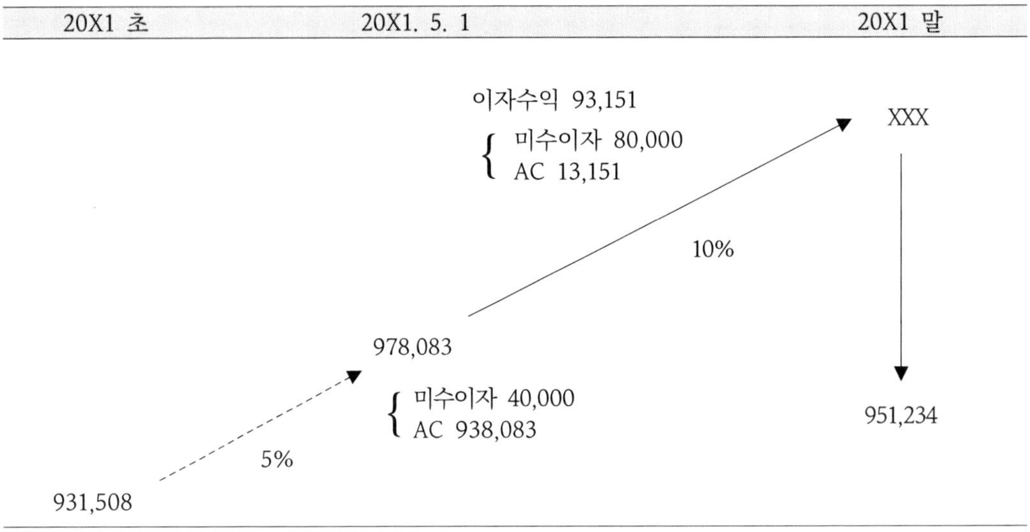

20X1. 5. 1	(차)	AC금융자산	938,083	(대)	현금	978,083
		미수이자	40,000			
20X1.12.31	(차)	AC금융자산	13,151	(대)	이자수익	93,151
		미수이자	80,000			
	(차)	현금	120,000	(대)	미수이자	120,000

<참고>

20X1년 말 이자수익을 인식하는 회계처리와 액면이자를 수취하는 회계처리를 합쳐서 다음과 같이 답안지를 작성하는 것을 권장한다.

20X1.12.31	(차)	AC금융자산	13,151	(대)	이자수익	93,151
		현금	120,000		미수이자	40,000

물음 2)

20X1년 말 공정가치 = 1,000,000 × 0.76947 + 120,000 × 1.64666 = ₩967,069

(ㄱ) 당기손익공정가치측정금융자산

20X1. 5. 1 자산	
현금	₩978,083
합계	₩978,083

20X1.12.31 자산	
FVPL금융자산	₩967,069
현금(액면이자)	120,000
합계	₩1,087,069

① 당기손익 = 1,087,069 - 978,083 = ₩108,986

(ㄴ) 기타포괄손익공정가치측정금융자산

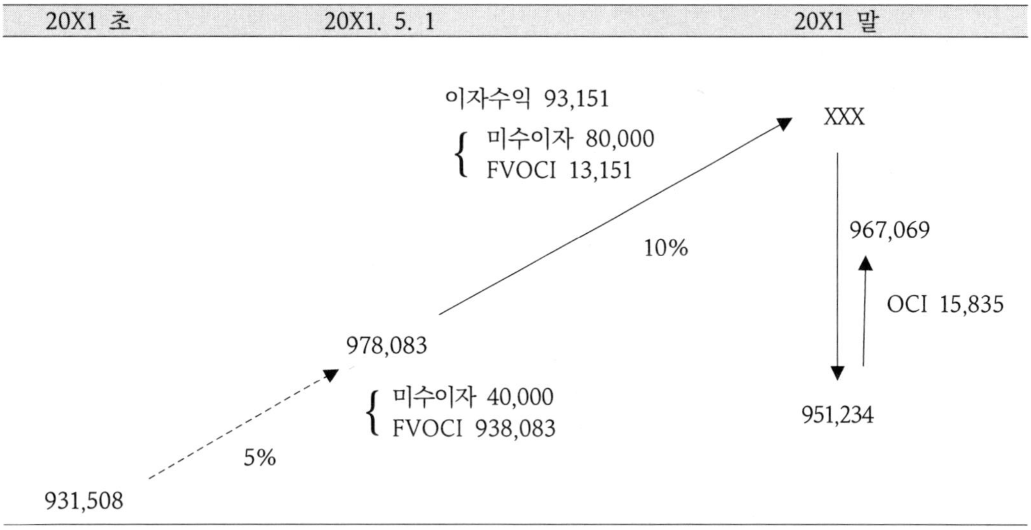

② 당기손익 = ₩93,151

③ 기타포괄손익 = ₩15,835

문제 3
AC금융자산과 FVOCI금융자산의 신용손상 | (세무사 2018, 10점)

㈜세무는 20X1년 1월 1일에 ㈜나라가 다음과 같은 조건으로 발행한 사채를 ₩910,767에 취득하였으며 취득 시 신용이 손상되어 있지는 않았다. 동 사채의 취득 시점의 유효이자율은 연 13%이다. (단, 현재가치 계산이 필요할 경우 아래의 현가계수를 이용하고 금액은 소수점 첫째자리에서 반올림하여 계산한다.)

- 발행일 : 20X1년 1월 1일
- 액면금액 : ₩1,000,000
- 표시이자율 : 연 10%
- 이자지급 : 매년 12월 31일
- 만기일 : 20X4년 12월 31일
- 상환조건 : 만기일에 일시상환

다음은 ㈜세무사 취득한 ㈜나라 사채와 관련하여 매 보고기간 말에 발생한 상황들이다.

1) ㈜세무는 20X1년 말 ㈜나라 사채의 신용위험이 유의하게 증가하지 않았다고 판단하였으며, 20X1년 말 현재 12개월 기대신용손실과 전체기간 기대신용손실을 각각 ₩10,000과 ₩20,000으로 추정하였다. 20X1년 말 현재 ㈜나라 사채의 공정가치는 ₩940,000이다.
2) ㈜세무는 20X2년 말에 표시이자 ₩100,000을 정상적으로 수취하였으나 ㈜나라 사채의 신용이 후속적으로 손상되었다고 판단하였다. ㈜세무는 채무불이행 발생 확률을 고려하여 20X3년과 20X4년에 수취할 이자의 현금흐름을 매년 말 ₩50,000으로, 만기에 수취할 원금의 현금흐름을 ₩800,000으로 추정하였다. 20X2년 말 현재 ㈜나라 사채의 공정가치는 ₩670,000이다.
3) ㈜세무는 20X3년 말 ㈜나라 사채의 신용손상이 일부 회복되어 20X4년 말에 이자 ₩80,000과 원금 ₩900,000을 회수할 것으로 추정하였다. 단, 20X3년 말에 수령할 것으로 예측한 이자 ₩50,000은 전액 수령하였으며, 20X3년 말 현재 ㈜나라 사채의 공정가치는 ₩840,000이다.

<추가자료> 연 이자율 13%의 현가계수

기간	13%	13%
1	0.88496	0.88496
2	0.78315	1.66810
3	0.69305	2.36115

물음 1)

㈜세무가 취득한 ㈜나라 사채를 상각후원가로 측정하는 금융자산으로 분류한 경우 동 금융자산과 관련하여 ㈜세무가 ① 20X2년도에 손상차손으로 인식해야 할 금액과 ② 20X3년도에 손상차손환입으로 인식할 금액을 각각 계산하시오.

물음 2)

㈜세무가 취득한 ㈜나라 사채를 기타포괄손익-공정가치로 측정하는 금융자산으로 분류하였다고 할 경우 동 금융자산과 관련한 회계처리가 ㈜세무의 20X2년 포괄손익계산서상 ① 당기순이익에 미치는 영향과 ② 기타포괄이익에 미치는 영향을 각각 계산하시오. (단, 당기순이익과 기타포괄이익이 감소하는 경우에는 금액 앞에 (-)를 표시하시오.)

해설

물음 1)

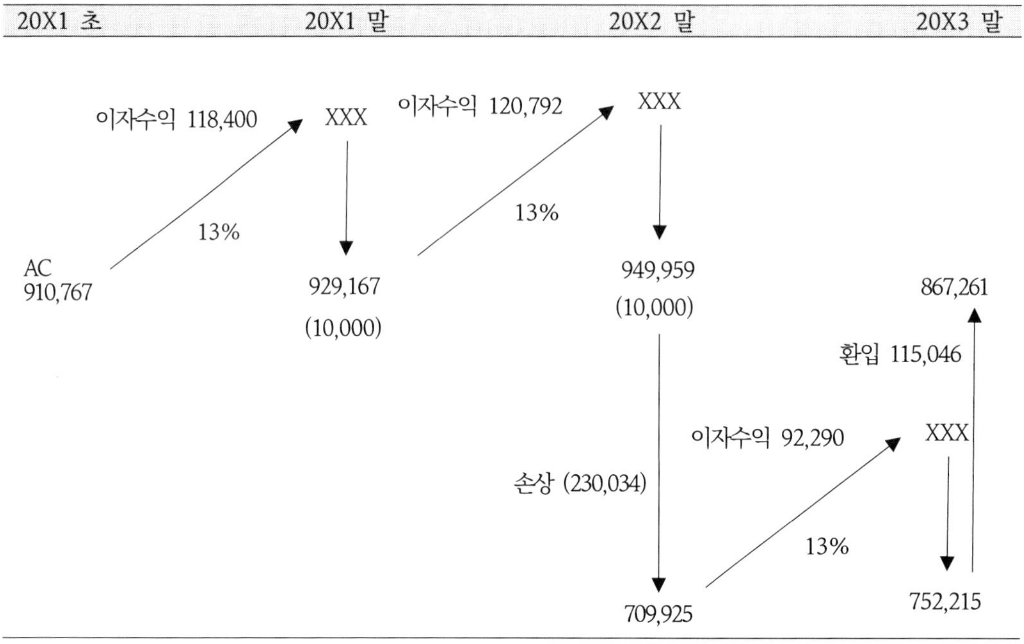

<20X2년 말 추정미래현금흐름의 현재가치>

R=13%	20X3	20X4
원금		800,000
액면이자	50,000	50,000

상각후원가 = 50,000 × 1.66810 + 800,000 × 0.78315 = ₩709,925

<20X3년 말 추정미래현금흐름의 현재가치>

R=13%	20X4
원금	900,000
액면이자	80,000

상각후원가 = 980,000 × 0.88469 = ₩867,261

① 20X2년 손상차손 = ₩230,034
② 20X3년 손상차손환입 = ₩115,046

물음 2)

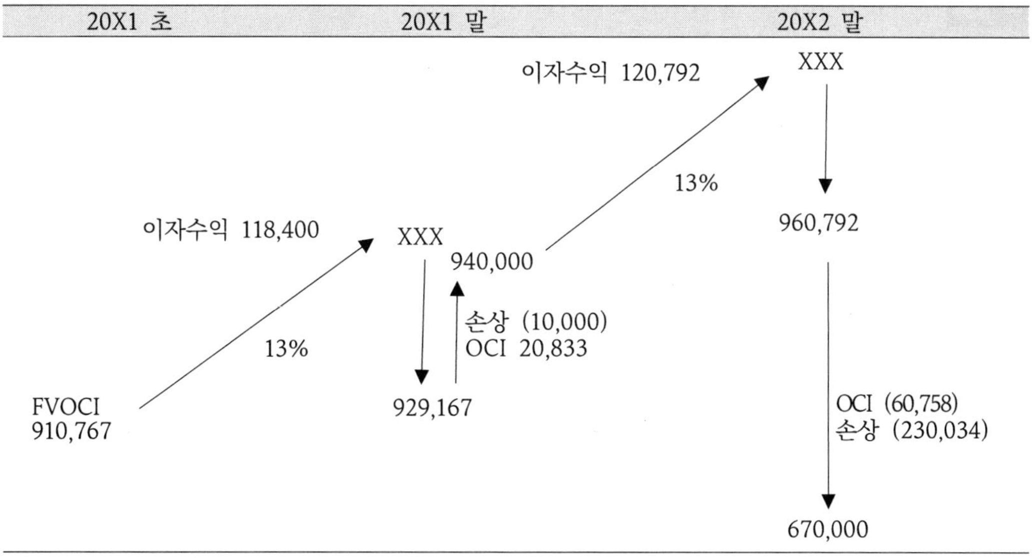

<20X2년 말 추정미래현금흐름의 현재가치>

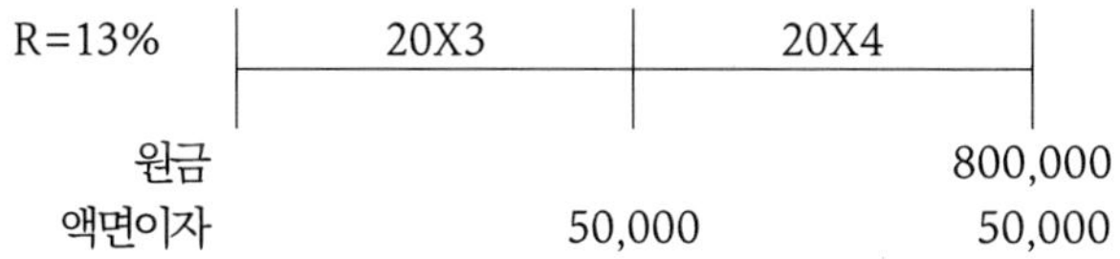

상각후원가 = 50,000 × 1.66810 + 800,000 × 0.78315 = ₩709,925
공정가치 = ₩670,000
} 20X2년 말 기타포괄손익누계액 (₩39,925)

① 20X2년 당기손익 = 120,792 + (230,034) = (-)₩109,242

② 20X2년 기타포괄손익 =(39,925) + (20,833) = (-)₩60,758

문제 4
이자지급일 사이 AC금융자산 취득과 중도처분 | (회계사 2019, 4점)

㈜대한은 B사채를 20X1년 1월 1일에 발행하려고 하였으나, 시장상황이 여의치 않아 3개월 지연되어 20X1년 4월 1일에 ㈜민국에게 발행(판매)을 완료하였다. 다음의 <자료>를 이용하여 물음에 답하시오.

<자료>

(1) B사채의 발행조건은 다음과 같다.

- 액면금액: ₩1,000,000
- 만기일: 20X4년 12월 31일
- 표시이자율: 연 5%
- 이자지급일: 매년 12월 31일

(2) 각 일자의 동종사채에 대한 시장이자율은 다음과 같다. 한편, 미래현금흐름의 현재가치는 공정가치와 동일한 것으로 본다.

일자	시장이자율
20X1년 1월 1일	5%
20X1년 4월 1일	6%
20X2년 1월 1일	4%
20X4년 12월 31일	5%

(3) 사채발행 및 취득과 직접적으로 관련되는 비용은 없다.

(4) 현재가치 계산 시 아래의 현가계수를 이용하고, 답안 작성 시 원 이하는 반올림한다.

기간	단일금액 ₩1의 현가계수			정상연금 ₩1의 현가계수		
	4%	5%	6%	4%	5%	6%
1	0.9615	0.9524	0.9434	0.9615	0.9524	0.9434
2	0.9246	0.9070	0.8900	1.8861	1.8594	1.8334
3	0.8890	0.8638	0.8396	2.7751	2.7232	2.6730
4	0.8548	0.8227	0.7921	3.6299	3.5459	3.4651

㈜민국은 B사채를 취득하고 상각후원가측정금융자산으로 분류하였다. ㈜민국은 20X2년 1월 1일에 B사채를 동 일자의 공정가치로 ㈜독도에게 매각(금융자산 제거요건은 충족)하였다고 할 때 처분손익을 계산하시오. 단, 손실의 경우에는 (-)를 숫자 앞에 표시하시오.

해설

R = 6%	20X1	20X2	20X3	20X4
액면금액				1,000,000
액면이자	50,000	50,000	50,000	50,000

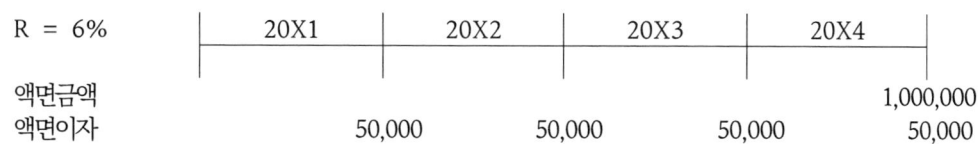

PV(20X1.1.1) = 1,000,000 × 0.7921 + 50,000 × 3.4651 = ₩965,355

PV(20X1.4.1) = 964,355 × 1.015 = ₩979,835

20X1 초	20X1. 4. 1	20X1 말	20X2 초

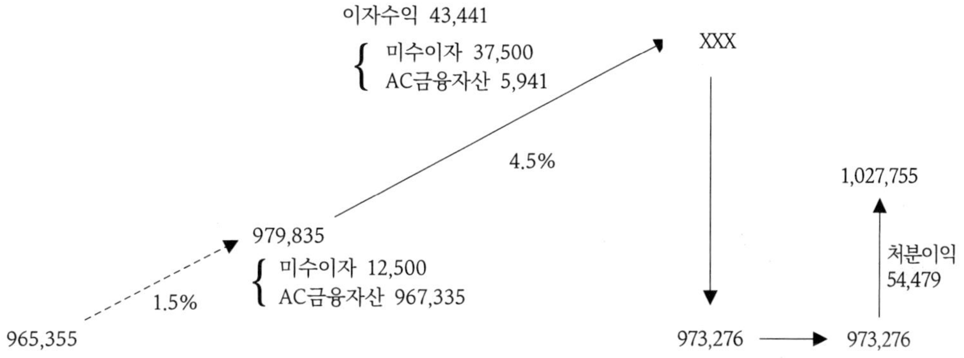

20X2년 초 장부금액 = ₩973,276

20X2년 초 공정가치 = 1,000,000 × 0.8890 + 50,000 × 2.7751 = ₩1,027,755

처분이익 = 1,027,755 - 973,276 = ₩54,479

<별해>

20X2년 초 장부금액 = 1,000,000 × 0.8396 + 50,000 × 2.6730 = ₩973,250

처분대가 = 1,000,000 × 0.8890 + 50,000 × 2.7751 = ₩1,027,755

처분이익 = 1,027,755 - 973,250 = ₩54,505

문제 5
신용손상과 분류변경 | (회계사 2019, 15점)

㈜대한은 20X1년 1월 1일에 발행된 ㈜민국의 A사채를 공정가치로 동 일자에 현금으로 취득하였으며, 취득 시 동 사채의 신용이 손상되어 있지 않았다. 다음의 <공통 자료>를 이용하여 각 물음에 답하며, 각 물음은 독립적이다.

<공통 자료>

(1) ㈜대한이 취득한 A사채와 관련된 조건은 다음과 같다.

- 액면금액 : ₩1,000,000
- 표시이자율 : 연 6%
- 이자지급일 : 매년 12월 31일
- 만기일 : 20X4년 12월 31일
- 사채발행 시 시장이자율 : 연 4%
- 사채취득 관련 거래원가는 없음

(2) 시장이자율로 할인된 미래현금흐름의 현재가치는 공정가치와 동일하다.

(3) 현재가치 계산 시 아래의 현가계수를 이용하고, 답안 작성 시 원 이하는 반올림한다.

기간	단일금액 ₩1의 현가계수	정상연금 ₩1의 현가계수
	4%	4%
1	0.9615	0.9615
2	0.9246	1.8861
3	0.8890	2.7751
4	0.8548	3.6299

물음 1)

다음의 <추가 자료>를 이용하여 <요구사항>에 답하시오.

<추가 자료>

(1) ㈜대한은 20X1년도 이자는 정상적으로 수취하였으나, 20X1년 말에 동 사채의 신용이 후속적으로 심각하게 손상되어 신용위험이 유의적으로 증가하였다고 판단하였다. ㈜대한은 해당 사채의 채무불이행 발생확률을 고려하여, 20X2년부터 20X4년까지 매년 말에 수취할 이자의 현금흐름을 각각 ₩30,000으로, 만기에 수취할 원금의 현금흐름을 ₩700,000으로 추정하였다.

(2) ㈜대한은 20X2년 ₩30,000의 이자를 수취하였다. ㈜대한은 20X2년 말에 동 사채의 신용손상이 일부 회복되어 20X3년부터 20X4년까지 매년 말에 수취할 이자의 현금흐름을 각각 ₩50,000으로, 만기에 수취할 원금의 현금흐름을 ₩900,000으로 추정하였다.

(3) 동 사채의 20X1년 말 공정가치는 ₩700,000이고, 20X2년 말 공정가치는 ₩800,000이다.

(4) ㈜대한은 20X3년 7월 1일에 동 사채를 ₩1,050,000(미수이자 ₩25,000 포함)에 처분하였다.

(5) ㈜대한은 금융자산을 기타포괄손익-공정가치 측정 금융자산으로 분류 시 이자수익의 인식은 유효이자율법에 의하며, 당기손익-공정가치 측정 금융자산으로 분류 시 표시이자를 이자수익으로 인식한다.

<요구사항 1>

㈜대한이 취득한 A사채를 기타포괄손익-공정가치 측정 금융자산으로 분류하였을 경우, 20X2년도와 20X3년도 포괄손익계산서의 당기순이익과 기타포괄이익에 미치는 영향을 각각 계산하시오. 단, 당기순이익과 기타포괄이익이 감소하는 경우에는 (-)를 숫자 앞에 표시하시오.

항목	20X2년	20X3년
당기순이익에 미치는 영향	①	②
기타포괄이익에 미치는 영향	③	④

<요구사항 2>

㈜대한이 취득한 A사채를 당기손익-공정가치 측정 금융자산으로 분류하였을 경우, 20X1년도, 20X2년도, 20X3년도 포괄손익계산서의 당기순이익에 미치는 영향의 총 합계액을 계산하시오. 단, 당기순이익이 감소하는 경우에는 (-)를 숫자 앞에 표시하시오.

물음 2)

다음의 <추가 자료>를 이용하여 답하시오.

<추가 자료>

(1) 금융자산 재분류 시 재분류조건을 충족한다고 가정한다.

(2) A사채의 일자별 공정가치는 다음과 같다.

일자	공정가치
20X1년 12월 31일	₩1,060,000
20X2년 7월 1일	950,000
20X2년 12월 31일	1,000,000
20X3년 1월 1일	1,000,000
20X3년 12월 31일	980,000

㈜대한은 20X1년 1월 1일 A사채를 당기손익-공정가치 측정 금융자산으로 분류하였으나 20X2년 7월 1일에 사업모형을 변경하여 기타포괄손익-공정가치 측정 금융자산으로 재분류하였다. A사채와 관련한 회계처리가 ㈜대한의 20X2년도와 20X3년도 포괄손익계산서의 당기순이익과 기타포괄이익에 미치는 영향을 각각 계산하시오. 단, 당기순이익과 기타포괄이익이 감소하는 경우에는 (-)를 숫자 앞에 표시하시오.

항목	20X2년	20X3년
당기순이익에 미치는 영향	①	②
기타포괄이익에 미치는 영향	③	④

해설

물음 1)

<요구사항 1>

R = 4%	20X1	20X2	20X3	20X4
액면금액				1,000,000
액면이자	60,000	60,000	60,000	60,000

20X1년 초 FVOCI금융자산 = 1,000,000 × 0.8548 + 60,000 × 3.6299 = ₩1,072,594

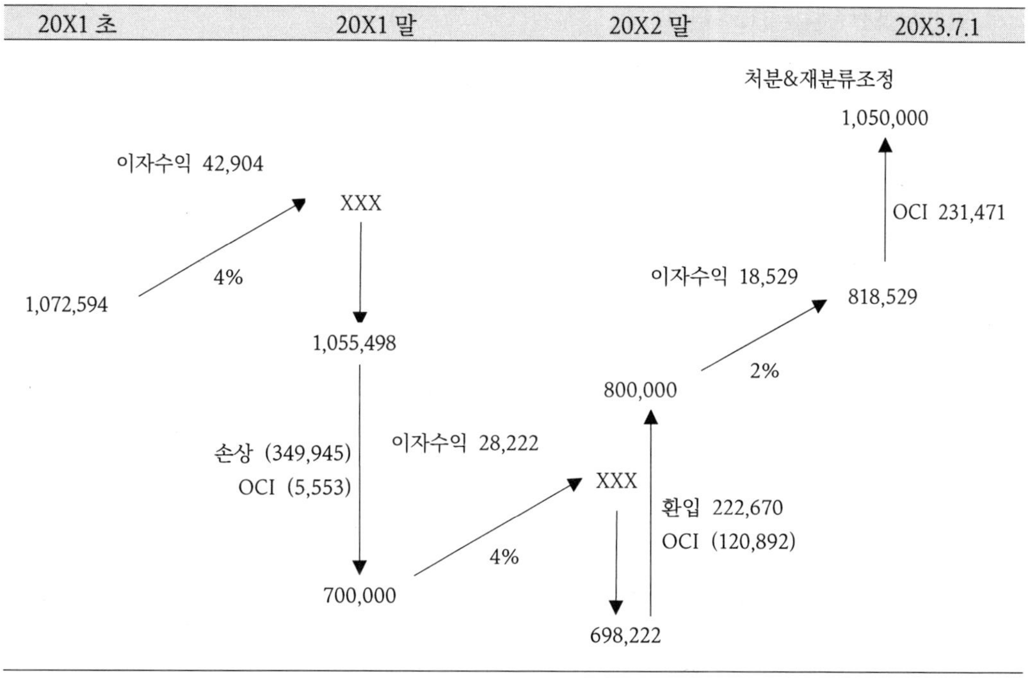

<20X1년 말>

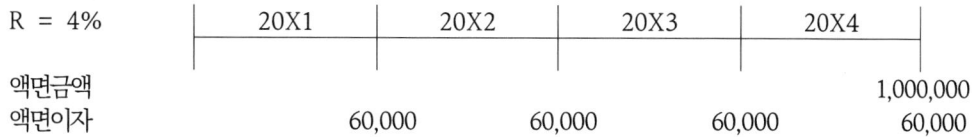

R = 4%	20X2	20X3	20X4
			700,000
	30,000	30,000	30,000

상각후원가 = 30,000 × 2.7751 + 700,000 × 0.8890 = ₩705,553

20X1년 말 상각후원가 = ₩705,553
20X1년 말 공정가치 = ₩700,000
} 20X1년 말 기타포괄손익누계액 (₩5,553)

20X1년 기타포괄손익 = (₩5,553)

20X2년 이자수익 = 705,553 × 4% = ₩28,222

<20X2년 말>

R = 4%	20X3	20X4
		900,000
	50,000	50,000

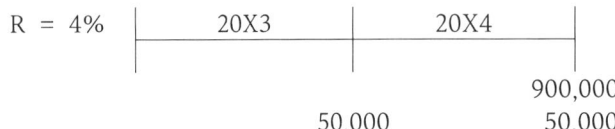

상각후원가 = 50,000 × 1.8861 + 900,000 × 0.9246 = ₩926,445

20X2년 말 상각후원가 = ₩926,445
20X2년 말 공정가치 = ₩800,000
} 20X2년 말 기타포괄손익누계액 (₩126,445)

20X2년 기타포괄손익 = (126,445) - (5,553) = (₩120,892)

20X3년 이자수익 = 926,445 × 2% = ₩18,529

20X3년 FVOCI처분이익 = (5,553) + (120,892) + 231,471 = ₩105,026

① 20X2년 당기손익영향 = 28,222 + 222,670 = ₩250,892

② 20X3년 당기손익영향 = 18,529 + 105,026 = ₩123,555

③ 20X2년 기타포괄이익영향 = (-)₩120,892

④ 20X3년 기타포괄이익영향 = 231,471 + (105,026) = ₩126,445

<요구사항 2>

<20X1년 초 자산>	
현금	₩1,072,594
합계	₩1,072,594

<20X3년 7월 1일 자산>	
현금(처분대가)	₩1,050,000
현금(20X1 액면이자)	60,000
현금(20X2 액면이자)	30,000
합계	₩1,140,000

당기손익합계 = 1,140,000 - 1,072,594 = ₩67,406

물음 2)

20X2년 말 공정가치는 액면금액과 동일하므로 20X2년 말 시장이자율은 액면이자율과 동일한 6%이며, 20X3년부터 FVOCI금융자산에 적용할 유효이자율이다.

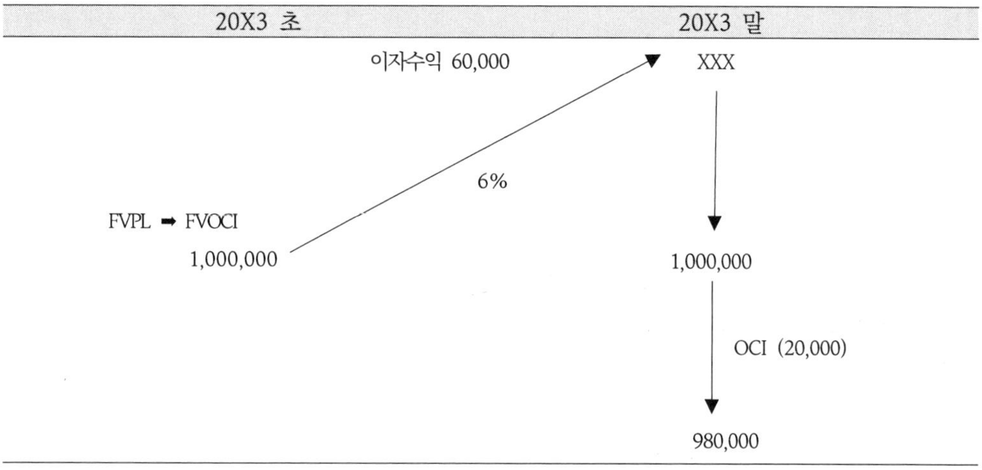

20X2.12.31	(차)	현금	60,000	(대)	이자수익	60,000
	(차)	FVPL평가손실	60,000	(대)	FVPL금융자산	60,000
20X3. 1. 1	(차)	FVOCI금융자산	1,000,000	(대)	FVPL금융자산	1,000,000
20X3.12.31	(차)	현금	60,000	(대)	이자수익	60,000
	(차)	FVOCI평가손실	20,000	(대)	FVOCI금융자산	20,000

① 20X2년 당기손익영향 = ₩0
② 20X3년 당기손익영향 = ₩60,000
③ 20X2년 기타포괄이익영향 = ₩0
④ 20X3년 기타포괄이익영향 = (-)₩20,000

문제 6
금융자산의 분류와 내재파생상품 | (회계사 2020, 6점)

물음 1)

㈜민국이 발행한 보통주를 ㈜대한이 취득 시 기타포괄손익-공정가치 측정 금융자산으로 분류하기 위한 조건에 대해 간략히 서술하시오.

물음 2)

기타포괄손익-공정가치 측정 지분상품과 기타포괄손익-공정가치 측정 채무상품을 보유하고 있는 동안 인식한 기타포괄손익을 후속적으로 당기손익으로 재분류할 수 있는지 여부와 이유를 간략히 서술하시오.

구분	당기손익 재분류 가능여부	이유
기타포괄손익-공정가치 측정 지분상품	①	②
기타포괄손익-공정가치 측정 채무상품	③	④

물음 3)

주계약과 내재파생상품으로 구성된 복합상품(hybrid instrument)을 취득한 투자자의 회계처리에 대해 주계약이 기업회계기준서 제1109호 '금융상품'의 적용범위 포함여부에 따라 어떻게 차이가 있는지에 대해 간략히 서술하시오.

해설

물음 1)

단기매매항목이 아니고 사업결합에서 취득자가 인식하는 조건부 대가가 아닌 지분상품에 대한 투자의 후속적인 공정가치 변동을 기타포괄손익으로 표시할 수 있다. 이러한 선택은 최초 인식시점에만 가능하며 이후에 취소할 수 없다.

물음 2)

① 불가능

② 재순환으로 인해 이러한 지분상품에 대한 투자의 손상을 평가해야 하기 때문이다. 지분상품에 대한 투자의 손상 요구사항은 매우 주관적이었고 전 세계 금융위기 동안에 가장 비판을 많이 받았던 회계처리 요구사항이었다. 이와 반대로 IFRS 9에서는 지분상품에 대한 투자의 손상 요구사항을 포함하지 않고 있다.

③ 가능

④ 금융자산을 제거할 때 전에 기타포괄손익에 누적된 손익을 당기손익으로 재순환하지 않는다면 상각후원가 정보가 당기손익에 제공되지 않기 때문이다.

물음 3)

<복합계약이 이 기준서의 적용범위에 포함되는 자산을 주계약으로 포함하는 경우>

해당 복합계약 전체에 상각후원가, 기타포괄손익-공정가치, 당기손익-공정가치로 측정되도록 분류한다.

<복합계약이 이 기준서의 적용범위에 포함되는 자산이 아닌 주계약을 포함하는 경우>

다음을 모두 충족하는 경우에만 내재파생상품을 주계약과 분리하여 이 기준서에 따른 파생상품으로 회계처리한다.

(1) 내재파생상품의 경제적 특성 · 위험이 주계약의 경제적 특성 · 위험과 밀접하게 관련되어 있지 않다.

(2) 내재파생상품과 조건이 같은 별도의 금융상품이 파생상품의 정의를 충족한다.

(3) 복합계약의 공정가치 변동을 당기손익으로 인식하지 않는다(당기손익-공정가치 측정 금융부채에 내재된 파생상품은 분리하지 아니한다).

문제 7
FVOCI금융자산 신용위험과 분류변경 | (회계사 2021, 14점)

※ 다음의 각 물음은 독립적이다.

㈜대한은 20X1년 1월 1일 ㈜민국이 동 일자에 발행 사채를 발행금액(공정가치)으로 취득하였다. 취득 시 동 사채의 신용이 손상되어 있지 않았다. 이와 관련된 <자료>를 이용하여 각 물음에 답하시오.

<자료>

1. ㈜대한이 취득한 사채의 조건은 다음과 같다.

- 액면금액 : ₩2,000,000
- 만기상환일 : 20X3년 12월 31일 일시상환
- 표시이자율 : 연 6%
- 이자지급일 : 매년 12월 31일
- 사채발행일 유효이자율 : 연 8%

2. ㈜대한은 20X1년 말에는 동 금융자산의 신용위험이 유의하게 증가하지 않았다고 판단하였으나, 20X2년 말에는 신용위험이 유의적으로 증가하였다고 판단하였다. 각 연도 말 현재 12개월 기대신용손실과 전체기간 기대신용손실은 다음과 같다.

구분	20X1년 말	20X2년 말
12개월 기대신용손실	₩20,000	₩35,000
전체기간 기대신용손실	₩50,000	₩70,000

3. ㈜대한은 20X1년 말과 20X2년 말에 동 금융자산의 표시이자를 모두 수령하였다.

4. 동 금융자산의 각 연도 말 공정가치는 다음과 같다.

20X1년 말	20X2년 말
₩1,900,000	₩1,800,000

5. 현재가치 계산 시 아래의 현가계수를 이용하고, 답안 작성 시 원 이하는 반올림한다.

기간	단일금액 ₩1의 현가계수		정상연금 ₩1의 현가계수	
	6%	8%	6%	8%
1	0.9434	0.9259	0.9434	0.9259
2	0.8900	0.8573	1.8334	1.7833
3	0.8396	0.7938	2.6730	2.5771

물음 1)

㈜대한이 동 금융자산을 당기손익-공정가치 측정 금융자산으로 분류한 경우, 금융자산의 회계처리가 ㈜대한의 20X1년도 포괄손익계산서 상 당기순이익에 미치는 영향을 계산하시오. 단, 당기순이익이 감소하는 경우에는 금액 앞에 (-)를 표시하시오.

당기순이익에 미치는 영향	①

물음 2)

㈜대한이 동 금융자산을 기타포괄손익-공정가치 측정 금융자산으로 분류한 경우, 금융자산의 회계처리가 ㈜대한의 20X1년도 포괄손익계산서 상 ① 당기순이익에 미치는 영향과 ② 기타포괄이익에 미치는 영향을 각각 계산하시오. 단, 당기순이익이나 기타포괄이익이 감소하는 경우에는 금액 앞에 (-)를 표시하시오.

당기순이익에 미치는 영향	①
기타포괄이익에 미치는 영향	②

물음 3)

㈜대한은 동 금융자산을 20X1년 중 사업모형의 변경으로 기타포괄손익-공정가치 측정 금융자산에서 상각후원가 측정 금융자산으로 재분류하였다. 금융자산의 회계처리가 ㈜대한의 20X2년도 포괄손익계산서 상 ① 당기순이익에 미치는 영향과 ② 기타포괄이익에 미치는 영향, 20X2년 말 ③ 금융자산의 상각후원가를 계산하시오. 단, 당기순이익이나 기타포괄이익이 감소하는 경우에는 금액 앞에 (-)를 표시하시오.

당기순이익에 미치는 영향	①
기타포괄이익에 미치는 영향	②
금융자산의 상각후원가	③

해설

물음 1)

20X1년 초 FVPL금융자산 = 2,000,000 × 0.7938 + 120,000 × 2.5771 = ₩1,896,852

<20X1년 초 자산>	
현금	₩1,896,852
	₩1,896,852

<20X1년 말 자산>	
FVPL금융자산	₩1,900,000
현금	120,000
	₩2,020,000

① 20X1년 당기순이익 영향 = 2,020,000 - 1,896,852 = ₩123,148

물음 2)

20X1 초	20X1 말	20X2 초	20X2 말

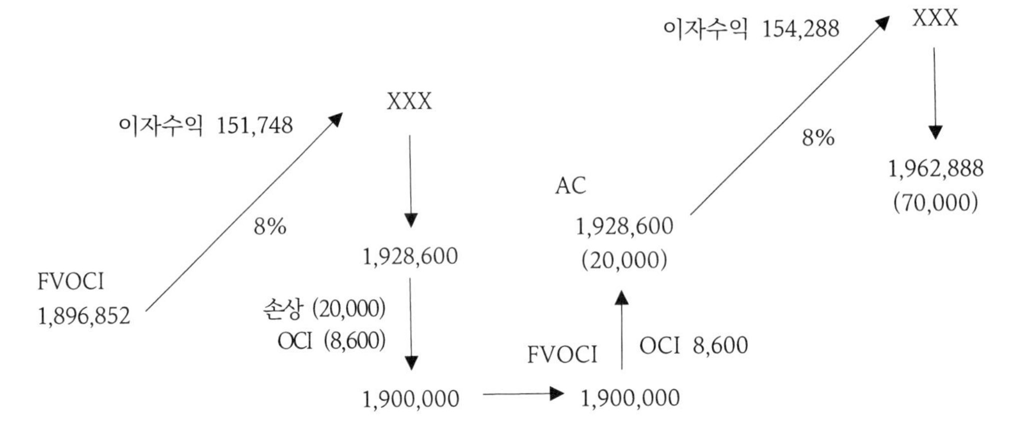

① 20X1년 당기손익 영향 = 151,748 + (20,000) = ₩131,748

② 20X1년 기타포괄손익 영향 = (-)₩8,600

물음 3)

① 20X2년 당기손익 영향 = 154,288 + (50,000) = ₩104,288

② 20X2년 기타포괄손익 영향 = ₩8,600

③ 20X2년 말 상각후원가 = 1,962,888 - 70,000 = ₩1,892,888

문제 8
신용손상과 분류변경 | (회계사 2022, 13점)

※ 다음의 각 물음은 독립적이다.

㈜대한은 20X1년 초에 발행된 ㈜민국의 사채를 20X1년 5월 1일에 현금으로 취득하였다. 취득 시 동 사채의 신용이 손상되어 있지 않았으며, 사채의 발행일과 취득일의 시장이자율은 동일하였다. 아래의 <자료>를 이용하여 각 물음에 답하시오.

<자료>

1. ㈜민국이 발행한 사채의 조건은 다음과 같다.

- 액면금액 : ₩1,000,000
- 이자지급일 : 매년 12월 31일
- 만기일 : 20X5년 12월 31일 일시상환
- 표시이자율 : 연 6%
- 사채발행일 시장이자율 : 연 9%

2. ㈜대한은 20X1년도 이자는 정상적으로 수취하였으나, 20X1년 말에 동 사채의 신용이 후속적으로 손상되었다고 판단하였다. ㈜대한은 채무불이행 발생확률을 고려하여 20X2년부터 20X5년까지 매년 말에 수취할 이자의 현금흐름을 ₩20,000으로, 만기에 수취할 원금의 현금흐름을 ₩700,000으로 추정하였다.

3. ㈜대한은 20X2년 말에 이자 ₩20,000을 수취하였으며, 20X2년 말에 동 사채의 채무불이행 발생확률을 고려하여 20X3년부터 20X5년까지 매년 말에 수취할 이자의 현금흐름을 ₩40,000으로, 만기에 수취할 원금의 현금흐름을 ₩800,000으로 추정하였다.

4. 동 사채와 관련하여 이자계산 시 월할계산한다.

5. 현재가치 계산 시 아래의 현가계수를 이용하고, 답안 작성 시 원 이하는 반올림한다.

기간	단일금액 ₩1의 현가계수		정상연금 ₩1의 현가계수	
	7%	9%	7%	9%
1	0.9346	0.9174	0.9346	0.9174
2	0.8734	0.8417	1.8080	1.7591
3	0.8163	0.7722	2.6243	2.5313
4	0.7629	0.7084	3.3872	3.2397
5	0.7130	0.6499	4.1002	3.8896

물음 1)

㈜대한이 사채 취득 시 상각후원가 측정 금융자산으로 분류한 경우, 다음의 <요구사항>에 답하시오.

<요구사항 1>

㈜대한의 회계처리가 20X1년도 현금에 미치는 영향과 20X1년도와 20X2년도 포괄손익계산서 상 당기순이익에 미치는 영향을 계산하시오. 단, 현금과 당기순이익이 감소하는 경우 금액 앞에 (-)를 표시하시오.

구분	20X1년도	20X2년도
현금에 미치는 영향	①	
당기순이익에 미치는 영향	②	③

<요구사항 2>

㈜대한이 20X2년 중에 사업모형을 변경하여 상각후원가 측정 금융자산을 당기손익-공정가치 측정 금융자산으로 재분류하였다. 재분류일 현재 현행 시장이자율은 연 7%이며, 재분류일에 추정한 현금흐름은 20X2년 말에 추정한 현금흐름(<자료> 3. 참조)과 동일하다. 재분류일의 회계처리가 20X3년도 당기순이익에 미치는 영향을 계산하시오. 단, 당기순이익이 감소하는 경우 금액 앞에 (-)를 표시하시오.

당기순이익에 미치는 영향	①

물음 2)

㈜대한이 사채 취득 시 기타포괄손익-공정가치 측정 금융자산으로 분류하였다. 다음의 <요구사항>에 답하시오. 단, 사채의 공정가치는 다음과 같다고 가정한다.

구분	20X1년 말	20X2년 말
공정가치	₩500,000	₩700,000

<요구사항 1>

㈜대한의 회계처리가 20X1년도와 20X2년도 포괄손익계산서 상 기타포괄이익에 미치는 영향을 각각 계산하시오. 단, 기타포괄이익이 감소하는 경우 금액 앞에 (-)를 표시하시오.

구분	20X1년도	20X2년도
기타포괄이익에 미치는 영향	①	②

<요구사항 2>

㈜대한이 20X2년 말에 사업모형을 변경하여 기타포괄손익-공정가치 측정 금융자산을 상각후원가 측정 금융자산으로 재분류하였다. 재분류일의 회계처리가 20X3년도 기타포괄이익에 미치는 영향을 계산하시오. 단, 재분류일의 공정가치는 20X2년 말과 동일하며, 기타포괄이익이 감소하는 경우 금액 앞에 (-)를 표시하시오.

기타포괄이익에 미치는 영향	①

해설

물음 1)

R = 9%

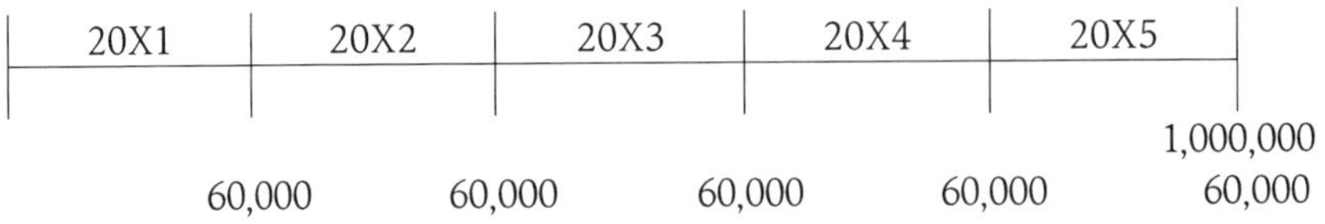

PV(20X1.1.1) = 1,000,000 × 0.6499 + 60,000 × 3.8896 = ₩883,276

PV(20X1.5.1) = 883,276 × 1.03 = ₩909,774

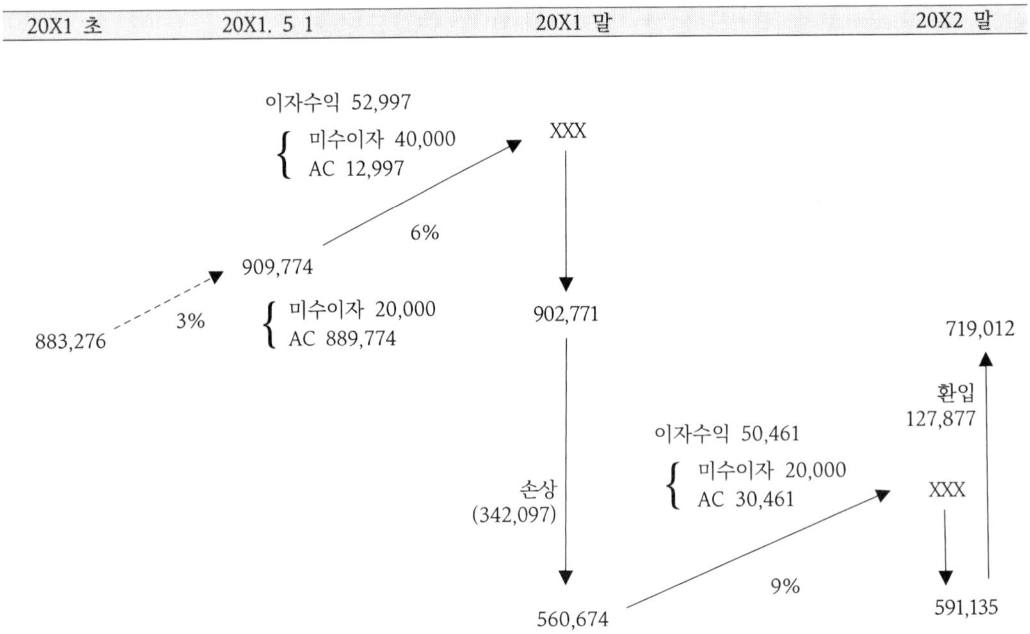

<20X1년 말 추정미래현금흐름의 현재가치>

R = 9%

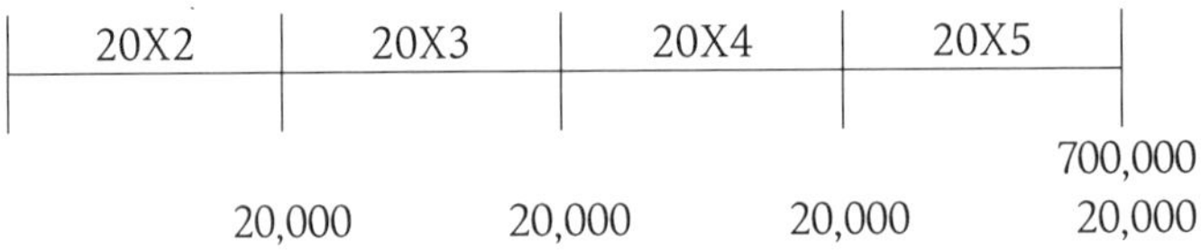

PV = 700,000 × 0.7084 + 20,000 × 3.2397 = ₩560,674

<20X2년 말 추정미래현금흐름의 현재가치>

R = 9%	20X3	20X4	20X5
			800,000
	40,000	40,000	40,000

PV = 800,000 × 0.7722 + 40,000 × 2.5313 = ₩719,012

<요구사항 1>

① 20X1년 현금에 미치는 영향 = (909,774) + 60,000 = (-)₩849,774

② 20X1년 당기순이익에 미치는 영향 = 52,997 + (342,097) = (-)₩289,100

③ 20X2년 당기순이익에 미치는 영향 = 50,461 + 127,877 = ₩178,338

<요구사항 2>

공정가치 = 800,000 × 0.8163 + 40,000 × 2.6243 = ₩758,012

20X3. 1. 1	(차)	FVPL금융자산	758,012	(대)	AC금융자산	719,012
					당기손익	39,000

① 재분류일 회계처리의 당기손익영향 = 758,012 - 719,012 = ₩39,000

물음 2)

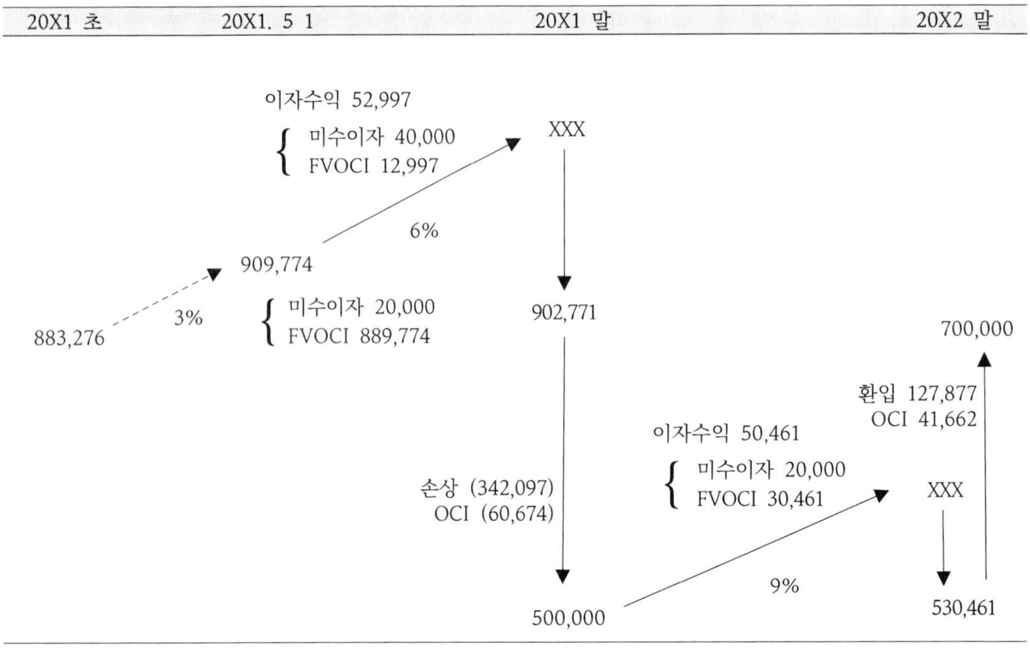

<20X1년 말 추정미래현금흐름의 현재가치>

R = 9%

20X2	20X3	20X4	20X5
20,000	20,000	20,000	700,000 20,000

20X1년 말 상각후원가 = ₩560,674
20X1년 말 공정가치 = ₩500,000
} 20X2년 말 기타포괄손익누계액 (₩60,674)

<20X2년 말 추정미래현금흐름의 현재가치>

R = 9%

20X3	20X4	20X5
40,000	40,000	800,000 40,000

20X2년 말 상각후원가 = ₩719,012
20X2년 말 공정가치 = ₩700,000
} 20X2년 말 기타포괄손익누계액 (₩19,012)

20X1년 초 기타포괄손익누계액	20X2 OCI (₩60,674)	20X1년 말 기타포괄손익누계액	20X3 OCI ₩41,662	20X2년 말 기타포괄손익누계액
₩0	→	(₩60,674)	→	(₩19,012)

<요구사항 1>

① 20X1년 기타포괄이익영향 = (-)₩60,674

② 20X2년 기타포괄이익영향 = ₩41,662

<요구사항 2>

20X3. 1. 1	(차)	AC금융자산	719,012	(대)	FVOCI금융자산	700,000
					기타포괄손익	19,012

① 재분류일 회계처리의 기타포괄이익 영향 = ₩19,012

문제 9
수취채권의 양도와 금융자산 분류 | (회계사 2023, 13점)

※ 다음의 각 물음은 독립적이다.

물음 1)

㈜대한은 20X1년 10월 1일에 상품을 판매하고 동 일자에 발행된 어음(액면 ₩300,000, 만기 6개월, 연 이자율 5%)을 수령하였다. ㈜대한은 받을어음을 현재가치로 측정하지 않는다. 아래 각 <요구사항>에 답하되, <요구사항>은 독립적이다.

<요구사항 1>

㈜대한은 20X1년 12월 1일에 받을어음을 전액 연 6%로 할인(받을어음 관련 위험과 보상을 대부분 보유)하였다. 동 어음의 보유 및 할인이 20X1년도 당기순이익에 미치는 영향을 계산하시오. 단, 당기순이익이 감소하는 경우 금액 앞에 (-)를 표시하시오.

20X1년 당기순이익에 미치는 영향	①

<요구사항 2>

㈜대한은 20X2년 2월 1일에 받을어음을 전액 연 6%로 할인(받을어음 관련 위험과 보상을 대부분 이전)하였다. 동 어음의 보유 및 할인이 20X2년도 당기순이익에 미치는 영향을 계산하시오. 단, 당기순이익이 감소하는 경우 금액 앞에 (-)를 표시하시오.

20X2년 당기순이익에 미치는 영향	①

물음 2)

다음의 <자료 1>을 이용하여, ㈜대한의 대여금 이자 양도 시 회계처리가 당기순이익에 미치는 영향을 계산하시오. 단, 당기순이익이 감소하는 경우에는 금액 앞에 (-)를 표시하시오.

<자료 1>

1. ㈜대한은 20X1년 10월 1일 현재 장부금액 ₩500,000의 대여금(만기일인 20X4년 9월 30일에 원금 일시 상환 및 매년 9월 30일에 연 이자율 6% 이자 수령)을 보유하고 있다.
2. ㈜대한은 20X1년 10월 1일 보유하고 있는 동 대여금에서 발생하는 만기까지 수령할 이자를 이자수령액의 공정가치로 양도하였다. 동 양도는 금융자산 제거요건을 충족한다.
3. 20X1년 10월 1일의 유효이자율은 8%이다. 기간 3, 8%에 대한 단일금액 ₩1과 정상연금 ₩1의 현가계수는 각각 0.7938과 2.5770이다.

당기순이익에 미치는 영향	①

물음 3)

다음의 <자료 2>를 이용하여, ㈜대한의 미수금 양도 시의 회계처리가 자산총액에 미치는 영향을 계산하시오. 단, 자산총액이 감소하는 경우에는 금액 앞에 (-)를 표시하시오.

<자료 2>

1. ㈜대한은 20X1년 1월 1일 미수금 ₩5,000,000 (20X1년 4월 1일 회수예정)을 ㈜민국에 양도하고 ₩4,800,000을 수령하였다.
2. ㈜대한은 미수금과 관련된 신용위험을 ㈜민국에 이전하였으나, 미수금의 회수가 지연되는 경우 최대 5개월 동안의 지연이자(연 6%)를 즉시 지급하기로 약정하였다. ㈜민국은 ㈜대한으로부터 양도받은 미수금을 제3자에게 매도할 수 있는 능력이 없다.
3. 미수금 양도일 현재 회수지연 위험에 대한 보증의 공정가치는 ₩50,000이다.

자산총액에 미치는 영향	①

물음 4)

다음의 <자료 3>을 이용하여, ㈜대한이 취득한 금융상품A와 금융상품B를 적절한 금융자산으로 분류하고, 그 이유를 간략히 서술하시오.

<자료 3>

1. ㈜대한은 원금이 보장되는 금융상품A와 금융상품B를 취득하였다. ㈜대한의 금융상품A와 금융상품B에 대한 사업모형은 현금흐름 수취 목적이다.
2. 금융상품A는 원리금 지급이 발행된 통화의 인플레이션지수와 연계되어 있고, 이러한 인플레이션 연계가 레버리지되어 있지 않다.
3. 금융상품B는 이자 지급이 채무자의 영업이익 달성과 연계되어 있다.

구분	금융자산의 분류	이유
금융상품A	①	②
금융상품B	③	④

해설

물음 1)

<요구사항 1>

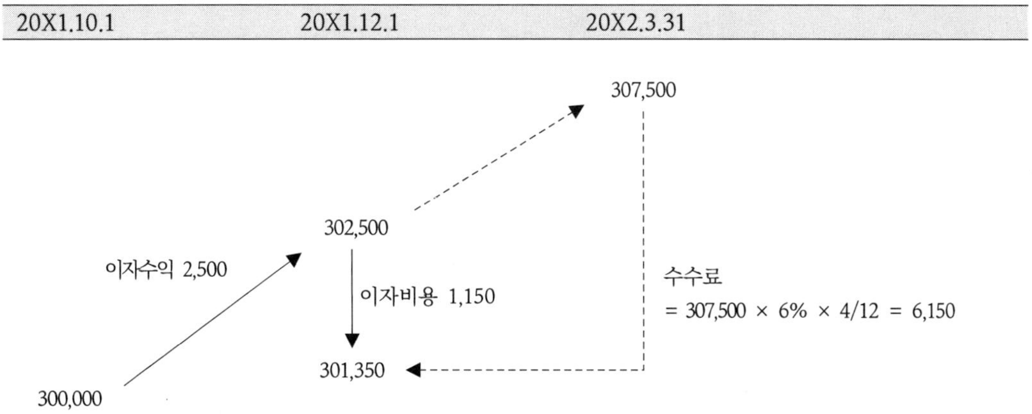

20X1.10. 1	(차)	매출채권 매출원가	300,000 XXX	(대)	매출 상품	300,000 XXX
20X1.12. 1	(차)	미수이자	2,500	(대)	이자수익	2,500
	(차)	현금 선급이자	301,350 1,150	(대)	차입금 미수이자	300,000 2,500
20X1.12.31	(차)	이자비용	288	(대)	선급이자	288
20X2. 3.31	(차)	이자비용	862	(대)	선급이자	862
	(차)	차입금	300,000	(대)	매출채권	300,000

① 어음 보유 및 할인의 20X1년 당기손익영향 = 2,500 + (288) = ₩2,212

<요구사항 2>

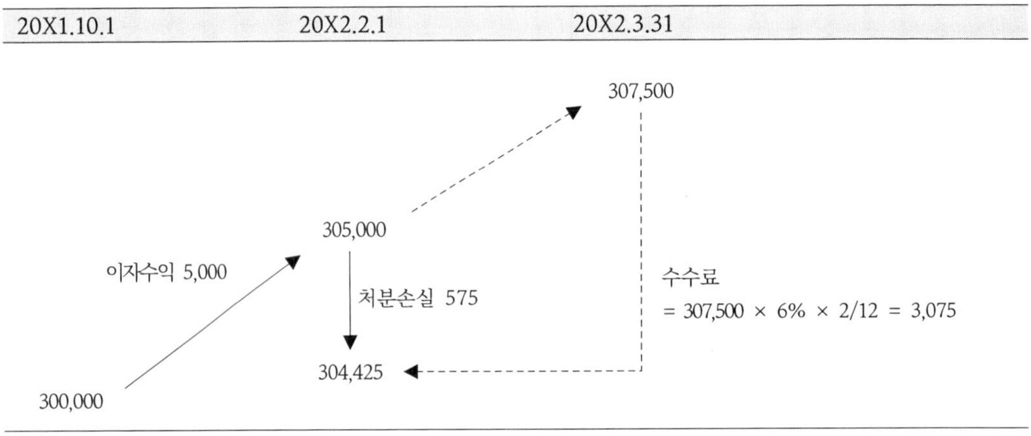

20X1.10. 1	(차)	매출채권 매출원가	300,000 XXX	(대)	매출 상품	300,000 XXX
20X1.12.31	(차)	미수이자	3,750	(대)	이자수익	3,750
20X2. 2. 1	(차)	미수이자	1,250	(대)	이자수익	1,250
	(차)	현금 처분손실	304,425 575	(대)	매출채권 미수이자	300,000 5,000

이자수익	300,000 × 5% × 1/12 =	₩1,250
매출채권처분손실	305,000 − 304,425 =	(575)
① 20X2년 당기손익영향		₩675

물음 2)

양도자산이 양도하기 전 금융자산 전체 중 일부이고(예: 채무상품의 현금흐름 중 이자 부분의 양도, 문단 3.2.2(1) 참조) 그 양도한 부분 전체가 제거 조건을 충족한다면, 양도하기 전 금융자산 전체의 장부금액은 계속 인식하는 부분과 제거하는 부분에 대해 양도일 현재 각 부분의 상대적 공정가치를 기준으로 배분한다. 이 경우에 관리용역자산은 계속 인식하는 부분으로 처리한다. 다음 (1)과 (2)의 차액은 당기손익으로 인식한다.

(1) 제거하는 부분에 배분된 금융자산의 장부금액(제거일에 측정)

(2) 제거한 부분에 대하여 수취한 대가(새로 획득한 모든 자산에서 새로 부담하게 된 모든 부채를 차감한 금액 포함)

전체금융자산의 공정가치 = 500,000 × 0.7938 + 30,000 × 2.5770 = ₩474,210

이자부분의 공정가치 = 30,000 × 2.5770 = ₩77,310

제거되는 금융자산 = 500,000 × 77,310/474,210 = ₩81,515

① 당기손익영향 = 77,310 - 81,515 = (-)₩4,205

20X1.10. 1	(차)	현금 처분손실	77,310 4,205	(대)	대여금	81,515

물음 3)

지급보증금액 = 5,000,000 × 6% × 5/12 = ₩125,000

지속적관여자산 = min(5,000,000, 125,000) = ₩125,000

20X1.10. 1	(차)	현금 처분손실	4,750,000 250,000	(대)	대여금	5,000,000
	(차)	지속적관여자산	125,000	(대)	관련부채	125,000
	(차)	현금	50,000	(대)	지급보증부채	50,000

자산총액에 미치는 영향 = 4,750,000 + (5,000,000) + 125,000 + 50,000 = (-)₩75,000

물음 4)

① 금융상품A의 분류 : AC금융자산

② 이유 : 계약상 현금흐름이 원리금으로만 구성되며, 기업의 사업모형은 계약상 현금흐름 수취목적이다.

③ 금융상품B의 분류 : FVPL금융자산

④ 이유 : 계약상 현금흐름이 원리금만으로만 구성되어 있지 않다.

문제 10
계약상 현금흐름 변경 | (세무사 2023, 9점)

㈜세무는 20X1년 1월 1일에 ㈜한국이 발행한 A사채(액면금액 ₩1,000,000, 표시이자율 연 6%, 만기 3년, 매년 말 이자지급)를 취득하고 '상각후원가 측정 금융자산'으로 분류하였으며, ㈜한국은 A사채를 '상각후원가 측정 금융부채'로 분류하였다. 발행시점의 유효이자율은 연 10%이다. 20X2년 12월 31일에 ㈜세무와 ㈜한국은 A사채의 만기를 20X5년 12월 31일로 연장하고, 표시이자율을 연 4%로 낮추어 매년 말에 이자를 지급하는 것으로 계약변경(조건변경)에 합의하였다. 이 과정에서 ㈜한국은 ㈜세무에게 수수료 ₩12,000을 지급하였다. 계약상 현금흐름 변경일(20X2년 12월 31일)의 현행이자율은 연 8%이다. (단, ㈜세무는 계약변경 합의 전에 20X2년도 이자를 수령하였다고 가정하며, A사채와 관련된 신용위험은 고려하지 않는다. 현재가치 계산이 필요한 경우 다음의 현가계수를 이용하고, 금액은 소수점 첫째자리에서 반올림하여 계산한다.)

기간	단일금액 ₩1의 현가계수			정상연금 ₩1의 현가계수		
	8%	10%	12%	8%	10%	12%
1	0.9259	0.9091	0.8929	0.9259	0.9091	0.8929
2	0.8573	0.8264	0.7972	1.7833	1.7355	1.6901
3	0.7938	0.7513	0.7118	2.5771	2.4868	2.4018
4	0.7350	0.6839	0.6355	3.3121	3.1699	3.0373
5	0.6806	0.6209	0.5674	3.9927	3.7908	3.6048

물음 1)

20X2년 12월 31일 계약변경 합의 전 ㈜세무의 금융자산(A사채) 장부금액을 계산하시오.

물음 2)

20X2년 12월 31일 A사채와 관련된 계약변경이 '금융자산의 제거조건을 충족하지 않는 경우', ㈜세무가 계약변경시점에 인식할 계약변경이익을 계산하시오. (단, 20X2년 12월 311일 계약변경 합의 전 금융자산(A사채)의 장부금액은 ₩960,000이라고 가정하고, 계약변경손실의 경우 금액 앞에 '(-)'를 표시하며, 계약변경손익이 없는 경우에는 '없음'으로 표시하시오.)

물음 3)

20X2년 12월 31일 A사채와 관련하여 ㈜한국이 계약변경시점에 인식할 계약변경이익을 계산하시오. (단, 20X2년 12월 31일 계약변경 합의 전 ㈜한국의 금융부채(A사채) 장부금액은 ₩960,000이라고 가정하고, 계약변경손실의 경우 금액 앞에 '(-)'를 표시하며, 계약변경손익이 없는 경우에는 '없음'으로 표시하시오.)

해설

물음 1)

㈜세무

R = 10%	20X1	20X2	20X3
원금			1,000,000
액면이자	60,000	60,000	60,000

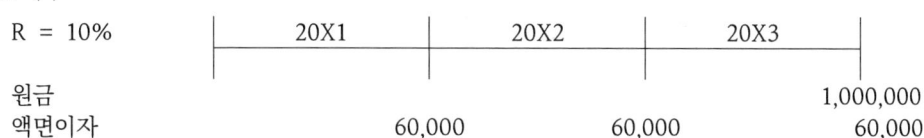

PV = $1{,}000{,}000 \times 0.7513 + 60{,}000 \times 2.4868 =$ ₩900,508

20X2년 말 장부가치 = $(900{,}508 \times 1.1 - 60.000) \times 1.1 - 60{,}000 =$ ₩963,615

물음 2)

R = 10%	20X3	20X4	20X5
원금			1,000,000
액면이자	40,000	40,000	40,000

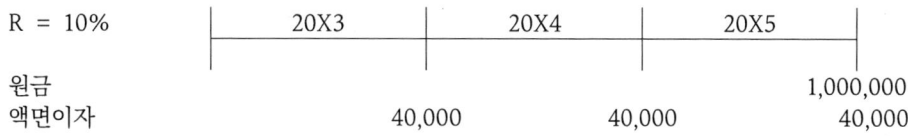

PV = $1{,}000{,}000 \times 0.7513 + 40{,}000 \times 2.4868 =$ ₩850,772

20X2.12.31	(차)	계약변경손실	109,228	(대)	AC금융자산	109,228
	(차)	현금	12,000	(대)	AC금융자산	12,000

계약변경손익 = $960{,}000 - 850{,}772 =$ (-)₩109,228

물음 3)

㈜한국

<새로운 현금흐름>

R = 10%

	20X3	20X4	20X5
원금			1,000,000
액면이자	40,000	40,000	40,000
수수료 12,000			

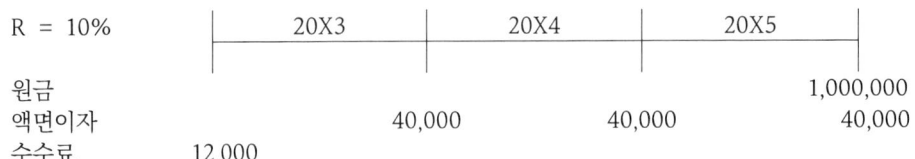

PV = 1,000,000 × 0.7513 + 40,000 × 2.4868 + 12,000 = ₩862,772

현재가치감소액 = 960,000 - 862,772 = ₩97,228

조건변경으로 인한 현재가치의 감소율 = 97,228/96,000 = 10.13%

현금흐름의 현재가치가 10% 이상 감소하였으므로 실질적 조건변경에 해당한다.

<새로운 사채>

R = 8%

	20X3	20X4	20X5
원금			1,000,000
액면이자	40,000	40,000	40,000

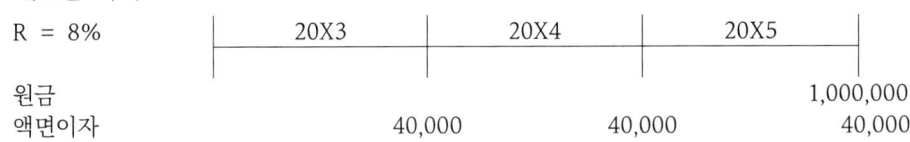

PV = 1,000,000 × 0.7938 + 40,000 × 2.5771 = ₩896,884

20X2.12.31	(차)	사채(구)	960,000	(대)	사채(신)	896,884
					계약변경이익	63,116
	(차)	계약변경이익	12,000	(대)	현금	12,000

계약변경이익 = 63,116 - 12,000 = ₩51,116

문제 11
금융자산 분류변경 | (세무사 2023, 11점)

㈜세무는 20X1년 1월 1일에 ㈜나라가 발행한 B사채(액면금액 ₩1,000,000, 표시이자율 연 8%, 만기 3년, 매년 말 이자지급)를 ₩950,244에 취득하여 '기타포괄손익-공정가치 측정 금융자산'으로 분류하였다. B사채 발행시점의 유효이자율은 연 10%이다. ㈜세무는 20X1년 9월 1일에 사업모형을 변경하여 B사채를 '상각후원가측정 금융자산'으로 재분류하였다. ㈜세무는 20X1년 말 현재 B사채의 신용위험이 유의하게 증가하지 않았다고 판단하였으며, 12개월 기대신용손실을 ₩30,000으로 추정하였다. ㈜세무는 20X2년 말에도 B사채의 신용위험이 유의하게 증가하지 않았다고 판단하였으며, 12개월 기대신용손실을 ₩10,000으로 추정하였다. B사채와 관련된 공정가치는 다음과 같다.

일자	20X1.9.1.	20X1.12.31.	20X2.1.1.	20X2.12.31.
공정가치	₩950,000	₩970,000	₩970,000	₩985,000

현재가치 계산이 필요한 경우 다음의 현가계수를 이용하고, 금액은 소수점 첫째자리에서 반올림하여 계산한다.

기간	단일금액 ₩1의 현가계수			정상연금 ₩1의 현가계수		
	8%	10%	12%	8%	10%	12%
1	0.9259	0.9091	0.8929	0.9259	0.9091	0.8929
2	0.8573	0.8264	0.7972	1.7833	1.7355	1.6901
3	0.7938	0.7513	0.7118	2.5771	2.4868	2.4018
4	0.7350	0.6839	0.6355	3.3121	3.1699	3.0373
5	0.6806	0.6209	0.5674	3.9927	3.7908	3.6048

물음 1)

금융자산을 재분류하는 경우, 재분류일은 언제인지 구체적인 연, 월, 일을 예시와 같이 기술하시오. (예시 : 20X3년 8월 12일)

물음 2)

㈜세무의 금융자산(B사채) 회계처리가 20X1년도 당기순이익에 미치는 영향을 계산하시오. (단, 당기순이익이 감소하는 경우 금액 앞에 '(-)'를 표시하시오.)

물음 3)

㈜세무의 금융자산(B사채) 회계처리가 20X2년도 당기순이익에 미치는 영향을 계산하시오. (단, 당기순이익이 감소하는 경우 금액 앞에 '(-)'를 표시하시오.)

해설

물음 1)

재분류일 : 20X2년 1월 1일

물음 2)

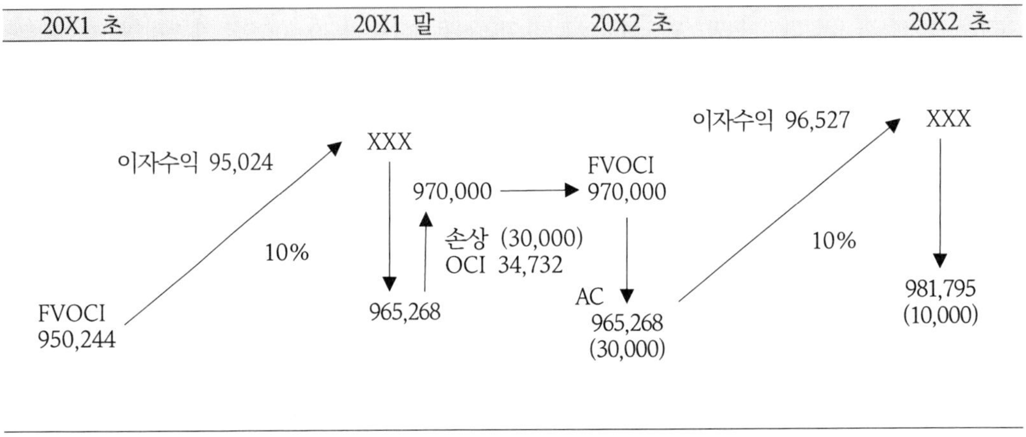

20X1년 당기손익영향 = 95,024 + (30,000) = ₩65,024

물음 3)

20X2년 당기손익영향 = 96,527 + 20,000 = ₩116,527

문제 12
신용손상과 분류변경 | (회계사 2024, 12점)

※ 다음의 각 물음은 독립적이다.

㈜대한은 20X1년 1월 1일에 ㈜민국이 동 일자로 발행한 A사채를 발행가액(공정가치)에 취득하였다. 취득 시 동 사채의 신용은 손상되어 있지 않았다. 아래의 <공통자료>를 이용하여 (물음 1)부터 (물음 3)까지 답하시오. 단, 답안 작성 시 원 미만은 반올림한다.

<공통자료>

1. ㈜민국이 발행한 A사채의 조건은 다음과 같다.

- 액면금액: ₩2,000,000
- 이자지급일: 매년 12월 31일
- 만기일: 20X4년 12월 31일 일시 상환
- 표시이자율: 연 6%
- 사채발행일 유효이자율: 연 10%

2. 현행 시장이자율로 할인된 미래현금흐름의 현재가치는 공정가치와 동일하다.
3. 현재가치 계산 시 아래의 현가계수를 이용한다.

기간	단일금액 ₩1의 현가계수		정상연금 ₩1의 현가계수	
	8%	10%	8%	10%
1	0.9259	0.9091	0.9259	0.9091
2	0.8573	0.8265	1.7832	1.7356
3	0.7938	0.7513	2.5770	2.4869
4	0.7350	0.6830	3.3120	3.1699

물음 1)

㈜대한은 취득한 A사채를 상각후원가 측정 금융자산으로 분류하였다. 다음의 <요구사항>에 각각 답하시오.

<요구사항 1>

㈜대한은 20X1년 이자를 정상적으로 수취하였으나, 20X1년 말에 A사채의 신용이 후속적으로 심각하게 손상되었다고 판단하였다. ㈜대한은 A사채의 채무불이행 발생확률을 고려하여 20X2년부터 20X4년까지 매년 말에 수취할 이자의 현금흐름을 ₩20,000으로, 만기에 수취할 원금의 현금흐름을 ₩1,200,000으로 추정하였다. ㈜대한이 A사채에 대하여 ① 20X1년 말에 수행해야 할 회계처리를 제시하시오.

20X1년 말 회계처리	①

<요구사항 2>

<요구사항 1>과 관련하여 ㈜대한은 20X2년 ₩20,000의 이자를 수취하였다. ㈜대한은 20X2년 말에 A사채의 채무불이행 발생확률을 고려하여 20X3년부터 20X4년까지 매년 말에 수취할 이자의 현금흐름을 ₩100,000으로, 만기에 수취할 원금의 현금흐름을 ₩1,600,000으로 추정하였다. ㈜대한이 A사채에 대하여 수행한 20X2년 말의 회계처리가 ㈜대한의 20X2년도 포괄손익계산서 상 ① 당기순이익에 미치는 영향을 계산하시오. 단, 당기순이익이 감소하는 경우에는 금액 앞에 (-)를 표시하시오.

당기순이익에 미치는 영향	①

물음 2)

㈜대한은 A사채를 20X1년 말 사업모형의 변경으로 상각후원가 측정 금융자산에서 기타포괄손익-공정가치 측정 금융자산으로 재분류하였다. 재분류일 현재 현행 시장이자율은 연 8%이며, 재분류일에추정한 현금흐름은 20X1년 초에 추정한 현금흐름(<공통자료> 참조)과 동일하다. 한편, 20X2년 말과 재분류일의 시장이자율은 동일하다. A사채의 회계처리가 ㈜대한의 20X2년도 포괄손익계산서 상 ① 당기순이익에 미치는 영향과 ② 기타포괄이익에 미치는 영향을 각각 계산하시오. 단, 당기순이익이나 기타포괄이익이 감소하는 경우에는 금액 앞에 (-)를 표시하시오.

당기순이익에 미치는 영향	①
기타포괄이익에 미치는 영향	②

물음 3)

<공통자료>와 다음의 <추가자료 1>을 이용하여 물음에 답하시오.

<추가자료 1>

1. 금융자산 재분류 시 재분류조건을 충족한다고 가정한다.
2. A사채의 일자별 공정가치는 다음과 같다.

일 자	공정가치
20X1년 12월 31일	₩2,100,000
20X2년 10월 1일	1,900,000
20X2년 12월 31일	2,000,000
20X3년 1월 1일	2,000,000
20X3년 12월 31일	1,960,000

㈜대한은 20X1년 1월 1일 A사채를 당기손익-공정가치 측정 금융자산으로 분류하였으나 20X2년 10월 1일에 사업모형을 변경하여 기타포괄손익-공정가치 측정 금융자산으로 재분류하였다. A사채와 관련한 회계처리가 ㈜대한의 20X2년도와 20X3년도 포괄손익계산서 상 당기순이익과 기타포괄이익에 미치는 영향을 각각 계산하시오. 단, 당기순이익과 기타포괄이익이 감소하는 경우에는 금액 앞에 (-)를 표시하시오.

항 목	20X2년	20X3년
당기순이익에 미치는 영향	①	②
기타포괄이익에 미치는 영향	③	④

물음 4)

기업회계기준서 제1109호「금융상품」중 기대신용손실(ECL, expected credit loss)의 ① 측정방법 및 ② 신용위험의 정도별 측정기간에 대해서 서술하시오.

해설

물음 1)

<최초측정>

R = 10%

	20X1	20X2	20X3	20X4
원금				2,000,000
액면이자	120,000	120,000	120,000	120,000

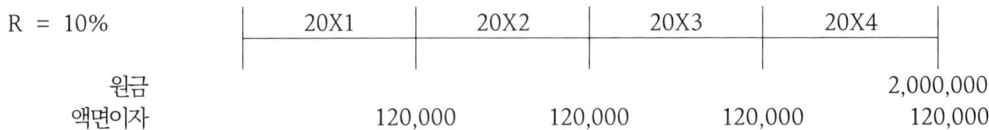

PV = 2,000,000 × 0.6830 + 120,000 × 3.1699 = ₩1,746,388

<20X1년 말 상각후원가>

R = 10%

	20X2	20X3	20X4
원금			1,200,000
액면이자	20,000	20,000	20,000

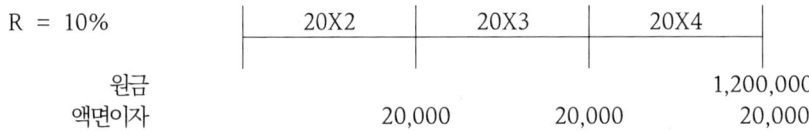

PV = 1,200,000 × 0.7513 + 20,000 × 2.4869 = ₩951,298

<20X2년 말 상각후원가>

R = 10%

	20X3	20X4
원금		1,600,000
액면이자	100,000	100,000

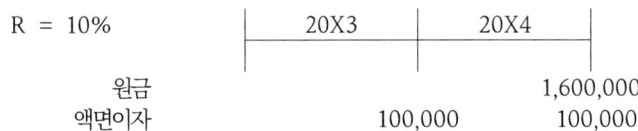

PV = 1,600,000 × 0.8265 + 100,000 × 1.7356 = ₩1,495,960

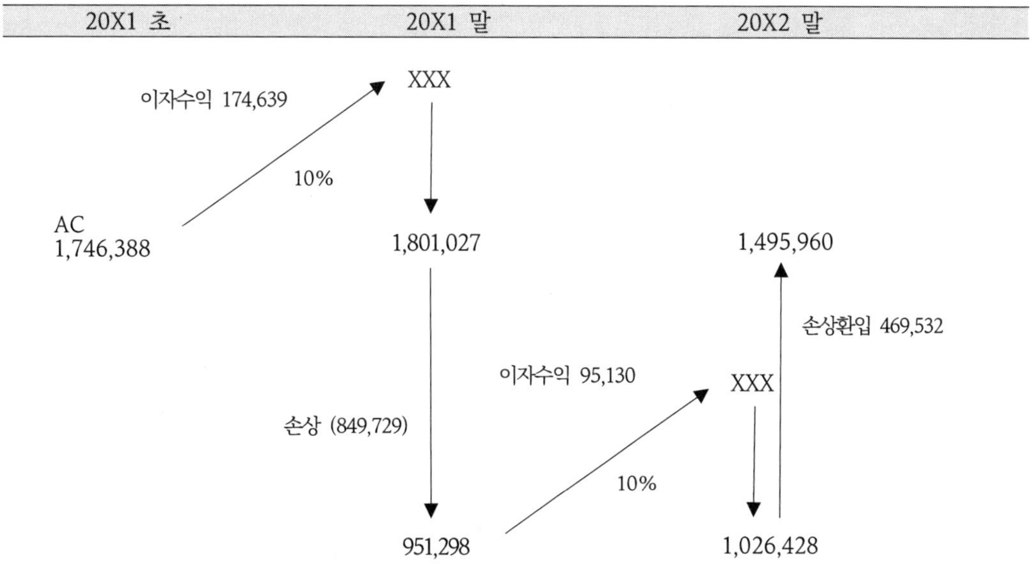

<요구사항 1>

<금융자산 총장부금액을 직접 줄이는 경우>

20X1.12.31	(차)	현금	120,000	(대)	이자수익	174,639
		AC금융자산	54,639			
	(차)	손상차손	849,729	(대)	AC금융자산	849,729

<손실충당금을 인식하는 경우>

20X1.12.31	(차)	현금	120,000	(대)	이자수익	174,639
		AC금융자산	54,639			
	(차)	손상차손	849,729	(대)	손실충당금	849,729

<참고>

상각후원가측정금융자산 신용손상시 금융자산의 총장부금액을 직접 줄여도 되고, 손실충당금을 인식해도 된다. 답안지 작성시에는 손실충당금을 인식하는 방법을 적용하는 것을 권장한다.

<요구사항 2>

20X2년 당기손익영향 = 95,130 + 469,532 = ₩564,662 증가

물음 2)

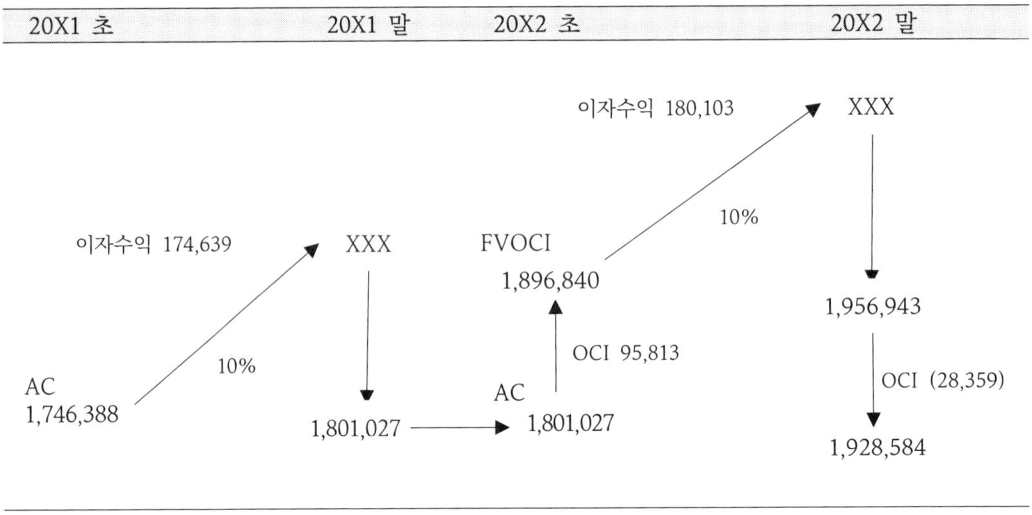

20X2년 초 공정가치 = 2,000,000 × 0.7938 + 120,000 × 2.5770 = ₩1,896,840

20X2년 말 공정가치 = 2,000,000 × 0.8573 + 120,000 × 1.7832 = ₩1,928,584

① 20X2년 당기순이익에 미치는 영향 = ₩180,103

② 20X2년 기타포괄이익에 미치는 영향 = 95,813 + (28,359) = ₩67,454

물음 3)

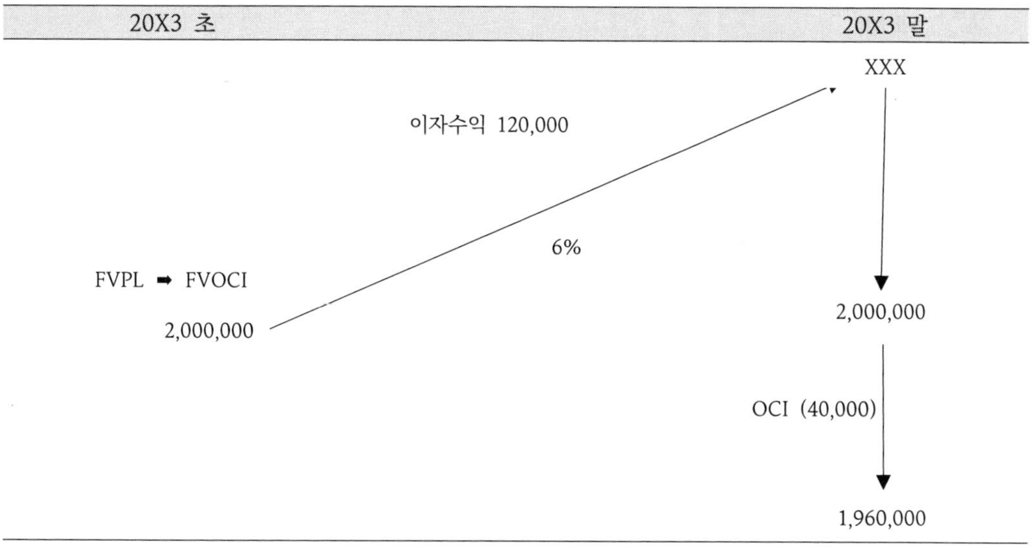

① 20X2년 당기손익영향 = 이자수익 120,000 + 평가손실 (100,000) = ₩20,000

② 20X3년 당기손익영향 = ₩120,000

③ 20X2년 기타포괄손익영향 = ₩0

④ 20X3년 기타포괄손익영향 = (-)₩40,000

<참고>

20X3년 초 공정가치와 액면금액이 일치하므로 유효이자율은 액면이자율과 동일한 6%이다.

물음 4)

① 기대신용손실측정방법

신용손실은 계약에 따라 지급받기로 한 모든 계약상 현금흐름과 수취할 것으로 예상하는 모든 계약상 현금흐름의 차이를 최초 유효이자율로 할인하여 측정한다. 기대신용손실은 개별 채무불이행 발생 위험으로 가중평균하여 측정한다.

② 신용위험의 정도별 측정기간

신용위험이 유의적으로 증가한 경우에는 매 보고기간 말에 전체기간 기대신용손실에 해당하는 금액으로 손실충당금을 측정한다. 최초 인식 후에 금융상품의 신용위험이 유의적으로 증가하지 아니한 경우에는 보고기간 말에 12개월 기대신용손실에 해당하는 금액으로 손실충당금을 측정한다.

MEMO

CHAPTER

제9장 고객과의 계약에서 생기는 수익

번호	내용	배점	난이도
1	유의적 금융요소 (회계사 2018)	16점	Lv 1
2	라이선스 (세무사 2018)	7점	Lv 1
3	계약변경 (회계사 2019)	6점	Lv 2
4	프랜차이즈 (회계사 2019)	6점	Lv 1
5	보증과 고객충성제도 (회계사 2019)	8점	Lv 3
6	건설계약 (회계사 2019)	10점	Lv 2
7	라이선스 (회계사 2020)	7점	Lv 1
8	할인권, 고객으로부터 수취한 대가, 변동대가 후속변동 (회계사 2020)	6점	Lv 1
9	반품조건부판매, 재매입약정, 고객에게 지급한 대가 (회계사 2021)	10점	Lv 1
10	계약변경 (회계사 2021)	6점	Lv 3
11	갱신선택권 (회계사 2024)	4점	Lv 4
12	할인권 (회계사 2024)	4점	Lv 1
13	유의적 금융요소 (회계사 2024)	4점	Lv 1
14	재매입약정 (회계사 2024)	3점	Lv 1
15	재매입약정 (세무사 2024)	12점	Lv 2
16	보증 (세무사 2024)	10점	Lv 3
17	라이선스 (세무사 2024)	8점	Lv 3

문제 1
유의적 금융요소 | (회계사 2018, 16점)

㈜대한은 20X1년 1월 1일 ㈜민국과 자동화 설비장치인 시스템A를 판매하는 계약을 체결하였으며 주요 계약 내용은 다음과 같다.

<주요 계약 내용>

- ㈜대한은 ㈜민국에게 시스템A를 20X2년 12월 31일까지 이전한다.
- 시스템A는 자동화설비 로봇과 로봇의 작동을 위한 소프트웨어를 포함한다.
- ㈜민국은 ㈜대한에게 대가를 20X1년 1월 1일 계약 체결 시점에 ₩1,000,000을 지급하거나 20X2년 12월 31일 제품 이전 시점에 ₩1,210,000을 지급하는 방안 중 하나를 선택할 수 있다.

㈜대한은 로봇과 소프트웨어 제작 및 개발 프로젝트 전체를 책임지고 있다. ㈜대한이 개발하는 소프트웨어는 시스템A의 로봇에서만 사용가능하며 또한 해당 로봇은 ㈜대한이 개발하는 소프트웨어가 아니면 작동하지 않는다. 시스템A의 제작에 2년이 소요되며, ㈜대한은 총 ₩800,000의 제작원가 중 개발 1년차에 60%(₩480,000), 2년차에 40%(₩320,000)가 투입될 것으로 예상한다. 로봇 제작 원가와 소프트웨어 개발 원가의 비율은 50% 대 50%이다. 20X1년도에 예상대로 원가가 발생하였다. ㈜대한은 ㈜민국이 주문한 제품과 동일한 시스템A 여러 대를 제작 중이며 ㈜민국이 주문한 제품은 특정되지 않는다. 계약체결 시점에 ㈜대한과 ㈜민국의 신용 특성을 반영하는 계약 이자율은 10%이다. 다음의 각 물음은 독립적이다.

물음 1)

20X1년 1월 1일 ㈜대한이 식별해야 할 ㈜민국과의 계약에 의한 수행의무와 수행의무 이행에 따른 수익을 어떻게 인식할 지를 간략하게 설명하시오.

물음 2)

㈜민국이 20X1년 1월 1일 계약 체결 시점에 대가 ₩1,000,000을 ㈜대한에게 지급하기로 결정했다면, ㈜대한이 20X1년 12월 31일에 수행해야 할 회계처리를 제시하고 그 이유를 간략하게 설명하시오.

물음 3)

㈜민국이 20X2년 12월 31일 시스템A 이전 시점에 대가 ₩1,210,000을 ㈜대한에게 지급하기로 결정했다면, ㈜대한이 20X1년 12월 31일에 수행해야 할 회계처리를 제시하고 그 이유를 간략하게 설명하시오.

물음 4)

㈜민국은 20X3년 3월 1일 ㈜만세와 포장시스템을 구매하는 별도의 계약을 체결하였다. 해당 계약은 취소 불가능하다. 계약에 의하면 ㈜민국은 20X3년 5월 1일까지 ㈜만세에게 대가 ₩500,000을 지급하여야 하며, ㈜만세는 20X3년 12월 31일까지 포장시스템을 이전해야 한다. ㈜민국은 20X3년 6월 15일에 ㈜만세에게 ₩500,000을 지급하였다. ㈜만세가 포장시스템 계약에 대해 20X3년 5월 1일에 수행해야 할 회계처리를 제시하고 그 이유를 간략하게 설명하시오.

해설

물음 1)

시스템A는 자동화설비 로봇과 소프트웨어로 구성되지만, 자동화설비 로봇은 해당 소프트웨어 없이 작동하지 않고, 해당 소프트웨어는 해당 자동화설비 로봇에서만 사용가능하므로 이 둘은 분리할 수 없으며 하나의 수행의무에 해당한다. 해당 수행의무는 기간에 걸쳐 이행하는 수행의무의 요건을 만족하지 않으므로 한 시점에 이행하는 수행의무이다. 따라서 시스템A를 인도하는 시점인 20X2년 12월 31일에 ₩1,210,000의 수익을 인식한다.

물음 2)

20X1. 1. 1	(차)	현금	1,000,000	(대)	계약부채	1,000,000
20X1.12.31	(차)	이자비용	100,000	(대)	계약부채	100,000
	(차)	재고자산	480,000	(대)	현금	480,000
20X2.12.31	(차)	이자비용	110,000	(대)	계약부채	110,000
	(차)	재고자산	320,000	(대)	현금	320,000
	(차)	계약부채	1,210,000	(대)	매출	1,210,000
		매출원가	800,000		재고자산	800,000

현금을 수취하는 시점과 재화를 인도하는 시점의 차이가 1년 이상이므로 유의적인 금융요소를 고려한다. 이 때 적용할 할인율은 계약체결 시점에 ㈜대한과 ㈜민국의 신용 특성을 반영하는 계약 이자율은 10%이다.

물음 3)

20X1.12.31	(차)	재고자산	480,000	(대)	현금	480,000
20X2.12.31	(차)	재고자산	320,000	(대)	현금	320,000
	(차)	현금	1,210,000	(대)	매출	1,210,000
		매출원가	800,000		재고자산	800,000

물음 4)

20X3. 5. 1	(차)	수취채권	500,000	(대)	계약부채	500,000
20X3. 6.15	(차)	현금	500,000	(대)	수취채권	500,000
20X3.12.31	(차)	계약부채	500,000	(대)	매출	500,000
		매출원가	XXX		재고자산	XXX

20X3년 5월 1일 취소불가능한 계약에 의해 기업이 대가를 받을 무조건적인 권리가 발생하였으므로 ₩500,000의 수취채권을 인식한다. 또한 수행의무를 이행하지 않았으므로 해당 금액만큼 계약부채를 인식한다.

문제 2
라이선스 | (세무사 2018, 7점)

20X1년 ㈜세무는 반려로봇사업을 개시하였다. ㈜세무는 반려로봇과 반려로봇의 인공지능 소프트웨어를 1년간 사용할 수 있는 사용권을 판매한다. 개별적으로 판매 할 경우 반려로봇은 개당 ₩80,000에 판매하고, 1년간 사용할 수 있는 인공지능 소프트웨어 사용권은 ₩10,000에 판매한다. 반려로봇을 구입한 고객은 인공지능 소프트웨어 사용권을 연간 ₩10,000에 갱신가능하다. 20X1년 9월 1일 ㈜세무는 반려로봇 사업의 개시기념으로 반려로봇과 1년간 사용할 수 있는 소프트웨어 사용권을 고객에게 패키지 형태의 방식으로 패키지당 ₩72,000에 총 60개를 판매하고, 판매대금은 현금으로 수취하였다. (7점)

물음 1)

㈜세무가 20X1년 9월 1일 패키지 판매와 관련하여 수행해야 할 회계처리를 제시하시오.

(차변) ①	(대변) ②

물음 2)

㈜세무가 20X1년 패키지 판매와 관련하여 20X1년 포괄손익계산서에 인식할 총 수익을 계산하시오.

물음 3)

2018년 초부터 적용되는 한국채택국제회계기준(K-IFRS) 제1115호 '고객관의 계약에서 생기는 수익'에서는 수익인식을 위해 총 5단계의 과정을 거치도록 되어 있다. 수익인식의 5단계 과정을 순서대로 쓰시오.

물음 4)

다음은 한국채택국제회계기준(K-IFRS) 제1115호 '고객과의 계약에서 생기는 수익'에 대한 설명이다. 각각의 항목이 옳으면 ○, 옳지 않으면 ×로 기재하시오.

① 어떠한 상황에서는 수익인식의 5단계가 동시에 이루어질 수 있다.
② 제공하기로 한 재화 또는 용역이 뚜렷함과 동시에 계약 내의 다른 재화 또는 용역과 구분가능한 경우 수행의무는 별도로 존재하는 것으로 본다.

해설

물음 1)

로봇에 배분될 거래가격 = 4,320,000 × 80,000/90,000 = ₩3,840,000
소프트웨어 사용권에 배분될 거래가격 = 4,320,000 × 10,000/90,000 = ₩480,000

<사용권이라 가정할 경우>

(차) 현금	4,320,000	(대)	매출(제품)	3,840,000
			매출(사용권)	480,000

<접근권이라 가정할 경우>

(차) 현금	4,320,000	(대)	매출(제품)	3,840,000
			계약부채(접근권)	480,000

물음 2)

<사용권이라 가정할 경우>

20X1년 수익 = ₩4,320,000

<접근권이라 가정할 경우>

20X1년 수익 = 3,840,000 + 480,000 × 4/12 = ₩4,000,000

<참고>

라이선스가 사용권인지, 접근권인지 제시되지 않았다. 해당 문제에서는 "인공지능 소프트웨어를 1년간 사용할 수 있는 사용권"이라는 문구를 사용했고, 추가적으로 부담하는 의무에 대한 언급이 없으므로 사용권이라고 가정하고 답하는 것이 정답일 확률이 높다고 판단된다.

물음 3)

(1) 계약식별
(2) 수행의무식별
(3) 거래가격산정
(4) 거래가격배분
(5) 수행의무인식

물음 4)

① ○

② ○

<참고>

지문 ①은 기준서에 없는 내용이다. 개인적으로 수익인식5단계가 완벽하게 동시에 발생하는 예는 찾아볼 수 없으나 거의 동시에 가깝게 5단계가 순식간에 끝나는 경우는 존재한다. 따라서 지문①은 맞는 지문일 확률이 높다고 생각한다.

문제 3
계약변경 | (회계사 2019, 6점)

다음의 자료를 이용하여 물음에 답하시오.

<자료>

(1) ㈜대한은 20X0년 5월 1일에 구별되는 제품 X와 Y를 고객에게 이전하기로 계약하였다. 제품 X는 계약 개시시점에 고객에게 이전하고 제품 Y는 20X0년 12월 1일에 이전한다. 고객이 약속한 대가는 고정대가 ₩200,000과 변동대가 ₩40,000으로 구성된다. ㈜대한은 거래가격에 변동대가 추정치를 포함한다. 두 제품의 개별 판매가격은 같다.

(2) 20X0년 10월 30일에 고객에게 인도하지 않은 제품 Y에 추가하여 제품 Z를 20X1년 3월 30일에 이전하기로 한 약속을 포함하도록 계약의 범위를 변경하였다. 이 계약변경으로 계약가격을 ₩60,000(고정대가)만큼 증액하였는데, 이 금액이 제품 Z의 개별 판매가격을 나타내지는 않는다. 제품 Z의 개별 판매가격은 제품 X와 Y의 개별 판매가격과 같다.

(3) ㈜대한은 계약변경을 하면서 변동대가 추정치를 ₩40,000에서 ₩48,000으로 수정하였다. ㈜대한은 변동대가 추정치 변경 분을 거래가격에 포함하였다.

물음 1)

㈜대한이 변동대가를 거래가격에 포함할 수 있다고 판단한 근거가 무엇인지 간략히 서술하시오.

물음 2)

20X0년 10월 30일 계약변경이 별도계약인지 여부를 판단하고, 그 근거가 무엇인지 간략히 서술하시오.

물음 3)

㈜대한은 제품 X, Y, Z를 약속시점에 고객에게 이전하였다. ㈜대한이 ① 20X0년과 ② 20X1년에 인식할 수익금액을 각각 계산하시오.

해설

물음 1)

변동대가와 관련된 불확실성이 나중에 해소될 때, 이미 인식한 누적 수익 금액 중 유의적인 부분을 되돌리지(환원하지) 않을 가능성이 매우 높은(highly probable) 정도까지만 추정된 변동대가(금액)의 일부나 전부를 거래가격에 포함한다.

물음 2)

구별되는 수행의무가 추가되었으나 거래가격이 개별판매가격을 반영하여 증가하지 않았다. 따라서 별도의 계약에 해당하지 않는다. 해당 거래는 기존계약이 종료되고 새로운 계약이 시작되는 것으로 회계처리한다.

물음 3)

제품X에 배분될 거래가격 = (200,000 + 48,000) × 1/2 = ₩124,000
제품Y에 배분될 거래가격 = (124,000 + 60,000) × 1/2 = ₩92,000
제품Z에 배분될 거래가격 = (124,000 + 60,000) × 1/2 = ₩92,000

① 20X0년 수익 = 124,000 + 92,000 = ₩216,000
② 20X1년 수익 = ₩92,000

문제 4
프랜차이즈 | (회계사 2019, 6점)

다음의 자료를 이용하여 물음에 답하시오.

<자료>

(1) ㈜민국은 20X0년 6월 1일에 고객과 계약을 체결하여 고객이 20X0년 10월 1일부터 5년 동안 ㈜민국의 상호를 사용하고 ㈜민국의 제품을 판매할 권리를 제공하는 프랜차이즈 라이선스를 부여하기로 계약하였다. 해당 프랜차이즈 라이선스는 라이선스 기간에 기업의 지적재산에 접근할 수 있는 권리를 고객에게 부여한다.

(2) ㈜민국은 프랜차이즈 라이선스를 부여하고 그 대가로 고정대가 ₩200,000과 고객의 매출액 중 5%를 판매기준 로열티(변동대가)로 받기로 하였다. ㈜민국은 변동대가를 ₩10,000으로 추정한다. 고정대가는 계약과 동시에 받았으며, 변동대가는 매년 말 받기로 되어있다. 20X0년 계약기간 중 고객은 ₩30,000을 매출로 인식하였다.

(3) ㈜민국은 프랜차이즈 상점을 운영하기 위해 필요한 기계설비를 제공하기로 고객과 약속하였다. 라이선스와 기계설비를 결합 품목으로 통합하는 유의적인 용역을 제공하는 것은 아니다. 원가 ₩70,000의 기계설비에 대한 고정대가는 기계설비 인도 시점으로부터 향후 3년에 걸쳐 ₩50,000씩 받기로 하였다. 기계설비는 20X0년 7월 1일에 인도되었으며 고객에게 통제가 이전되었다. ㈜민국이 고객과 별도 금융거래를 한다면 고객의 신용특성을 반영하여 적용할 이자율은 연 10%이다. 라이선스와 기계설비의 대가는 각 개별 판매가격을 반영한다. 이자율 연 10%, 3기간, 연금현가계수는 2.4869이다. 답안 작성 시 원 이하는 반올림한다.

물음 1)

㈜민국의 20X0년도 당기순이익에 미치는 영향을 계산하시오. (단, 당기순이익이 감소하는 경우에는 (-)를 숫자 앞에 표시하시오.)

물음 2)

프랜차이즈 라이선스가 라이선스를 부여한 시점에 존재하는 대로 지적재산을 사용할 권리를 고객에게 부여하는 것이라고 가정한다. 이 경우 ㈜민국의 20X0년도 당기순이익에 미치는 영향을 계산하시오. (단, 당기순이익이 감소하는 경우에는 (-)를 숫자 앞에 표시하시오.)

해설

물음 1)

기계판매수익	50,000 × 2.4869 =	₩124,345
기계매출원가		(70,000)
이자수익	124,345 × 10% × 6/12 =	6,217
라이선스수익(고정대가)	200,000 × 1/5 × 3/12 =	10,000
라이선스수익(변동대가)	30,000 × 5% =	1,500
20X0년 당기순이익		₩72,062

물음 2)

기계판매수익	50,000 × 2.4869 =	₩124,345
기계매출원가		(70,000)
이자수익	124,345 × 10% × 6/12 =	6,217
라이선스수익(고정대가)		200,000
라이선스수익(변동대가)	30,000 × 5% =	1,500
20X0년 당기순이익		₩262,062

문제 5
보증과 고객충성제도 | (회계사 2019, 8점)

다음의 자료를 이용하여 물음에 답하시오.

<자료>

(1) ㈜한국은 원가 ₩1,000,000의 안마기(제품)를 1대당 ₩2,000,000에 판매하며 1년간 무상으로 품질보증을 실시하기로 하였다. 이러한 보증은 제품이 합의된 규격에 부합한다는 확신을 고객에게 제공한다. 또한 ㈜한국은 고객들에게 2년간 총 8회 안마기 기능 업그레이드를 위한 방문서비스를 제공하기로 하였다. 방문서비스 당 개별 판매가격은 ₩45,000이고 안마기 판매가격에 포함되어 있다.

(2) ㈜한국은 안마기 판매가격 ₩1,000당 10포인트를 적립하는 고객충성제도를 운영한다. 고객은 포인트를 사용하여 ㈜한국 제품의 구매대금을 결제할 수 있다. 포인트의 개별 판매가격은 포인트 당 ₩10이고 포인트 중 70%가 사용될 것으로 예상한다. 즉, 교환될 가능성에 기초한 포인트 당 개별 판매가격은 ₩7으로 추정한다. 안마기의 개별 판매가격은 한 대당 ₩2,000,000이다. ㈜한국은 안마기를 20X0년 10대, 20X1년 15대 판매하였으며, ㈜한국의 교환예상 총 포인트와 교환된 누적 포인트는 다음과 같다.

구 분	20X0년	20X1년
교환된 누적포인트	70,000포인트	280,000포인트
교환예상 총포인트	140,000포인트	350,000포인트

(3) 20X0년과 20X1년 판매된 안마기에 대한 방문서비스는 다음과 같이 고객에게 제공되었다.

구 분	20X0년	20X1년	20X2년	20X3년	합계
20X0년 판매분	28회	30회	22회	-	80회
20X1년 판매분	-	42회	50회	28회	120회

(4) 판매된 안마기와 관련하여 20X0년과 20X1년의 예상 품질보증비용(매출액의 5%)과 실제 발생한 품질보증비용은 다음과 같다.

구 분		20X0년	20X1년
예상 품질보증비용		₩1,000,000	₩1,500,000
실제보증비용 발생액	20X0년 판매분	550,000	300,000
	20X1년 판매분	-	750,000

㈜한국의 20X0년도와 20X1년도 포괄손익계산서와 20X0년 말과 20X1년 말 재무상태표에 인식될 다음의 금액을 계산하시오.

구 분	제품매출	포인트매출	방문서비스 수익	품질보증충당부채
20X0년	①			
20X1년		②	③	④

해설

수행의무	개별판매가격	거래가격배분
1) 제품인도	2,000,000	2,000,000 × 2,000,000/2,500,000 = ₩1,600,000
2) 방문서비스(8회)	360,000	2,000,000 × 360,000/2,500,000 = ₩288,000
3) 포인트제공	140,000	2,000,000 × 140,000/2,500,000 = ₩112,000

<제품 매출>

① 20X0년 제품매출 = 10대 × @1,600,000 = ₩16,000,000

<포인트 매출>

20X0년 말까지 발생한 포인트관련 계약부채 = 10대 × @112,000 = ₩1,120,000

20X1년 말까지 발생한 포인트관련 계약부채 = 25대 × @112,000 = ₩2,800,000

20X0년 말 회수율 = 70,000/140,000 = 50%

20X1년 말 회수율 = 280,000/350,000 = 80%

	20X0년	20X1년
회수율	50%	80%
누적수익	₩560,000	₩2,240,000
당기수익	560,000	1,680,000

② 20X1년 포인트매출 = ₩1,680,000

<방문서비스 수익>

방문서비스 1회당 수익 = 288,000 ÷ 8 = ₩36,000

③ 20X1년 방문서비스수익 = 72회 × @36,000 = ₩2,592,000

<품질보증충당부채>

발생한 품질보증의무	₩1,500,000
(-) 이행한의무	(750,000)
④ 20X1년 말 충당부채	₩750,000

문제 6
건설계약 | (회계사 2019, 10점)

㈜대한은 20X1년 5월 1일에 ₩900,000의 약속된 대가로 고객에게 고객 소유의 토지에 상업용 건물을 건설해주고, 그 건물을 20개월 이내에 완성할 경우에는 ₩50,000의 보너스를 받는 계약을 체결하였다. 다음의 <자료>를 이용하여 물음에 답하시오.

<자료>

(1) 고객은 건설기간동안 건물을 통제하므로 약속된 재화와 용역의 묶음을 기간에 걸쳐 이행하는 단일 수행의무로 회계처리한다. 계약 개시시점에 ㈜대한은 다음과 같이 예상하였다.

거래가격	₩900,000
총계약원가 추정액	700,000

(2) 건물의 완공은 날씨와 규제 승인을 포함하여 ㈜대한의 영향력이 미치지 못하는 요인에 매우 민감하고, ㈜대한은 비슷한 유형의 계약에 대한 경험도 적다. ㈜대한은 발생원가에 기초한 투입측정법이 수행의무의 적절한 진행률이 된다고 판단하였다. 20X1년 말 ㈜대한은 변동대가를 다시 평가하고 변동대가 추정치에 여전히 제약이 있는 것으로 결론지었다.

(3) 20X2년도 1분기에 ㈜대한과 고객은 건물의 평면도를 바꾸는 계약변경에 합의하였다. 계약변경으로 고정대가는 ₩100,000, 총계약원가는 ₩400,000이 증액되었으며 보너스 획득 허용 기간은 최초 계약 개시시점부터 36개월로 16개월 연장되었다. 계약 변경일에 ㈜대한은 그 동안의 경험과 수행할 나머지 업무를 고려할 때 변동대가 추정치에 제약이 없는 것으로 판단하였다.

(4) ㈜대한이 각 회계연도에 지출한 누적계약원가와 총계약원가 추정액을 정리하면 다음과 같으며 이러한 금액에는 자본화 차입원가가 포함되어 있지 않다. 건물은 20X4년 4월 30일에 완공되었다.

구 분	20X1년	20X2년	20X3년
누적 계약원가	₩420,000	₩715,000	₩1,035,000
총계약원가 추정액	700,000	1,100,000	1,150,000

(5) 각 회계연도 계약원가에 포함될 차입원가는 다음과 같이 계산되었다.

구분	20X1년	20X2년	20X3년
자본화 차입원가	₩1,000	₩3,000	₩1,000

(6) 20X3년까지 ㈜대한의 건설 계약대금 청구액과 계약대금 회수액은 다음과 같다.

구분	20X1년	20X2년	20X3년
계약대금 청구액	₩400,000	₩300,000	₩200,000
계약대금 회수액	400,000	200,000	100,000

물음 1)

20X2년도 1분기 계약변경에 대해 ㈜대한이 수행해야 할 회계처리를 설명하고 그 근거를 간략히 서술하시오.

물음 2)

㈜대한의 20X2년과 20X3년의 계약손익 금액을 계산하시오. 단, 계약손실인 경우에는 (-)를 숫자 앞에 표시하시오.

	20X2년	20X3년
계약손익	①	②

물음 3)

㈜대한의 20X2년과 20X3년 말 계약자산(미청구공사) 또는 계약부채(초과청구공사)를 각각 구하시오. 단, ㈜대한은 손실부담계약에 해당되는 경우 예상손실을 미성공사에서 차감하는 방법을 사용한다.

해설

물음 1)

계약변경으로 인한 추가되는 수행의무가 기존의 수행의무와 구별되지 않으므로 기존계약의 일부인 것처럼 회계처리한다. 기업은 계약변경을 반영하여 진행률을 재계산하고 이를 바탕으로 누적효과 일괄조정의 방식으로 수익금액을 추가로 인식하거나 차감한다.

물음 2)

20X1년 말 진행률 = 420,000/700,000 = 60% (총예상수익 ₩900,000)

20X2년 말 진행률 = 715,000/1,100,000 = 65% (총예상수익 ₩1,050,000)

20X3년 말 진행률 = 1,035,000/1,150,000 = 90% (총예상수익 ₩1,050,000)

	20X1년	20X2년	20X3년
진행률	60%	65%	90%
누적수익	₩540,000	₩682,500	₩945,000
당기수익	540,000	142,500	262,500
당기비용	₩421,000	₩298,000	₩321,000
공사손익	₩119,000	(₩155,500)	(₩58,500)

20X2년 말 미래예상손실 = 50,000 × 35% = ₩17,500

20X3년 말 미래예상손실 = 100,000 × 10% = ₩10,000

① 20X2년 손익 = (155,500) + (17,500) = (-)₩173,000

② 20X3년 손익 = (58,500) + 7,500 = (-)₩51,000

물음 3)

<20X2년 말>

미성공사	719,000 + (36,500) + (17,500) =	₩665,000
(-) 진행청구		(700,000)
초과청구공사(계약부채)		₩35,000

<20X3년 말>

미성공사	1,040,000 + (95,000) + (10,000) =	₩935,000
(-) 진행청구		(900,000)
미청구공사(계약자산)		₩35,000

문제 7
라이선스 | (회계사 2020, 7점)

다음의 자료를 이용하여 물음에 답하시오.

<자료>

(1) ㈜대한은 20X1년 4월 1일에 만성질환을 치료하는 A약에 대한 특허권을 고객에게 20X1년 9월 1일부터 1년 동안 라이선스하고 약의 제조도 약속하는 계약을 체결한 후 ₩800,000을 받았다. 고객에게 제공하는 A약의 제조과정이 유일하거나 특수하지 않고 몇몇 다른 기업도 고객을 위해 약을 제조할 수 있다. 특허권을 라이선스하는 약속과 제조용역을 제공하기로 하는 약속은 계약상 구별된다. 유의적인 금융요소에 대해서는 고려하지 않는다.

(2) A약은 성숙기 제품으로 성숙기 제품의 경우에 기업의 사업관행은 약에 대한 어떠한 지원활동도 하지 않는다. A약은 유의적인 개별 기능성이 있으며, 고객은 기업의 계속적인 활동이 아닌 기능성에서 약품 효익의 상당부분을 얻는다.

(3) ㈜대한이 특허권 라이선스와 제조용역을 별도로 판매하는 경우, 특허권 라이선스와 제조용역의 개별 판매가격은 각각 ₩550,000과 ₩450,000이다. 한편, 특허권 라이선스와 제조용역 제공과 관련하여 총 ₩500,000의 원가가 발생할 것으로 예상하였으며, 실제 발생원가는 다음과 같다. 제조용역은 기간에 걸쳐서 이행하는 수행의무이며 투입된 원가에 기초하여 진행률을 측정한다.

구분	총 예상원가	실제 발생원가	
		20X1년	20X2년
특허권 라이선스	₩300,000	₩300,000	-
제조용역	200,000	60,000	₩140,000
합계	500,000	360,000	140,000

물음 1)

㈜대한이 20X1년과 20X2년 인식할 수익을 계산하시오.

20X1년 수익	①
20X2년 수익	②

물음 2)

고객에게 제공하는 A약의 제조과정이 매우 특수하기 때문에 A약을 제조할 수 있는 다른 기업이 없다고 가정하는 경우, ㈜대한이 20X1년과 20X2년 인식할 수익을 계산하시오. 단, ㈜대한이 고객에게 제공하는 재화와 용역은 고객에게 특정된 사실 및 상황에 관련되기 때문에 다른 고객에게 쉽게 이전할 수 없다.

20X1년 수익	①
20X2년 수익	②

해설

물음 1)

라이선스(사용권)에 배분될 거래가격 = 800,000 × 550,000/1,000,000 = ₩440,000
제조용역에 배분될 거래가격 = 800,000 × 450,000/1,000,000 = ₩360,000

제조용역 20X1년 말 진행률 = 60,000/200,000 = 30%
제조용역 20X2년 말 진행률 = 200,000/200,000 = 100%

<20X1년>

라이선스수익		₩440,000
제조용역수익	360,000 × 30% =	108,000
① 20X1년 수익		₩548,000

<20X2년>

제조용역수익	360,000 × 70% =	₩252,000
② 20X2년 수익		₩252,000

물음 2)

라이선스가 별도로 구별되지 않으므로 라이선스와 제조용역을 하나의 수행의무로 회계처리한다.

20X1년 말 진행률 = 360,000/500,000 = 72%
20X2년 말 진행률 = 500,000/500,000 = 100%

① 20X1년 수익 = 800,000 × 72% = ₩576,000
② 20X2년 수익 = 800,000 × 28% = ₩224,000

문제 8
할인권, 고객으로부터 수취한 대가, 변동대가 후속변동 | (회계사 2020, 6점)

다음의 자료를 이용하여 물음에 답하시오.

<자료>

㈜민국은 다음의 제품들을 생산하여 고객에게 판매한다. 20X1년 각 제품과 관련된 거래는 다음과 같다.

<제품 A>

- ㈜민국은 20X1년 12월 1일 제품A를 ₩500,000에 고객에게 판매하기로 계약을 체결하였다.
- 이 계약의 일부로 ㈜민국은 제품A에 대한 통제권 이전 후 30일 이내에 ₩500,000 한도의 구매에 대해 62.5%의 할인권을 고객에게 주었다.
- ㈜민국은 고객이 추가제품을 평균 ₩250,000에 구매하고 할인권의 행사가능성을 80%로 추정한다. 할인권은 고객에게 중요한 권리를 제공한다.
- 20X1년 12월 31일 제품A에 대한 통제권을 고객에게 이전하고 현금을 수령하였다.

<제품 B>

- ㈜민국은 20X1년 7월 1일 제품B를 ₩700,000에 판매하고 고객에게 청소용역을 3개월간 제공받는 계약을 체결하였다.
- ㈜민국은 청소용역에 대한 대가로 ₩300,000을 지급하기로 하였다. 청소용역의 공정가치는 ₩200,000이다.
- ㈜민국은 20X1년 8월 1일 제품B를 인도하고 현금 ₩700,000을 받았으며, 고객으로부터 20X1년 8월 1일부터 20X1년 10월 31일까지 청소용역을 제공받고 현금 ₩300,000을 지급하였다.

<제품 C와 제품 D>

- ㈜민국은 20X1년 6월 1일 제품C와 제품D를 이전하기로 약속하였다.
- 제품C는 계약 개시시점에 고객에게 이전하고, 제품D는 20X2년 2월 1일에 이전한다.
- 고객이 약속한 대가는 고정대가 ₩300,000과 ₩50,000으로 추정되는 변동대가를 포함하며, 대금은 제품D가 이전되는 시점에 받기로 하였다. 변동대가 추정액은 변동대가 추정치의 제약이 고려된 후의 금액이며, 변동대가는 제품C와 제품D에 모두 배분한다.
- ㈜민국은 20X1년 12월 31일 변동대가 추정치 및 추정치의 제약을 재검토한 결과 변동대가를 ₩60,000으로 추정하였다.

• 제품C와 제품D의 날짜별 개별 판매가격은 다음과 같다.

구분	20X1년 6월 1일	20X1년 12월 31일
제품C	₩300,000	₩280,000
제품D	100,000	120,000

㈜민국이 각 제품의 판매로 20X1년 인식해야 할 수익을 계산하시오.

제품 A	제품 B	제품 C	제품 D
①	②	③	④

해설

<제품 A>

할인권의 개별판매가격 = 250,000 × 80% × 62.5% = ₩125,000

제품 A에 배분될 거래가격 = 500,000 × 500,000/625,000 = ₩400,000

① 제품 A 20X1년 수익 = ₩400,000

<제품 B>

20X1. 8. 1	(차)	현금	700,000	(대)	매출	700,000
		매출원가	XXX		제품 B	XXX
	(차)	매출	100,000	(대)	환불부채	100,000
20X1.10.31	(차)	수수료비용	200,000	(대)	현금	300,000
		환불부채	100,000			

② 제품 B 20X1년 수익 = 700,000 − 100,000 = ₩600,000

<제품 C와 D>

<20X1년 6월 1일 거래가격 배분>

제품 C에 배분될 거래가격 = 350,000 × 300,000/400,000 = ₩262,500

제품 D에 배분될 거래가격 = 350,000 × 100,000/400,000 = ₩87,500

<20X1년 12월 31일 거래가격 배분>

제품 C에 배분될 거래가격 = 10,000 × 300,000/400,000 = ₩7,500

제품 D에 배분될 거래가격 = 10,000 × 100,000/400,000 = ₩2,500

③ 제품 C 20X1년 수익 = 262,500 + 7,500 = ₩270,000

④ 제품 D 20X1년 수익 = ₩0

문제 9
반품조건부판매, 재매입약정, 고객에게 지급한 대가 | (회계사 2021, 10점)

㈜대한은 다음의 제품들을 생산하여 고객에게 판매한다. ㈜대한은 재고자산에 대해 계속기록법을 적용하여 회계처리하고 있으며, 20X1년 각 제품과 관련된 고객과의 거래는 다음과 같다.

1. 제품 A
- ㈜대한은 20X1년 12월 31일에 제품 A를 1개월 이내에 반품을 허용하는 조건으로 ₩150,000(매출원가율 70%)에 판매하였다.
- ㈜대한은 과거 경험에 따라 이 중 5%가 반품될 것으로 예상하며, 이러한 변동대가의 추정치와 관련된 불확실성이 해소될 때(즉, 반품기한이 종료될 때) 이미 인식한 누적 수익금액 중 유의적인 부분을 되돌리지 않을 가능성이 높다고 판단하였다.
- 반품된 제품 A는 일부 수선만 하면 다시 판매하여 이익을 남길 수 있다. ㈜대한은 제품 A가 반품될 경우 회수 및 수선을 위해 총 ₩200이 지출될 것으로 예상하였다.
- 20X1년 12월 31일 매출 중 20X2년 1월 말까지 실제 반품된 제품 A의 판매가격 합계는 ₩8,000이며, 반품된 제품 A의 회수 및 수선을 위해 총 ₩250이 지출되었다.

2. 제품 B
- ㈜대한은 20X1년 11월 1일 ㈜독도에 제품 B를 ₩50,000(원가 ₩48,000)에 현금 판매하였다.
- 계약에 따르면 ㈜대한이 ㈜독도의 요구에 따라 20X2년 4월 30일에 제품 B를 ₩54,800에 다시 매입해야 하는 풋옵션이 포함되어 있다.
- 20X1년 11월 1일에 추정한 20X2년 4월 30일의 제품 B에 대한 예상시장가격은 ₩52,000이며, 이러한 추정에 변동은 없다.
- 20X2년 4월 30일 현재 제품 B의 실제 시장가격은 예상과 달리 ₩60,000으로 형성되어 있으며, 따라서 해당 풋옵션은 만기에 행사되지 않고 소멸되었다.

3. 제품 C
- ㈜대한은 통신장비인 제품 C의 판매와 통신서비스를 모두 제공하고 있다. ㈜대한은 통상적으로 제품 C를 한 대당 ₩300,000에 현금 판매하고, 통신서비스는 월 ₩2,500씩 24개월에 총 ₩60,000의 약정으로 제공하고 있다.
- ㈜대한은 신규 고객 유치를 위한 특별 행사로 20X1년 9월 1일부터 20X1년 12월 31일까지 제품 C와 통신서비스를 결합하여 이용하는 고객에게는 현금보조금 ₩43,200을 계약체결일에 지급하고 있다.
- 이 결합상품은 20X1년 10월 1일과 12월 1일에 각각 10명과 20명의 고객에게 1인당 1개씩 판매되었다.

물음 1)

㈜대한이 20X1년에 고객에게 판매한 제품 A와 제품 B에 관련된 회계처리가 ㈜대한의 20X1년도와 20X2년도 포괄손익계산서 상 당기순이익에 미치는 영향을 각각 계산하시오. 단, 당기순이익이 감소하는 경우에는 금액 앞에 (-)를 표시하시오.

제품	구분	금액
제품 A	20X1년 당기순이익에 미치는 영향	①
	20X2년 당기순이익에 미치는 영향	②
제품 B	20X1년 당기순이익에 미치는 영향	③
	20X2년 당기순이익에 미치는 영향	④

물음 2)

㈜대한이 20X1년에 특별행사로 판매한 제품 C와 통신서비스의 결합상품 판매로 인해 20X1년도와 20X2년도에 수익으로 인식할 금액을 각각 계산하시오.

20X1년 수익	①
20X2년 수익	②

해설

물음 1)

<제품 A>

20X1.12.31	(차)	현금	150,000	(대)	매출	142,500
					환불부채	7,500
	(차)	매출원가	99,750	(대)	제품	105,000
		반환재고회수권	5,250			
	(차)	반품비용	200	(대)	반환재고회수권	200
20X2. 1.31	(차)	환불부채	7,500	(대)	현금	8,000
		매출	500			
	(차)	제품	5,600	(대)	매출원가	350
		반품비용	50		반환재고회수권	5,050
					현금	250

① 20X1년 당기손익 영향 = 142,500 + (99,750) + (200) = ₩42,550

② 20X2년 당기손익 영향 = (500) + 350 + (50) = (-)₩200

<제품 B>

금융약정으로 회계처리한다. (예상시가 보다 재매입대가가 더 크므로 행사할 확률이 유의적이며, 판매가보다 재매입대가가 더 크다.)

20X1.11. 1	(차)	현금	50,000	(대)	차입금	50,000
20X1.12.31	(차)	이자비용	1,600	(대)	미지급이자	1,600
20X2. 4.30	(차)	이자비용	3,200	(대)	미지급이자	3,200
	(차)	차입금	50,000	(대)	매출	54,800
		미지급이자	4,800			
	(차)	매출원가	48,000	(대)	제품	48,000

③ 20X1년 당기손익 영향 = (-)₩1,600

④ 20X2년 당기손익 영향 = (3,200) + 54,800 + (48,000) = ₩3,600

물음 2)

결합상품 1개당 거래가격 = 360,000 - 43,200 = ₩316,800

통신장비에 배분되는 금액 = 316,800 × 300,000/360,000 = ₩264,000

통신서비스에 배분되는 금액 = 316,800 × 60,000/360,000 = ₩52,800

<20X1년>

통신장비판매	30개 × @264,000 =	₩7,920,000
통신서비스제공	10명 × 52,800 × 3/24 + 20명 × 52,800 × 1/24 =	110,000
① 20X1년 수익		₩8,030,000

<20X2년>

통신서비스제공	30명 × 52,800 × 12/24 =	₩792,000
② 20X2년 수익		₩792,000

문제 10
계약변경 | (회계사 2021, 6점)

다음의 자료를 이용하여 물음에 답하시오.

<자료>

1. ㈜민국은 20X1년 3월 1일 구별되는 제품 A와 제품 B를 고객에게 이전하기로 계약하였다. 제품 A는 계약 시점에, 제품 B는 20X1년 10월 1일에 각각 고객에게 이전하기로 하였다. 고객이 약속한 대가는 총 ₩15,000으로, 여기에는 고정대가 ₩12,000과 불확실성이 해소될 때 이미 인식한 누적 수익금액 중 유의적인 부분을 되돌리지 않을 가능성이 매우 높다고 판단한 변동대가 ₩3,000이 포함되어 있다.
2. ㈜민국은 20X1년 7월 1일에 아직 고객에게 인도하지 않은 제품 B에 추가하여 또 다른 제품 C를 20X1년 12월 1일에 이전하기로 계약의 범위를 변경하고, 계약가격 ₩4,000(고정대가)을 증액하였는데, 이 금액이 제품 C의 개별 판매가격을 나타내지는 않는다.
3. ㈜민국은 20X1년 8월 1일에 권리를 갖게 될 것으로 예상한 변동대가의 추정치와 추정치의 제약을 재검토하여 변동대가를 ₩3,000에서 ₩4,200으로 수정하였다. ㈜민국은 이러한 변동대가 추정치 변경분을 거래가격에 포함할 수 있다고 결론지었다.
4. ㈜민국은 20X1년 9월 1일에 이미 이전한 제품 A에 사소한 결함이 있다는 것을 알게 되어 고객과 합의하여 고정대가를 ₩1,000만큼 할인해 주기로 하였다.
5. 제품 A, 제품 B, 제품 C의 일자별 개별 판매가격은 다음과 같다.

구분	20X1년 3월 1일	20X1년 7월 1일	20X1년 8월 1일	20X1년 9월 1일
제품 A	₩8,000	₩8,000	₩9,000	₩8,500
제품 B	7,000	6,000	6,000	6,000
제품 C	5,000	6,000	5,000	5,500

㈜민국이 제품 A, B, C를 약속시점에 모두 고객에게 이전하였다고 할 때, 20X1년 ㈜민국이 각 제품과 관련하여 수익으로 인식할 금액을 계산하시오.

구분	제품 A	제품 B	제품 C
수익	①	②	③

해설

① 제품 A 수익 = (12,000 + 4,200) × 8,000/15,000 - 1,000 = ₩7,640

② 제품 B 수익 = (7,560*1 + 4,000) × 6,000/12,000 = ₩5,780

③ 제품 C수익 = (7,560 + 4,000) × 6,000/12,000 = ₩5,780

*1 : (12,000 + 4,200) × 7,000/15,000 = ₩7,560 (A와 B의 거래가격 중 B에 배분된 금액)

<참고>

• 3월 1일 거래가격 배분

제품 A = 15,000 × 8,000/15,000 = ₩8,000

제품 B = 15,000 × 7,000/15,000 = ₩7,000

• 7월 1일 거래가격 배분 (기존계약이 종료되고 새로운 계약 시작)

제품 B = (7,000 + 4,000) × 6,000/12,000 = ₩5,500

제품 C = (7,000 + 4,000) × 6,000/12,000 = ₩5,500

• 8월 1일 거래가격 배분 (A와 B에 3월 1일 개별판매가격 기준으로 배분하고, B에 배분된 금액을 다시 B와 C에 7월 1일 개별판매가격 기준으로 배분)

제품 A = 1,200 × 8,000/15,000 = ₩640

제품 B = 560 × 6,000/12,000 = ₩280

제품 C = 560 × 6,000/12,000 = ₩280

• 9월 1일 거래가격 배분 (A제품 결합 관련이므로 전액 A에서 차감)

제품 A = (₩1,000)

제품 A에 배분되는 거래가격 = 8,000 + 640 + (1,000) = ₩7,640

제품 B에 배분되는 거래가격 = 5,500 + 280 = ₩5,780

제품 C에 배분되는 거래가격 = 5,500 + 280 = ₩5,780

문제 11
갱신선택권 | (회계사 2024, 4점)

다음의 <자료>를 이용하여 답하시오.

<자료>

1. ㈜대한은 20X1년 1월 1일에 계약당 현금 ₩20,000을 받고 1년 동안 유지보수용역을 제공하기로 100명의 고객들과 1건씩 별도 계약을 체결하였다. 계약 조건에는 20X1년 말에 각 고객이 현금 ₩20,000을 추가 지급하면 20X2년의 유지보수용역 계약을 갱신할 수 있는 선택권이 규정되어 있다. 또한 20X2년에 갱신하는 각 고객은 현금 ₩20,000에 20X3년에 대한 갱신 선택권을 받는다. 각 고객이 지급하는 금액은 환불되지 않는다.

2. ㈜대한은 고객이 처음에 용역을 구매하지 않거나 용역계약이 소멸되도록 한 경우에는 연간 유지보수용역에 대해 20X2년과 20X3년에 각각 ₩80,000과 ₩120,000의 유의적으로 높은 가격을 부과한다. 따라서 갱신 선택권을 제공하는 ㈜대한의 약속은 고객에게 중요한 권리를 제공하는 수행의무이다.

3. ㈜대한은 갱신 선택권의 개별 판매가격을 직접 산정하는 대신에, 제공할 것으로 예상하는 모든 용역에 대하여 받을 것으로 예상하는 대가를 산정하여 거래가격을 배분한다. ㈜대한은 20X1년 말에 고객 80명(판매된 계약의 80%)이 갱신할 것으로 예상하고, 20X2년 말에 고객 64명(20X1년 말에 갱신한 고객 80명 중 80%)이 갱신할 것으로 예상하였다. 실제로 매 연도에 ㈜대한의 예상에는 변동이 없었으며, 예상한 대로 고객이 계약을 갱신하였다.

4. ㈜대한은 총 예상원가 대비 발생원가에 기초한 수익인식이 고객에게 이전하는 용역을 반영한다고 판단하였다. 3개 연도 각 계약의 추정 및 실제 원가는 다음과 같으며, 매 연도에 변동이 없다.

20X1년	20X2년	20X3년
₩10,000	₩15,000	₩20,000

5. 계산 시 원 미만과 %는 소수점 둘째자리에서 반올림한다(예: 32.58%는 32.6%로 계산). 또한 유의적인 금융요소에 대해서는 고려하지 않는다.

위 거래와 관련하여 ㈜대한이 20X2년도 포괄손익계산서에 수익으로 인식할 금액과 20X2년 말 재무상태표에 표시할 부채의 금액을 각각 계산하시오.

20X2년도 수익	①
20X2년 말 부채	②

해설

거래가격 = 2,000,000 + 1,600,000 + 1,280,000 = ₩4,880,000

	20X1년	20X2년	20X3년
현금수취	₩2,000,000	₩1,600,000	₩1,280,000
현금지출	1,000,000	1,200,000	1,280,000

20X1년 말 진행률 = 1,000,000/3,480,000 = 28.7%

20X2년 말 진행률 = 2,200,000/3,480,000 = 63.2%

	20X1년	20X2년	20X3년
진행률	28.7%	63.2%	100%
수익	₩1,400,560	₩1,683,600	₩1,795,840
비용	₩1,000,000	₩1,200,000	₩1,280,000
손익	₩400,560	₩483,600	₩515,840

① 20X2년 수익 = 4,880,000 × 34.5% = ₩1,683,600

② 20X2년 말 부채 = 4,880,000 − 1,400,560 − 1,683,600 = ₩1,795,840

<참고>

20X1. 1. 1	(차)	현금	2,000,000	(대)	계약부채	2,000,000
20X1.12.31	(차)	계약부채	1,400,560	(대)	수익	1,400,560
		비용	1,000,000		현금	1,000,000
	(차)	현금	1,600,000	(대)	계약부채	1,600,000
20X2.12.31	(차)	계약부채	1,683,600	(대)	수익	1,683,600
		비용	1,200,000		현금	1,200,000
	(차)	현금	1,280,000	(대)	계약부채	1,280,000

문제 12

할인권 | (회계사 2024, 4점)

다음의 <자료>를 이용하여 답하시오.

<자료>

1. ㈜대한은 20X1년 말에 제품 A를 ₩4,500,000에 판매하기로 고객과 계약을 체결하고 제품 A에 대한 통제를 고객에게 이전하였다. 이 계약의 일부로 ㈜대한은 앞으로 50일 이내에 ₩4,500,000 한도의 구매에 대해 45% 할인권을 고객에게 주었다.

2. ㈜대한은 판촉활동의 일환으로 앞으로 50일 동안 모든 판매에 5% 할인을 제공할 계획이다. 5% 할인은 45% 할인권에 추가하여 사용할 수 없다. 따라서 제품 A의 판매 계약에서 증분할인을 제공하는 ㈜대한의 약속은 고객에게 중요한 권리를 제공하는 수행의무이다.

3. 20X1년 말 ㈜대한은 20X2년 중에 고객의 50%가 할인권을 사용하고 추가 제품을 평균 ₩2,500,000에 구매할 것으로 보고 할인권의 개별 판매가격을 추정하였으며, 예상한 대로 변동 없이 할인권이 사용되었다.

㈜대한이 제품 A와 관련하여 20X1년도 포괄손익계산서 상 수익으로 인식할 금액을 계산하시오.

20X1년도 수익	①

해설

할인권의 개별판매가격 = 2,500,000 × 40% × 50% = ₩500,000

제품에 배분될 거래가격 = 4,500,000 × 4,500,000/5,000,000 = ₩4,050,000
할인권에 배분될 거래가격 = 4,500,000 × 500,000/5,000,000 = ₩450,000

20X1.12.31	(차)	현금	4,050,000	(대)	매출	4,050,000
		매출원가	XXX		제품	XXX
	(차)	현금	450,000	(대)	계약부채	450,000

① 20X1년 수익 = ₩4,050,000

문제 13
유의적 금융요소 | (회계사 2024, 4점)

다음의 <자료>를 이용하여 답하시오.

<자료>

1. ㈜대한은 20X1년 1월 1일에 제품 B를 판매하기로 고객과 계약을 체결하였다. 제품 B에 대한 통제는 20X2년 말 시점에 고객에게 이전되었으며, 이때 제품 B의 원가는 ₩800,000이다. 동 계약에 따르면 고객은 20X1년 1월 1일 계약에 서명할 때 현금 ₩1,000,000을 지급하거나, 2년 경과 후 제품 B를 통제할 때 현금 ₩1,210,000을 지급하는 두 가지 지급 방법 중에서 선택할 수 있다.

2. 고객은 계약에 서명할 때 현금 ₩1,000,000을 지급하기로 선택하였다. 두 가지 대체 지급 선택권을 경제적으로 동등하게 하기 위해 필요한 거래의 내재이자율은 연 10%이다.

3. 동 계약에는 유의적인 금융요소가 포함되어 있으며, 계약 개시시점에 ㈜대한과 고객이 별도 금융거래를 한다면 반영하게 될 할인율은 연 8%이다. 이에 따라, ㈜대한은 약속한 대가를 조정하기 위해 할인율 연 8%를 사용하였다.

제품 B와 관련하여 ㈜대한의 20X1년 말 재무상태표에 표시되는 부채의 금액과 20X2년도 포괄손익계산서의 당기순이익에 미치는 영향을 각각 계산하시오. 단, 당기순이익이 감소하는 경우 금액 앞에 (-)를 표시하시오.

20X1년 말 부채	①
20X2년도 당기순이익에 미치는 영향	②

해설

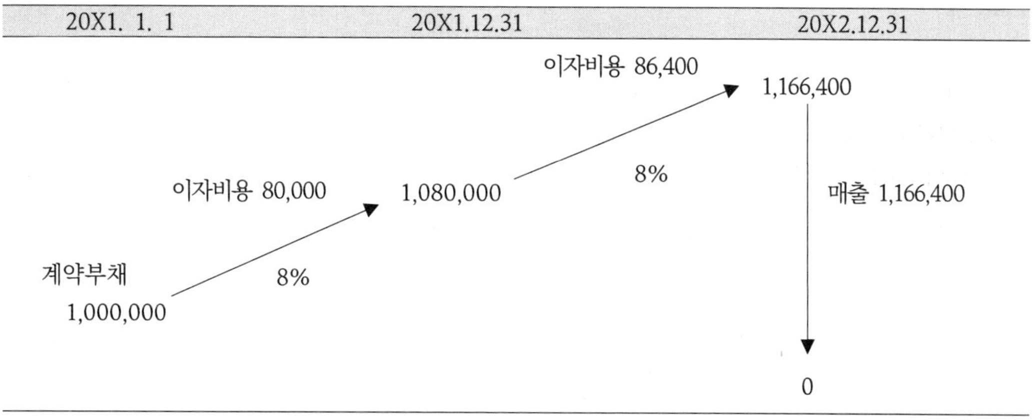

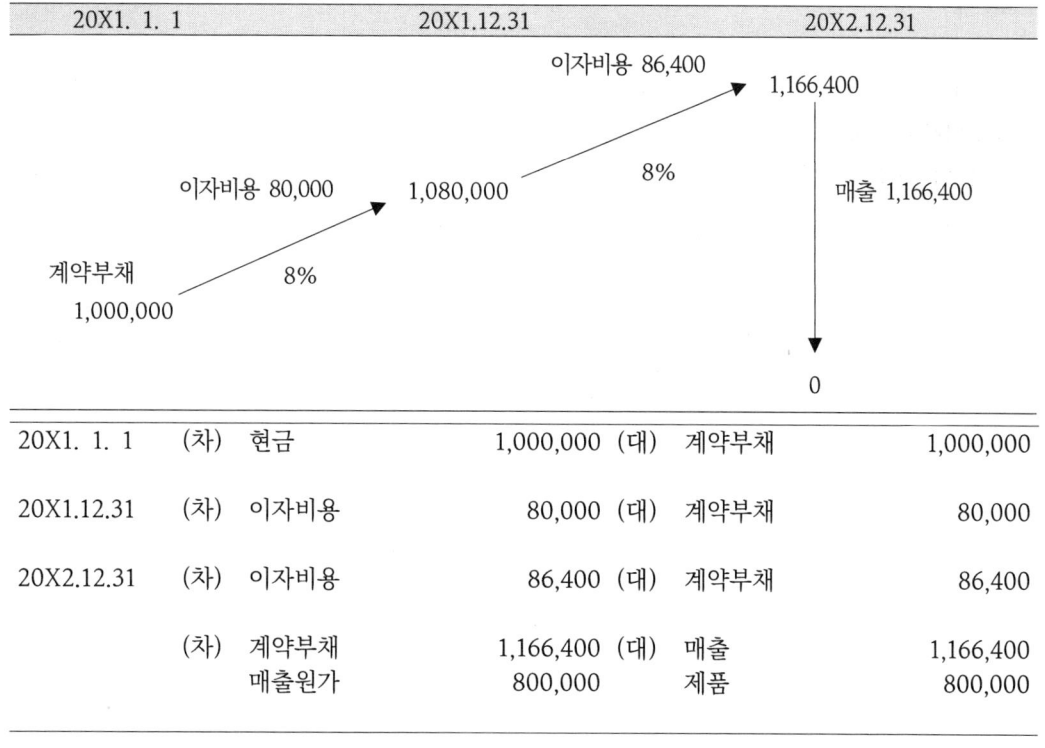

20X1. 1. 1	(차)	현금	1,000,000	(대)	계약부채	1,000,000
20X1.12.31	(차)	이자비용	80,000	(대)	계약부채	80,000
20X2.12.31	(차)	이자비용	86,400	(대)	계약부채	86,400
	(차)	계약부채 매출원가	1,166,400 800,000	(대)	매출 제품	1,166,400 800,000

① 20X1년 말 부채 = 1,000,000 × 1.08 = ₩1,080,000

② 20X2년 당기손익영향 = 1,166,400 + (800,000) + (86,400) = ₩280,000

문제 14
재매입약정 | (회계사 2024, 3점)

기업회계기준서 제1115호「고객과의 계약에서 생기는 수익」중 재매입약정은 자산을 판매하고, 같은 계약이나 다른 계약에서 그 자산을 다시 사기로 약속하거나 다시 살 수 있는 선택권을 갖는 계약이다. ㈜대한이 판매한 자산을 다시 살 수 있는 권리(콜옵션)를 포함한 계약을 고객과 체결한 경우, 다음 조건에 따라 ㈜대한의 회계처리 방법을 각각 서술하시오.

재매입가격이 원래 판매가격보다 높은 경우	①
재매입가격이 원래 판매가격보다 낮은 경우	②

해설

① 금융약정으로 회계처리한다.

② 리스로 회계처리한다.

문제 15
재매입약정 | (세무사 2024, 12점)

㈜세무는 20X1년 3월 1일에 개당 원가 ₩10,000의 제품 200개를 고객에게 개당 ₩15,000에 현금 판매하였다. 계약에 따르면, 고객은 20X1년 4월 30일에 해당 제품을 개당 ₩15,300의 행사가격으로 ㈜세무에게 판매할 수 있는 풋옵션을 보유한다. 고객은 20X1년 4월 30일 제품 20개에 대하여 풋옵션을 행사하였으며, 나머지 수량에 대한 풋옵션은 행사되지 않은 채 소멸하였다.

물음 1)

제품 판매 당시 풋옵션을 행사할 경제적 유인이 유의적인 것으로 판단한 경우, 동 거래에서 ㈜세무가 20X1년 인식할 당기 매출액과 당기 손익을 계산하시오. (단, 당기 손익이 손실에 해당하는 경우 금액 앞에 '(-)'를 표시하시오.)

20X1년 인식할 당기 매출액	①
20X1년 인식할 당기 손익	②

물음 2)

제품 판매 당시 풋옵션을 행사할 경제적 유인이 유의적이지 않은 것으로 판단한 경우, 동 거래에서 ㈜세무가 20X1년 인식할 당기 매출액과 당기 손익을 계산하시오. 고객의 풋옵션 행사로 인해 제품이 반품될 확률은 10%이며, 최초 판매가격과 풋옵션 행사 가격의 차액 (개당 ₩300)은 제품 회수에 소요되는 원가로 간주한다. 또한 회수된 제품의 가치하락은 없는 것으로 가정한다. (단, 당기 손익이 손실에 해당하는 경우 금액 앞에 '(-)'를 표시하시오.)

20X1년 인식할 당기 매출액	①
20X1년 인식할 당기 손익	②

해설

물음 1)

20X1. 3. 1	(차)	현금	3,000,000	(대)	차입금	3,000,000
20X1. 4.30	(차)	이자비용	60,000	(대)	미지급이자	60,000
	(차)	차입금[*1] 미지급이자[*2]	300,000 6,000	(대)	현금	306,000
	(차)	차입금[*3] 미지급이자[*4]	2,700,000 54,000	(대)	매출	2,754,000
	(차)	매출원가	1,800,000	(대)	제품[*5]	1,800,000

*1 : 20개 × @15,000 = ₩300,000

*2 : 20개 × @300 = ₩6,000

*3 : 180개 × @15,000 = ₩2,700,000

*4 : 180개 × @300 = ₩54,000

*5 : 180개 × @10,000 = ₩1,800,000

① 20X1년 인식할 당기 매출액 = ₩2,754,000

② 20X1년 인식할 당기 손익 = (60,000) + 2,754,000 + (1,800,000) = ₩894,000

물음 2)

20X1. 3. 1	(차)	현금	3,000,000	(대)	매출	2,700,000
					환불부채	300,000
	(차)	매출원가	1,800,000	(대)	제품	2,000,000
		반환재고회수권	200,000			
	(차)	반품비용*1	6,000	(대)	반환재고회수권	6,000
20X1. 4.30	(차)	환불부채	300,000	(대)	현금	300,000
	(차)	제품	200,000	(대)	반환재고회수권	194,000
					현금	6,000

*1 : 20개 × @300 = ₩6,000

① 20X1년 인식할 당기 매출액 = ₩2,700,000

② 20X1년 인식할 당기 손익 = 2,700,000 + (1,800,000) + (6,000) = ₩894,000

문제 16
보증 | (세무사 2024, 10점)

20X1년 영업을 시작한 ㈜세무는 당해 연도 12월 31일 로봇청소기 1,000대를 대당 ₩20,000에 판매하였다. ㈜세무의 보증정책 및 관련 자료는 다음과 같다.

- ㈜세무는 판매한 제품에 대하여 무상보증서비스를 기본 1년간 제공하고 있으며, 고객이 대당 ₩2,000을 추가 지불할 경우 무상보증서비스 제공기간은 2년 연장되어 총 3년이 된다. 여기서, 기본 1년간 제공하는 무상보증서비스는 '확신유형의 보증'에 해당하며, ⓐ 고객이 추가 지불하는 금액 대당 ₩2,000은 무상보증기간 연장 조건에 대한 개별 판매가격을 반영한다.
- 20X1년 12월 31일 판매한 로봇청소기 1,000대 가운데 400대에 대해서 무상보증기간 연장 조건이 추가로 판매되었다.
- ㈜세무는 기본 무상보증기간과 연장 무상보증기간(추가 2년)에 보증활동을 위해 각각 ₩500,000과 ₩700,000을 지출할 것으로 추정하였다. 추정 시점은 20X1년 12월 31일이며, 이후 추정의 변경은 없었다.
- ㈜세무가 매년 실제로 지출한 총 보증비용은 다음과 같다.

연도	20X2년	20X3년	20X4년
실제 지출 총 보증비용	₩520,000	₩245,000	₩480,000

물음 1)

동 거래에서 ㈜세무가 20X1년 말 인식하는 부채의 세부 계정과 금액을 기재하시오. (단, 항목이 2개 이상인 경우 모든 항목을 구분하시오.)

물음 2)

동 거래에서 ㈜세무가 20X2년과 20X3년에 인식하는 당기 손익을 계산하시오. ㈜세무는 보증용역에 대한 대가를 기간에 걸쳐 수익으로 인식하기 위하여 발생원가를 이용하여 수행의무의 이행정도를 측정한다. (단, 당기 손익이 손실에 해당하는 경우 금액 앞에 '(-)'를 표시하시오.)

20X2년 인식할 당기 손익	①
20X3년 인식할 당기 손익	②

물음 3)

위 자료의 조건 ⓐ와 관련하여 고객의 추가 지불 금액 대당 ₩2,000이 무상보증기간 연장 조건의 개별 판매가격을 반영하지 못했을 경우, 로봇청소기 판매 시점에 ㈜세무가 인식하는 재화판매 수익을 계산하시오. 무상보증기간 연장 조건의 개별 판매가격은 ₩5,000으로 가정한다.

해설

물음 1)

20X1.12.31	(차)	현금	20,000,000	(대)	매출	20,000,000
		매출원가	XXX		제품	XXX
	(차)	현금	800,000	(대)	계약부채	800,000
	(차)	품질보증비용	500,000	(대)	제품보증충당부채	500,000
20X2.12.31	(차)	제품보증충당부채	500,000	(대)	현금	520,000
		품질보증비용	20,000			
20X3.12.31	(차)	계약부채	280,000	(대)	용역매출	280,000
		용역원가	245,000		현금	245,000
20X4.12.31	(차)	계약부채	520,000	(대)	용역매출	520,000
		용역원가	480,000		현금	480,000

20X1년 말 진행률 = 245,000/700,000 = 35%

20X2년 말 진행률 = 100%

20X1년 용역매출 = 800,000 × 35% = ₩280,000

20X2년 용역매출 = 800,000 × 65% = ₩520,000

20X1년 말 계약부채 = ₩800,000

20X1년 말 제품보증충당부채 = ₩500,000

물음 2)

① 20X2년 당기손익 = (-)₩20,000

② 20X3년 당기손익 = 280,000 + (245,000) = ₩35,000

물음 3)

<추가보증과 판매된 400단위>

거래가격 = 400개 × @20,000 + 400개 × @2,000 = ₩8,800,000

제품의 개별판매가격 = 400개 × @20,000 = ₩8,000,000

보증용역의 개별판매가격 = 400개 × @5,000 = ₩2,000,000

제품에 배분될 거래가격 = 8,800,000 × 8,000,000/10,000,000 = ₩7,040,000

20X1.12.31	(차)	현금	12,000,000	(대)	매출	12,000,000
		매출원가	XXX		제품	XXX
	(차)	현금	7,040,000	(대)	매출	7,040,000
		매출원가	XXX		제품	XXX
	(차)	현금	1,760,000	(대)	계약부채	1,760,000
	(차)	품질보증비용	500,000	(대)	제품보증충당부채	500,000

재화판매수익 = 12,000,000 + 7,040,000 = ₩19,040,000

문제 17
라이선스 | (세무사 2024, 8점)

㈜세무는 20X1년 7월 1일 고객에게 두 가지 지적재산 라이선스(라이선스 X와 라이선스 Y)에 대해 고객과 계약을 체결하였고, 이는 한 시점에 각각 이행되는 두 가지 수행의무를 나타낸다고 판단한다. 거래조건과 대금수취에 관한 자료는 다음과 같다.

<라이선스 X>

- 개별판매가격 : ₩700,000
- 계약상 거래가격 : 고객이 라이선스 X를 이용하여 생산한 재화의 3개월 판매금액에 대하여 5%를 수취하며, 계약일 기준 ₩300,000으로 추정된다.
- 이전시점 : 20X1년 7월 1일
- 대금수취 : 20X1년 9월 30일에 고객의 3개월 판매실적에 근거하여 현금 ₩400,000을 수취하였다.

<라이선스 Y>

- 개별판매가격 : ₩300,000
- 계약상 거래가격 : 고정대가 ₩500,000으로 개별 판매가격을 반영하지 못한다.
- 이전시점 : 20X1년 9월 30일
- 대금수취 : 20X1년 8월 15일에 현금 ₩500,000을 수취하였다.

동 거래에서 ㈜세무가 20X1년 월별로 인식하는 매출액을 계산하시오.

7월 매출액	8월 매출액	9월 매출액
①	②	③

해설

<고정대가의 배분>

라이선스X = 500,000 × 700,000/1,000,000 = ₩350,000

라이선스Y = 500,000 × 300,000/1,000,000 = ₩150,000

<변동대가의 배분>

라이선스X = 400,000 × 700,000/1,000,000 = ₩280,000

라이선스Y = 400,000 × 300,000/1,000,000 = ₩120,000

날짜	라이선스 X				라이선스 Y			
20X1. 7. 1	매출채권	350,000	매출	350,000				
20X1. 8.15	현금	350,000	매출채권	350,000	현금	150,000	계약부채	150,000
20X1. 9.30	현금	280,000	매출	280,000	계약부채	150,000	매출	150,000
					현금	120,000	매출	120,000

① 7월 매출 = ₩350,000

② 8월 매출 = ₩0

③ 9월 매출 = ₩550,000

MEMO

CHAPTER

제10장 복합금융상품

번호	내용	배점	난이도
1	전환사채와 신주인수권부사채 (회계사 2015)	12점	Lv 1
2	전환사채와 신주인수권부사채 (회계사 2016)	15점	Lv 1
3	신주인수권부사채 (세무사 2018)	8점	Lv 1
4	전환사채 (회계사 2019)	8점	Lv 1
5	기중행사, 재매입, 조건변경 (회계사 2020)	18점	Lv 3
6	기중행사와 조건변경 (회계사 2022)	12점	Lv 2
7	전환사채 재매입 (세무사 2023)	10점	Lv 1

〈난이도 분류〉
세무사 동차생 : Lv 1까지 / 세무사 유예생 : Lv 2까지 / 회계사 동차생 : Lv 3까지 / 회계사 유예생 : Lv 4까지

문제 1
전환사채와 신주인수권부사채 | (회계사 2015, 12점)

복합금융상품과 관련된 아래의 자료는 모든 (물음)에 공통적으로 적용되며 제시되는 각각의 (물음)은 서로 독립적인 상황이다.

<공통자료>

㈜한국은 20X1년 1월 1일 만기 3년의 전환사채를 액면발행(액면금액 ₩1,000,000) 하였다. 전환사채는 20X2년 1월 1일부터 전환권을 행사할 수 있으며, 발행일 현재 전환권이 없는 일반사채의 시장이자율은 연8%이다. 전환사채의 액면이자율은 연4%이며 이자지급일은 매년 12월 31일이다. 전환사채의 보유자가 전환권을 행사하지 않을 경우 ㈜한국은 보유자에게 만기일에 연6%의 수익률을 보장한다. 전환사채의 상환기간 중 전환된 금액은 ₩800,000이다. 현재가치(현가)계수는 아래표에서 주어진 자료를 이용하며 계산금액은 소수점 첫째자리에서 반올림한다.

기간	단일금액 ₩1의 현가계수			정상연금 ₩1의 현가계수		
	4%	6%	8%	4%	6%	8%
3	0.8890	0.8396	0.7938	2.7751	2.6730	2.5771

물음 1)

① 만약 ㈜한국이 20X1년 1월 1일 전환사채를 액면발행하지 않고 ₩960,000에 할인발행 한다면, 발행일 현재 전환사채의 장부금액을 계산하시오. 아래 양식의 ①에 계산된 금액을 기입하시오.

구 분	할인발행시
전환사채 장부금액	①

물음 2)

① 만약 전환사채 보유자가 상환기간 동안 전환권을 중도에 행사하지 않는다면, ㈜한국이 상환기간에 걸쳐 인식할 총이자비용을 계산하시오. ② 만약 전환사채 보유자가 상환기간 동안 전환권을 행사하지 않아 만기일에 표시이자를 제외하고 실제로 상환한 금액이 ₩265,918이라고 한다면, ㈜한국이 발행한 전환사채의 상환기간 동안 전환청구된 비율(전환비율)이 몇%인지 계산하시오. 아래 양식의 ①, ②에 계산된 금액을 각각 기입하시오.

전환권 미행사시 총이자비용	전환비율
①	②

물음 3)

㈜한국이 20X1년 1월 1일 상환기간 3년의 비분리형 신주인수권부사채를 액면발행(액면금액 ₩1,000,000)하였다고 가정한다. 발행일 현재 일반사채의 시장이자율은 연8%이며 신주인수권부사채는 20X2년 1월 1일부터 신주인수권을 행사할 수 있다. 신주인수권부사채의 액면이자율은 연4%이며 이자지급일은 매년 12월 31일이다. 신주인수권은 액면금액의 100%를 행사할 수 있으며, 신주인수권을 행사하지 않을 경우 만기일에 ₩71,500에 해당하는 상환할증금을 사채액면금액에 가산하여 지급한다. 20X2년 12월 31일에 액면이자를 지급한 직후 액면금액의 40%에 해당하는 신주인수권이 행사되었다. 행사조건은 사채액면금액 ₩10,000당 액면금액 ₩5,000의 보통주 1주를 인수한다. 신주인수권의 권리행사로 ㈜한국이 발행한 주식의 발행금액을 계산하시오. 단, 신주인수권 행사시 신주인수권대가는 주식발행초과금으로 대체한다.

해설

물음 1)

보장R = 6%	20X1	20X2	20X3
보장수익	₩60,000	₩60,000	₩60,000
액면이자	40,000	40,000	40,000
보장수익미달액	₩20,000	₩20,000	₩20,000
	× 1.06^2	× 1.06	상환할증금 ₩63,672

R = 8%	20X1	20X2	20X3
원금			1,000,000
상환할증금			63,672
액면이자	40,000	40,000	40,000

발행가 ₩960,000

{ 전환사채 = 1,063,672 × 0.7938 + 40,000 × 2.5771 = ₩947,427
전환권대가 = ₩12,573

① 발행일 전환사채 장부금액 ₩947,427

물음 2)

<3년 이자비용 합계>

상환할 금액	₩1,183,672
최초사채인식금액	(947,427)
① 총이자비용	₩236,245

<전환청구된 비율>

전환되지 않은 비율 = 265,918/1,063,672 = 25%

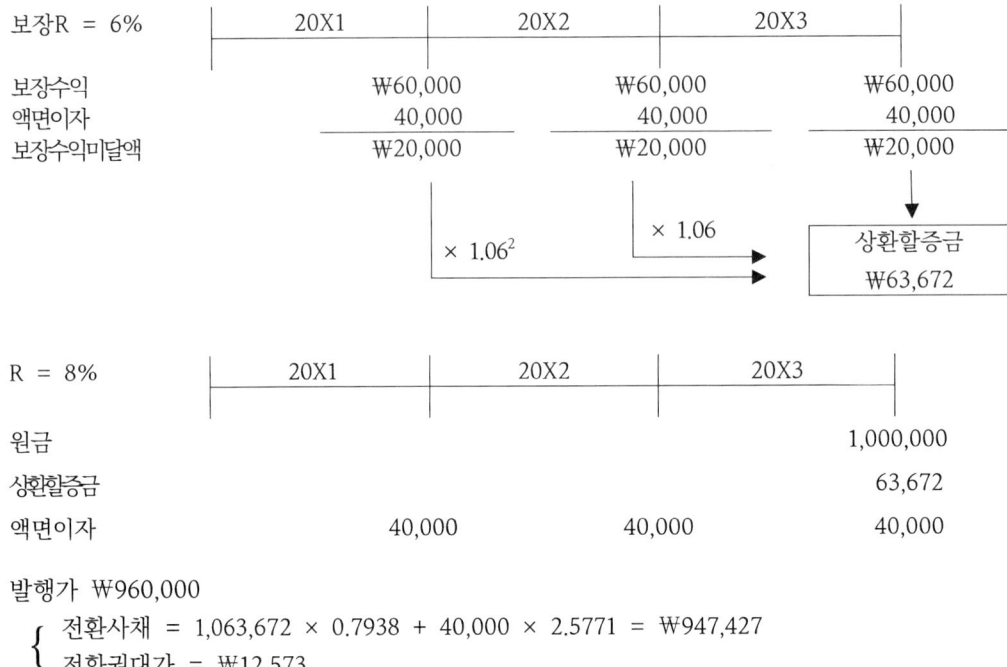

② 전환청구된 비율 = 75%

물음 3)

R = 8%	20X1	20X2	20X3
원금			1,000,000
상환할증금			71,500
액면이자	40,000	40,000	40,000

발행가 ₩1,000,000

{ 신주인수권부사채 = 1,071,500 × 0.7938 + 40,000 × 2.5771 = ₩953,641
  신주인수권대가 = ₩46,359

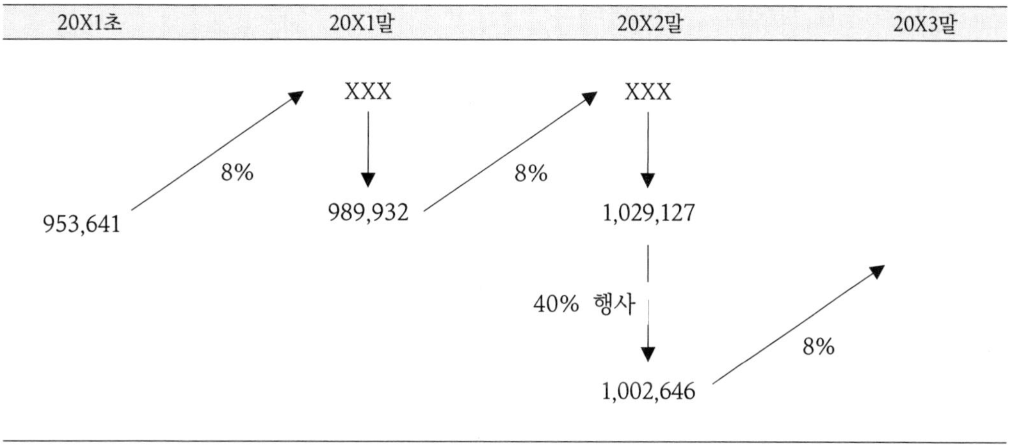

<순액회계처리>

20X2.12.31	(차)	현금	400,000	(대)	자본금	200,000
		사채	26,481		주식발행초과금	226,481
	(차)	신주인수권대가	18,544	(대)	주식발행초과금	18,544

<총액회계처리>

20X2.12.31	(차)	현금	400,000	(대)	자본금	200,000
		사채상환할증금	28,600		주식발행초과금	226,481
					신주인수권조정	2,119
	(차)	신주인수권대가	18,544	(대)	주식발행초과금	18,544

주식의 발행금액 = 200,000 + 226,481 + 18,544 = ₩445,025

문제 2
전환사채와 신주인수권부사채 | (회계사 2016, 15점)

다음의 <공통 자료>는 ㈜대한이 20X1년 1월 1일 발행한 복합금융상품에 대한 내용이다. 이를 이용하여 다음의 독립된 세 가지 물음에 답하시오. 답안 작성시 금액은 소수점 아래 첫째 자리에서 반올림한다.

<공통 자료>

(1) 액면금액은 ₩1,000,000이며, 만기일은 20X3년 12월 31일이다.

(2) 표시이자율은 연 5%이며, 이자는 매년 말 후급이다.

(3) ㈜대한은 납입자본에 자본금과 주식발행초과금을 표시한다.

(4) ㈜대한은 전환권(혹은 신주인수권)이 행사될 때 전환권대가(혹은 신주인수권대가)를 주식의 발행금액으로 대체한다.

(5) 발행당시 회사의 일반사채에 적용되는 시장이자율은 연 9%이며, 동 이자율에 대한 현가계수는 다음과 같다.

기간	1	2	3
단일금액 ₩1의 현가계수	0.9174	0.8417	0.7722
정상연금 ₩1의 현가계수	0.9174	1.7591	2.5313

물음 1)

상기 복합금융상품이 전환사채이며 액면발행되었다고 가정하자. ㈜대한은 전환사채의 만기일에 액면금액의 일정비율을 상환할증금으로 지급한다. 20X2년 1월 1일 40%의 전환권이 행사되어 주식이 발행되었으며, 20X2년 12월 31일에 인식한 이자비용은 ₩52,474이다. ① 전환사채 발행시점에서의 전환권대가와 ② 20X1년 12월 31일 전환사채의 장부금액을 계산하시오.

20X1년 초 전환권대가	①
20X1년 말 전환사채 장부금액	②

물음 2)

상기 복합금융상품이 전환사채이며 발행금액은 ₩980,000이라 가정하자. 전환으로 발행되는 주식 1주에 요구되는 사채액면금액은 ₩20,000이며, 주식의 액면금액은 주당 ₩10,000이다. 20X2년 1월 1일 60%의 전환권이 행사되어 주식이 발행되었다고 할 때 ① 전환권 행사로 증가하는 주식발행초과금과 ② 전환권이 행사된 직후 전환사채의 장부금액을 계산하시오.

주식발행초과금 증가분	①
전환권 행사 직후 전환사채의 장부금액	②

물음 3)

상기 복합금융상품이 비분리형 신주인수권부사채이며 발행금액은 ₩980,000이라 가정하자. 행사비율은 사채권면액의 100%이며, 행사가격은 보통주 1주당 ₩20,000이다. 주식의 액면금액은 주당 ₩10,000이다. 20X2년 1월 1일 60%의 신주인수권이 행사되어 주식이 발행되었다고 할 때 ① 신주인수권 행사로 증가하는 주식발행초과금과 ② 신주인수권이 행사된 직후 신주인수권부사채의 장부금액을 계산하시오.

주식발행초과금 증가분	①
신주인수권 행사 직후 신주인수권부사채의 장부금액	②

해설

물음 1)

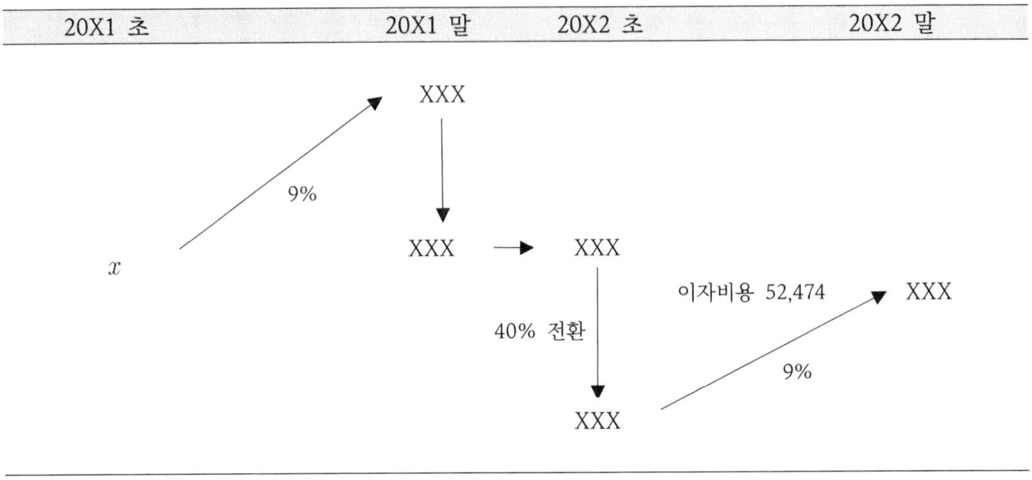

$(x \times 1.09 - 50{,}000) \times 60\% \times 9\% = 52{,}474$

$x = 937{,}377$

20X1년 초 전환사채 = ₩937,377

① 20X1년 초 전환권대가 = 1,000,000 - 937,377 = ₩62,623

② 20X1년 말 전환사채 = 937,377 × 1.09 - 50,000 = ₩971,741

물음 2)

R = 9%	20X1	20X2	20X3
원금			1,000,000
액면이자	50,000	50,000	50,000

발행가 ₩980,000

- 전환사채 = 1,000,000 × 0.7722 + 50,000 × 2.5313 = ₩898,765
- 전환권대가 = ₩81,235

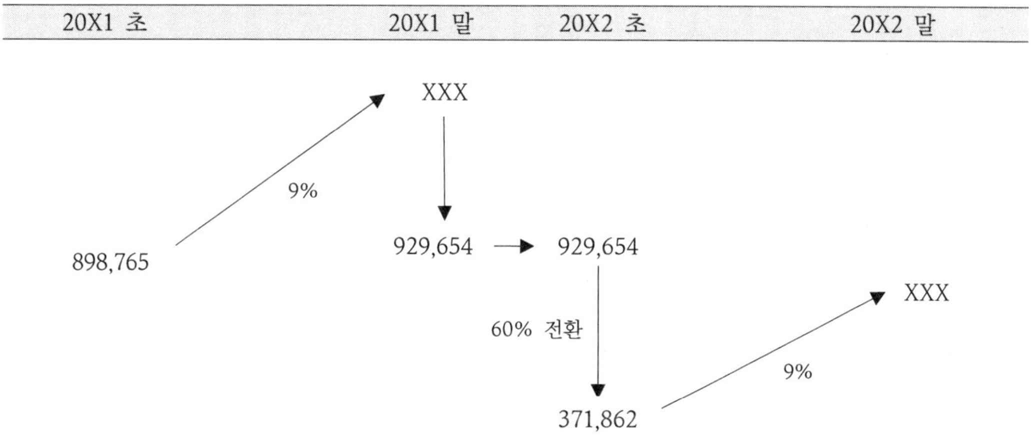

<순액회계처리>

20X2. 1. 1	(차)	사채	557,792	(대)	자본금	300,000
					주식발행초과금	257,792
	(차)	전환권대가	48,741	(대)	주식발행초과금	48,741

<총액회계처리>

20X2. 1. 1	(차)	사채	600,000	(대)	자본금	300,000
					주식발행초과금	257,792
					전환권조정	42,208
	(차)	전환권대가	48,741	(대)	주식발행초과금	48,741

① 전환사채 전환시 주식발행초과금 증가분 = 257,792 + 48,741 = ₩306,533

② 전환권 행사 직후 전환사채 = ₩371,862

물음 3)

R = 9%	20X1	20X2	20X3
원금			1,000,000
액면이자	50,000	50,000	50,000

발행가 ₩980,000

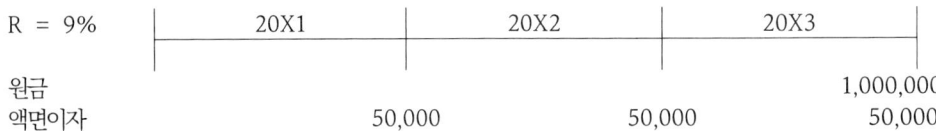

- 신주인수권부사채 = 1,000,000 × 0.7722 + 50,000 × 2.5313 = ₩898,765
- 신주인수권대가 = ₩81,235

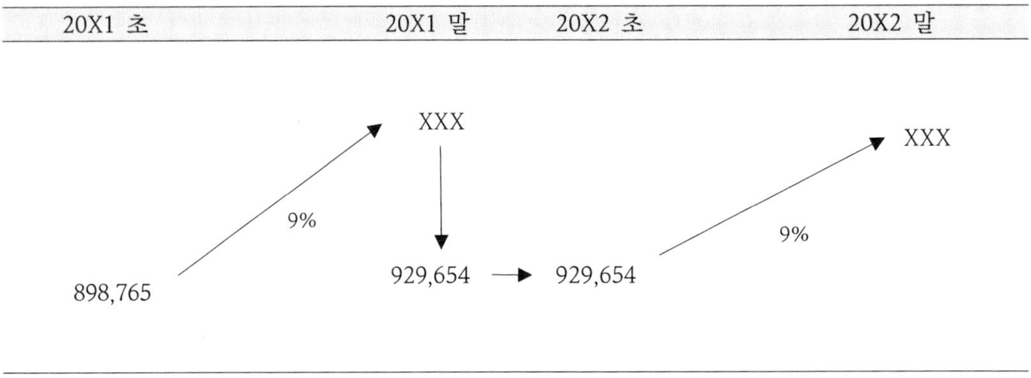

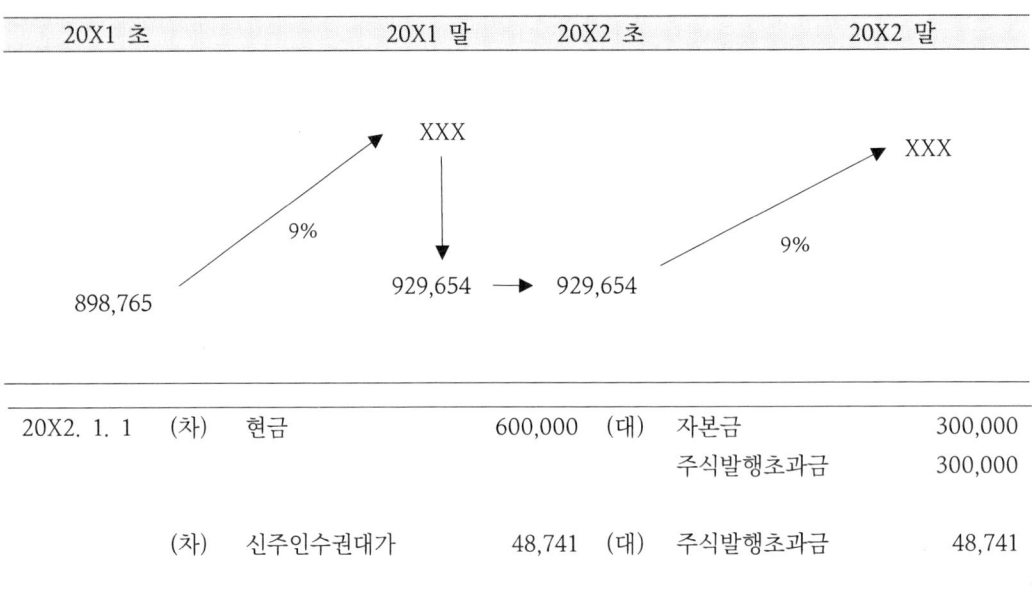

20X2. 1. 1	(차)	현금	600,000	(대)	자본금	300,000
					주식발행초과금	300,000
	(차)	신주인수권대가	48,741	(대)	주식발행초과금	48,741

① 신주인수권행사시 주식발행초과금 증가분 = 300,000 + 48,741 = ₩348,741

② 신주인수권행사 직후 신주인수권부사채 = ₩929,654

문제 3
신주인수권부사채 | (세무사 2018, 8점)

㈜세무는 20X1년 1월 1일 다음 조건의 신주인수권부사채를 액면금액 (₩1,000,000)으로 발행하였다. 신주인수권부사채의 만기는 3년(만기일 : 20X3년 12월 31일)이고 표시이자율은 연 5%이며, 이자는 매 연도 말 지급한다.

- 행사비율 : 사채권면액의 100%
- 행사금액 : 사채액면금액 ₩1,000당 현금 ₩10,000을 납입하고 보통주 1주(액면가액 ₩5,000)를 인수할 수 있음
- 행사기간 : 발행일 이후 1개월이 경과한 날로부터 상환기일 30일 전까지 행사가능
- 원금상환방법 : 만기에 액면금액의 100%를 상환함. 신주인수권이 행사되지 않더라도 상환할증금은 지급하지 않음

(단, 신주인수권부사채 발행시점 (20X1년 1월 1일)에 신주인수권은 없으나 다른 조건은 모두 동일한 일반사채의 시장이자율은 연 10%이다. 현재가치 계산 시 아래의 현가계수를 이용하며, 금액은 소수점 첫째자리에서 반올림하여 계산한다. (예 : ₩5,555,55… → ₩5,556))

연간이자율 및 기간	단일금액 ₩1의 현가계수	정상연금 ₩1의 현가계수
5%, 3기간	0.86384	2.72325
10%, 3기간	0.75131	2.48685

물음 1)

20X1년 1월 1일 신주인수권부사채를 발행한 시점에 동 신주인수권부사채와 관련하여 ㈜세무의 자산과 부채 및 자본이 얼마큼 변동했는지 금액을 각각 계산하시오. (단, 각 항목이 감소했으면 금액 앞에 (-) 표시를 하고 변동이 없으면 0으로 표시하시오.)

구분	20X1년 1월 1일 변동한 금액
자산	①
부채	②
자본	③

물음 2)

㈜세무가 신주인수권부사채와 관련하여 20X1년 포괄손익계산서에 인식할 이자비용을 계산하시오.

물음 3)

㈜세무가 20X1년 1월 1일 발행한 신주인수권부사채의 액면금액 중 ₩500,000에 해당하는 신주인수권이 20X2년 1월 1일에 행사되었다. 20X2년 1월 1일 신주인수권이 행사된 시점에 동 신주인수권 행사와 관련하여 ㈜세무의 자산과 부채 및 자본이 얼마큼 변동했는지 금액을 각각 계산하시오. (단, 각 항목이 감소했으면 금액 앞에 (-) 표시를 하고 변동이 없으면 0으로 표시하시오.)

구분	20X2년 1월 1일 변동한 금액
자산	①
부채	②
자본	③

물음 4)

㈜세무가 신주인수권부사채와 관련하여 20X2년 포괄손익계산서에 인식할 이자비용을 계산하시오.

해설

물음 1)

R = 10%	20X1	20X2	20X3
액면금액			1,000,000
사채상환할증금			-
액면이자	50,000	50,000	50,000

발행가 ₩1,000,000

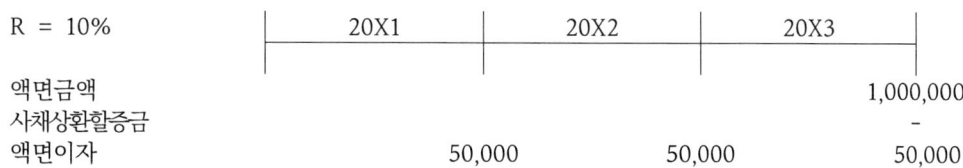

- 신주인수권부사채 = 1,000,000 × 0.75131 + 50,000 × 2.48685 = ₩875,653
- 신주인수권대가 = ₩124,347

20X1. 1. 1	(차)	현금	875,653	(대)	신주인수권부사채	875,653
	(차)	현금	124,347	(대)	신주인수권대가	124,347

① 자산 = ₩1,000,000

② 부채 = ₩875,653

③ 자본 = ₩124,347

물음 2)

20X1년 이자비용 = 875,653 × 10% = ₩87,565

물음 3)

20X2. 1. 1	(차)	현금	5,000,000	(대)	자본금	2,500,000
					주식발행초과금	2,500,000
	(차)	신주인수권대가	62,174	(대)	주식발행초과금	62,174

① 자산 = ₩5,000,000

② 부채 = ₩0

③ 자본 = ₩5,000,000

<참고>

신주인수권 행사시 신주인수권대가는 주식발행금액으로 대체한다고 가정하고 회계처리를 제시하였다. 대체 여부에 상관없이 자산/부채/자본 총액에 미치는 영향은 동일하다.

물음 4)

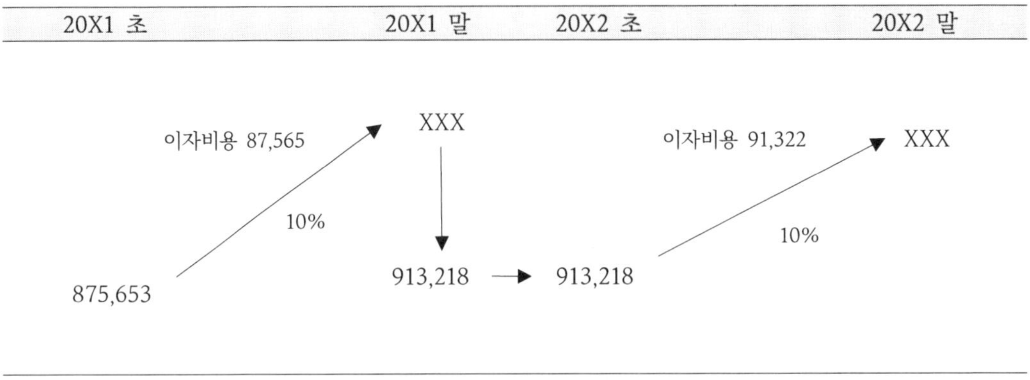

20X2년 이자비용 = (875,653 × 1.1 - 50,000) × 10% = ₩91,322

문제 4
전환사채 | (회계사 2019, 8점)

㈜대한은 발행일이 20X1년 1월 1일인 전환사채를 다음과 같은 조건으로 발행하였다. 다음의 <자료>를 이용하여 각 물음에 답하며, 각 물음은 독립적이다.

<자료>

(1) 전환사채의 발행조건은 다음과 같다.

- 액면금액 : ₩3,000,000
- 표시이자율 : 연 4%
- 이자지급일 : 매년 12월 31일
- 만기일 : 20X3년 12월 31일
- 전환사채의 시장이자율 : 연 7%
- 발행일 현재 동일한 조건의 전환권이 없는 일반사채의 시장이자율 : 연 8%
- 보장수익률 : 연 5%
- 전환가격 : 전환사채 ₩6,000당 보통주 1주 (1주당 액면금액: ₩5,000)
- 전환청구기간 : 사채발행일 2주 이후부터 만기일 1일 전까지

(2) 현재가치 계산 시 아래의 현가계수를 이용하고, 답안 작성 시 원 이하는 반올림한다.

기간	단일금액 ₩1의 현가계수			정상연금 ₩1의 현가계수		
	5%	7%	8%	5%	7%	8%
1	0.9524	0.9346	0.9259	0.9524	0.9346	0.9259
2	0.9070	0.8734	0.8574	1.8594	1.8080	1.7833
3	0.8638	0.8163	0.7938	2.7232	2.6243	2.5771

물음 1)

㈜대한의 전환사채에 대한 전환권가치를 계산하시오.

물음 2)

㈜대한의 전환사채에 대한 회계처리가 ① 20X1년의 당기순이익에 미치는 영향을 계산하시오. ② 20X2년 1월 1일에 전환사채의 40%가 보통주로 전환되었다고 가정할 경우 전환 직후 전환사채의 장부금액을 계산하시오. (단, 당기순이익이 감소하는 경우에는 (-)를 숫자 앞에 표시하시오.)

20X1년의 당기순이익에 미치는 영향	①
전환 직후 전환사채의 장부금액	②

해설

물음 1)

<상환할증금 계산>

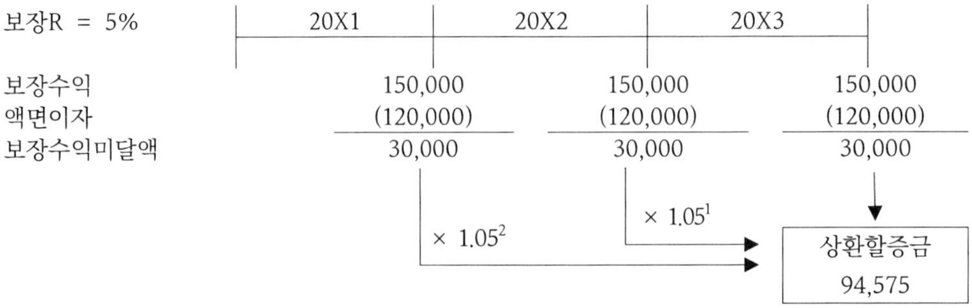

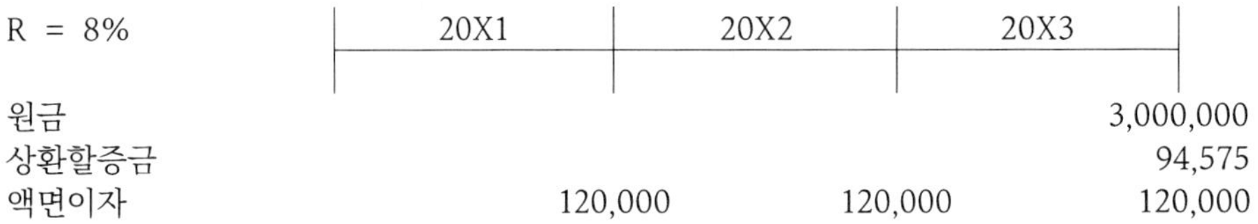

발행가 ₩2,841,018

- 전환사채 = 3,094,575 × 0.7938 + 120,000 × 2.5771 = ₩2,765,726
- 전환권대가 = ₩75,292

<참고>

전환사채 발행가액 = 3,094,575 × 0.8163 + 120,000 × 2.6243 = ₩2,841,018

물음 2)

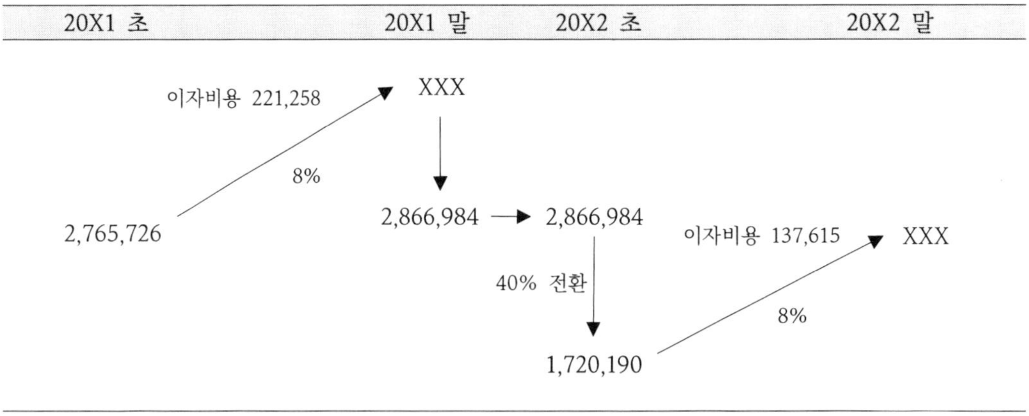

① 20X1년 당기순이익에 미치는 영향 = 2,765,726 × 8% = (-)₩221,258

② 전환 직후 전환사채 장부금액 = (2,765,726 × 1.08 − 120,000) × 60% = ₩1,720,190

문제 5
기중행사, 재매입, 조건변경 | (회계사 2020, 18점)

※ 다음의 각 물음은 독립적이다.

㈜대한은 20X1년 1월 1일 복합금융상품을 발행하였다. 이와 관련된 다음의 <공통 자료>를 이용하여 각 물음에 답하시오.

<공통 자료>

1. 발행조건은 다음과 같다.

- 액면금액: ₩1,000,000
- 만기상환일: 20X4년 12월 31일
- 표시이자율: 연 2%
- 이자지급일: 매년 12월 31일(연 1회)
- 보장수익률: 연 4%
- 사채발행일 현재 동일 조건의 신주인수권(전환권)이 없는 일반사채 시장수익률: 연 5%
- 행사(전환)가격: 사채액면 ₩10,000당 1주의 보통주
- 보통주 액면금액: 1주당 ₩5,000

2. ㈜대한은 주식발행가액 중 주식의 액면금액은 '자본금'으로, 액면금액을 초과하는 부분은 '주식발행초과금'으로 표시한다.

3. ㈜대한은 신주인수권(전환권)이 행사될 때 신주인수권대가(전환권대가)를 주식의 발행가액으로 대체한다.

4. 현재가치 계산 시 아래의 현가계수를 이용하고, 답안 작성 시 원 이하는 반올림한다.

기간	단일금액 ₩1의 현가계수					
	1%	2%	3%	4%	5%	6%
1	0.9901	0.9804	0.9709	0.9615	0.9524	0.9434
2	0.9803	0.9612	0.9426	0.9246	0.9070	0.8900
3	0.9706	0.9423	0.9151	0.8890	0.8638	0.8396
4	0.9610	0.9238	0.8885	0.8548	0.8227	0.7921

기간	정상연금 ₩1의 현가계수					
	1%	2%	3%	4%	5%	6%
1	0.9901	0.9804	0.9709	0.9615	0.9524	0.9434
2	1.9704	1.9416	1.9135	1.8861	1.8594	1.8334
3	2.9410	2.8839	2.8286	2.7751	2.7232	2.6730
4	3.9020	3.8077	3.7171	3.6299	3.5459	3.4651

물음 1)

상기 복합금융상품이 비분리형 신주인수권부사채이며 액면발행되었다고 가정할 때<요구사항>에 답하시오.

<요구사항 1>

㈜대한의 20X1년도 포괄손익계산서에 인식될 이자비용을 계산하시오.

20X1년 이자비용	①

<요구사항 2>

20X2년 7월 1일 50%의 신주인수권이 행사되어 보통주가 발행되었고, 행사비율은 사채액면금액의 100%이다. 다음 양식에 제시된 항목을 계산하시오.

신주인수권 행사시 주식발행초과금 증가분	①
신주인수권 행사 직후 신주인수권부사채의 장부금액	②
20X2년 이자비용	③

물음 2)

상기 복합금융상품이 전환사채이며 액면발행되었다고 가정하자. 20X2년 7월 1일 50%의 전환권이 행사되어 보통주가 발행되었을 때, 다음 양식에 제시된 항목을 계산하시오. 단, 기중전환 시 전환간주일은 고려하지 않으며, 전환된 부분의 전환일까지의 표시이자를 지급하는 것으로 가정한다.

전환권 행사시 주식발행초과금 증가분	①
전환권 행사 직후 전환사채의 장부금액	②
20X2년 이자비용	③

물음 3)

상기 복합금융상품이 전환사채이며 액면발행되었다고 가정하자. ㈜대한이 20X2년 1월 1일에 전환사채 전부를 동 일자의 공정가치인 ₩1,000,000에 조기상환하였고, 조기상환일 현재 일반사채의 시장수익률은 연 6%이다. 20X2년 당기순이익에 반영될 사채상환손익을 계산하시오. 단, 손실일 경우에는 (-)를 숫자 앞에 표시하시오.

사채상환손익	①

물음 4)

상기 복합금융상품이 전환사채이며 액면발행되었다고 가정하자. ㈜대한은 20X2년 1월 1일에 전환사채의 조기전환을 유도하기 위하여 전환으로 발행되는 보통주 1주에 요구되는 사채액면금액을 ₩8,000으로 변경하였다. 전환조건 변경일 현재 ㈜대한의 보통주 1주당 공정가치가 ₩4,000일 때, 해당 조건변경이 20X2년 당기순이익에 미치는 영향을 계산하시오. 단, 당기순이익이 감소하는 경우에는 (-)를 숫자 앞에 표시하시오.

당기순이익에 미치는 영향	①

해설

물음 1)

<요구사항 1>

보장R = 4%	20X1	20X2	20X3	20X4
보장수익	₩40,000	₩40,000	₩40,000	₩40,000
액면이자	20,000	20,000	20,000	20,000
보장수익미달액	₩20,000	₩20,000	₩20,000	₩20,000

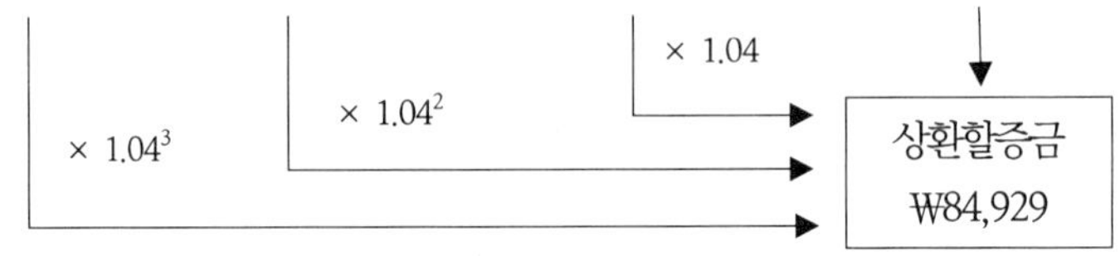

R = 5%	20X1	20X2	20X3	20X4
원금				1,000,000
상환할증금				84,929
액면이자	20,000	20,000	20,000	20,000

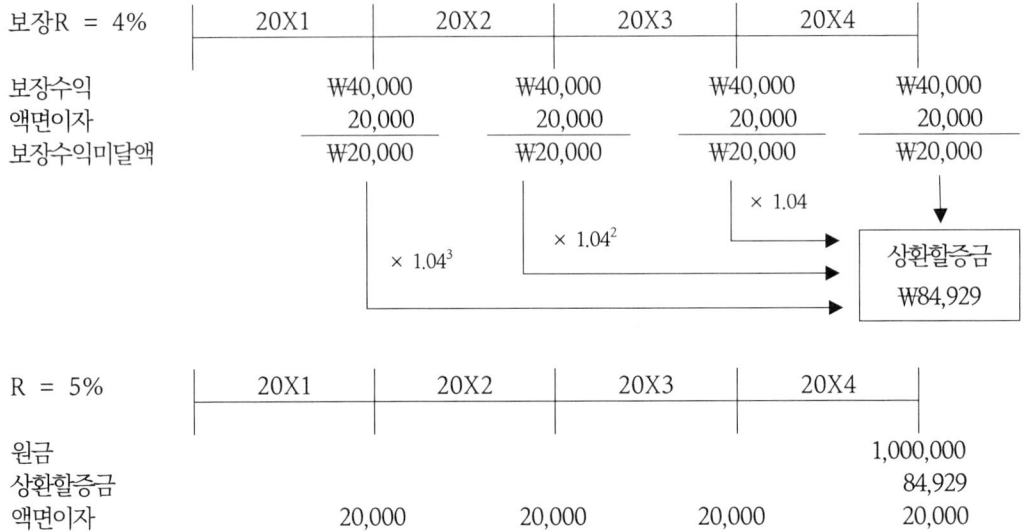

발행가 ₩1,000,000
- 신주인수권부사채 = 1,084,929 × 0.8227 + 20,000 × 3.5459 = ₩963,489
- 신주인수권대가 = ₩36,511

① 20X1년 이자비용 = 963,489 × 5% = ₩48,174

<요구사항 2>

20X2년 초 사채 장부금액 = 963,489 × 1.05 - 20,000 = ₩991,663

제거될 사채의 20X2년 초 장부금액 = 84,929 × 50% ÷ 1.05^3 = ₩36,682

나머지 부분의 20X2년 초 장부금액 = 991,663 - 36,682 = ₩954,981

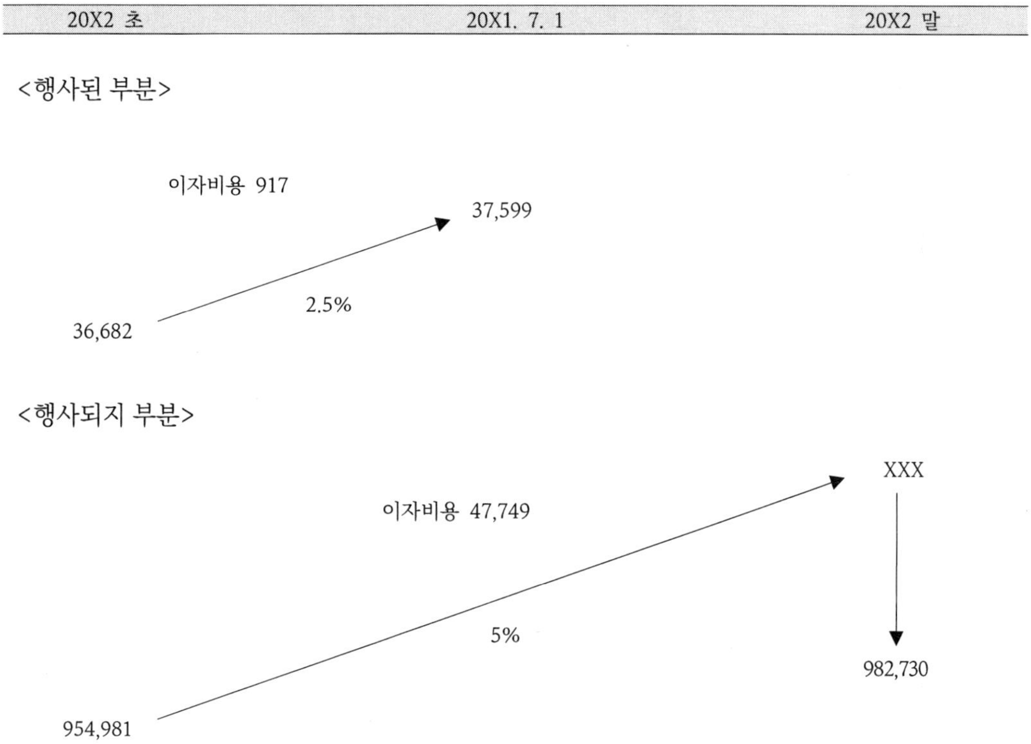

20X2. 7. 1	(차)	이자비용	917	(대)	신주인수권부사채	917
	(차)	현금	500,000	(대)	자본금*1	250,000
		신주인수권부사채	37,599		주식발행초과금	287,599
	(차)	신주인수권대가*2	18,256	(대)	주식발행초과금	18,256

*1 : 50주 × @5,000 = ₩250,000

*2 : 36,511 × 50% = ₩18,256

① 신주인수권 행사시 주식발행초과금 증가분 = 287,599 + 18,256 = ₩305,855

② 신주인수권 행사 직후 장부금액 = 954,981 × 1.025 - 10,000 = ₩968,856

③ 20X2년 이자비용 = 917 + 47,749 = ₩48,666

물음 2)

20X2년 초 사채 장부금액 = 963,489 × 1.05 − 20,000 = ₩991,663

제거될 사채의 20X2년 초 장부금액 = 991,663 × 50% = ₩495,832

나머지 부분의 20X2년 초 장부금액 = 991,663 × 50% = ₩495,832

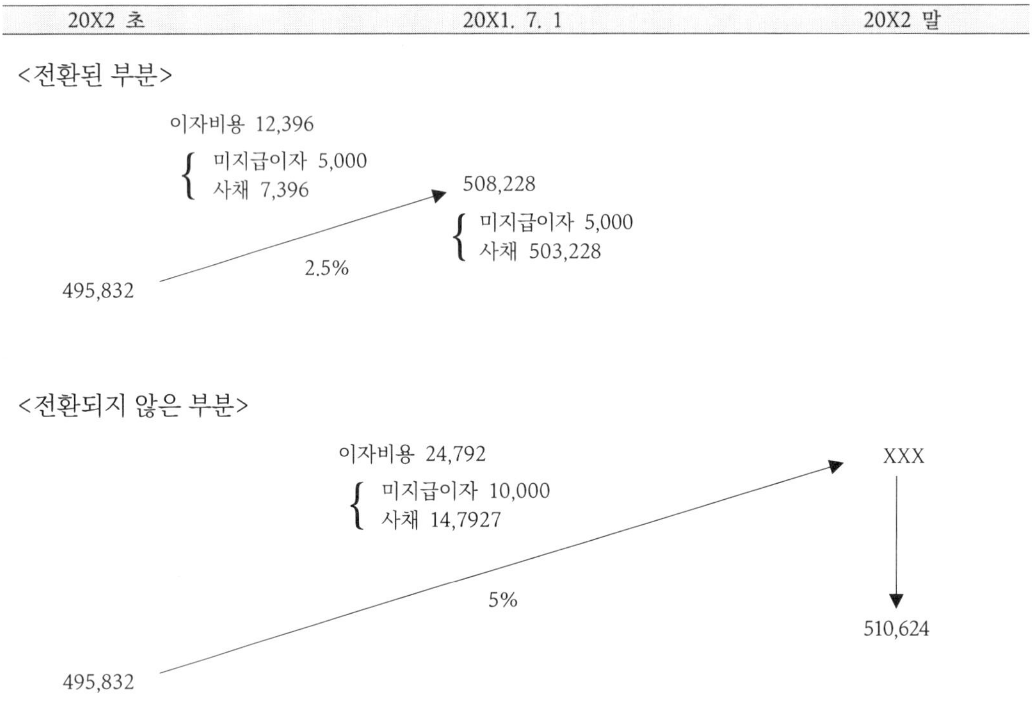

20X2. 7. 1	(차)	이자비용	12,396	(대)	미지급이자	5,000
					전환사채	7,396
	(차)	전환사채	503,228	(대)	자본금*1	250,000
					주식발행초과금	253,228
	(차)	전환권대가*2	18,256	(대)	주식발행초과금	18,256
20X2.12.31	(차)	미지급이자	5,000	(대)	현금	5,000
	(차)	이자비용	24,792	(대)	현금	10,000
					전환사채	14,792

*1 : 50주 × @5,000 = ₩250,000

*2 : 36,511 × 50% = ₩18,256

① 전환권 행사시 주식발행초과금 증가분 = 253,228 + 18,256 = ₩271,484

② 전환권 행사 직후 전환사채 장부금액 = 495,832 × 1.025 − 5,000 = ₩503,228

③ 20X2년 이자비용 = 12,396 + 24,792 = ₩37,188

물음 3)

재매입대가 ₩1,000,000

{ 사채 재매입대가 = 1,084,929 × 0.8396 + 20,000 × 2.6730 = ₩964,366
  전환권 재매입대가 = ₩35,634

① 사채상환손익 = 991,663 - 964,366 = ₩27,297

20X2. 1. 1	(차)	전환사채	991,663	(대)	현금	964,366
					사채상환이익	27,297
	(차)	전환권대가	36,511	(대)	현금	35,634
					기타자본	877

물음 4)

기존의 전환가능주식수 = 1,000,000 ÷ 10,000 = 100주

조건변경 후 전환가능주식수 = 1,000,000 ÷ 8,000 = 125주

① 당기손익에 미치는 영향 = 25주 × @4,000 = (-)₩100,000

문제 6
기중행사와 조건변경 | (회계사 2022, 12점)

다음의 <자료>를 이용하여 물음에 답하시오. 단, 답안 작성 시 원 이하는 반올림한다.

<자료>

- ㈜대한은 20X1년 1월 1일 복합금융상품을 발행하였으며, 발행조건은 다음과 같다.

  - 액면금액 : ₩1,000,000
  - 만기상환일 : 20X3년 12월 31일
  - 표시이자율 : 연 4%
  - 이자지급일 : 매년 12월 31일(연 1회)
  - 보장수익률 : 연 5%
  - 사채발행일 현재 동일 조건의 신주인수권(전환권)이 없는 일반사채 시장수익률 : 연 6%
  - 신주인수권행사(전환)가격 : 사채액면 ₩10,000당 1주의 보통주
  - 보통주 액면금액 : 1주당 ₩5,000

- ㈜대한은 주식발행가액 중 주식의 액면금액은 '자본금'으로, 액면금액을 초과하는 부분은 '주식발행초과금'으로 표시한다.
- ㈜대한은 신주인수권(전환권)이 행사될 때 신주인수권대가(전환권대가)를 주식의 발행가액으로 대체한다.
- 동 복합금융상품과 관련하여 이자계산 시 월할계산한다. 현재가치 계산 시 아래의 현가계수를 이용한다.

기간	단일금액 ₩1의 현가계수			정상연금 ₩1의 현가계수		
	4%	5%	6%	4%	5%	6%
1	0.9615	0.9524	0.9434	0.9615	0.9524	0.9434
2	0.9246	0.9070	0.8900	1.8861	1.8594	1.8334
3	0.8890	0.8638	0.8396	2.7751	2.7232	2.6730

물음 1)

상기 복합금융상품이 전환사채이며 액면발행되었다고 가정한다. 20X2년 1월 1일 전환사채 액면금액의 40%가 전환청구 되었으며, 이에 따라 ㈜대한은 자사의 보통주를 발행하였다. 전환권을 청구하기 직전 재무상태표 상 자산총계는 ₩15,000,000이며, 부채총계는 ₩5,000,000이다. 전환 직후 ㈜대한의 부채비율을 계산하시오. 단, 부채비율(%)은 [(부채총계/자본총계) × 100]을 사용하며, 계산 결과는 소수점 둘째자리에서 반올림한다(예: 55.67%는 55.7%로 계산).

전환 직후 부채비율(%)	①

물음 2)

상기 복합금융상품이 전환사채이며 발행금액은 ₩985,000이라고 가정한다. 20X2년 1월 1일 60%의 전환권이 행사되어 보통주가 발행되었다고 할 때 다음 양식에 제시된 항목을 계산하시오.

전환권 행사시 주식발행초과금 증가분	①
전환권 행사 직후 전환사채의 장부금액	②

물음 3)

상기 복합금융상품이 비분리형 신주인수권부사채이며 액면발행되었다고 가정할 때 다음의 <요구사항>에 답하시오.

<요구사항 1>

20X2년 4월 1일 80%의 신주인수권이 행사되어 보통주가 발행되었고, 행사금액은 사채액면금액의 100%이다. 다음 양식에 제시된 항목을 계산하시오.

신주인수권 행사시 주식발행초과금 증가분	①
신주인수권 행사 직후 신주인수권부사채의 장부금액	②

<요구사항 2>

㈜대한의 20X2년도 포괄손익계산서에 인식될 이자비용을 계산하시오.

20X2년 이자비용	①

물음 4)

상기 복합금융상품은 전환사채이며 액면발행되었다고 가정한다. ㈜대한은 전환사채의 조기전환을 유도하고자 20X3년 7월 1일에 사채 액면금액 ₩10,000당 보통주 1.2주로 전환하는 것으로 조건을 변경하였다. 조건변경일 현재 ㈜대한의 보통주 1주당 공정가치는 ₩7,000이다. ㈜대한의 전환사채 관련 전환조건 변경 거래가 20X3년도 포괄손익계산서 상 당기순이익에 미치는 영향을 계산하시오. 단, 당기순이익이 감소하는 경우 금액 앞에 (-)를 표시하시오.

당기순이익에 미치는 영향	①

해설

물음 1)

보장R = 5%	20X1	20X2	20X3
보장수익	50,000	50,000	50,000
액면이자	(40,000)	(40,000)	(40,000)
보장수익미달액	10,000	10,000	10,000
	× 1.05^2	× 1.05^1	↓

상환할증금
31,525

R = 6%	20X1	20X2	20X3
원금			1,000,000
상환할증금			31,525
액면이자	40,000	40,000	40,000

발행가 ₩1,000,000

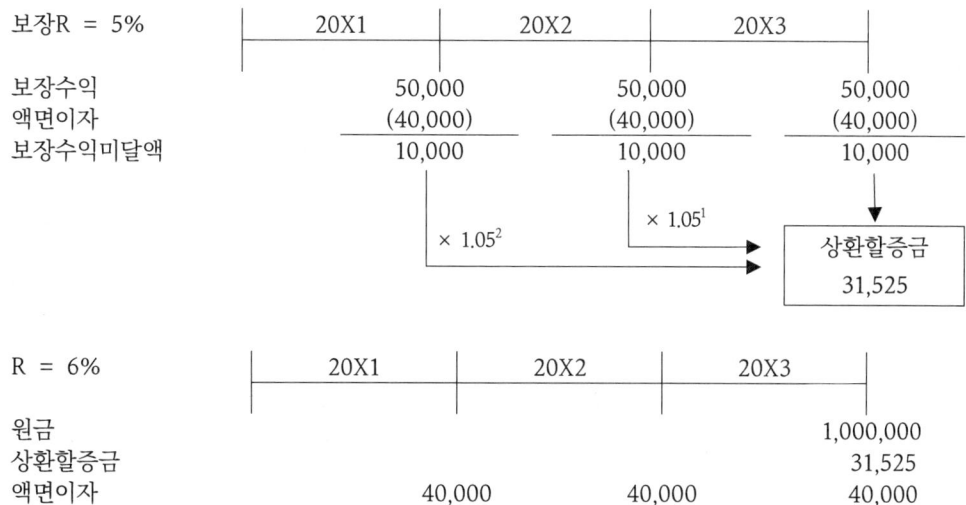

전환사채 = 1,031,525 × 0.8396 + 40,000 × 2.6730 = ₩972,988
전환권대가 = ₩27,012

20X2년 초 사채장부금액 = 972,988 × 1.06 − 40,000 = ₩991,367

전환시 감소하는 부채(=증가하는 자본) = 991,367 × 40% = ₩396,547

① 부채비율 = $\frac{5,000,000 + (396,547)}{10,000,000 + 396,547}$ = 44.3%

물음 2)

R = 6%	20X1	20X2	20X3
원금			1,000,000
상환할증금			31,525
액면이자	40,000	40,000	40,000

발행가 ₩985,000

{ 전환사채 = 1,031,525 × 0.8396 + 40,000 × 2.6730 = ₩972,988
전환권대가 = ₩12,012

20X2년 초 사채장부금액 = 972,988 × 1.06 - 40,000 = ₩991,367

전환시 감소하는 부채 = 991,367 × 60% = ₩594,820

20X2. 1. 1	(차)	전환사채	594,820	(대)	자본금*1	300,000
					주식발행초과금	294,820
	(차)	전환권대가*2	7,207	(대)	주식발행초과금	7,207

*1 : 60주 × @5,000 = ₩300,000

*2 : 12,012 × 60% = ₩7,207

① 전환시 주식발행초과금 증가분 = 294,820 + 7,207 = ₩302,027

② 전환 직후 전환사채 = 991,367 × 40% = ₩396,547

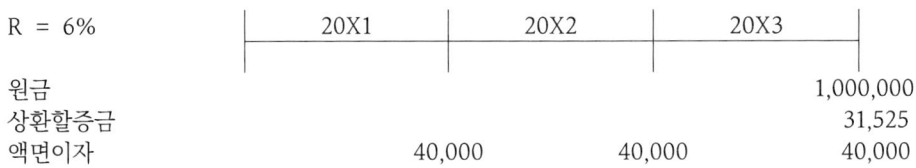

물음 3)

R = 6%	20X1	20X2	20X3
원금			1,000,000
상환할증금			31,525
액면이자	40,000	40,000	40,000

발행가 ₩1,000,000

{ 신주인수권부사채 = 1,031,525 × 0.8396 + 40,000 × 2.6730 = ₩972,988
신주인수권대가 = ₩27,012

20X2년 초 신주인수권부사채 장부금액 = 972,988 × 1.06 - 40,000 = ₩991,367

제거될 사채의 20X2년 초 장부금액 = (31,525 × 80%) × 0.8900 = ₩22,446

나머지 부분의 20X2년 초 장부금액 = 991,367 - 22,446 = ₩968,921

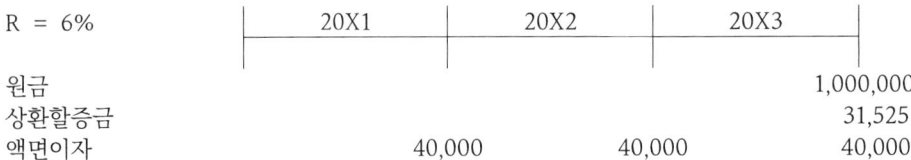

20X2 초	20X2. 4. 1	20X2 말

<행사된 부분>

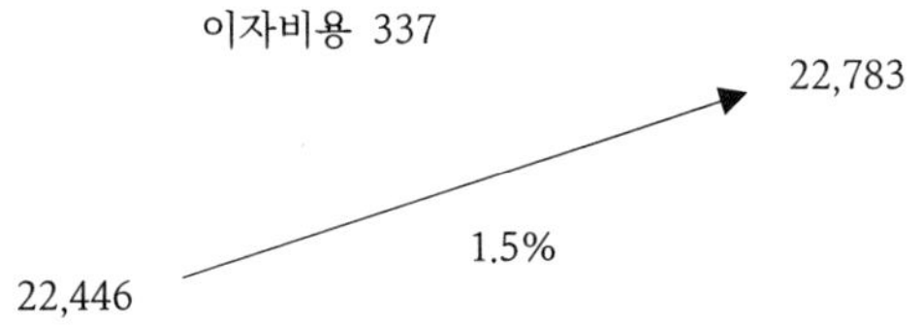

<행사되지 부분>

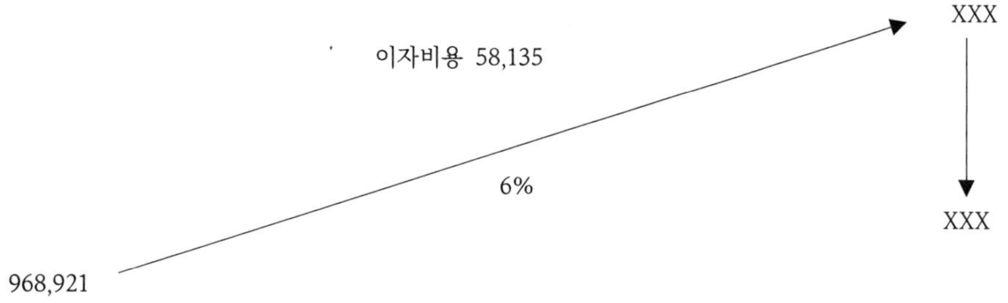

20X2. 1. 1	(차)	현금*1	800,000	(대)	자본금*2	400,000
		신주인수권부사채	22,783		주식발행초과금	422,783
	(차)	신주인수권대가*3	21,610	(대)	주식발행초과금	21,610

*1 : 80주 × @10,000 = ₩800,000

*2 : 80주 × @5,000 = ₩400,000

*3 : 27,012 × 80% = ₩21,610

<요구사항 1>

① 행사시 주식발행초과금 증가분 = 422,783 + 21,610 = ₩444,393

② 행사 직후 신주인수권부사채 = 968,921 × 1.015 - 10,000 = ₩973,455

<요구사항 2>

① 20X2년 이자비용 = 337 + 58,135 = ₩58,472

물음 4)

기존의 전환가능주식수 = 100주

조건변경 후 전환가능주식수 = 120주

① 당기순이익에 미치는 영향 = 20주 × @7,000 = (-)₩140,000

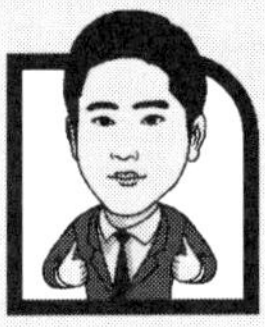

문제 7
전환사채 재매입 | (세무사 2023, 10점)

㈜세무는 20X1년 1월 1일에 다음과 같은 조건의 전환사채를 액면금액(₩1,000,000)으로 발행하였다.

- 표시이자율 연 5% (이자지급은 매년 12월 31일)
- 전환권은 없으나 다른 조건은 모두 동일한 일반사채의 20X1년 1월 1일 현재 시장이자율 연 10%
- 전환권 행사 : 전환청구기간은 사채발행일 이후 3개월 경과일로부터 만기 전일까지이며, 전환사채 액면금액 ₩10,000당 보통주 1주(액면금액 ₩5,000)를 발행하여 교부
- 만기상환일 : 20X3년 12월 31일
- 전환권을 행사하지 않는 경우에는 만기일에 상환할증금 ₩100,000을 지급

(단, 현재가치 계산이 필요한 경우 다음의 현가계수를 이용하고, 금액은 소수점 첫째자리에서 반올림하여 계산한다.)

기간	단일금액 ₩1의 현가계수			정상연금 ₩1의 현가계수		
	8%	10%	12%	8%	10%	12%
1	0.9259	0.9091	0.8929	0.9259	0.9091	0.8929
2	0.8573	0.8264	0.7972	1.7833	1.7355	1.6901
3	0.7938	0.7513	0.7118	2.5771	2.4868	2.4018
4	0.7350	0.6839	0.6355	3.3121	3.1699	3.0373
5	0.6806	0.6209	0.5674	3.9927	3.7908	3.6048

물음 1)

전환사채 발생금액 중 자본요소(전환권대가) 금액을 계산하시오.

물음 2)

20X2년 1월 1일 전환사채의 50% 권리가 행사된 경우, ㈜세무의 20X2년도 전환사채 관련 회계처리가 20X2년 당기순이익에 미치는 영향을 계산하시오. (단, 당기순이익이 감소하는 경우 금액 앞에 '(-)'를 표시하시오.)

물음 3)

20X3년 1월 1일 나머지 전환사채 50%를 동 일자의 공정가치인 ₩520,000에 재매입하였으며, 거래원가 ₩10,000이 발생하였다. 재매입일 현재 전환권이 없는 일반사채의 현행시장이자율이 연 12%일 때, 전환사채 재매입이 ㈜세무의 20X3년도 당기순이익에 미치는 영향을 계산하시오. (단, 당기순이익이 감소하는 경우 금액 앞에 '(-)'를 표시하시오.)

해설

물음 1)

R = 10%

	20X1	20X2	20X3
원금			1,000,000
상환할증금			100,000
액면이자	50,000	50,000	50,000

발행가 ₩1,000,000

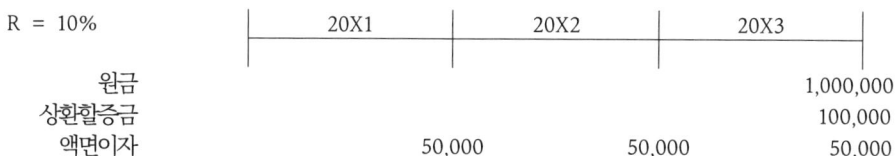

{ 전환사채 = 1,100,000 × 0.7513 + 50,000 × 2.4868= ₩950,770
  전환권대가 = ₩49,230

물음 2)

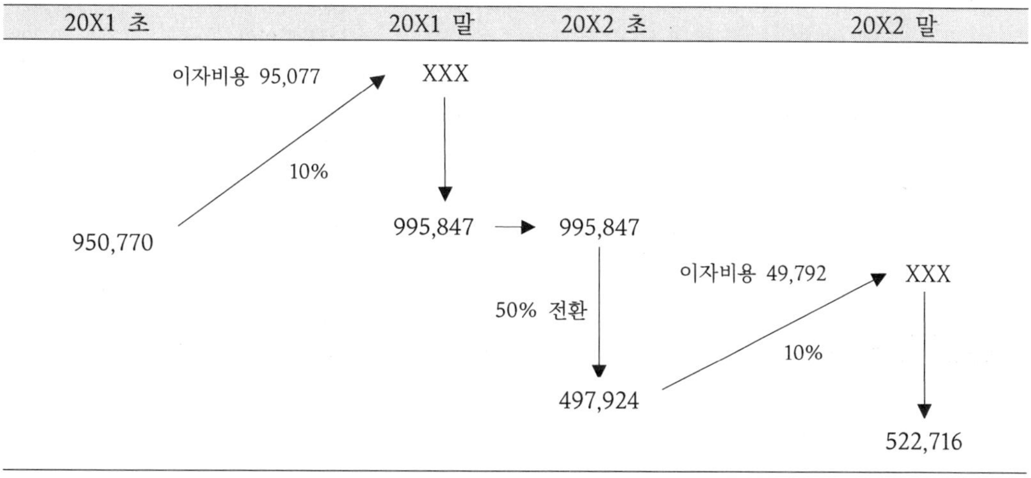

20X2년 당기순이익 영향 = (-)₩49,792

물음 3)

20X3년 초 부채요소 장부가치 = ₩522,716

20X3년 초 자본요소 장부가치 = 49,230 × 50% = ₩24,615

재매입대가 ₩520,000

- 전환사채 = 575,000 × 0.8929 = ₩513,418
- 전환권대가 = ₩6,582

거래원가 ₩10,000

- 부채요소 거래원가 = 10,000 × 513,418/520,000 = ₩9,873
- 자본요소 거래원가 = 10,000 × 6,582/520,000 = ₩127

20X3. 1. 1	(차)	전환사채	522,716	(대)	현금	513,418
					사채상환이익	9,298
	(차)	전환권대가	24,615	(대)	현금	6,582
					기타자본	18,033
	(차)	사채상환이익	9,873	(대)	현금	10,000
		기타자본	127			

재매입의 20X3년 당기순이익 영향 = 9,298 + (9,873) = (-)₩575

CHAPTER

제11장 주식기준보상

번호	내용	배점	난이도
1	현금결제형 주가차액보상권 (회계사 2015)	6점	Lv 1
2	현금결제형 주가차액보상권 (회계사 2019)	5점	Lv 1
3	내재가치법과 조건변경 (회계사 2020)	9점	Lv 1
4	시장성과조건과 조건변경 (회계사 2021)	7점	Lv 2
5	현금결제형에서 주식결제형으로 전환 (회계사 2021)	6점	Lv 3
6	현금결제형 주가차액보상권 (세무사 2021)	18점	Lv 1
7	현금결제형선택권의 후속추가 (회계사 2022)	7점	Lv 3
8	중도청산 (회계사 2022)	6점	Lv 1
9	선택형 주식기준보상거래 (회계사 2024)	2점	Lv 1
10	내재가치법 (세무사 2024)	12점	Lv 1
11	현금결제형에서 주식결제형으로 전환 (세무사 2024)	6점	Lv 3
12	선택형 주식기준보상거래 (세무사 2024)	6점	Lv 2
13	중도청산 (세무사 2024)	6점	Lv 2

〈난이도 분류〉

세무사 동차생 : Lv 1까지 / 세무사 유예생 : Lv 2까지 / 회계사 동차생 : Lv 3까지 / 회계사 유예생 : Lv 4까지

문제 1
현금결제형 주가차액보상권 | (회계사 2015, 6점)

㈜개신은 20X1년 1월 1일에 종업원 100명에게 각각 현금결제형 주가차액보상권 100개를 부여하고, 3년의 용역조건을 부여하였다. <관련자료>는 다음과 같다.

<관련자료>

(1) 20X1년 중에 5명이 퇴사하였으며, 회사는 20X2년과 20X3년에 걸쳐 추가로 7명이 퇴사할 것으로 추정하였다. 20X2년에는 실제로 3명이 퇴사하였고, 회사는 20X3년에 추가로 2명이 퇴사할 것으로 추정하였다. 20X3년에 실제로 3명이 퇴사하여 20X3년 12월 31일자로 89명이 주가차액보상권을 가득하였다.

(3) 20X3년 12월 31일에 20명이 주가차액보상권을 행사하였고, 20X4년 12월 31일에 30명이 주가차액보상권을 행사하였으며, 나머지 39명은 20X5년 12월 31일에 주가차액보상권을 행사하였다.

(3) ㈜개신이 매 회계연도 말에 추정한 주가차액보상권의 공정가치와 20X3년, 20X4년 및 20X5년 말에 행사된 주가차액보상권의 내재가치(현금지급액)는 아래 표와 같다.

회계연도	공정가치	내재가치 (현금지급액)
20X1	₩144	-
20X2	155	-
20X3	182	₩150
20X4	214	200
20X5	250	250

이와 관련하여 ① 20X3년도에 인식할 보상비용 및 ② 20X5년도에 인식해야 할 보상비용을 각각 구하시오.

해설

20X3 초 부채 = 90명 × 100개 × @155 × 2/3 = ₩930,000

20X3 말 부채 = 69명 × 100개 × @182 = ₩1,255,800

20X3 말 현금지급 = 20명 × 100개 × @150 = ₩300,000

<20X3년 회계처리>

(차)	주식보상비용	625,800	(대)	장기미지급금	325,800
				현금	300,000

① 20X3년 주식보상비용 = ₩625,800

20X5 초 부채 = 39명 × 100개 × @214 = ₩834,600

20X5 말 부채 = ₩0

20X5 말 현금지급 = 39명 × 100개 × @250 = ₩975,000

<20X5년 회계처리>

(차)	부채	834,600	(대)	현금	975,000
	주식보상비용	140,400			

② 20X5년 주식보상비용 = ₩140,400

문제 2
현금결제형 주가차액보상권 | (회계사 2019, 5점)

㈜대한은 종업원 100명에게 앞으로 3년간 근무하고 기업의 매출액이 3차년도 말까지 목표액 5억 원을 달성하는 조건으로 종업원 1인당 현금결제형 주가차액보상권을 100개씩 부여하였다. 다음의 <자료>를 이용하여 각 물음에 답하며, 각 물음은 독립적이다. 답안 작성 시 원 이하는 반올림한다.

<자료>

(1) 1차연도 말에 ㈜대한은 3차연도 말까지 목표 매출액을 달성하지 못할 것으로 예상하였다.

(2) 2차연도에 ㈜대한의 매출액이 유의적으로 증가하였고, 계속 증가할 것으로 예상되었다. 따라서 2차연도 말에 ㈜대한은 3차연도 말까지 목표 매출액을 달성할 것으로 예상하였다.

(3) 3차연도 말에 목표 매출액을 달성하여, 주가차액보상권의 가득요건이 충족되었고, 20명의 종업원이 주가차액보상권을 행사하였다. 4차연도 말에 추가로 20명의 종업원이 주가차액보상권을 행사하였고, 나머지 60명은 5차연도 말에 주가차액보상권을 행사하였다.

(4) 매 회계연도 말에 추정한 주가차액보상권의 공정가치와 행사일의 주가차액보상권 내재가치(현금지급액과 일치)는 다음과 같다.

연도	공정가치	내재가치
1차	₩120	-
2차	150	-
3차	160	₩150
4차	180	170
5차	200	200

(5) 요구사항의 적용

연도	용역제공조건을 충족할 것으로 예상되는 종업원 수	매출액 목표의 달성 여부에 대한 최선추정
1차	100명	미달성으로 예측
2차	100명	달성으로 예측
3차	100명	실제로 달성

물음 1)

위의 주식기준보상과 관련하여 ㈜대한이 ① 4차연도 말 금융부채로 표시할 금액과 ② 5차연도에 인식할 보상비용을 각각 계산하시오.

물음 2)

현금결제형 주식기준보상거래에서 주식결제형 주식기준보상거래로 분류를 변경하는 경우, 해당 조건 변경이 재무상태표와 포괄손익계산서에 미치는 영향에 대해서 간략히 서술하시오.

해설

물음 1)

① 4차연도 말 부채 = 60명 × 100개 × @180 = ₩1,080,000

5차연도 말 부채 = ₩0

5차연도 말 현금지급 = 60명 × 100개 × @200 = ₩1,200,000

<5년차 회계처리>

(차)	장기미지급금	1,080,000	(대)	현금	1,200,000
	주식보상비용	120,000			

② 5차연도 주식보상비용 = ₩120,000

물음 2)

(1) 그 주식결제형 주식기준보상거래는 조건변경일에 부여된 지분상품의 공정가치에 기초하여 측정한다. 주식결제형 주식기준보상거래는 재화나 용역을 기존에 제공받은 정도까지 조건변경일에 자본으로 인식한다.

(2) 조건변경일 현재의 현금결제형 주식기준보상거래 관련 부채를 그 날에 제거한다.

(3) 조건변경일에 제거된 부채의 장부금액과 인식된 자본금액의 차이는 즉시 당기손익으로 인식한다.

문제 3
내재가치법과 조건변경 | (회계사 2020, 9점)

※ 다음의 각 물음은 독립적이다. (9점)

주식결제형 주식기준보상거래와 관련된 다음의 <자료>를 이용하여 각 물음에 답하시오.

<자료>

1. ㈜대한은 20X1년 1월 1일에 종업원이 20X3년 12월 31일까지 근무하면 가득하는 조건으로 종업원 100명에게 각각 주식선택권 10개를 부여하였다.
2. 주식선택권의 만기는 5년, 주식선택권의 단위당 행사가격은 ₩1,000이고, 부여일 현재 ㈜대한의 1주당 주가(액면금액 ₩500)는 ₩1,000이다.
3. 20X4년부터 20X5년까지 행사된 주식선택권의 수량은 다음과 같다. 한편 행사된 주식선택권은 모두 회계연도 말에 행사되었다.

회계연도	행사된 주식선택권 수량(개)
20X4년	300
20X5년	550

4. 20X1년 12월 31일 현재 이미 6명이 퇴사하였으며, ㈜대한은 20X2년과 20X3년에 추가로 총 4명이 퇴사할 것으로 추정하였다. 따라서 부여한 주식선택권의 90%가 가득될 것으로 추정되었다.
5. 20X2년도에 실제로 4명이 퇴사하였고, ㈜대한은 미래에 가득될 것으로 기대되는 주식선택권의 비율을 85%로 재추정하였다.
6. 20X3년도에 실제로 5명이 퇴사하였고, 20X3년 12월 31일 현재 총 850개의 주식선택권이 가득되었다.

물음 1)

㈜대한은 주식선택권 부여일 현재 주식선택권의 공정가치를 신뢰성 있게 측정할 수 없다고 판단하였다. 20X1년부터 20X5년까지 ㈜대한의 1주당 주가는 다음과 같다.

회계연도	회계연도 말 주가(1주당)
20X1년	₩1,100
20X2년	1,300
20X3년	1,250
20X4년	1,150
20X5년	1,350

㈜대한은 주식선택권 행사 시 자본항목으로 자본금, 주식발행초과금, 주식선택권을 사용하는데, 주식발행가액 중 주식의 액면금액은 '자본금', 액면금액 초과액은 '주식발행초과금'으로 표시한다. 주식선택권을 행사 시에 주식발행초과금으로 대체하는 경우, 20X4년과 20X5년의 주식선택권 행사 시 인식할 주식발행초과금의 금액을 각각 계산하시오.

20X4년 행사 시 인식할 주식발행초과금	①
20X5년 행사 시 인식할 주식발행초과금	②

물음 2)

㈜대한은 주식선택권 부여일 현재 주식선택권의 단위당 공정가치를 ₩300으로 신뢰성 있게 측정할 수 있다고 판단하였다. ㈜대한은 20X2년 12월 31일에 다음과 같은 두 가지의 조건변경을 고려하고 있다.

조건변경1	주식선택권의 행사가격을 인하하는 조건변경으로 인해 주식선택권의 단위당 공정가치가 ₩100 증가
조건변경2	주식선택권의 행사가격을 인상하는 조건변경으로 인해 주식선택권의 단위당 공정가치가 ₩100 감소

주식선택권과 관련한 모든 회계처리로 ㈜대한이 20X3년도에 인식할 보상비용(또는 보상비용환입)의 금액을 각각 계산하시오. 단, 보상비용의 경우에는 (-)를 숫자 앞에 표시하시오.

구분	20X3년	
	조건변경 1	조건변경 2
보상비용(또는 보상비용환입)	①	②

해설

물음 1)

<20X4년 행사시 회계처리>

20X4.12.31	(차)	현금*1	300,000	(대)	자본금*3	150,000
		주식선택권*2	45,000		주식발행초과금	195,000

*1 : 300주 × @1,000 = ₩300,000

*2 : 300주 × @150 = ₩45,000

*3 : 300주 × @500 = ₩150,000

<20X5년 행사시 회계처리>

20X5.12.31	(차)	현금*1	550,000	(대)	자본금*3	275,000
		주식선택권*2	192,500		주식발행초과금	467,500

*1 : 550주 × @1,000 = ₩550,000

*2 : 550주 × @350 = ₩192,500

*3 : 550주 × @500 = ₩275,000

① 20X4년 행사 시 인식할 주식발행초과금 = ₩195,000

② 20X5년 행사 시 인식할 주식발행초과금 = ₩467,500

물음 2)

<기존의 주식기준보상>

20X1년 말 총예상비용 = 90명 × 10개 × @300 = ₩270,000

20X2년 말 총예상비용 = 85명 × 10개 × @300 = ₩255,000

20X3년 말 총예상비용 = 85명 × 10개 × @300 = ₩255,000

	20X1년	20X2년	20X3년
가득비율	1/3	2/3	3/3
누적비용	₩90,000	₩170,000	₩255,000
당기비용	90,000	80,000	85,000

<조건변경 1 - 유리한 조건변경, 추가 보상부여>

20X3년 말 총예상비용 = 85명 × 10개 × @100 = ₩85,000

	20X3년
가득비율	1/1
누적비용	₩85,000
당기비용	85,000

① 조건변경1의 20X3년 주식보상비용 = 85,000 + 85,000 = (-)₩170,000

<조건변경 2 - 불리한 조건변경, 없는 것으로 봄>

② 조건변경2의 20X3년 주식보상비용 = (-)₩85,000

문제 4
시장성과조건과 조건변경 | (회계사 2021, 7점)

주식결제형 주식기준보상거래와 관련된 다음의 <자료>를 이용하여 물음에 답하시오. (단, 각 물음은 독립적이다.)

<자료>

1. ㈜대한은 20X1년 1월 1일에 임원 50명에게 각각 주식선택권 10개를 부여하고, 20X3년 12월 31일까지 근무하면 가득하는 조건을 부과하였다.
2. 각 임원이 부여받은 주식선택권은 20X3년 말 ㈜대한의 주가가 ₩1,000 이상으로 상승하면 20X6년 말까지 언제든지 행사할 수 있으나, 20X3년 말 ㈜대한의 주가가 ₩1,000 미만이 될 경우 부여받은 주식선택권을 행사할 수 없다.
3. ㈜대한은 주식선택권의 공정가치를 측정할 때 이항모형을 적용하였으며, 모형 내에서 20X3년 말에 ㈜대한의 주가가 ₩1,000 이상이 될 가능성과 ₩1,000 미만이 될 가능성을 모두 고려하여 부여일 현재 주식선택권의 공정가치를 단위당 ₩300으로 추정하였다.
4. 임원의 연도별 실제 퇴사인원과 연도 말 퇴사 추정인원은 다음과 같다.
 - 20X1년도 : 실제 퇴사인원 3명, 20X3년 말까지 추가 퇴사 추정인원 2명
 - 20X2년도 : 실제 퇴사인원 2명, 20X3년 말까지 추가 퇴사 추정인원 25명
 - 20X3년도 : 실제 퇴사인원 5명
5. 20X1년 초, 20X1년 말 및 20X2년 말 ㈜대한의 주가는 다음과 같다.

20X1년 1월 1일	20X1년 12월 31일	20X2년 12월 31일
₩700	₩1,050	₩950

물음 1)

㈜대한의 20X3년 말 현재 주가가 ₩1,100일 때, 20X1년부터 20X3년까지 인식해야 할 연도별 당기보상비용(또는 보상비용환입) 금액을 각각 계산하시오. (단, 보상비용환입의 경우에는 괄호 안에 금액(예시: (1,000))을 표시하시오.)

20X1년 당기보상비용(환입)	①
20X2년 당기보상비용(환입)	②
20X3년 당기보상비용(환입)	③

물음 2)

㈜대한은 <자료 1>의 2번 사항인 주식선택권 행사 가능여부 판단기준을 주가 ₩1,000에서 ₩950으로 20X1년 말에 변경하였다. 이러한 조건변경으로 인하여 주식선택권의 단위당 공정가치는 ₩10 증가하였다. ㈜대한의 20X3년 말 현재 주가가 ₩900일 때, 20X1년부터 20X3년까지 인식해야 할 연도별 당기보상비용(또는 보상비용환입) 금액을 각각 계산하시오. (단, 보상비용환입의 경우에는 괄호 안에 금액(예시: (1,000))을 표시하시오.)

20X1년 당기보상비용(환입)	①
20X2년 당기보상비용(환입)	②
20X3년 당기보상비용(환입)	③

해설

물음 1)

20X1 말 총예상비용 = 45명 × 10개 × @300 = ₩135,000

20X2 말 총예상비용 = 20명 × 10개 × @300 = ₩60,000

20X3 말 총예상비용 = 40명 × 10개 × @300 = ₩120,000

	20X1	20X2	20X3
가득비율	1/3	2/3	3/3
누적비용	₩45,000	₩40,000	₩120,000
당기비용	45,000	(5,000)	80,000

① 20X1년 주식보상비용(환입) = ₩45,000

② 20X2년 주식보상비용(환입) = (₩5,000)

③ 20X3년 주식보상비용(환입) = ₩80,000

물음 2)

추가 부여한 주식선택권 (가득기간 2년, 공정가치 ₩10)

20X2 말 총예상비용 = 20명 × 10개 × @10 = ₩2,000

20X3 말 총예상비용 = 40명 × 10개 × @10 = ₩4,000

	20X2	20X3
가득비율	1/2	2/2
누적비용	₩1,000	₩4,000
당기비용	1,000	3,000

① 20X1년 주식보상비용(환입) = ₩45,000

② 20X2년 주식보상비용(환입) = (5,000) + 1,000 = (₩4,000)

③ 20X3년 주식보상비용(환입) = 80,000 + 3,000 = ₩83,000

문제 5
현금결제형에서 주식결제형으로 전환 | (회계사 2021, 6점)

현금결제형 주식기준보상거래와 관련된 다음의 <자료 2>를 이용하여 <요구사항>에 답하시오.

<자료 2>

1. ㈜대한은 20X1년 1월 1일에 종업원 50명에게 20X3년 12월 31일까지 근무하는 것을 조건으로 각각 현금결제형 주가차액보상권 10개를 부여하였다. 주가차액보상권은 행사가격 ₩500과 행사시점의 ㈜대한의 주가와의 차액을 현금으로 지급하는 계약이다.
2. 종업원의 연도별 실제 퇴사인원과 연도 말 퇴사 추정인원은 다음과 같다.
   - 20X1년도 : 실제 퇴사인원 3명, 20X3년 말까지 추가 퇴사 추정인원 2명
   - 20X2년도 : 실제 퇴사인원 3명, 20X3년 말까지 추가 퇴사 추정인원 2명
   - 20X3년도 : 실제 퇴사인원 4명
3. 매 회계연도 말에 추정한 주가차액보상권의 단위당 공정가치는 다음과 같다.
   - 20X1년: ₩100
   - 20X2년: ₩150

<요구사항>

㈜대한은 20X2년 말에 기존의 주가차액보상권을 모두 취소하는 대신 20X4년 말까지 계속 근무할 것을 조건으로 종업원 각각에게 주식선택권 8개를 부여하는 것으로 변경하였다. 20X2년 말 현재 주식선택권의 단위당 공정가치는 ₩130이다. 20X2년 말 주식기준보상거래의 회계처리에 따른 20X2년도 포괄손익계산서 상 ① 당기순이익에 미치는 영향과 20X2년 말 재무상태표 상 ② 주식선택권의 금액을 계산하시오. 단, 당기순이익이 감소하는 경우 금액 앞에 (-)를 표시하시오.

당기순이익에 미치는 영향	①
주식선택권 금액	②

해설

20X1 말 총예상비용 = 45명 × 10개 × @100 = ₩45,000

20X2 말 총예상비용 = 42명 × 10개 × @150 = ₩63,000

	20X1년	20X2년
가득비율	1/3	2/3
누적비용	₩15,000	₩42,000
당기비용	15,000	27,000

20X2.12.31	(차)	주식보상비용	27,000	(대)	부채	27,000
	(차)	부채	42,000	(대)	주식선택권*1	21,840
					주식보상비용	20,160

*1 : 42명 × 8개 × @130 × 2/4 = ₩21,840

① 20X2년 당기손익 영향 = (27,000) + 20,160 = (-)₩6,840

② 20X2년 말 주식선택권 = ₩21,840

문제 6
현금결제형 주가차액보상권 | (세무사 2021, 18점)

㈜세무는 20X1년 1월 1일 종업원 100명에게 앞으로 3년간 근무할 것을 조건으로 각각 현금결제형 주가차액보상권을 10개씩 부여하였다. 다음은 각 회계연도의 실제 퇴사 종업원 수와 각 회계연도 말 추정 퇴사 종업원 수에 대한 자료이다.

구분	실제 퇴사 종업원 수	회계연도 말 추정 퇴사 종업원 수
20X1년	3명	20X2년과 20X3년에 7명이 퇴사할 것으로 추정
20X2년	4명	20X3년에 3명이 퇴사할 것으로 추정
20X3년	3명	-

20X3년 말 계속근무자 90명은 부여받았던 주가차액보상권을 모두 가득하였으며, 각 회계연도 말 주가차액보상권을 행사한 종업원 수에 대한 자료는 다음과 같다.

구분	주가차액보상권 행사 종업원 수
20X3년	30명
20X4년	30명
20X5년	30명

㈜세무가 매 회계연도 말에 추정한 주가차액보상권의 공정가치와 주가차액보상권의 내재가치(현금지급액)에 대한 자료는 다음과 같다.

연도	공정가치	내재가치 (현금지급액)
20X1년	₩144	
20X2년	155	
20X3년	182	₩150
20X4년	214	200
20X5년	250	250

물음 1)

① 20X1년도에 인식할 비용과 ② 20X2년 말 부채장부금액을 계산하시오.

20X1년도에 인식할 비용	①
20X2년 말 부채장부금액	②

물음 2)

① 20X3년도에 인식할 비용과 ② 20X3년 말 부채장부금액을 계산하시오.

20X3년도에 인식할 비용	①
20X3년 말 부채장부금액	②

물음 3)

① 20X4년도에 인식할 비용과 ② 20X4년 말 부채장부금액을 계산하시오.

20X4년도에 인식할 비용	①
20X4년 말 부채장부금액	②

해설

물음 1)

20X1년 말 부채 = 90명 × 10개 × @144 × 1/3 = ₩43,200

20X1.12.31	(차)	주식보상비용	43,200	(대)	부채	43,200

20X2년 말 부채 = 90명 × 10개 × @155 × 2/3 = ₩93,000

20X2.12.31	(차)	주식보상비용	49,800	(대)	부채	49,800

① 20X1년 인식할 비용 = ₩43,200

② 20X2년 말 부채 = ₩93,000

물음 2)

20X3년 말 부채 = 60명 × 10개 × @182= ₩109,200

20X3년 현금지급액 = 30명 × 10개 × @150 = ₩45,000

20X3.12.31	(차)	주식보상비용	61,200	(대)	부채	16,200
					현금	45,000

① 20X3년 인식할 비용 = ₩61,200

② 20X3년 말 부채 = ₩109,200

물음 3)

20X4년 말 부채 = 30명 × 10개 × @214 = ₩64,200

20X4년 현금지급액 = 30명 × 10개 × @200 = ₩60,000

20X4.12.31	(차)	부채	45,000	(대)	현금	60,000
		주식보상비용	15,000			

① 20X4년 인식할 비용 = ₩15,000

② 20X4년 말 부채 = ₩64,200

문제 7
현금결제형선택권의 후속추가 | (회계사 2022, 7점)

부여한 주식에 현금결제선택권이 후속적으로 추가된 경우와 관련된 다음의 <자료>를 이용하여 <요구사항>에 답하시오.

<자료>

1. ㈜대한은 20X1년 초에 영업부서 직원이 20X4년 말까지 근무하면 가득하는 조건으로 영업부서 직원 10명에게 공정가치가 주당 ₩600인 주식을 각각 200주씩 부여하였다.
2. ㈜대한은 20X3년 말에 주식의 공정가치가 주당 ₩540으로 하락함에 따라 동일자로 당초 부여한 주식에 현금결제선택권을 추가하였다. 이에 따라 영업부서 직원은 가득일에 선택적으로 주식 200주를 수취하거나 200주에 상당하는 현금을 수취할 수 있게 되었다.
3. ㈜대한은 20X3년 말에 현금결제선택권이 추가됨에 따라 현금으로 결제할 의무를 부담하게 되었다. 따라서 ㈜대한은 20X3년 말 현재 주식의 공정가치와 당초 특정된 근무용역을 제공받은 정도에 기초하여 20X3년 말에 현금으로 결제될 부채를 인식하였다. 또한 ㈜대한은 20X4년 말에 부채의 공정가치를 재측정하고 그 공정가치 변동을 그 기간의 당기손익으로 인식하였다.
4. ㈜대한은 모든 가득기간에 걸쳐 퇴사할 영업부서 직원은 없을 것으로 계속 추정하였으며, 실제로도 가득기간까지 퇴사한 영업부서 직원은 없었다.
5. 20X4년 말 현재 ㈜대한 주식의 공정가치는 주당 ₩500이다.

<요구사항 1>

㈜대한이 20X2년 ~ 20X4년도 포괄손익계산서에 인식할 연도별 당기보상비용을 각각 계산하시오.

20X2년도 당기보상비용	①
20X3년도 당기보상비용	②
20X4년도 당기보상비용	③

<요구사항 2>

㈜대한이 20X3년과 20X4년 말 재무상태표에 표시할 현금결제선택권과 관련된 부채의 금액을 각각 계산하시오.

20X3년 말 부채	①
20X4년 말 부채	②

해설

20X1년 말 총예상비용 = 10명 × 200주 × @600 = ₩1,200,000
20X2년 말 총예상비용 = 10명 × 200주 × @600 = ₩1,200,000
20X3년 말 총예상비용 = 10명 × 200주 × @600 = ₩1,200,000

	20X1년	20X2년	20X3년
가득비율	1/4	2/4	3/4
누적비용	₩300,000	₩600,000	₩900,000
당기비용	300,000	300,000	600,000

20X1.12.31	(차)	주식보상비용	300,000	(대)	미가득주식	300,000
20X2.12.31	(차)	주식보상비용	300,000	(대)	미가득주식	300,000
20X3.12.31	(차)	주식보상비용	300,000	(대)	미가득주식	300,000

현금결제방식 공정가치 = 10명 × 200주 × @540 = ₩1,080,000
주식결제방식 공정가치 = 10명 × 200주 × @600 = ₩1,200,000 → 전환권FV = ₩120,000

20X3년 말 부채 = 1,080,000 × 3/4 = ₩810,000
20X3년 말 자본 = 120,000 × 3/4 = ₩90,000

20X3 말 재무상태표 (현금결제형)

차변	대변
	미가득주식 900,000

20X3 말 재무상태표 (선택형)

차변	대변
	미지급급여 810,000
	미가득주식 90,000

20X3.12.31	(차)	미가득주식	810,000	(대)	미지급급여	810,000

<현금결제형>

20X4년 말 총예상비용 = 10명 × 200주 × @500 = ₩1,000,000

	20X3년	20X4년
가득비율	3/4	4/4
누적비용	₩810,000	₩1,000,000
당기비용	XXX	190,000

<전환권>

총예상비용 = ₩120,000

	20X3년	20X4년
가득비율	3/4	4/4
누적비용	₩90,000	₩120,000
당기비용	XXX	30,000

20X4.12.31	(차)	주식보상비용	190,000	(대)	미지급급여	190,000
	(차)	주식보상비용	30,000	(대)	미가득주식	30,000

<요구사항 1>

① 20X2년 보상비용 = ₩300,000

② 20X3년 보상비용 = ₩300,000

③ 20X4년 보상비용 = 190,000 + 30,000 = ₩220,000

<요구사항 2>

① 20X3년 말 부채 = ₩810,000

② 20X4년 말 부채 = ₩1,000,000

문제 8
중도청산 | (회계사 2022, 6점)

부여한 주식선택권의 중도청산과 관련된 다음의 <자료>를 이용하여 <요구사항>에 답하시오. 각 <요구사항>은 독립적이다.

<자료>

1. ㈜민국은 20X1년 초에 마케팅부서 직원 10명에게 주식선택권을 각각 20개씩 부여하고, 20X4년 말까지 근무하면 가득하는 조건을 부과하였다. 부여일 현재 주식선택권의 공정가치는 단위당 ₩900이다.
2. ㈜민국은 20X3년 초에 마케팅부서 직원 10명에게 부여한 주식선택권 전부를 중도청산하였는데, 주식선택권에 대해 개당 ₩1,200씩 현금으로 지급하였다.
3. ㈜민국은 모든 가득기간에 걸쳐 퇴사할 마케팅 부서 직원은 없을 것으로 계속 추정하였으며, 실제로도 중도청산일까지 퇴사한 마케팅부서 직원은 없었다.

<요구사항 1>

중도청산일에 주식선택권의 공정가치가 단위당 ₩1,200인 경우, 중도청산이 ㈜민국의 20X3년도 포괄손익계산서 상 당기순이익에 미치는 영향을 계산하시오. 단, 당기순이익이 감소하는 경우 금액 앞에 (-)를 표시하시오.

20X3년도 당기순이익에 미치는 영향	①

<요구사항 2>

중도청산일에 주식선택권의 공정가치가 단위당 ₩1,000인 경우, 중도청산이 ㈜민국의 20X3년도 포괄손익계산서 상 당기순이익에 미치는 영향을 계산하시오. 단, 당기순이익이 감소하는 경우 금액 앞에 (-)를 표시하시오.

20X3년도 당기순이익에 미치는 영향	①

<요구사항 3>

중도청산이 이루어지기 직전인 20X3년 초에 마케팅부서 직원 10명이 모두 퇴사하였다고 가정한다. 동 사건이 ㈜민국의 20X3년도 포괄손익계산서 상 당기순이익에 미치는 영향을 계산하시오. 단, 당기순이익이 감소하는 경우 금액 앞에 (-)를 표시하시오.

20X3년도 당기순이익에 미치는 영향	①

해설

<요구사항 1>

20X1년 말 총예상비용 = 10명 × 20개 × @900 = ₩180,000

20X2년 말 총예상비용 = 10명 × 20개 × @900 = ₩180,000

20X3년 초 총예상비용 = 10명 × 20개 × @900 = ₩180,000

	20X1년 말	20X2년 말	20X3년 초
가득비율	1/4	2/4	4/4
누적비용	₩45,000	₩90,000	₩180,000
당기비용	45,000	45,000	90,000

20X1.12.31	(차)	주식보상비용	45,000	(대)	주식선택권	45,000
20X2.12.31	(차)	주식보상비용	45,000	(대)	주식선택권	45,000

<즉시가득>

20X3. 1. 1	(차)	주식보상비용	90,000	(대)	주식선택권	90,000

<중도청산>

20X3. 1. 1	(차)	주식선택권	180,000	(대)	현금	240,000
		기타자본	60,000			

① 20X3년 당기손익영향 = (-)₩90,000

<요구사항 2>
<즉시가득>

20X3. 1. 1	(차)	주식보상비용	90,000	(대)	주식선택권	90,000

<중도청산>

20X3. 1. 1	(차)	주식선택권	180,000	(대)	현금*1	200,000
		기타자본	20,000			
	(차)	주식보상비용	40,000		현금*2	40,000

*1 : 10명 × 20개 × @1,000 = ₩200,000
*2 : 10명 × 20개 × @200 = ₩40,000

① 20X3년 당기손익영향 = (-)₩130,000

<요구사항 3>

20X3. 1. 1	(차)	주식선택권	90,000	(대)	주식보상비용환입	90,000

① 20X3년 당기손익영향 = ₩90,000

문제 9
선택형 주식기준보상거래 | (회계사 2024, 2점)

종업원 주식기준보상약정에는 주식기준보상거래의 결제방법을 권리 행사 시 선택할 수 있는 선택형 주식기준보상거래가 있다. 결제방법의 선택권이 종업원에게 있는 경우와 기업에 있는 경우로 구분하여 관련 회계처리 방법을 3줄 이내로 기술하시오.

해설

종업원이 선택권을 갖는 경우 부채요소(거래상대방의 현금결제요구권)와 자본요소(거래상대방의 지분상품결제요구권)가 포함된 복합금융상품을 부여한 것이다.

기업이 선택권을 갖는 경우 현금을 지급해야 하는 현재의무가 있는 때에는 현금결제형 주식기준보상거래로 보아 회계처리하며, 현금을 지급해야 하는 현재의무가 없으면, 주식결제형 주식기준보상거래로 보아 회계처리한다.

문제 10
내재가치법 | (세무사 2024, 12점)

㈜세무는 20X1년 초 종업원 100명에게 앞으로 4년간 근무할 것을 조건으로 주식선택권을 1인당 100개씩 부여하였다. 주식선택권의 만기는 8년이고, 행사가격은 단위당 ₩1,000이며, 부여일 현재 ㈜세무의 주가도 1주당 ₩1,000이다. 부여일 현재 ㈜세무는 주식선택권의 공정가치를 신뢰성 있게 측정 할 수 없다고 판단하였다. 각 회계연도의 실제 퇴사한 종업원수와 각 회계연도 말 추정 추가퇴사 종업원 수에 대한 자료는 다음과 같다.

연도	실제 퇴사인원	20X4년 말까지 추가퇴사 예상인원
20X1년	0명	15명
20X2년	6명	10명
20X3년	7명	5명
20X4년	7명	

20X4년 말 계속하여 근무한 종업원 80명은 주식선택권을 모두 가득하였으며, 20X4년 말 행사된 주식선택권은 2,000개이고, 20X5년 말 행사된 주식선택권은 3,000개이다. 각 회계연도 말 1주당 주가는 다음과 같으며, 1주당 액면금액은 ₩500이다.

일자	20X1년 말	20X2년 말	20X3년 말	20X4년 말	20X5년 말
1주당 주가	₩1,100	₩1,150	₩1,180	₩1,200	₩1,230

물음 1)

㈜세무가 주식기준보상과 관련하여 ① 20X3년도에 인식할 비용과 ② 20X3년 말 주식선택권 잔액으로 표시할 금액을 각각 계산하시오.

20X3년도에 인식할 비용	①
20X3년 말 주식선택권 잔액	②

물음 2)

㈜세무가 주식기준보상과 관련하여 ① 20X5년도에 인식할 비용과 ② 20X5년 주식선택권 행사시 인식할 주식발행초과금을 각각 계산하시오.

20X5년도에 인식할 비용	①
20X5년 주식선택권 행사시 인식할 주식발행초과금	②

해설

물음 1)

20X2년 말 총예상비용 = 84명 × 100개 × @150 = ₩1,260,000

20X3년 말 총예상비용 = 82명 × 100개 × @180 = ₩1,476,000

	20X1년	20X2년	20X3년
가득비율	1/4	2/4	3/4
누적비용	XXX	₩630,000	₩1,107,000
당기비용	XXX	XXX	477,000

① 20X3년도에 인식할 비용 = ₩477,000

② 20X3년 말 주식선택권 잔액 = ₩1,107,000

물음 2)

20X5.12.31	(차)	주식보상비용	180,000	(대)	주식선택권*1	180,000
	(차)	현금*2	3,000,000	(대)	자본금*4	1,500,000
		주식선택권*3	690,000		주식발행초과금	2,190,000

*1 : 6,000개 × @30 = ₩180,000

*2 : 3,000개 × @1,000 = ₩3,000,000

*3 : 3,000개 × @230 = ₩690,000

*4 : 3,000개 × @500 = ₩1,500,000

① 20X5년도에 인식할 비용 = ₩180,000

② 주식선택권 행사시 인식할 주식발행초과금 = ₩2,190,000

문제 11
현금결제형에서 주식결제형으로 전환 | (세무사 2024, 6점)

㈜세무는 20X1년 초 종업원 100명에게 향후 4년간 근무할 것을 조건으로 주가차액보상권을 1인당 40개씩 부여하였다. 주가차액보상권의 단위당 공정가치는 20X1년 말 ₩1,000, 20X2년 말 ₩1,100이다. ㈜세무는 20X2년 말 기존 주가차액보상권을 모두 취소하고, 당일 현재 재직중인 종업원 100명에게 향후 2년을 계속 근무하는 조건(즉, 당초 가득기간에는 변동 없음)으로 주식선택권 1인당 40개씩 부여하였다. 주식선택권의 단위당 공정가치는 20X2년 말 현재 ₩1,150이다. 20X1년 초부터 20X4년 말까지 퇴사자는 없을 것으로 예상되었으며 실제도 이와 같았다. ㈜세무가 주식기준보상과 관련하여 ① 20X2년 인식할 비용과 ② 20X2년 말 주식선택권 잔액으로 표시할 금액을 각각 계산하시오.

20X2년도에 인식할 비용	①
20X2년 말 주식선택권 잔액	②

해설

20X1년 말 총예상비용 = 100명 × 40개 × @1,000 = ₩4,000,000
20X2년 말 총예상비용 = 100명 × 40개 × @1,100 = ₩4,400,000

	20X1년	20X2년
가득비율	1/4	2/4
누적비용	1,000,000	₩2,200,000
당기비용	1,000,000	1,200,000

20X2.12.31	(차)	주식보상비용	1,200,000	(대)	미지급금	1,200,000
	(차)	미지급금	2,200,000	(대)	주식선택권*1	2,300,000
		주식보상비용	100,000			

*1 : 100명 × 40개 × @1,150 × 2/4

① 20X2년도에 인식할 비용 = ₩1,300,000
② 20X2년 말 주식선택권 잔액 = ₩2,300,000

문제 12
선택형 주식기준보상거래 | (세무사 2024, 6점)

㈜세무는 20X1년 초 종업원이 결제방식을 선택할 수 있는 주식기준보상을 종업원 A에게 부여하였다. 종업원 A는 결제방식으로 가상주식 90주(주식 90주에 상당하는 현금지급에 대한 권리) 또는 주식 120주를 선택할 수 있고, 각 권리는 종업원 A에게 향후 3년간 근무할 것을 조건으로 한다. ㈜세무는 종업원 A가 20X3년 말까지 근무할 것으로 예상하였으며, 실제도 이와 같았다. 종업원 A가 주식 120주를 제공받는 결제방식을 선택하는 경우에는 주식을 가득일 이후 3년간 보유하여야 하는 제한이 있다. ㈜세무는 부여일 이후 3년 동안 배당을 지급하지 않을 것으로 예상하며, 가득 이후 양도제한 효과를 고려할 때 주식 120주를 제공받는 결제방식의 부여일 공정가치가 주당 ₩950이라고 추정하였다. ㈜세무의 1주당 주가는 다음과 같으며, 1주당 액면금액은 ₩500이다.

일자	20X1년 초	20X1년 말	20X2년 말	20X3년 말
1주당 주가	₩1,000	₩1,020	₩1,050	₩1,100

종업원 A는 가득요건을 충족한 20X3년도 말에 120주를 제공받는 결제방식을 선택하였으며, 선택 즉시 신주를 수령하였다. ㈜세무가 주식기준보상과 관련하여 ① 20X3년도에 인식할 비용과 ② 20X3년도 주식발행시 인식할 주식발행초과금을 각각 계산하시오.

20X3년도에 인식할 비용	①
20X3년 주식발행시 인식할 주식발행초과금	②

해설

현금결제방식 공정가치 = 90주 × @1,000 = ₩90,000
주식결제방식 공정가치 = 120주 × @950 = ₩114,000 → 전환권FV = ₩24,000

<현금결제형>
20X1년 말 총예상비용 = 90주 × @1,020 = ₩91,800
20X2년 말 총예상비용 = 90주 × @1,050 = ₩94,500
20X3년 말 총예상비용 = 90주 × @1,100 = ₩99,000

	20X1년	20X2년	20X3년
가득비율	1/3	2/3	3/3
누적비용	₩30,600	₩63,000	₩99,000
당기비용	30,600	32,400	36,000

<주식결제전환권>
총예상비용 = ₩24,000

	20X1년	20X2년	20X3년
가득비율	1/3	2/3	3/3
누적비용	₩8,000	₩16,000	₩24,000
당기비용	8,000	8,000	8,000

20X1.12.31	(차)	주식보상비용	30,600	(대)	미지급금	30,600
		주식보상비용	8,000		미가득주식	8,000
20X2.12.31	(차)	주식보상비용	32,400	(대)	미지급금	32,400
		주식보상비용	8,000		미가득주식	8,000
20X3.12.31	(차)	주식보상비용	36,000	(대)	미지급금	36,000
		주식보상비용	8,000		미가득주식	8,000
	(차)	미지급금	99,000	(대)	자본금	60,000
		미가득주식	24,000		주식발행초과금	63,000

① 20X3년도에 인식할 비용 = ₩44,000

② 20X3년도 주식발행시 인식할 주식발행초과금 = ₩63,000

문제 13
중도청산 | (세무사 2024, 6점)

다음은 ㈜세무의 주식기준보상 관련 자료이다.

- ㈜세무는 20X1년 초 종업원 90명에게 주식선택권을 1인당 100개씩 부여하였다.
- 동 주식선택권은 종업원이 향후 3년간 용역을 제공할 경우 가득된다. ㈜세무는 종업원 90명이 20X3년 말까지 용역을 제공할 것으로 예상하였으며, 실제도 이와 같았다.
- 20X2년 7월 1일 ㈜세무는 종업원과 합의하에 현금을 지급하여 주식선택권을 모두 중도청산하였으며, 주식선택권의 단위당 공정가치는 다음과 같다.

일자	20X1년 초	20X1년 말	20X2년 7월 1일
주식선택권의 단위당 공정가치	₩100	₩110	₩120

㈜세무가 중도청산시 지급한 현금이 ① 주식선택권 단위당 ₩110일 경우와 ② 주식선택권 단위당 ₩150일 경우 주식기준보상과 관련하여 20X2년도에 인식할 비용을 각각 계산하시오.

중도청산시 지급한 현금	주식기준보상과 관련하여 20X2년도에 인식할 비용
주식선택권 단위당 ₩110일 경우	①
주식선택권 단위당 ₩150일 경우	②

해설

20X1년 말 총예상비용 = 90명 × 100개 × @100 = ₩900,000

20X2년 7월 1일 총예상비용 = 90명 × 100개 × @100 = ₩900,000

	20X1년 말	20X2.7.1
가득비율	1/3	100%
누적비용	₩300,000	₩900,000
당기비용	300,000	600,000

<주식선택권 단위당 ₩110에 청산한 경우>

20X1.12.31	(차)	주식보상비용	300,000	(대)	주식선택권	300,000
20X2. 7. 1	(차)	주식보상비용	600,000	(대)	주식선택권	600,000
	(차)	주식선택권	900,000	(대)	현금	99,000
		기타자본	90,000			

① 단위당 ₩110 청산시 20X2년 비용 = ₩600,000

<주식선택권 단위당 ₩150에 청산한 경우>

20X1.12.31	(차)	주식보상비용	300,000	(대)	주식선택권	300,000
20X2. 7. 1	(차)	주식보상비용	600,000	(대)	주식선택권	600,000
	(차)	주식선택권	900,000	(대)	현금*1	1,080,000
		기타자본	180,000			
	(차)	주식보상비용	270,000	(대)	현금*2	270,000

*1 : 90명 × 100개 × @120 = ₩1,080,000

*2 : 90명 × 100개 × @30 = ₩270,000

② 단위당 ₩150 청산시 20X2년 비용 = ₩870,000

CHAPTER

제12장 종업원급여

번호	내용	배점	난이도
1	예측단위적립방식 (회계사 2016)	5점	Lv 1
2	확정급여제도 (회계사 2016)	5점	Lv 1
3	이자원가계산, 자산인식상한, 제도의 정산 (회계사 2021)	12점	Lv 2
4	확정급여제도 (세무사 2021)	12점	Lv 1
5	자산인식상한 (회계사 2023)	4점	Lv 1
6	해고급여 (회계사 2023)	2점	Lv 3
7	제도의 개정과 보험수리적가정의 변동 (회계사 2024)	5점	Lv 4

〈난이도 분류〉

세무사 동차생 : Lv 1까지 / 세무사 유예생 : Lv 2까지 / 회계사 동차생 : Lv 3까지 / 회계사 유예생 : Lv 4까지

문제 1
예측단위적립방식 | (회계사 2016, 5점)

㈜대한은 종업원이 퇴직한 시점에 일시불급여를 지급하며, 종업원은 4차 연도 말에 퇴직할 것으로 예상한다. 일시불급여는 종업원의 퇴직 전 최종 임금의 2%에 근무연수를 곱하여 산정한다. 종업원의 연간 임금은 1차 연도에 ₩10,000,000이며 앞으로 매년 8%(복리)씩 상승한다. 연간 할인율은 12%이다. 보험수리적 가정에 변화는 없으며, 종업원이 예상보다 일찍 또는 늦게 퇴직할 가능성을 반영하기 위해 필요한 추가 조정은 없다고 가정한다. ㈜대한의 ① 1차 연도 당기근무원가와 ② 2차 연도 말 확정급여채무를 각각 제시하시오. 계산 과정에서 금액은 소수점 아래 첫째자리에서 반올림한다.

1차 연도 당기근무원가	①
2차 연도 말 확정급여채무	②

해설

4년차 예상연봉 = 10,000,000 × 1.08^3 = ₩12,597,120

예상퇴직금 = 12,597,120 × 2% × 4년 = ₩1,007,770

1차연도 말 가득금액 = 1,007,770 × 1/4 = ₩251,942

1차연도 말 확정급여채무 = 251,942 ÷ 1.12^3 = ₩179,328

2차연도 말 가득금액 = 1,007,770 × 2/4 = ₩503,885

2차연도 말 확정급여채무 = 503,885 ÷ 1.12^2 = ₩401,694

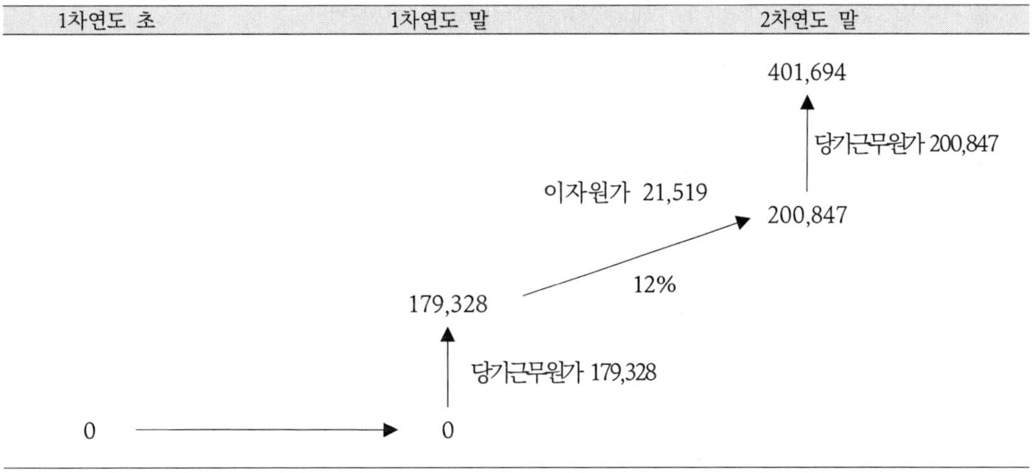

① 1차연도 당기근무원가 = ₩179,328

② 2차연도 말 확정급여채무 = ₩401,694

문제 2
확정급여제도 | (회계사 2016, 5점)

㈜대한의 확정급여제도와 관련된 자료는 다음과 같다.

<관련 자료>

(1) 20X1년 1월 1일 확정급여채무 현재가치는 ₩90,000이다.

(2) 20X1년 1월 1일 사외적립자산의 공정가치는 ₩88,000이다.

(3) 20X1년 말에 퇴직종업원에게 ₩2,000의 현금이 사외적립자산에서 지급되었다.

(4) 20X1년 당기근무원가는 ₩105,000이다.

(5) 20X1년 말에 제도 개정으로 인한 과거근무원가는 ₩20,000이다.

(6) 20X1년 말에 사외적립자산에 ₩70,000을 현금으로 출연하였다.

(7) 20X1년 확정급여채무에서 발생한 보험수리적손실(재측정요소)은 ₩8,000이다.

(8) 20X1년 사외적립자산의 실제수익은 ₩14,000이다.

(9) 보험수리적 가정의 변동을 반영한 20X1년 말 확정급여채무는 ₩230,000이다.

이와 관련하여 ① ㈜대한이 확정급여채무의 이자원가 계산에 적용한 할인율을 계산하시오. ② 확정급여제도가 ㈜대한의 20X1년 당기순이익에 미친 영향을 계산하시오. 단, 감소의 경우에는 금액 앞에 '(-)'를 표시하시오. ③ 20X1년 12월 31일 사외적립자산의 공정가치를 계산하시오.

확정급여채무의 이자원가 계산에 적용한 할인율	①
당기순이익에 미친 영향	②
20X1년 말 사외적립자산의 공정가치	③

해설

R = 10%	기초	+	증가	=	감소	+	기말
확정급여채무	90,000		당기근무 105,000 과거근무 20,000 이자원가 9,000 OCI 8,000		지급 2,000		230,000
사외적립자산	88,000		납입 70,000 이자원가 8,800 OCI 5,200		지급 2,000		170,000

① 할인율 = 9,000/90,000 = 10%

② 당기손익영향 = (105,000) + (20,000) + (9,000) + 8,800 = (₩125,200)

③ 20X1년 말 사외적립자산 = ₩170,000

문제 3
이자원가계산, 자산인식상한, 제도의 정산 | (회계사 2021, 12점)

※ 다음의 각 물음은 독립적이다.

20X1년 1월 1일에 설립된 ㈜대한은 20X1년 말에 확정급여제도를 도입하였으며, 이와 관련된 <자료>는 다음과 같다. 단, 20X1년도 확정급여채무 계산 시 적용한 할인율은 연 10%이며, 20X1년 이후 할인율의 변동은 없다.

<자료>

<20X1년>

1. 20X1년 말 확정급여채무 장부금액은 ₩80,000이다.
2. 20X1년 말에 사외적립자산에 ₩79,000을 현금으로 출연하였다.

<20X2년>

1. 20X2년 6월 30일에 퇴직종업원에게 ₩1,000의 현금이 사외적립자산에서 지급되었다.
2. 20X2년 11월 1일에 사외적립자산에 ₩81,000을 현금으로 출연하였다.
3. 당기근무원가는 ₩75,000이다.
4. 20X2년 말 현재 사외적립자산의 공정가치는 ₩171,700이며, 보험수리적 가정의 변동을 반영한 확정급여채무는 ₩165,000이다.
5. 자산인식상한은 ₩5,000이다.

<20X3년>

1. 20X3년 말에 퇴직종업원에게 ₩2,000의 현금이 사외적립자산에서 지급되었다.
2. 20X3년 말에 사외적립자산에 ₩80,000을 현금으로 출연하였다.
3. 당기근무원가는 ₩110,000이다.
4. 20X3년 말에 제도 정산이 이루어졌으며, 정산일에 결정되는 확정급여채무의 현재가치는 ₩80,000, 정산가격은 ₩85,000(이전되는 사외적립자산 ₩60,000, 정산 관련 기업 직접 지급액 ₩25,000)이다.
5. 20X3년 말 제도 정산 직후 사외적립자산의 공정가치는 ₩220,000이며, 보험수리적 가정의 변동을 반영한 확정급여채무는 ₩215,000이다.
6. 자산인식상한은 ₩3,500이다.

물음 1)

㈜대한의 확정급여제도와 관련하여 20X2년 말 현재 재무상태표에 표시될 ① 순확정급여부채(자산)와 20X2년도 포괄손익계산서 상 ② 기타포괄이익에 미치는 영향 및 ③ 당기순이익에 미치는 영향을 각각 계산하시오. 단, 순확정급여자산인 경우에는 괄호 안에 금액(예시: (1,000))을 표시하고, 기타포괄이익이나 당기순이익이 감소하는 경우에는 금액 앞에 (-)를 표시하시오.

순확정급여부채(자산)	①
기타포괄이익에 미치는 영향	②
당기순이익에 미치는 영향	③

물음 2)

㈜대한의 확정급여제도와 관련하여 20X3년 말 현재 재무상태표에 표시될 ① 순확정급여부채(자산), ② 기타포괄손익누계액 및 20X3년도 포괄손익계산서 상 ③ 당기순이익에 미치는 영향을 계산하시오. 단, 기타포괄손익에 포함되는 재측정요소의 경우 재무상태표에 통합하여 표시하며, 순확정급여자산인 경우와 기타포괄손익누계액이 차변 잔액일 경우에는 괄호 안에 금액(예시: (1,000))을 표시하고, 당기순이익이 감소하는 경우에는 금액 앞에 (-)를 표시하시오.

순확정급여부채(자산)	①
기타포괄손익누계액	②
당기순이익에 미치는 영향	③

해설

물음 1)

R = 10%	기초	+	증가	=	감소	+	기말
확정급여채무	80,000		당기근무 75,000 이자원가 7,950 OCI 3,050		지급 1,000		165,000
사외적립자산	79,000		납입 81,000 이자원가 9,200 OCI 3,500		지급 1,000		171,700
상한효과	-		OCI 1,700				1,700

〈확정급여채무〉

1/1	80,000 × 12/12 =	₩80,000
6/30	(1,000) × 6/12 =	(500)
	평균잔액	₩79,500
		× 10%
	이자원가	₩7,950

〈사외적립자산〉

1/1	79,000 × 12/12 =	₩79,000
6/30	(1,000) × 6/12 =	(500)
11/1	81,000 × 2/12 =	13,500
	평균잔액	₩92,000
		× 10%
	이자원가	₩9,200

① 20X2년 말 순확정급여부채(자산) = (₩5,000)

② 20X2년 기타포괄이익에 미치는 영향 = (3,050) + 3,500 + (1,700) = (-)₩1,250

③ 20X2년 당기순이익에 미치는 영향 = (75,000) + (7,950) + 9,200 = (-)₩73,750

물음 2)

R = 10%	기초	+	증가	=	감소	+	기말
확정급여채무	165,000		당기근무 110,000 이자원가 16,500 OCI 5,500		지급 2,000 정산 80,000		215,000
사외적립자산	171,700		납입 80,000 이자원가 17,170 OCI 13,130		지급 2,000 정산 60,000		220,000
상한효과	1,700		이자원가 170		OCI 370		1,500

<정산관련 회계처리>

(차)	확정급여채무	80,000	(대)	사외적립자산	60,000
	정산손실	5,000		현금	25,000

① 20X3년 말 순확정급여부채(자산) = (₩3,500)

② 20X3년 말 기타포괄손익누계액 = (1,250) + 8,000 = ₩6,750

③ 20X3년 당기순이익에 미치는 영향 = (110,000) + (16,500) + 17,170 + (170) + (5,000)
= (-)₩114,500

문제 4
확정급여제도 | (세무사 2021, 12점)

㈜세무의 확정급여제도와 관련된 <자료>는 다음과 같다. (단, 20X1년 초 우량회사채의 시장수익률은 연 10%이며, 확정급여채무의 할인율로 사용하고 변동은 없다.)

- 20X1년 초 확정급여채무의 현재가치는 ₩100,000이다.
- 20X1년 초 사외적립자산의 공정가치는 ₩80,000이다.
- 20X1년도 당기 근무원가는 ₩120,000이다.
- 20X1년 말 퇴직종업원에게 ₩10,000의 현금을 사외적립자산에서 지급하였다.
- 20X1년 말 사외적립자산에 ₩70,000을 현금으로 출연하였다.

물음 1)과 물음 2)는 각각 독립적인 상황이다.

물음 1)

㈜세무의 확정급여제도와 관련하여 20X1년 말 현재 사외적립자산의 공정가치는 ₩150,000이고, 보험수리적 가격의 변동을 반영한 20X1년 말 확정급여채무는 ₩230,000일 때, ① 20X1년도 포괄손익계산서에 표시될 퇴직급여 금액과 ② 20X1년 말 현재 재무상태표에 표시될 재측정요소(기타포괄손익)을 계산하시오. (단, 기타포괄손익에 포함되는 재측정요소의 경우 재무상태표에 통합하며 표시하며, 기타포괄손실인 경우에는 괄호안에 금액을 표시하시오.)

20X1년도 포괄손익계산서에 표시될 퇴직급여 금액	①
20X1년 말 현재 재무상태표에 표시될 재측정요소(기타포괄손익)	②

물음 2)

㈜세무의 확정급여제도와 관련하여 20X1년 말 현재 사외적립자산의 공정가치는 장부금액과 동일하고 보험수리적 가정의 변동은 없을 때, ① 20X1년 말 현재 재무상태표에 표시될 순확정급여부채(자산)의 장부금액을 계산하시오. (단, 순확정급여자산인 경우에는 괄호 안에 금액을 표시하시오.)

20X1년 말 현재 재무상태표에 표시될 순확정급여부채(자산)	①

해설

물음 1)

R = 10%	기초	+	증가	=	감소	+	기말
확정급여채무	100,000		당기근무 120,000 이자비용 10,000 OCI 10,000		지급 10,000		230,000
사외적립자산	8,000		납입 70,000 이자수익 8,000 OCI 2,000		지급 10,000		150,000

① 20X1년 퇴직급여 = 120,000 + 10,000 + (8,000) = ₩122,000

② 20X1년 기타포괄손익 = (10,000) + 2,000 = (₩8,000)

<참고>

KIFRS_제1019호_종업원급여 문단 134는 다음과 같다.

> 문단 120에 따라 근무원가와 순확정급여부채(자산)의 순이자를 당기손익으로 인식한다. 이 기준서에서는 근무원가, 순확정급여부채(자산)의 순이자를 표시하는 방법을 특정하지 아니한다. 기업회계기준서 제1001호에 따라 이 구성요소를 표시한다.

확정급여제도 순이자원가는 당기손익으로 인식한다고 규정할 뿐 퇴직급여에 포함할지, 별도의 비용으로 회계처리할지는 회사의 선택사항이며, 퇴직급여를 물어보는 경우 해당 여부를 제시해야한다. 2021년 세무사 1차 시험에서도 동일한 물음이 출제되었으며 순이자원가를 퇴직급여에 포함하는 것이 정답처리되었다. 이 문제도 동일하게 풀이하는 것이 정답일 것으로 생각된다.

물음 2)

R = 10%	기초	+	증가	=	감소	+	기말
확정급여채무	100,000		당기근무 120,000 이자비용 10,000		지급 10,000		220,000
사외적립자산	80,000		납입 70,000 이자수익 8,000		지급 10,000		148,000

① 20X1년 말 순확정급여채무 = 220,000 - 148,000 = ₩72,000

문제 5
자산인식상한 | (회계사 2023, 4점)

20X1년 1월 1일 설립된 ㈜대한은 퇴직급여제도로 확정급여제도를 채택하고 있으며, 관련된 자료는 <자료>와 같다. 순확정급여부채(자산) 계산 시 적용한 할인율은 연 8%로 변동이 없으며, 모든 거래는 기말에 발생하고, 퇴직금은 사외적립자산에서 지급한다. 단, 과거근무원가는 고려하지 않는다.

<자료>

1. 20X1년
   - 20X1년 말 사외적립자산의 공정가치는₩1,350,000이다.
   - 보험수리적가정의 변동을 고려한 20X1년 말 확정급여채무는 ₩1,200,000이다.

2. 20X2년
   - 20X2년 당기근무원가는 ₩200,000이다.
   - 20X2년 말에 일부 종업원의 퇴직으로 ₩180,000을 사외적립자산에서 현금으로 지급하였다.
   - 20X2년 말에 ₩250,000을 현금으로 사외적립자산에 출연하였다.
   - 20X2년 말 사외적립자산의 공정가치는 ₩1,828,000이다.
   - 보험수리적가정의 변동을 고려한 20X2년 말 확정급여채무는 ₩1,550,000이다.
   - 자산인식상한은 ₩50,000이다.

<요구사항>

확정급여제도 적용이 ㈜대한의 20X2년도 포괄손익계산서 상 당기순이익 및 기타포괄이익에 미치는 영향을 각각 계산하시오. 단, 당기순이익 및 기타포괄이익이 감소하는 경우 금액 앞에 (-)를 표시하시오.

당기순이익에 미치는 영향	①
기타포괄이익에 미치는 영향	②

해설

R = 8%	기초	+	증가	=	감소	+	기말
확정급여채무	1,200,000		당기근무 200,000 이자원가 96,000 OCI 234,000		지급 180,000		1,550,000
사외적립자산	1,350,000		납입 250,000 이자원가 108,000 OCI 300,000		지급 180,000		1,828,000
상한효과	100,000		이자원가 8,000 OCI 120,000				228,000

① 당기순이익에 미치는 영향 = (200,000) + (96,000) + 108,000 + (8,000) = (-)₩196,000

② 기타포괄이익에 미치는 영향 = (234,000) + 300,000 + (120,000) = (-)₩54,000

문제 6
해고급여 | (회계사 2023, 2점)

기업회계기준서 제1019호「종업원급여」중 해고급여는 종업원을 해고하는 기업의 결정이나 해고대가로 기업이 제안하는 급여를 받아들인 종업원의 결정으로 생긴다. ① 해고급여의 인식시기와, ② '기업의 제안이 아닌 종업원의 요청으로 인한 해고나 의무 퇴직규정으로 인하여 발생하는 종업원급여' 일 때 어떤 계정으로 회계처리를 해야 하는지에 대해 서술하시오.

해설

① 기업이 해고급여의 제안을 더는 철회할 수 없거나, 기업이 구조조정의무로 인한 해고급여 지급을 포함하는 구조조정 원가를 인식할 때

② 기업의 제안이 아닌 종업원의 요청에 따른 해고나 의무 퇴직규정에 따라 생기는 종업원급여는 퇴직급여이기 때문에 해고급여에 포함하지 아니한다.

문제 7
제도의 개정과 보험수리적가정의 변동 | (회계사 2024, 5점)

다음 <자료>를 이용하여 물음에 답하시오.

<자료>

㈜대한은 퇴직급여제도로 확정급여제도를 도입·운영하고 있으며 20X1년 말 순확정급여부채는 ₩20,000(확정급여채무 ₩120,000, 사외적립자산 ₩100,000)이다. 20X2년 퇴직급여와 관련한 정보는 다음과 같다.

1. 20X2년 초 확정급여채무의 현재가치 계산 시 적용할 할인율을 연 10%로 결정하였다.

2. 20X2년 7월 1일에 보험계약의 체결을 통해 일부 종업원에 대한 유의적인 확정급여채무와 사외적립자산을 보험회사에 일시에 이전하였다. 이전된 확정급여채무의 현재가치와 사외적립자산은 각각 ₩20,000과 ₩15,000이다. 또한 ㈜대한은 이러한 제도의 일부 정산과 관련하여 보험회사에 현금 ₩7,000을 추가로 지급하였다. 정산 시점에 할인율과 보험수리적 가정 및 사외적립자산의 공정가치 변동은 없다.

3. 20X2년 10월 1일 확정급여제도의 일부를 개정(지급될 급여 증가)하여 20X2년 10월 1일 현재 할인율을 연 8%로 다시 결정하였고, 할인율 이외의 보험수리적 가정도 일부 변경하였다.

4. 20X2년 10월 1일 현재 보험수리적 가정의 변동을 반영한 제도 개정 전 확정급여채무는 ₩120,000이고, 여기에 제도 개정을 반영한 확정급여채무는 ₩130,000이다. 한편, 20X2년 10월 1일 현재 사외적립자산의 공정가치는 ₩97,000이다.

5. 20X2년 10월 1일 제도 개정 이전 기간에 인식한 당기근무원가는 ₩7,500이며, 이후 기간에 인식한 당기근무원가는 ₩3,000이다.

6. 20X2년 말 현재 사외적립자산의 공정가치는 ₩145,000이며, 보험수리적 가정의 변동을 반영한 확정급여채무는 ₩140,000이다.

7. 자산인식상한은 ₩3,000이다.

㈜대한이 20X2년도에 확정급여제도와 관련하여 인식할 ① 순이자비용을 계산하고, 동 제도와 관련한 회계처리가 20X2년도 포괄손익계산서 상 ② 당기순이익과 ③ 기타포괄이익에 미치는 영향을 각각 계산하시오. 단, 당기순이익이나 기타포괄이익이 감소하는 경우에는 금액 앞에 (-)를 표시하시오.

순이자비용	①
당기순이익에 미치는 영향	②
기타포괄이익에 미치는 영향	③

해설

<제도개정 전>

R = 10%	기초	+	증가	=	감소	+	기말
확정급여채무	120,000		당기근무 7,500 이자원가 8,500 OCI 4,000		지급 - 정산 20,000		120,000
사외적립자산	100,000		납입 - 이자 7,125 OCI 4,875		지급 - 정산 15,000		97,000

〈확정급여채무〉

1/1	120,000 × 9/12 =	₩90,000
7/1	(20,000) × 3/12 =	(5,000)
	평균잔액	₩85,000
		× 10%
	이자원가	₩8,500

〈사외적립자산〉

1/1	100,000 × 9/12 =	₩75,000
7/1	(15,000) × 3/12 =	(3,750)
	평균잔액	₩71,250
		× 10%
	이자원가	₩7,125

<제도개정 후>

R = 10%	기초	+	증가	=	감소	+	기말
확정급여채무	120,000		당기근무 3,000 과거근무 10,000 이자 2,600 OCI 4,400		지급 -		140,000
사외적립자산	97,000		납입 - 이자 1,940 OCI 46,060		지급 -		145,000
상한효과	-		OCI 2,000				2,000

〈확정급여채무〉

10/1	120,000 × 3/12 =	₩30,000
10/1	10,000× 3/12 =	2,500
	평균잔액	₩32,500
		× 8%
	이자원가	₩2,600

〈사외적립자산〉

1/1	97,000 × 3/12 =	₩24,250
	평균잔액	₩24,250
		× 8%
	이자원가	₩1,940

① 순이자원가

확정급여채무	8500 + 2,600 =	₩11,100
사외적립자산	7,125 + 1,940 =	(9,065)
합계		₩2,035

② 당기손익영향

당기근무원가	7,500 + 3,000 =	(₩10,500)
과거근무원가		(10,000)
순이자원가		(2,035)
정산손익		(2,000)
합계		(-)₩24,535

③ 기타포괄손익영향

확정급여채무	(4,000) + (4,400) =	(₩8,400)
사외적립자산	4,875 + 46,060 =	50,935
상한효과		(2,000)
합계		(-)₩40,535

C H A P T E R

제13장 리스

번호	내용	배점	난이도
1	금융리스 (회계사 2019)	11점	Lv 1
2	금융리스 (세무사 2019 수정)	30점	Lv 1
3	리스변경 (회계사 2020)	16점	Lv 1
4	리스부채재측정과 리스변경 (세무사 2020)	16점	Lv 1
5	판매후리스 (회계사 2021)	10점	Lv 1
6	리스변경 (회계사 2024)	10점	Lv 2

〈난이도 분류〉
세무사 동차생 : Lv 1까지 / 세무사 유예생 : Lv 2까지 / 회계사 동차생 : Lv 3까지 / 회계사 유예생 : Lv 4까지

문제 1
금융리스 | (회계사 2019, 11점)

리스제공자인 ㈜민국리스는 리스이용자인 ㈜대한과 20X1년 1월 1일에 금융리스계약을 체결하였다. 다음의 <자료>를 이용하여 물음에 답하시오.

<자 료>

(1) 리스개시일은 20X1년 1월 1일이다.

(2) 기초자산의 공정가치는 ₩3,281,000이며, 기초자산의 경제적 내용연수와 내용연수는 모두 7년이다. 내용연수 종료시점의 추정잔존가치는 ₩0이며 해당 기초자산은 정액법으로 감가상각한다.

(3) 리스기간 종료시점의 해당 기초자산의 잔존가치는 ₩400,000으로 추정되며 추정잔존가치 중에서 ㈜대한이 보증한 잔존가치 지급예상액은 ₩200,000이다.

(4) 리스기간은 리스개시일로부터 5년이고, 리스종료일에 소유권이 이전되거나 염가로 매수할 수 있는 매수선택권은 없다.

(5) 리스료는 리스기간 동안 매년 말 ₩800,000이 수수된다.

(6) ㈜대한이 리스계약과 관련하여 지출한 리스개설직접원가는 ₩150,000이다.

(7) 리스종료일에 기초자산을 리스제공자인 ㈜민국리스에게 반환하여야 한다.

(8) 리스의 내재이자율은 연 10%이다.

(9) 현재가치 계산 시 아래의 현가계수를 이용하고, 답안 작성 시 원 이하는 반올림한다.

기간	단일금액 ₩1의 현가계수	정상연금 ₩1의 현가계수
	10%	10%
1	0.9091	0.9091
2	0.8265	1.7356
3	0.7513	2.4869
4	0.6830	3.1699
5	0.6209	3.7908

물음 1)

리스이용자인 ㈜대한과 리스제공자인 ㈜민국리스가 리스개시일에 인식할 다음의 금액을 계산하시오.

회사	구분	금액
㈜대한	리스부채	①
	사용권자산	②
㈜민국리스	리스채권	③

물음 2)

리스이용자인 ㈜대한이 해당 리스와 관련하여 20X2년도 포괄손익계산서에 인식할 다음의 금액을 계산하시오.

회사	구분	금액
㈜대한	이자비용	①
	감가상각비	②

물음 3)

리스이용자인 ㈜대한과 리스제공자인 ㈜민국리스가 20X4년 말 재무상태표에 표시할 다음의 금액을 계산하시오.

회사	구분	금액
㈜대한	리스부채	①
㈜민국리스	리스채권	②

물음 4)

새롭게 도입된 한국채택국제회계기준 제1116호 '리스'는 리스이용자가 모든 리스(일부 예외 제외)에 대하여 사용권자산과 리스부채를 인식하도록 요구하고 있다. 종전 리스 회계모형(기업회계기준서 제1017호 '리스')은 리스이용자에게 운용리스에서 생기는 자산 및 부채를 인식하도록 요구하지 않았고, 금융리스에서 생기는 자산 및 부채는 인식하도록 요구하였다. 개정된 한국채택국제회계기준 제1116호 '리스'의 도입 배경과 관련하여 종전 리스 회계모형이 비판받는 문제점에 대해 재무정보의 투명성과 비교가능성 측면에서 간략히 서술하시오.

해설

물음 1)

<리스이용자>

R = 10%	20X1	20X2	20X3	20X4	20X5
정기리스료	800,000	800,000	800,000	800,000	800,000
잔존가치보증					200,000

① 리스부채 = 800,000 × 3.7908 + 200,000 × 0.6209 = ₩3,156,820

② 사용권자산 = 3,156,820 + 150,000 = ₩3,306,820

<리스제공자>

R = 10%	20X1	20X2	20X3	20X4	20X5
정기리스료	800,000	800,000	800,000	800,000	800,000
예상잔존가치					400,000

③ 리스채권 = 800,000 × 3.7908 + 400,000 × 0.6209 = ₩3,281,000

물음 2)

① 20X2년 이자비용 = (3,156,820 × 1.1 - 800,000) × 10% = ₩267,250

② 20X2년 감가상각비 = 3,306,820 × 1/5 = ₩661,364

물음 3)

① 20X4년 말 리스부채 = 1,000,000 × 0.9091 = ₩909,100

② 20X4년 말 리스채권 = 1,200,000 × 0.9091 = ₩1,090,920

물음 4)

개정전 기준에서는 리스이용자가 운용리스로 회계처리하는 경우 자산과 부채를 인식하지 아니하였다. 경제적 실질이 금융리스임에도 불구하고 회사가 운용리스 조건을 맞춰서 운용리스로 회계처리한다면 해당 정보는 투명성이 결여되며 다른 기업과의 비교가능성을 떨어트린다.

문제 2
금융리스 | (세무사 2019 수정, 30점)

㈜대한은 20X0년 12월 31일에 항공기를 ₩5,198,927에 취득하였다. 리스제공자인 ㈜대한은 항공서비스를 제공하는 ㈜세무와 20X1년 1월 1일에 금융리스계약을 체결하였다. 구체적인 계약내용이 다음 <자료>와 같을 때, 각 물음에 답하시오.

<자 료>

(1) 리스개시일은 20X1년 1월 1일이고, 만료일은 20X4년 12월 31일이다. 이 기간 동안은 리스계약의 해지가 불가능하다.

(2) 기초자산(항공기)의 공정가치는 ₩5,198,927이며, 경제적 내용연수는 6년이고 내용연수 종료 후 추정잔존가치는 없다. 해당 기초자산은 정액법으로 감가상각한다.

(3) 리스기간 종료시점의 해당 기초자산 잔존가치는 ₩500,000으로 추정되며, ㈜세무의 보증잔존가치는 ₩200,000이다. 추정잔존가치 중 ㈜세무가 보증한 잔존가치 지급예상액은 ₩200,000이다.

(4) 리스료는 리스기간 동안 매년 말 고정된 금액을 수수한다.

(5) 리스기간 종료시점에 소유권이전약정이나 염가매수선택권은 없으며, 리스기간 종료시 기초자산을 ㈜대한에 반환하여야 한다.

(6) ㈜대한이 리스계약과 관련하여 지출한 리스개설직접원가는 ₩300,000이며, ㈜세무가 리스계약과 관련하여 지출한 리스개설직접원가는 ₩200,000이다. 이들 리스개설직접원가는 모두 현금으로 지급하였다.

(7) ㈜대한의 내재이자율은 연 10%이며, ㈜세무의 증분차입이자율은 12%이다. ㈜세무는 ㈜대한의 내재이자율을 알고 있다.

(8) ㈜세무는 사용권자산에 대한 감가상각방법으로 정액법을 채택하고 있다.

(9) 현재가치 계산 시 아래의 현가계수를 이용하며, 금액을 소수점 첫째 자리에서 반올림하여 계산한다. (예: ₩5,555.5 → ₩5,556)

기간	단일금액 ₩1의 현가계수		정상연금 ₩1의 현가계수	
	10%	12%	10%	12%
1	0.9091	0.8929	0.9091	0.8929
2	0.8264	0.7972	1.7355	1.6901
3	0.7513	0.7118	2.4868	2.4018
4	0.6830	0.6355	3.1699	3.0373

물음 1)

㈜대한이 매년 받게 될 고정리스료를 계산하고, ㈜대한이 리스개시일에 수행해야 할 회계처리를 제시하시오.

①

고정리스료	

②

(차변)	(대변)

물음 2)

㈜대한이 동 리스거래로 인해 인식하게 될 리스총투자, 미실현금융수익을 계산하시오.

리스총투자	미실현금융수익
①	②

물음 3)

㈜세무가 리스개시일에 계상해야 할 사용권자산과 리스부채를 계산하고, ㈜세무가 리스개시일에 수행해야 할 회계처리를 제시하시오.

①

사용권자산	리스부채

②

(차변)	(대변)

물음 4)

동 리스거래와 관련한 회계처리가 ㈜대한의 20X1년도 당기순이익에 미치는 영향과 ㈜세무의 20X1년도 당기순이익에 미치는 영향을 각각 계산하시오. (단, 당기순이익이 감소하는 경우에는 금액 앞에 (-)표시를 하시오.)

㈜대한의 20X1년도 당기순이익	㈜세무의 20X1년도 당기순이익
①	②

물음 5)

㈜대한의 20X2년도 이자수익과 ㈜세무의 20X2년 말 미상환부채를 계산하시오.

㈜대한의 20X2년도 이자수익	㈜세무의 20X2년 말 미상환부채
①	②

물음 6)

만일, 20X1년 12월 31일 해당 기초자산의 잔존가치 추정치가 ₩300,000으로 하락하였다면, ㈜대한이 20X1년 말 리스채권손상차손으로 인식할 금액을 계산하시오.

해설

물음 1)

①

고정리스료	₩1,627,000

②

(차변) 리스채권	5,498,927	(대변) 선급리스자산	5,198,927
		현금	300,000

R = 10%

	20X1	20X2	20X3	20X4
고정리스료	x	x	x	x
예상잔존가치				500,000

리스채권 = $3.1699x$ + 500,000 × 0.6830 = 5,198,927 + 300,000

x = 1,627,000

물음 2)

리스총투자	미실현금융수익
① ₩7,008,000	② ₩1,509,073

리스총투자 = 1,627,000 × 4 + 500,000 = ₩7,008,000

미실현금융수익 = 7,008,000 – 5,498,927 = ₩1,509,073

물음 3)

①

사용권자산	리스부채
₩5,494,027	₩5,294,027

②

(차변) 사용권자산	5,494,027	(대변) 리스부채	5,294,027
		현금	200,000

R = 10%

	20X1	20X2	20X3	20X4
고정리스료	1,627,000	1,627,000	1,627,000	1,627,000
잔존가치보증				200,000

리스부채 = 1,627,000 × 3.1699 + 200,000 × 0.6830 = ₩5,294,027

사용권자산 = 5,294,027 + 200,000 = ₩5,494,027

물음 4)

㈜대한의 20X1년 당기순이익	㈜세무의 20X1년도 당기순이익
① ₩549,893	② (-)₩1,902,910

㈜대한의 20X1년 당기순이익

이자수익	5,498,927 × 10% =	₩549,893
합계		₩549,893

㈜세무의 20X1년 당기순이익

이자비용	5,294,027 × 10% =	(₩529,403)
감가상각비	5,494,027 × 1/4 =	(1,373,507)
합계		(₩1,902,910)

물음 5)

㈜대한의 20X2년도 이자수익	㈜세무의 20X2년 말 미상환부채
① ₩442,182	② ₩2,989,073

20X2년 이자수익 = (5,498,927 × 1.1 − 1,627,000) × 10% = ₩442,182

20X2년 말 리스부채 = (5,294,027 × 1.1 − 1,627,000) × 1.1 − 1,627,000 = ₩2,989,073

물음 6)

20X1년 말 리스채권손상차손 = 200,000 × 0.7513 = ₩150,260

문제 3
리스변경 | (회계사 2020, 16점)

※ 다음의 각 물음은 독립적이다.

<공통 자료>

현재가치 계산 시 아래의 현가계수를 이용하고, 답안 작성 시 원 이하는 반올림한다.

기간	정상연금 ₩1의 현가계수	
	8%	10%
1	0.9259	0.9091
2	1.7833	1.7355
3	2.5771	2.4869
4	3.3121	3.1699
5	3.9927	3.7908
6	4.6229	4.3553

물음 1)

다음의 <자료>를 이용하여 <요구사항>에 답하시오. 단, 각 <요구사항>은 독립적이다.

<자료>

1. 리스제공자인 ㈜민국리스는 리스이용자인 ㈜대한과 20X1년 1월 1일에 리스계약을 체결하였다. 리스개시일은 20X1년 1월 1일이다.
2. 기초자산인 사무실 공간 10,000m^2의 리스기간은 리스개시일로부터 6년이다.
3. 리스기간 종료시점까지 소유권이 이전되거나 염가로 매수할 수 있는 매수선택권은 없으며, 리스기간 종료시점의 해당 기초자산 잔존가치는 ₩0으로 추정된다.
4. 기초자산의 내용연수는 7년이며, 내용연수 종료시점의 추정잔존가치는 ₩0으로 정액법으로 감가상각한다.
5. ㈜대한은 리스기간 동안 매년 말 ₩2,000,000의 고정리스료를 지급한다.
6. ㈜대한은 리스종료일에 기초자산을 리스제공자인 ㈜민국리스에게 반환하여야 한다.
7. ㈜대한이 리스계약과 관련하여 지출한 리스개설직접원가는 없다.
8. 20X1년 1월 1일에 동 리스의 내재이자율은 연 8%이고, 리스제공자와 리스이용자가 이를 쉽게 산정할 수 있다.
9. 사용권자산은 정액법으로 감가상각한다.

<요구사항 1>

20X3년 1월 1일 ㈜민국리스와 ㈜대한은 기존 리스를 수정하여 다음의 <추가 자료>와 같은 리스변경에 합의하였다.

<추가 자료>
20X3년 1월 1일 ㈜민국리스와 ㈜대한은 리스기간 종료시점까지 남은 4년 동안 사무실 공간을 10,000m^2에서 7,000m^2로 30% 줄이기로 합의하였다. 이에 따라 ㈜대한은 20X3년 1월 1일부터 20X6년 12월 31일까지 매년 말 ₩1,000,000의 고정리스료를 지급한다. 20X3년 1월 1일에 동 리스의 내재이자율을 쉽게 산정할 수 없으나 리스이용자의 증분차입이자율은 연 10%이다.

리스와 관련한 모든 회계처리가 ㈜대한의 20X3년도 포괄손익계산서의 당기순이익에 미치는 영향과 20X3년 말 재무상태표에 표시되는 사용권자산 및 리스부채의 금액을 각각 계산하시오. 단, 당기순이익이 감소하는 경우에는 (-)를 숫자 앞에 표시하시오.

당기순이익에 미치는 영향	①
사용권자산	②
리스부채	③

<요구사항 2>

20X3년 1월 1일 ㈜민국리스와 ㈜대한은 기존 리스를 수정하여 다음의 <추가 자료>와 같은 리스변경에 합의하였다.

<추가 자료>
20X3년 1월 1일 ㈜민국리스와 ㈜대한은 리스기간 종료시점까지 남은 4년 동안 사무실 공간 10,000m^2에서 3,000m^2를 추가하기로 합의하였다. ㈜대한은 사무실 공간 3,000m^2의 추가 사용 권리로 인해 20X3년 1월 1일부터 20X6년 12월 31일까지 매년 말 ₩400,000의 고정리스료를 추가로 지급하는데, 증액된 리스대가는 계약 상황을 반영하여 조정한 추가 사용권자산의 개별 가격에 상응하는 금액이다. 20X3년 1월 1일에 동 리스의 내재이자율을 쉽게 산정할 수 없으나 리스이용자의 증분차입이자율은 연 10%이다. 단, 모든 리스는 소액기초자산 리스에 해당하지 않는다.

리스와 관련한 모든 회계처리가 ㈜대한의 20X3년도 포괄손익계산서의 당기순이익에 미치는 영향과 20X3년 말 재무상태표에 표시되는 사용권자산 및 리스부채의 금액을 각각 계산하시오. 단, 당기순이익이 감소하는 경우에는 (-)를 숫자 앞에 표시하시오.

당기순이익에 미치는 영향	①
사용권자산	②
리스부채	③

물음 2)

전대리스(sublease)는 리스이용자(중간리스제공자)가 기초자산을 제3자에게 다시 리스하는 거래를 말한다. 즉, 중간리스제공자는 상위리스에 대해서는 리스이용자이고, 전대리스에 대해서는 리스제공자가 된다. 상위리스가 단기리스가 아닌 경우, 중간리스제공자는 무엇에 따라 전대리스를 금융리스 또는 운용리스로 분류하는지 간략히 서술하시오.

해설

물음 1)

<요구사항 1>

<리스의 최초측정>

R = 8%	20X1	20X2	20X3	20X4	20X5	20X6
정기리스료	200만	200만	200만	200만	200만	200만

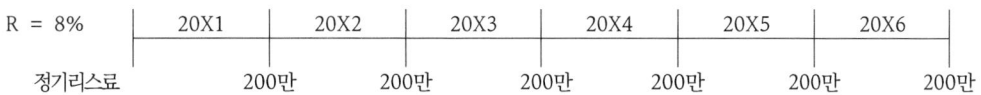

리스부채 = 2,000,000 × 4.6229 = ₩9,245,800

사용권자산 = ₩9,245,800

<20X3년 초 리스변경>

(1) 리스범위 감소로 인한 효과

리스부채의 감소 = 600,000 × 3.3121 = ₩1,987,260

사용권자산의 감소 = 6,163,866 × 30% = ₩1,849,160

(2) 대가의 변경

R = 10%	20X3	20X4	20X5	20X6
정기리스료	100만	100만	100만	100만

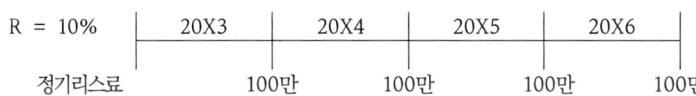

리스부채 = 1,000,000 × 3.1699 = ₩3,169,900

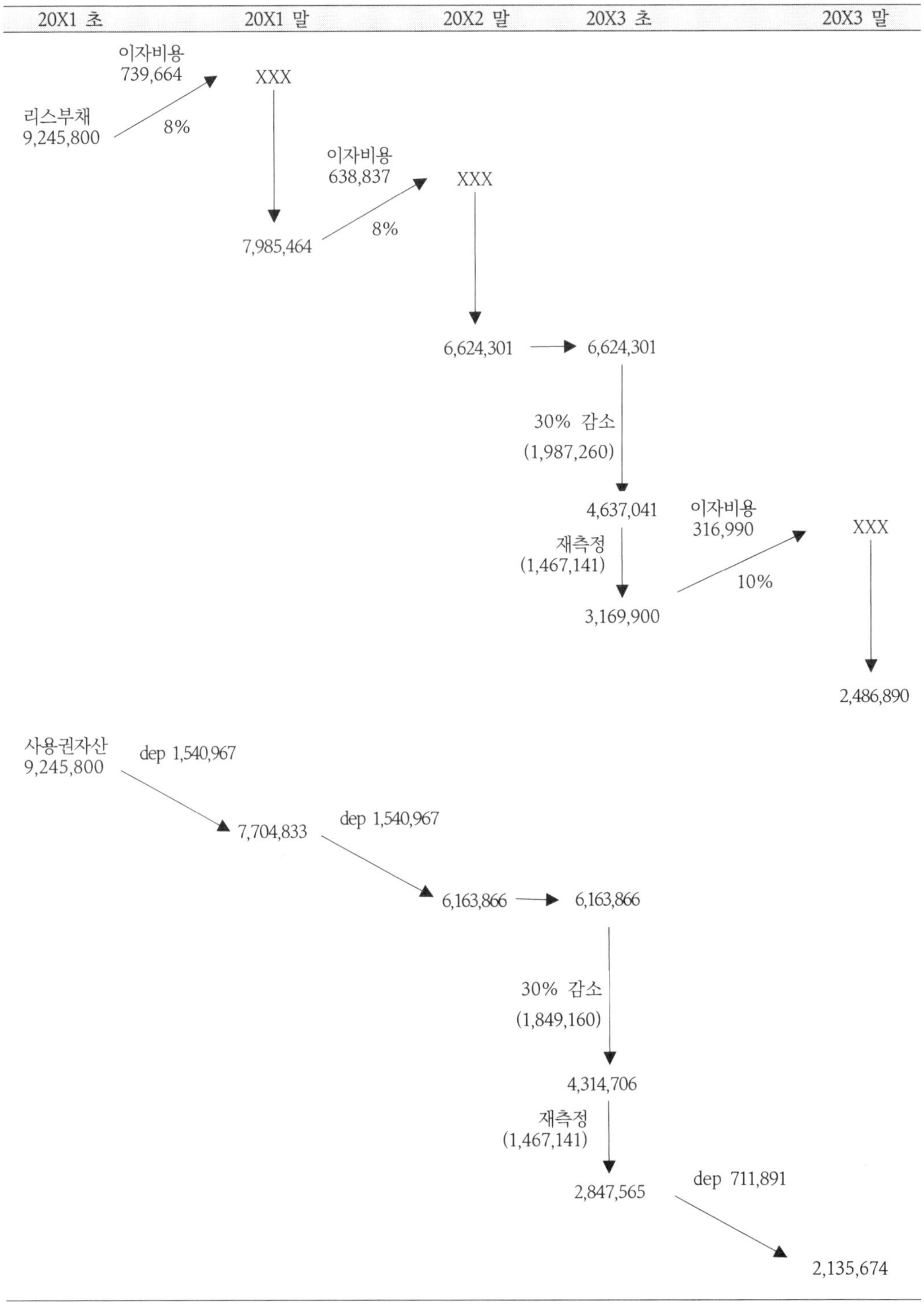

20X1년, 20X2년 감가상각비 = 9,245,800 × 1/6 = ₩1,540,967

20X3년 감가상각비 = 2,847,565 × 1/4 = ₩711,891

리스범위 감소로 인한 손익	1,987,260 − 1,849,160 =	₩138,100
이자비용	3,169,900 × 10% =	(316,990)
감가상각비	2,847,565 × 1/4 =	(711,891)
① 20X3년 당기손익 영향		(₩890,781)

② 20X3년 말 사용권자산 = ₩2,135,674

③ 20X3년 말 리스부채 = ₩2,486,890

<요구사항 2>

<기존의 리스>

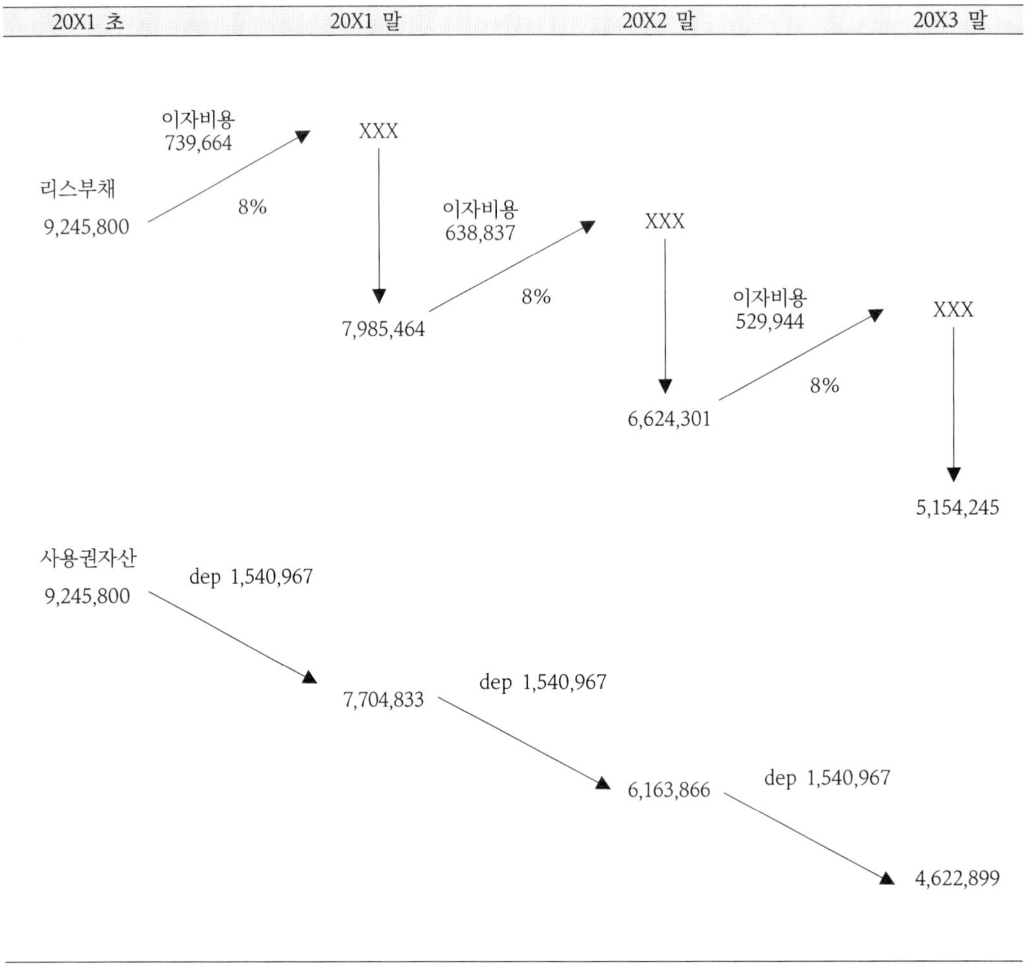

20X1 초
20X1 말
20X2 말
20X3 말
리스부채
9,245,800
이자비용
739,664
8%
XXX
7,985,464
이자비용
638,837
8%
XXX
6,624,301
이자비용
529,944
8%
XXX
5,154,245
사용권자산
9,245,800
dep 1,540,967
7,704,833
dep 1,540,967
6,163,866
dep 1,540,967
4,622,899

<별도의 추가리스>

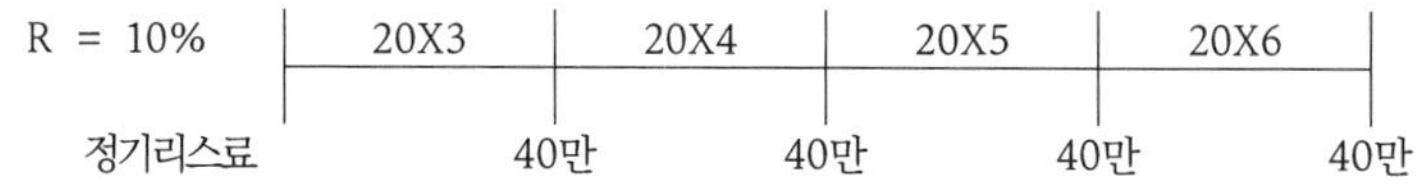

리스부채 = 400,000 × 3.1699 = ₩1,267,960

사용권자산 = ₩1,267,960

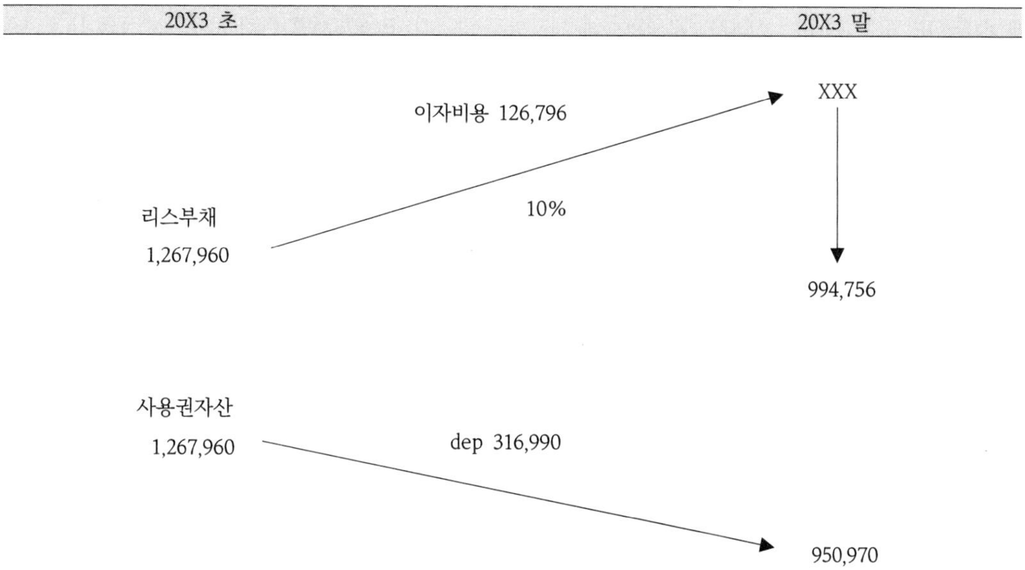

이자비용(기존리스)	6,624,301 × 8% =	(529,944)
감가상각비(기존리스)	9,245,800 × 1/6 =	(1,540,967)
이자비용(추가리스)	1,267,960 × 10% =	(126,796)
감가상각비(추가리스)	1,267,960 × 1/4 =	(316,990)
① 20X3년 당기손익 영향		(₩2,514,697)

② 20X3년 말 사용권자산 = 4,622,899 + 950,970 = ₩5,573,869

③ 20X3년 말 리스부채 = 5,154,245 + 994,756 = ₩6,149,001

물음 2)

사용권자산의 소유에 따른 위험과 보상의 대부분을 이전하는 전대리스는 금융리스로, 대부분을 이전하지 않는 전대리스는 운용리스로 분류한다.

문제 4
리스부채재측정과 리스변경 | (세무사 2020, 16점)

㈜세무는 20X1년 1월 1일에 ㈜나라리스로부터 기초자산 A(기계)를, ㈜민국리스로부터 기초자산 B(사무실)를 각각 리스하는 계약을 체결하였다. 기초자산 A와 B의 리스 모두 리스개시일은 20X1년 1월 1일이며 리스기간은 6년이고, 리스료는 매년 말에 지급한다. 기초자산 A와 B는 리스기간 종료 시 리스제공자에게 반환하며, 모든 리스는 소액기초자산리스에 해당하지 않는다. 리스개시일 현재 기초자산 A의 내용연수는 8년(잔존가치 ₩0), 기초자산 B의 내용연수는 10년(잔존가치 ₩0)이다. 리스의 내재이자율은 알 수 없으며, 20X1년 1월 1일 ㈜세무의 증분차입이자율은 연 5%이다. ㈜세무는 모든 사용권자산에 대해 원가모형을 적용하여 회계처리하고 있으며, 사용권자산은 모두 잔존가치 없이 정액법을 이용하여 상각한다. 한편, 현재가치 계산이 필요할 경우 다음의 현가계수를 이용하고 금액은 소수점 첫째자리에서 반올림하여 계산한다. [예: ₩555.555 → ₩556]

기간	단일금액 ₩1의 현가계수		정상연금 ₩1의 현가계수	
	5%	10%	5%	10%
1	0.9524	0.9091	0.9524	0.9091
2	0.9070	0.8264	1.8594	1.7355
3	0.8638	0.7513	2.7232	2.4868
4	0.8227	0.6830	3.5460	3.1699
5	0.7835	0.6209	4.3295	3.7908
6	0.7462	0.5645	5.0757	4.3553

물음 1)

㈜세무는 기초자산 A(기계)에 대한 리스료로 20X1년과 20X2년에는 연간 ₩100,000을 지급하고, 이후에는 2년 단위로 소비자물가지수의 변동을 반영하여 리스료를 조정하기로 하였다. 20X3년과 20X4년의 리스료는 20X3년 초의 소비자물가지수를 반영하여 산정하고, 20X5년과 20X6년의 리스료는 20X5년 초의 소비자물가지수를 반영하여 산정한다. 리스개시일의 소비자물가지수는 100이었으나 20X3년 1월 1일에는 120으로 상승하였고 그 이후에는 변동이 없다고 가정한다. 20X3년 1월 1일 ㈜세무의 증분차입이자율은 연 10%이다. 기초자산 A의 리스와 관련하여 ㈜세무가 20X2년과 20X3년에 당기손익으로 인식할 아래 항목의 금액을 각각 계산하시오. (단, 기초자산 A의 리스와 관련하여 발생한 비용 중 자본화된 금액은 없다.)

구분	감가상각비	이자비용
20X2년	①	②
20X3년	③	④

물음 2)

기초자산 B는 1,000m^{2}의 사무실 공간이며, 이에 대한 리스료로 ㈜세무는 연간 ₩200,000을 지급한다. 20X3년 1월 1일에 ㈜세무는 리스기간 중 남은 4년 동안 사무실의 공간을 1,000m^{2}에서 500m^{2}로 줄이기로 ㈜민국리스와 합의하였으며, 남은 4년 동안 리스료로 매년 말에 ₩120,000씩 지급하기로 하였다. 리스계약변경시점인 20X3년 1월 1일 ㈜세무의 증분차입이자율은 연 10%이다. 기초자산 B의 리스와 관련하여 20X3년 1월 1일 ㈜세무가 인식할 리스부채와 리스변경손익, 그리고 20X3년에 당기손익으로 인식할 리스부채의 이자비용과 사용권자산에 대한 감가상각비를 각각 계산하시오. (단, 기초자산 B의 리스와 관련하여 발생한 비용 중 자본화된 금액은 없다. 또, 리스변경손실이 발생한 경우에는 금액 앞에 '(-)'를 표시하며 계산된 금액이 없는 경우에는 '없음'으로 표시하시오.)

구분	리스부채	리스변경손익
20X3년 1월 1일	①	②

구분	이자비용	감가상각비
20X3년 당기손익	③	④

해설

물음 1)

<최초측정>

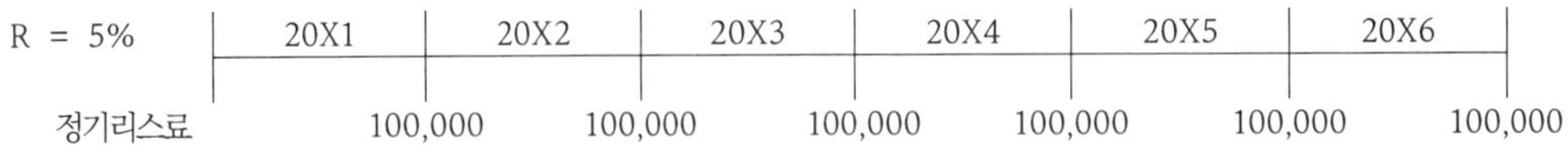

리스부채 = 100,000 × 5.0757 = ₩507,570

사용권자산 = ₩507,570

<20X3년 초 재측정>

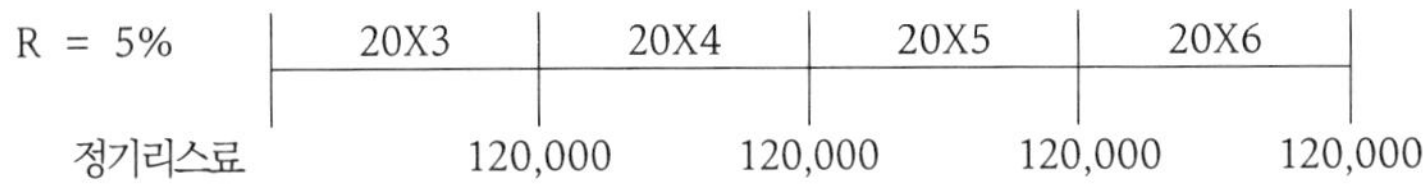

리스부채 = 120,000 × 3.5470 = ₩425,520

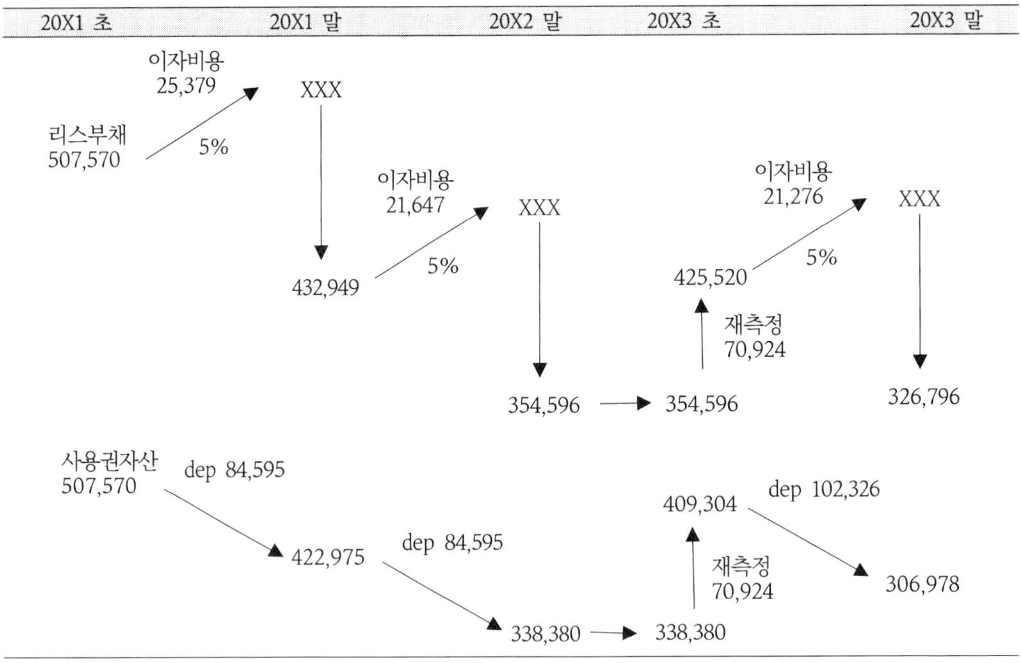

① 20X2년 감가상각비 = 507,570 × 1/6 = ₩84,595

② 20X2년 이자비용 = 432,949 × 5% = ₩21,647

③ 20X3년 감가상각비 = 409,304 × 1/4 = ₩102,326

④ 20X3년 이자비용 = 425,520 × 5% = ₩21,276

물음 2)

<최초측정>

R = 5%	20X1	20X2	20X3	20X4	20X5	20X6
정기리스료	200,000	200,000	200,000	200,000	200,000	200,000

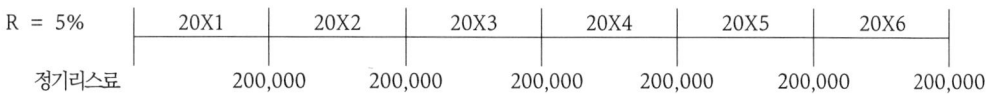

리스부채 = 200,000 × 5.0757 = ₩1,015,140

사용권자산 = ₩1,015,140

<20X3년 초 리스변경>

(1) 리스범위 감소로 인한 효과

리스부채의 감소 = 100,000 × 3.5460 = ₩354,600

사용권자산의 감소 = 676,760 × 50% = ₩338,380

(2) 대가의 변동

R = 10%	20X3	20X4	20X5	20X6
정기리스료	120,000	120,000	120,000	120,000

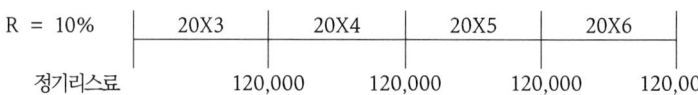

리스부채 = 120,000 × 3.1699 = ₩380,388

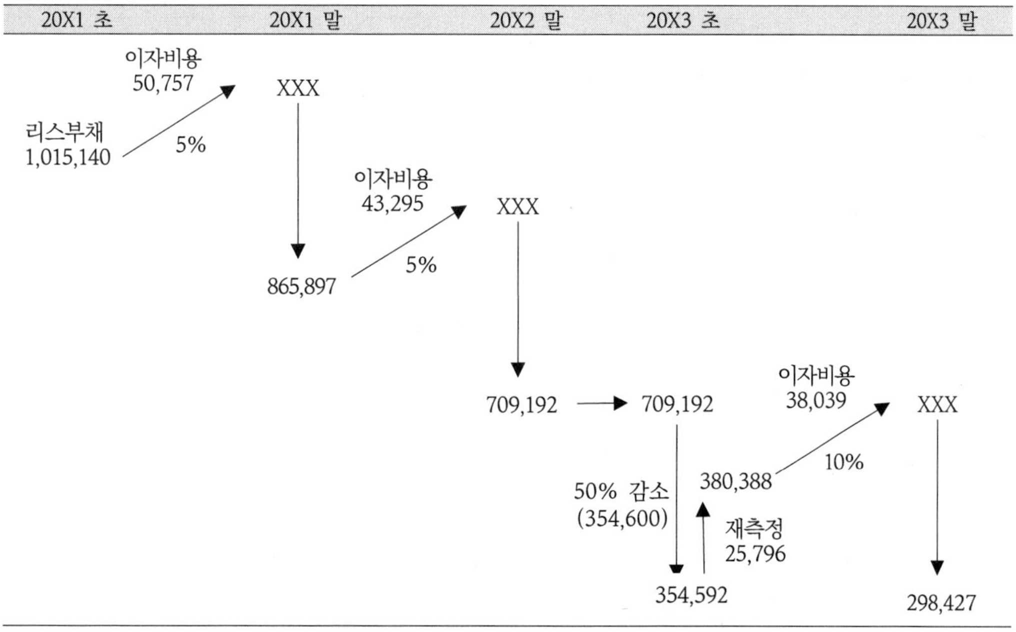

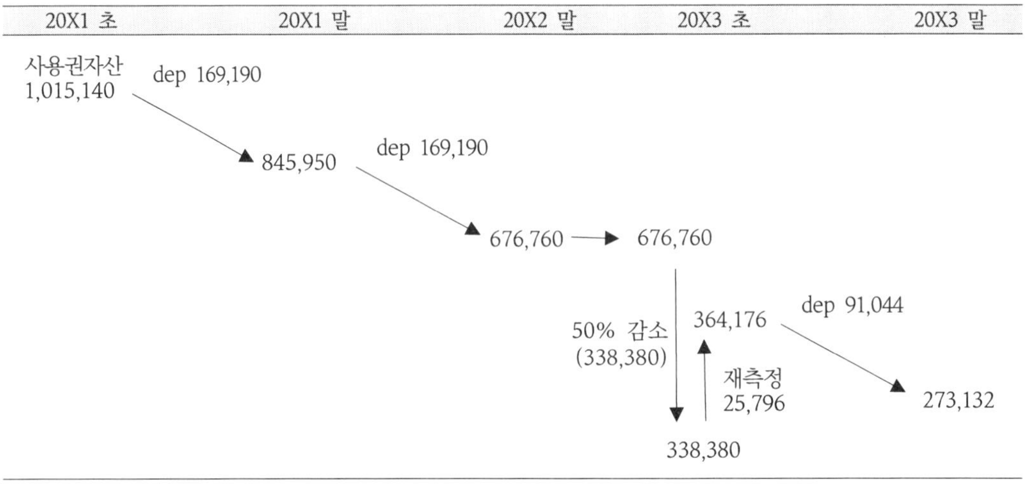

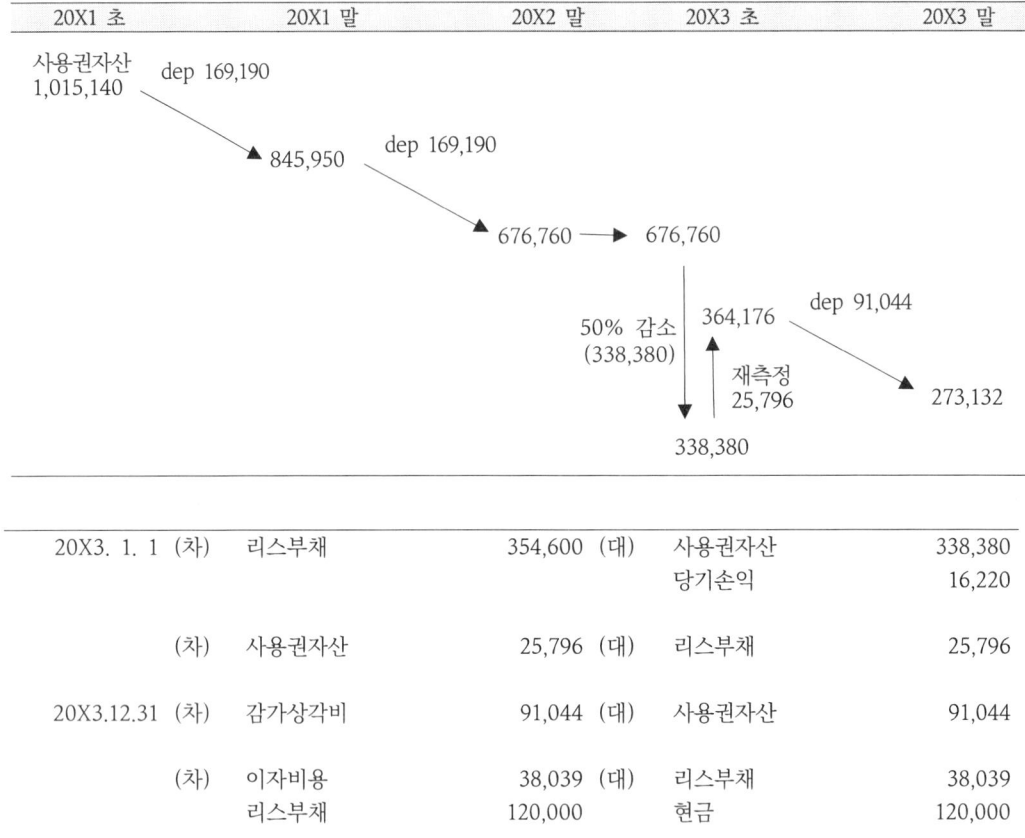

20X3. 1. 1	(차)	리스부채	354,600	(대)	사용권자산	338,380
					당기손익	16,220
	(차)	사용권자산	25,796	(대)	리스부채	25,796
20X3.12.31	(차)	감가상각비	91,044	(대)	사용권자산	91,044
	(차)	이자비용	38,039	(대)	리스부채	38,039
		리스부채	120,000		현금	120,000

① 20X3년 1월 1일 리스부채 = ₩380,388

② 20X3년 1월 1일 리스변경이익 = 354,600 - 338,380 = ₩16,220

③ 20X3년 이자비용 = 380,388 × 10% = ₩38,039

④ 20X3년 감가상각비 = 364,176 × 1/4 = ₩91,044

문제 5
판매후리스 | (회계사 2021, 10점)

※ 다음의 각 물음은 독립적이다.

㈜민국은 20X1년 1월 1일 보유하던 건물을 ㈜대한에게 매각하고, 같은 날 동 건물을 리스하여 사용하는 계약을 체결하였다. 다음의 <자료>를 이용하여 물음에 답하시오.

<자 료>

1. ㈜민국이 보유하던 건물의 20X1년 1월 1일 매각 전 장부금액은 ₩3,000,000이며, 공정가치는 ₩5,000,000이다.
2. 20X1년 1월 1일 동 건물의 잔존내용연수는 8년이고 잔존가치는 없다. ㈜민국과 ㈜대한은 감가상각 방법으로 정액법을 사용한다.
3. 리스개시일은 20X1년 1월 1일이며, 리스료는 리스기간 동안 매년 말 ₩853,617을 수수한다.
4. 리스기간은 리스개시일로부터 5년이며, 리스 종료일에 소유권이 이전되거나 염가로 매수할 수 있는 매수선택권 및 리스기간 변경 선택권은 없다.
5. ㈜대한은 해당 리스를 운용리스로 분류한다. 리스계약과 관련하여 지출한 리스개설직접원가는 없다.
6. 리스의 내재이자율은 연 7%로, ㈜민국이 쉽게 산정할 수 있다.
7. 현재가치 계산 시 아래의 현가계수를 이용하고, 답안 작성 시 원 이하는 반올림한다.

기간	7%	
	단일금액 ₩1의 현가계수	정상연금 ₩1의 현가계수
1	0.9346	0.9346
2	0.8734	1.8080
3	0.8163	2.6243
4	0.7629	3.3872
5	0.7130	4.1002

물음 1)

㈜민국은 보유하고 있던 건물을 공정가치인 ₩5,000,000에 매각하였으며, 동 거래는 수익인식기준에 근거한 판매로 판단된다. 아래 요구사항에 답하시오.

<요구사항 1>

리스이용자인 ㈜민국의 20X1년 12월 31일 재무상태표에 표시될 ① 사용권자산(순액), ② 리스부채 금액 및 20X1년도 포괄손익계산서 상 ③ 당기순이익에 미치는 영향을 계산하시오. 단, 당기순이익이 감소하는 경우에는 금액 앞에 (-)를 표시하시오.

회사	구분	금액
㈜민국	사용권자산(순액)	①
	리스부채	②
	당기순이익에 미치는 영향	③

<요구사항 2>

해당 리스거래가 리스제공자인 ㈜대한의 20X1년도 포괄손익계산서 상 당기순이익에 미치는 영향을 계산하시오. 단, 당기순이익이 감소하는 경우에는 금액 앞에 (-)를 표시하시오.

회사	구분	금액
㈜대한	당기순이익에 미치는 영향	①

물음 2)

㈜민국이 건물을 매각한 거래가 수익인식기준에 근거한 판매가 아닌 것으로 판단되는 경우, 판매자인 ① ㈜민국과 구매자인 ② ㈜대한은 이전된 매각 금액을 어떻게 회계처리하여야 하는지 간략히 기술하시오.

㈜민국	①
㈜대한	②

해설

물음 1)

<요구사항 1>

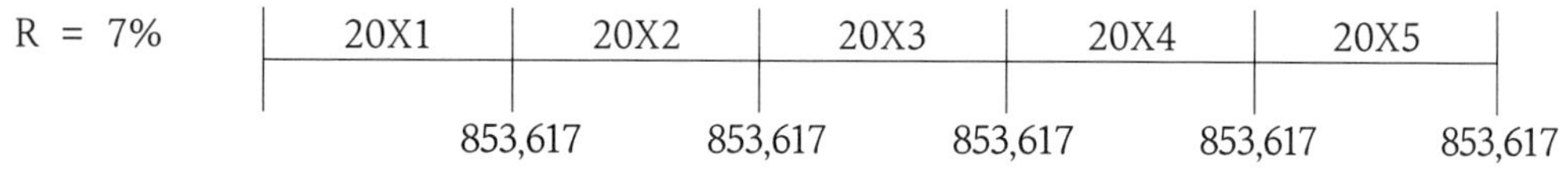

PV = 853,617 × 4.1002 = ₩3,500,000

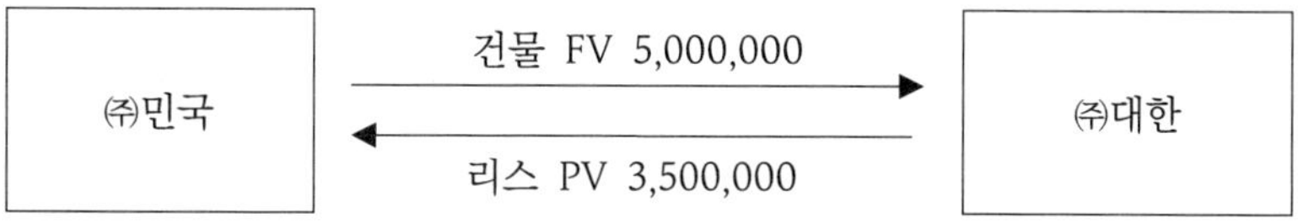

안판비율 = 3,500,000/5,000,000 = 70%

판비율 = 30%

20X1. 1. 1	(차)	현금	5,000,000	(대)	건물	3,000,000
		사용권자산	2,100,000		리스부채	3,500,000
					유형자산처분이익	600,000

사용권자산 = 3,000,000 × 70% = ₩2,100,000

유형자산처분이익 = (5,000,000 − 3,000,000) × 30% = ₩600,000

유형자산처분이익		₩600,000
감가상각비	2,100,000 × 1/5 =	(420,000)
이자비용	3,500,000 × 7% =	(245,000)
③ 20X1년 당기손익영향		(₩65,000)

① 20X1년 말 사용권자산 = 2,100,000 − 420,000 = ₩1,680,000

② 20X1년 말 리스부채 = 3,500,000 × 1.07 − 853,617 = ₩2,891,383

<요구사항 2>

20X1. 1. 1	(차)	운용리스자산	5,000,000	(대)	현금	5,000,000
20X1.12.31	(차)	현금	853,617	(대)	운용리스수익	853,617
	(차)	감가상각비	625,000	(대)	운용리스자산	625,000

리스수익		₩853,617
감가상각비	5,000,000 × 1/8 =	(625,000)
① 20X1년 당기손익영향		₩228,617

물음 2)

① ㈜민국

판매자-리스이용자는 이전된 자산을 계속 인식하고, 이전 대가와 같은 금액으로 금융부채를 인식한다.

② ㈜대한

구매자-리스제공자는 이전된 자산을 인식하지 않고, 이전 대가와 같은 금액으로 금융자산을 인식한다.

문제 6
리스변경 | (회계사 2024, 10점)

※ 다음의 각 물음은 독립적이다.

다음의 <공통자료>를 이용하여 각 물음에 답하시오. 단, 모든 리스는 소액자산 리스에 해당하지 않는다.

<공통자료>

1. 리스제공자인 ㈜민국리스는 리스이용자인 ㈜대한과 리스개시일인 20X1년 1월 1일에 기초자산인 사무실 공간 300㎡를 6년 간 리스하는 계약을 체결하였다. 기초자산의 내용연수는 7년, 내용연수 종료시점의 추정잔존가치는 없으며, 정액법으로 감가상각한다.

2. 연간 고정리스료는 매년 말에 ₩1,000,000을 지급하며, 리스기간 종료시점 이전에 ㈜대한에게 기초자산의 소유권이 이전되거나 사용권자산의 원가에 ㈜대한이 매수선택권을 행사하는 경우는 없다.

3. 리스기간 종료시점에 해당 기초자산의 잔존가치는 ₩0으로 추정되며, 사용권자산은 정액법으로 감가상각한다. 또한 ㈜대한과 ㈜민국리스가 리스계약과 관련하여 지출한 리스개설직접원가는 없다.

4. 20X1년 1월 1일에 동 리스의 내재이자율은 쉽게 산정할 수 없으며, 리스개시일에 리스이용자의 증분차입이자율은 연 7%이다.

5. 현재가치 계산 시 아래의 현가계수를 이용하고, 답안 작성 시 원 미만은 반올림한다.

기간	정상연금 ₩1의 현가계수	
	7%	8%
3	2.6243	2.5770
4	3.3872	3.3120
5	4.1002	3.9927
6	4.7665	4.6229

물음 1)

상기 <공통자료>와 다음 <자료 1>을 이용하여 답하시오.

<자료 1>

- 20X3년 1월 1일에 ㈜대한과 ㈜민국리스는 기존리스를 수정하여 20X3년 1월 1일부터 같은 건물에 100㎡의 공간을 추가하고, 리스기간을 6년에서 5년으로 줄이기로 합의하였다. 이에 따라 ㈜대한은 총 400㎡에 대한 연간 고정리스료를 20X3년부터 20X5년까지 매년 말에 ₩1,400,000씩 지급해야 한다.
- 한편, 100㎡ 공간의 범위 확장에 대한 대가는 계약 상황을 반영하여 조정한 넓어진 범위의 개별 가격에 상응하지 않는다. 20X3년 1월 1일에 리스의 내재이자율은 쉽게 산정할 수 없으며, 리스이용자의 증분차입이자율은 연 8%이다.
- 해당 기초자산은 정액법으로 감가상각하며, 리스기간 종료시점의 잔존가치는 ₩0이다.

위 거래와 관련한 모든 회계처리가 ㈜대한의 20X3년도 포괄손익계산서의 당기순이익 감소에 미치는 영향과 20X3년 말 재무상태표에 표시되는 리스부채 및 사용권자산의 금액을 각각 계산하시오.

당기순이익 감소에 미치는 영향	①
리스부채	②
사용권자산	③

물음 2)

상기 <공통자료>와 다음 <자료 2>를 이용하여 답하시오.

<자료 2>

- 20X3년 1월 1일에 ㈜대한과 ㈜민국리스는 기존 리스를 수정하여 기초자산 사용권의 추가없이 계약상 리스기간을 20X7년까지 추가로 1년 연장하기로 합의하였다.
- 연간 고정리스료는 변동되지 않으며, 20X3년 1월 1일에 리스의 내재이자율은 쉽게 산정할 수 없고, 리스이용자의 증분차입이자율은 연 8%이다.
- 해당 기초자산은 정액법으로 감가상각하며, 리스기간 종료시점의 잔존가치는 ₩0이다.

㈜대한의 20X3년 말 재무상태표에 표시되는 리스부채 및 사용권자산의 금액을 각각 계산하시오.

리스부채	①
사용권자산	②

해설

물음 1)

<최초측정>

R = 7%	20X1	20X2	20X3	20X4	20X5	20X6
	1,000,000	1,000,000	1,000,000	1,000,000	1,000,000	1,000,000

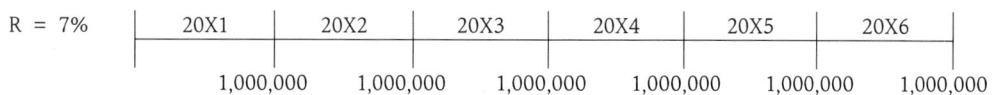

PV = 1,000,000 × 4.7665 = 4,766,500

<20X3년 초 리스변경>

(1) 리스범위 감소로 인한 효과

리스부채의 감소 = 1,000,000 ÷ 1.07^4 = ₩762,895

사용권자산의 감소 = 3,177,666 × 1/4 = ₩794,416

(2) 리스면적과 대가의 증가

R = 8%	20X3	20X4	20X5
리스료	1,400,000	1,400,000	1,400,000

리스부채 재측정금액= 1,400,000 × 2.5770 = ₩3,607,800

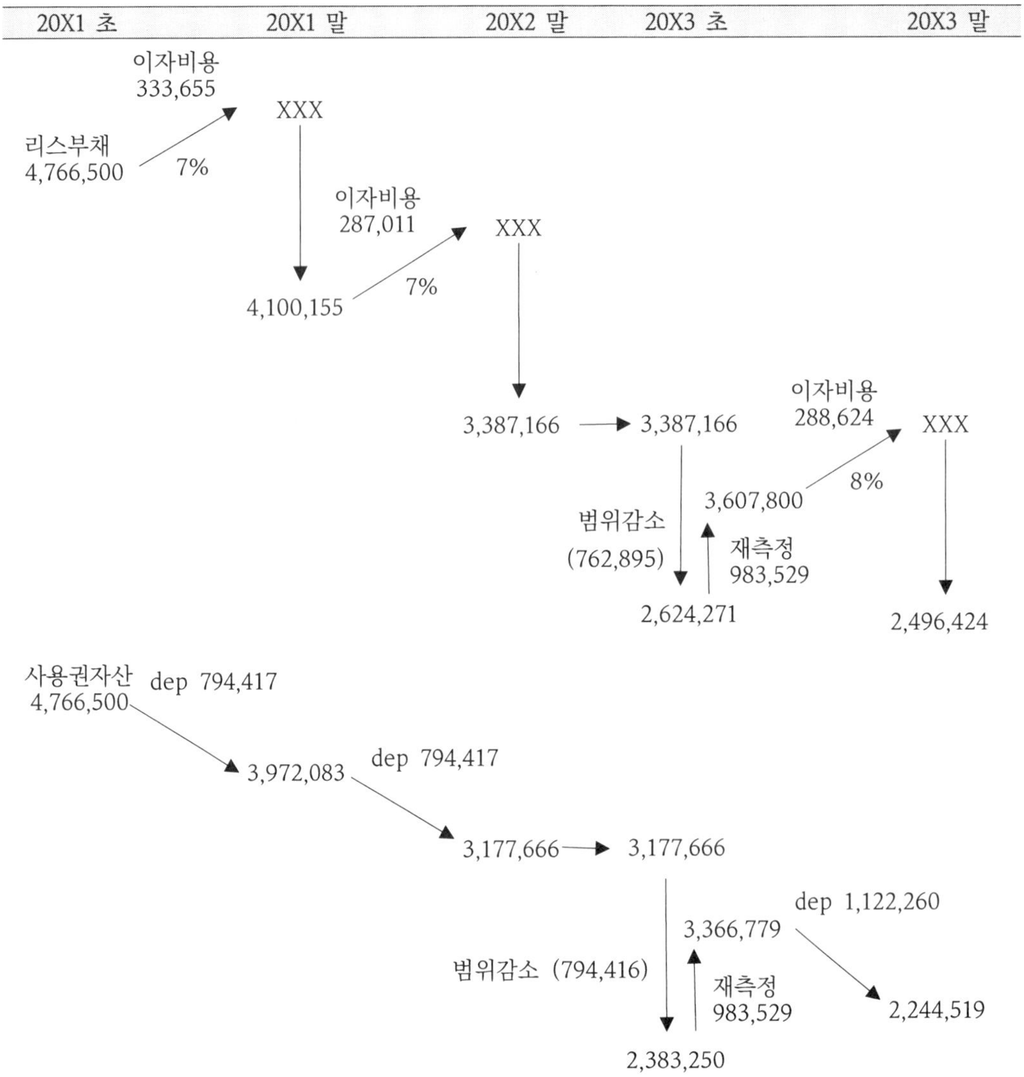

범위감소로 인한 손익	762,895 - 794,416	=	(₩31,521)
이자비용	3,607,800 × 8%	=	(288,624)
감가상각비	3,366,779 × 1/3	=	(1,122,260)
① 20X3년 당기손익영향			(-)₩1,442,405

② 20X3년 말 리스부채 = ₩2,496,424

③ 20X3년 말 사용권자산 = ₩2,244,519

물음 2)

<20X3년 초 리스변경>

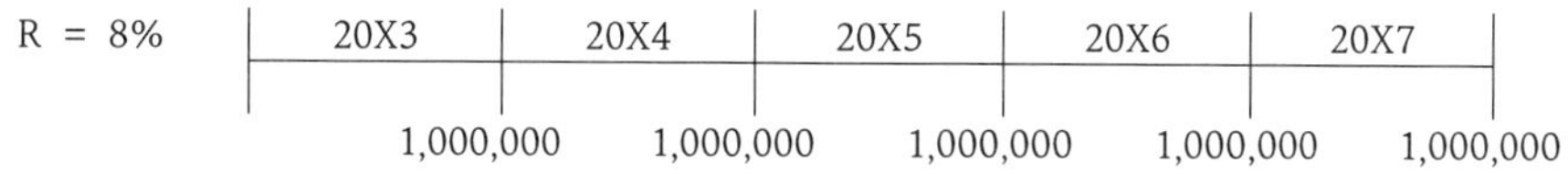

리스부채 재측정금액= 1,000,000 × 3.9927 = ₩3,992,700

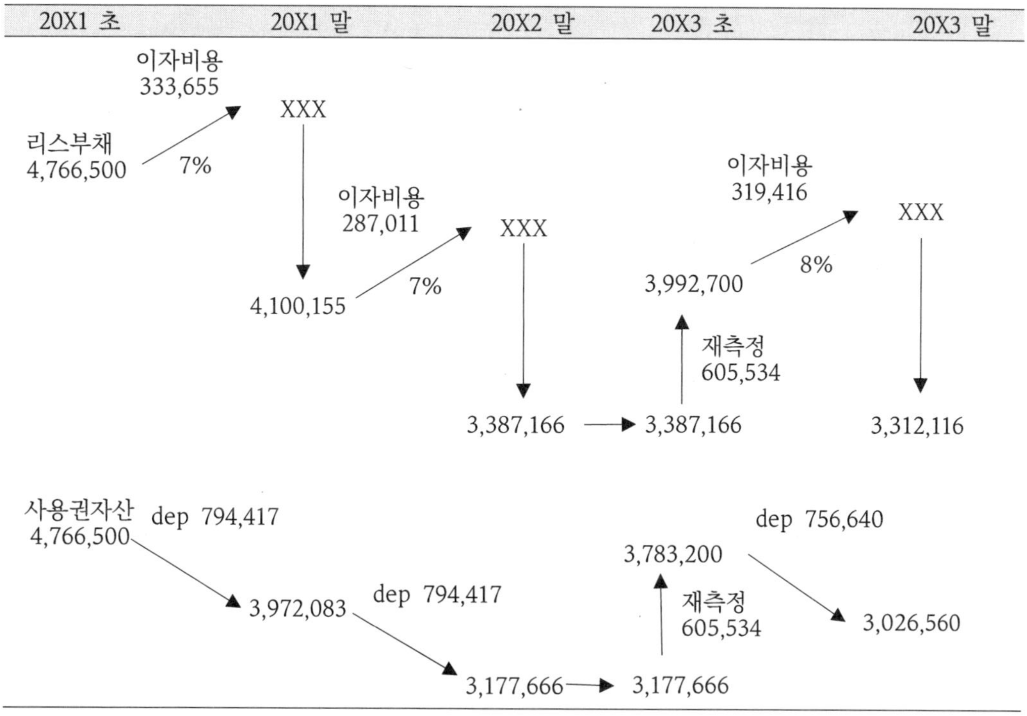

① 20X3년 말 리스부채 = ₩3,312,116

② 20X3년 말 사용권자산 = ₩3,026,560

MEMO

CHAPTER

제14장 회계변경과 오류수정

번호	내용	배점	난이도
1	매출 관련 오류 (세무사 2017)	7점	Lv 1
2	대손충당금, 차입금, 무형자산 관련 오류 (회계사 2018)	11점	Lv 2
3	재고자산 원가흐름가정 변경 (회계사 2020)	5점	Lv 2
4	사채 관련 오류(회계사 2022)	11점	Lv 3
5	회계정책 변경사유 (세무사 2022)	2점	Lv 1
6	재평가모형의 최초적용과 감가상각 관련 회계추정 변경 (세무사 2022)	8점	Lv 1
7	감가상각, 재고자산, 선급비용 관련 오류 (세무사 2022)	6점	Lv 1
8	리스 관련 오류 (회계사 2023)	11점	Lv 3
9	전환사채 관련 오류 (회계사 2024)	4점	Lv 2

〈난이도 분류〉

세무사 동차생 : Lv 1까지 / 세무사 유예생 : Lv 2까지 / 회계사 동차생 : Lv 3까지 / 회계사 유예생 : Lv 4까지

문제 1
매출 관련 오류 | (세무사 2017, 7점)

20X1년 초 설립된 ㈜민국은 20X3년도 재무제표의 발행이 승인되기 전에 다음과 같은 중요한 오류사항을 발견하였다.

(1) 20X2년 12월 28일 ㈜갑과 선적지인도조건으로 상품을 ₩500,000(원가 ₩450,000)에 판매하는 계약을 체결하였다. 해당 상품은 20X2년 12월 30일에 선적되어 20X3년 1월 5일에 ㈜갑에게 인도되었고, ㈜민국은 20X3년에 매출을 인식하였다.

(2) 20X3년 10월 1일 ㈜민국은 원가 ₩1,000,000인 상품을 ㈜병에게 ₩1,000,000에 인도하면서 매출을 인식하였다. ㈜민국은 동 상품을 6개월 후 ₩1,100,000에 재구매하기로 약정하였다.

(3) 20X3년 11월 10일 ㈜민국은 고객에게 상품을 인도하고 ₩250,000의 매출을 인식하였다. 이 거래는 시용판매에 해당(인도일로부터 2개월 간 구입의사 표시 가능)하며 매출총이익률은 20%이다. 20X3년 12월 31일까지 고객이 구입의사를 표시하지 않은 금액은 판매가로 ₩100,000이다.

오류 수정 전 당기순이익은 20X1년 ₩1,500,000, 20X2년 ₩3,000,000, 20X3년 ₩1,000,000이고, 20X3년 매출원가는 ₩10,000,000이다. 당기순이익 외에 이익잉여금의 변동사항은 없다. 상기 오류를 수정한 후 ㈜민국의 ① 20X3년 매출원가, ② 20X3년 당기순이익, ③ 20X3년 기말 이익잉여금을 각각 계산하시오.

해설

오류 (1)	(차)	매출	500,000	(대)	매출원가	450,000
					이익잉여금	50,000

오류 (2)	(차)	매출	1,000,000	(대)	차입금	1,000,000
		상품	1,000,000		매출원가	1,000,000
	(차)	이자비용	50,000	(대)	미지급이자	50,000

오류 (3)	(차)	매출	100,000	(대)	매출채권	100,000
		상품	80,000		매출원가	80,000

	20X3년 매출원가	20X3년 당기순이익	20X3년 말 이익잉여금
수정전	₩10,000,000	₩1,000,000	₩5,500,000
오류 (1)	(450,000)	(50,000)	-
오류 (2)	(1,000,000)	(50,000)	(50,000)
오류 (3)	(80,000)	(20,000)	(20,000)
수정후	₩8,470,000	₩880,000	₩5,430,000

<참고>

일반적으로 판매된 재고자산의 원가를 알 수 있다면 계속기록법으로, 판매된 재고자산의 원가를 알 수 없다면 실지재고조사법을 적용하였다고 가정한다.
해당 문제는 거래별로 판매된 재고자산의 가액을 알 수 있으므로 계속기록법이 출제의도라 본다. 만약 출제자의 의도가 실지재고조사법이라면 각 항목들이 기말재고자산에 포함하였는지 제시해야 추가적인 가정 없이 문제풀이가 가능하다. 따라서 이 문제는 계속기록법을 가정하는 것이 타당하다고 생각된다.

문제 2
대손충당금, 차입금, 무형자산 관련 오류 | (회계사 2018, 11점)

㈜대한은 20X1년 초에 영업을 개시하였으며, 다음은 ㈜대한의 회계담당자가 20X3년도 장부를 마감하기 전에 발견한 중요 사항들을 정리한 것이다. ㈜대한의 회계변경은 타당한 것으로 간주하고, 회계정책의 적용효과가 중요하며, 오류가 발견된 경우 중요한 오류로 간주한다. 다음 각 사항은 독립적이다.

<중요 사항>

(1) ㈜대한은 동종업계의 대손경험만을 고려하여 연도별 신용매출액의 2%를 대손상각비로 인식하고 다음과 같이 회계처리하였다. 단, 과거 3년간 ㈜대한이 대손 확정한 금액과 환입한 금액은 없다.

20X1.12.31	(차)	대손상각비	40,000	(대)	대손충당금	40,000
20X2.12.31	(차)	대손상각비	50,000	(대)	대손충당금	50,000
20X3.12.31	(차)	대손상각비	60,000	(대)	대손충당금	60,000

과거 3년간 ㈜대한의 신용매출액과 매 연도 말 추정한 기대신용손실금액은 다음과 같다.

구분	20X1년	20X2년	20X3년
신용매출액	₩2,000,000	₩2,500,000	₩3,000,000
추정기대신용 손실금액	35,000	27,000	28,000

(2) ㈜대한은 20X1년 7월 1일에 차입한 장기차입금의 3년간 이자 ₩36,000(20X1년 7월 1일~20X4년 6월 30일)을 동일자에 현금으로 선지급하고 전액 비용으로 처리하였다. 단, 현재가치 계산은 고려하지 않는다.

(3) ㈜대한은 20X2년 초 ₩500,000에 무형자산을 취득하였다. 취득 시점에 해당 무형자산이 순현금유입을 창출할 것으로 기대되는 기간을 합리적으로 결정할 수 없어서 내용연수가 비한정(indefinite)이라고 판단하고 무형자산을 상각하지 않았다. 20X3년 말에 해당 무형자산의 내용연수가 비한정이라는 평가가 계속하여 정당화되는지를 검토한 결과, 사건과 상황이 그러한 평가를 정당화하지 않는다고 판단하여 비한정 내용연수를 유한한 내용연수 4년(정액법 상각, 추정잔존가치 ₩0)으로 변경하고 다음과 같이 소급하여 회계처리하였다.

20X3.12.31	(차)	전기이월이익잉여금	100,000	(대)	무형자산	200,000
		무형자산상각비	100,000			

(4) ㈜대한은 20X3년 초에 특허권을 ₩1,000,000에 취득하였으며 동 특허권의 법적 권리기간은 20년이나 순현금유입이 가능한 기간은 10년이 될 것으로 예상한다. ㈜대한은 취득가액의 60%인 ₩600,000으로 5년 후에 특허권을 구매하려는 제3자와 약정하였으며 5년 후에 특허권을 매각할 의도를 가지고 있다. 동 금액에 대한 매각예정시점으로부터의 현재가치는 ₩550,000이다. ㈜대한은 이와 관련하여 다음과 같이 정액법을 적용하여 회계처리하였다.

20X3. 1. 1	(차)	무형자산	1,000,000	(대)	현금	1,000,000
20X3.12.31	(차)	무형자산상각비	100,000	(대)	무형자산	100,000

물음 1)

상기 거래들에 대한 회계처리를 올바르게 수정하였을 때 ㈜대한의 20X3년 전기이월이익잉여금 및 당기순이익에 미치는 영향을 계산하시오. 단, 감소하는 경우에는 (-)를 숫자 앞에 표시하시오.

항목	20X3년	
	전기이월이익잉여금	당기순이익
(1) 대손상각	①	②
(2) 이자 지급	③	④
(3) 무형자산	⑤	⑥
(4) 특허권 거래		⑦

물음 2)

한국채택국제회계기준(K-IFRS) 하에서 유형자산과 무형자산의 감가상각방법 변경을 회계정책의 변경이 아닌 회계추정의 변경으로 회계처리하는 이유를 간략하게 설명하시오.

해설

물음 1)

<중요사항 1>

20X2년 말 수정후 대손충당금 = 35,000 + 27,000 = ₩62,000

20X2년 말 수정전 대손충당금 = 40,000 + 50,000 = ₩90,000 (₩28,000 과대계상)

20X3년 말 수정후 대손충당금 = 35,000 + 27,000 + 28,000 = ₩90,000

20X3년 말 수정전 대손충당금 = 40,000 + 50,000 + 60,000 = ₩150,000 (₩60,000 과대계상)

(차)	대손충당금	60,000	(대)	대손상각비	32,000
				이익잉여금	28,000

① 전기이월이익잉여금 영향 = ₩28,000

② 당기손익 영향 = ₩32,000

<참고>

문제에 제시된 매 연도 말 기대신용손실금액은 누적기준이 아니라 당기 발생한 매출채권에 대한 기대신용손실금액이라고 가정하고 풀이하였다.

<중요사항 2>

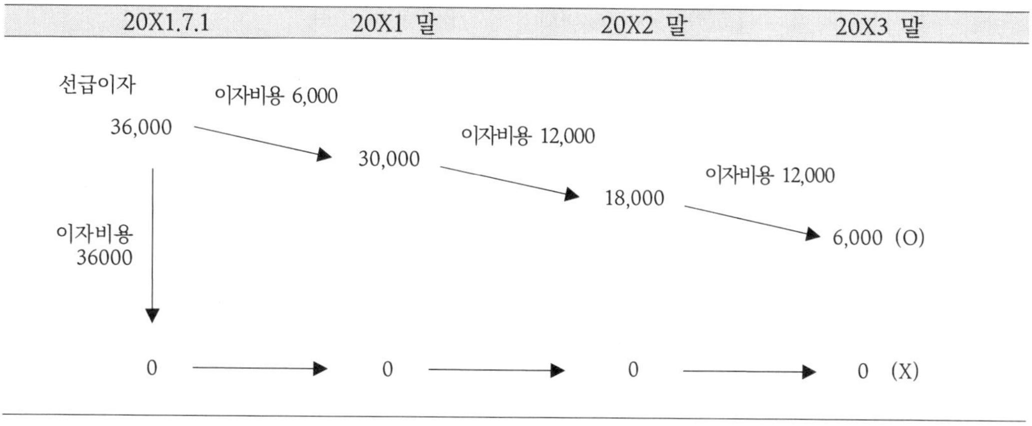

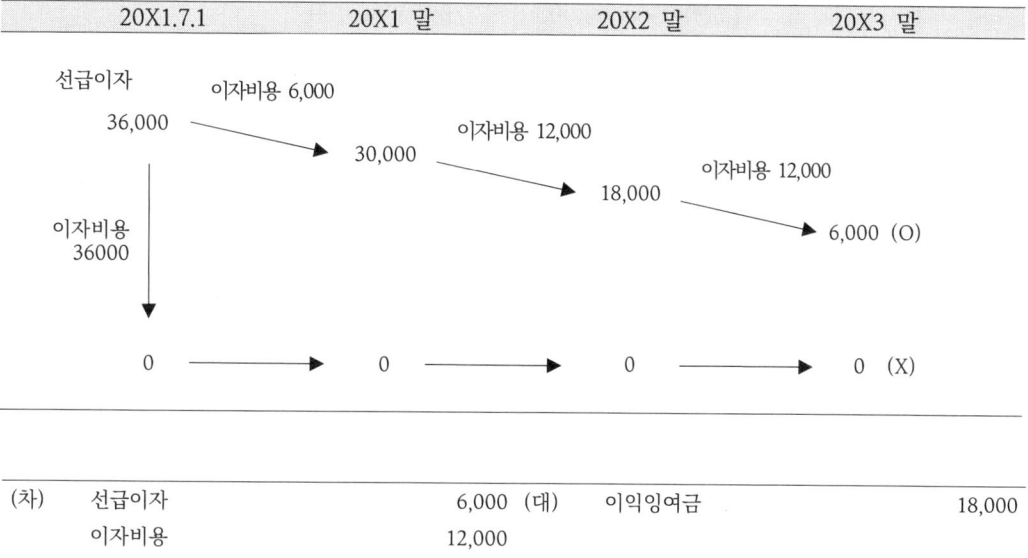

(차)	선급이자	6,000	(대)	이익잉여금	18,000
	이자비용	12,000			

③ 전기이월이익잉여금 영향 = ₩18,000

④ 당기손익 영향 = (-)₩12,000

<중요사항 3>

올바른 20X3년 무형자산상각비 = 500,000 × 1/3 = ₩166,667

회사의 잘못된 회계처리를 취소하고 올바른 감가상각비를 인식한다.

(차)	무형자산	200,000	(대)	이익잉여금	100,000
				무형자산상각비	100,000
(차)	무형자산상각비	166,667	(대)	무형자산	166,667

⑤ 전기이월이익잉여금 영향 = ₩100,000

⑥ 당기손익 영향 = 100,000 + (166,667) = (-)₩66,667

<참고>

문제에서 주어진 내용연수 4년은 해당 무형자산의 전체내용연수를 제시한 것이라 판단하고 풀이하였다. 따라서 20X3년 초 기준 잔존내용연수는 3년이다.

<중요사항 4>

올바른 무형자산상각비 = (1,000,000 - 600,000) × 1/5 = ₩80,000

(차)	무형자산	20,000	(대)	무형자산상각비	20,000

⑦ 당기손익 영향 = ₩20,000

물음 2)

현행국제회계기준은 감가상각방법 결정시 자산의 미래경제적효익이 소비될 것으로 예상되는 형태를 반영하라고 규정하고 있다. 자산의 미래경제적효익이 소비될 것으로 예상되는 형태는 추정을 통해 선택하여야 하므로 회계추정의 변경에 해당한다.

문제 3
재고자산 원가흐름가정 변경 | (회계사 2020, 5점)

다음의 <자료>를 이용하여 <요구사항>에 답하시오.

<자료>

1. ㈜대한은 20X1년 초에 설립된 이후 계속적으로 가중평균법을 적용하여 재고자산을 평가하여 왔다.
2. 재고자산평가방법을 가중평균법으로 계속 적용할 경우, ㈜대한의 20X3년도 포괄손익계산서 상 당기순이익과 20X3년 말 재무상태표 상 이익잉여금은 각각 ₩1,000,000과 ₩2,500,000이다.
3. ㈜대한은 20X3년도에 재무상태 및 재무성과에 관한 정보를 신뢰성 있고 더 목적적합하게 제공하기 위하여 재고자산평가방법을 선입선출법으로 변경하였다. 재고자산의 평가방법에 따른 기말평가금액은 다음과 같다.

평가방법	20X1년 말	20X2년 말	20X3년 말
가중평균법	₩705,000	₩840,000	₩930,000
선입선출법	720,000	830,000	970,000

<요구사항 1>

법인세 효과를 고려하는 경우와 법인세 효과를 고려하지 않는 경우 각각에 대해서 ㈜대한이 20X3년 초에 소급법을 적용하기 위한 회계처리를 제시하시오. 단, 법인세율은 30%로 가정한다.

법인세 효과를 고려하는 경우	①
법인세 효과를 고려하지 않는 경우	②

<요구사항 2>

동 회계정책의 변경을 반영하여 재무제표가 재작성될 경우, ㈜대한의 20X3년도 포괄손익계산서 상 당기순이익과 20X3년 말 재무상태표 상 이익잉여금을 계산하시오. 단, 법인세 효과는 고려하지 않는다.

당기순이익	①
이익잉여금	②

해설

<요구사항 1>

① 법인세효과를 고려하는 경우

(차)	이익잉여금	10,000	(대)	재고자산	10,000
	이연법인세자산	3,000		이익잉여금	3,000

② 법인세효과를 고려하지 않는 경우

(차)	이익잉여금	10,000	(대)	재고자산	10,000

<요구사항 2>

기말재고 ₩40,000 증가 → 재고자산

나머지 → 매출원가

(차)	재고자산	40,000	(대)	매출원가	50,000
	이익잉여금	10,000			

기초재고 ₩10,000 감소 → 이익잉여금

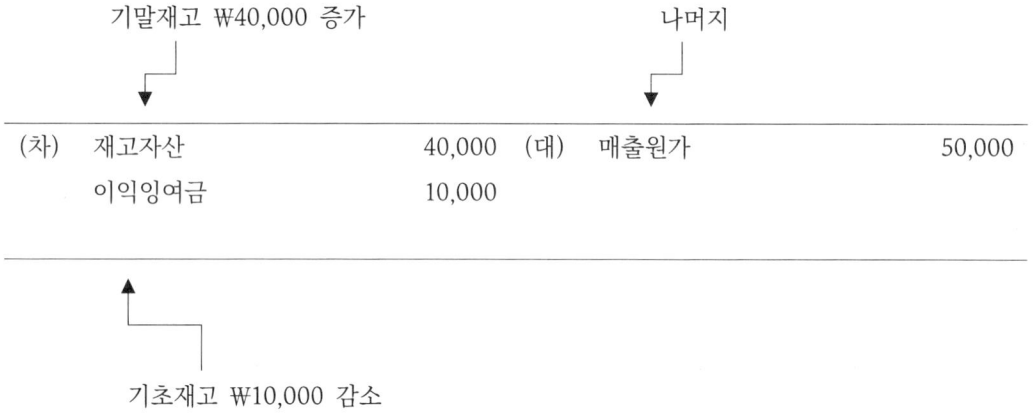

① 20X3년 당기순이익 = 1,000,000 + 50,000 = ₩1,050,000

② 20X3년 말 이익잉여금 = 2,500,000 + 40,000 = ₩2,540,000

문제 4
사채 관련 오류 | (회계사 2022, 11점)

다음은 20X1년 1월 1일 ㈜대한이 발행한 사채에 대한 <자료>이다.

<자 료>

1. ㈜대한이 발행한 사채의 조건은 다음과 같다.

- 액면금액 : ₩1,000,000
- 만기상환일 : 20X3년 12월 31일 일시상환
- 표시이자율 : 연 5%
- 이자지급일 : 매년 12월 31일
- 사채발행일 유효이자율 : 연 ?%

2. ㈜대한은 동 사채를 발행하고 상각후원가로 측정하는 금융부채로 분류하였다.

물음 1)

상기 사채의 20X1년 1월 1일 최초 발행금액은 ₩947,515이라고 가정한다. ㈜대한은 동 사채와 관련하여 사채발행기간(3년) 동안 인식해야할 총 이자비용을 3년으로 나누어 매년 균등한 금액으로 인식하였다. ㈜대한의 이러한 회계처리는 중요한 오류로 간주된다. ㈜대한의 사채 이자비용에 대한 상기 오류를 20X2년 장부 마감 전에 발견하여 올바르게 수정하면, 20X2년 전기이월이익잉여금이 ₩1,169 증가한다. 이 경우, ① 20X1년 1월 1일 ㈜대한이 발행한 사채에 적용된 유효이자율을 구하고, ② 이러한 오류수정이 20X2년도 당기순이익에 미치는 영향을 계산하시오. 단, 당기순이익이 감소하는 경우 금액 앞에 (-)를 표시하시오.

사채 최초 발행 시 적용된 유효이자율(%)	①
20X2년도 당기순이익에 미치는 영향	②

물음 2)

20X2년 12월 31일 현재 ㈜대한의 상기 사채의 장부금액은 ₩954,555이라고 가정한다. 20X3년 1월 1일에 ㈜대한은 사채의 채권자와 다음과 같은 조건변경을 합의하였다.

<조건변경 관련 정보>

1. ㈜대한이 발행한 사채의 조건변경 전후 정보는 다음과 같다.

항목	변경 전	변경 후
만기	20X3.12.31	20X5.12.31
표시이자율	연 5%	연 1%
액면금액	₩1,000,000	₩900,000

2. 동 사채의 조건변경 과정에서 ㈜대한은 채권자에게 채무조정수수료 ₩18,478을 지급하였다.
3. 20X3년 1월 1일 상기 사채의 변경된 미래현금흐름을 시장이자율로 할인한 현재가치는 다음과 같다. 동 사채의 미래현금흐름의 현재가치는 공정가치와 동일한 것으로 본다.

시장이자율	20X3년 1월 1일
연 10%	₩698,551
연 11%	₩680,073
연 12%	₩662,237

4. 20X3년 1월 1일 현재 ㈜대한의 동 사채에 대한 시장이자율은 연 12%이다.
5. ㈜대한은 상기 계약조건의 변경이 실질적 조건변경에 해당하지 않는 것으로 판단하여 회계처리하였다.

㈜대한은 20X3년 장부 마감 전에 상기 계약조건의 변경이 실질적 조건변경에 해당됨을 알게 되었으며, 기존의 회계처리는 중요한 오류로 간주되었다. 이를 올바르게 수정하였을 때, 아래 양식을 이용하여 수정표를 완성하시오. 단, 감소하는 경우 금액 앞에 (-)를 표시하시오.

항목	수정전 금액	수정금액	수정후 금액
사채 장부금액	?	①	?
이자비용	?	②	?
금융부채조정이익	?	③	?

<답안작성 예시>

사채 장부금액, 이자비용, 금융부채조정이익의 수정전금액이 각각 ₩10,000, ₩200, ₩100이고 수정후 금액이 각각 ₩8,000, ₩350, ₩60인 경우, 아래와 같이 작성한다.

항목	수정전 금액	수정금액	수정후 금액
사채 장부금액	?	① (-)2,000	?
이자비용	?	② 150	?
금융부채조정이익	?	③ (-)40	?

해설

물음 1)

20X1년 이자비용(정액법) = 50,000 + (1,000,000 - 947,515) × 1/3 = ₩67,495

20X1년 이자비용(유효이자율법) = 67,495 - 1,169 = ₩66,326

유효이자율 = 66,326/947,515 = 7%

20X1. 1. 1	20X2.12.31	20X3.12.31

<잘못된 회계처리(정액법)>

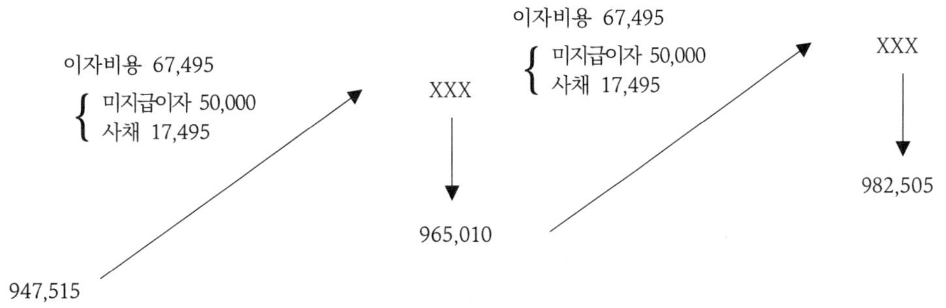

<올바른 회계처리(유효이자율법)>

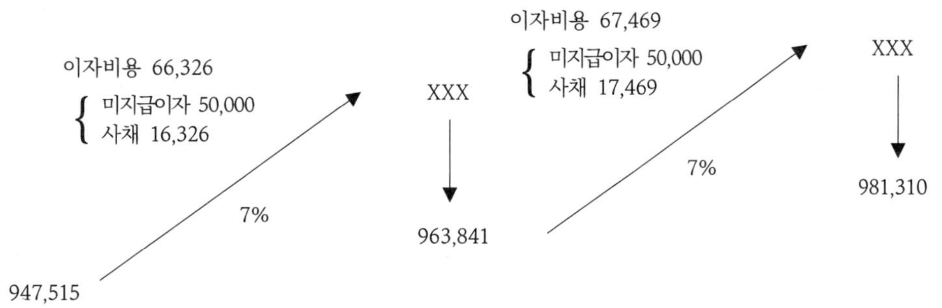

<20X2년 재무제표 수정분개>

(차)	사채	1,195	(대)	이자비용	26
				이익잉여금	1,169

① 유효이자율 = 7%

② 20X2년 당기손익영향 = ₩26

물음 2)

20X3년 이자비용(조건변경이 없는 경우) = 1,050,000 - 954,555 = ₩95,445

유효이자율 = 95,445/954,555 = 10%

<실질적 조건변경이 아닌 경우>

20X3. 1. 1	(차)	사채	256,004	(대)	금융부채조정이익	256,004
	(차)	사채	18,478	(대)	현금	18,478
20X3.12. 31	(차)	이자비용	74,808	(대)	현금 사채	9,000 65,808

조건변경후 사채 = 698,551 - 18,478 = ₩680,073 (유효이자율 11%)

20X3년 말 사채 = 680,073 × 1.11 - 9,000 = ₩745,881

20X3년 이자비용 = 680,073 × 11% = ₩74,808

금융부채조정이익 = ₩256,004

<실질적 조건변경인 경우>

20X3. 1. 1	(차)	사채(구)	954,555	(대)	사채(신) 금융부채조정이익	662,237 292,318
	(차)	금융부채조정이익	18,478	(대)	현금	18,478
20X3.12. 31	(차)	이자비용	79,468	(대)	현금 사채	9,000 70,468

조건변경후 사채 = ₩662,237 (유효이자율 12%)

20X3년 말 사채 = 662,237 × 1.12 - 9,000 = ₩732,705

20X3년 이자비용 = 662,237 × 12% = ₩79,468

금융부채조정이익 = 292,318 - 18,478 = ₩273,840

① 사채 수정금액 = 732,705 - 745,881 = (-)₩13,176

② 이자비용 수정금액 = 79,468 - 74,808 = ₩4,660

③ 금융부채조정이익 수정금액 = 273,840 - 256,004 = ₩17,836

문제 5
회계정책 변경사유 | (세무사 2022, 2점)

회계정책의 변경은 일관성과 비교가능성을 손상시킬 수 있다. 그럼에도 불구하고 한국채택국제회계기준에서 회계정책의 변경을 허용하는 경우 2가지를 기술하시오.

해설

(1) 한국채택국제회계기준에서 회계정책의 변경을 요구하는 경우

(2) 회계정책의 변경을 반영한 재무제표가 거래, 기타 사건 또는 상황이 재무상태, 재무성과 또는 현금흐름에 미치는 영향에 대하여 신뢰성 있고 더 목적적합한 정보를 제공하는 경우

문제 6
재평가모형의 최초적용과 감가상각 관련 회계추정 변경 | (세무사 2022, 8점)

㈜세무는 20X1년 초에 건물을 ₩500,000에 취득하고 유형자산으로 분류하였다. ㈜세무는 동 건물에 대하여 내용연수는 10년, 잔존가치는 ₩0으로 추정하였으며, 정액법으로 감가상각하고 원가모형을 적용하여 회계처리하고 있다. 20X1년 말과 20X2년 말의 공정가치는 각각 ₩540,000과 ₩480,000이다. 다음 각 독립적 상황 (1), (2)에 대하여 물음에 답하시오. (단, ㈜세무의 유형자산은 동 건물이 유일하며, 각 상황별 회계변경은 정당하고 법인세효과는 무시한다.)

물음 1)

㈜세무는 20X2년부터 동 건물에 대하여 기업회계기준서 제1016호 '유형자산'에 따라 자산을 재평가하는 회계정책을 최초로 적용하기로 하였다. 이 경우에 20X2년 말에 작성하는 비교재무제표에 표시되는 다음 ①과 ②의 금액은 얼마인가? (단, 재평가자산의 총장부금액과 감가상각누계액은 장부금액의 변동에 비례하여 수정한다.)

과목	20X2년	20X1년
유형자산	?	①
감가상각누계액	②	?

물음 2)

㈜세무는 20X2년 초에 동 건물의 미래경제적 효익의 기대소비형태를 반영하여 감가상각방법을 연수합계법으로 변경하고, 잔존내용연수를 8년으로 새롭게 추정하였다. 20X2년 말 작성하는 비교재무제표에 표시될 다음 ①과 ②의 금액은 얼마인가?

과목	20X2년	20X1년
유형자산(순액)	①	?
감가상각비	?	②

해설

물음 1)

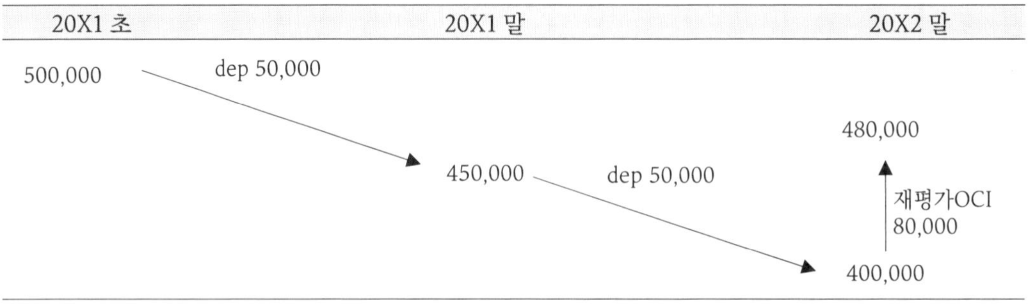

① 20X1년 말 유형자산 = ₩500,000

<20X2년 말 재평가>

	<재평가 전>		<재평가 후>
유형자산	₩500,000	비례수정(120%) →	₩600,000
감가상각누계액	(100,000)		(120,000)
합계	₩800,000		₩480,000

② 20X2년 말 감가상각누계액 = ₩120,000

물음 2)

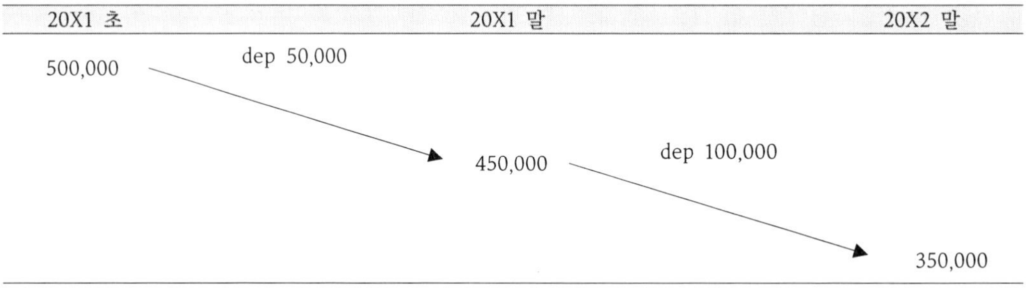

<20X2년 초 회계추정의 변경내역 요약>

	회계추정 변경전	회계추정 변경후
감가상각방법	정액법	연수합계법
잔존내용연수	9년	8년
잔존가치	₩0	₩0

20X2년 감가상각비 = 450,000 × 8/36 = ₩100,000

① 20X2년 말 유형자산(순액) = ₩350,000

② 20X1년 감가상각비 = 500,000 × 1/10 = ₩50,000

문제 7
감가상각, 재고자산, 선급비용 관련 오류 | (세무사 2022, 6점)

㈜세무는 20X3년 장부마감 전에 다음과 같은 오류를 발견하였다. 각각의 오류는 중요하며 법인세에 대한 영향을 고려하지 않는다. 각각의 오류를 수정하였을 때, 20X3년 기초이익잉여금과 당기순이익의 변동금액 (① ~ ⑥)은 얼마인가? (단, 감소의 경우에는 금액 앞에 (-)로 표시하고, 영향이 없는 경우에는 '0'으로 표시하시오.)

오류 1 : 20X2년 착공하여 20X3년 초에 완성한 건물(내용연수 20년, 잔존가치 ₩0, 정액법상각)과 관련하여 자본화할 차입원가 ₩120,000을 발생기간의 이자비용(20X1년분 ₩80,000, 20X2년분 ₩40,000)으로 처리하였으며 취득시점에서 납부한 취득세와 등록세 ₩50,000을 일반관리비로 처리하였다.

오류 2 : 20X1년 말, 20X2년 말, 20X3년 말 재고자산을 각각 ₩4,000 과소, ₩5,000 과대, ₩6,000 과소 계상하였다.

오류 3 : 20X2년 7월 1일 신규 가입한 화재보험료 ₩36,000(월 ₩3,000)과 20X3년 7월 1일 갱신 보험료 ₩48,000(월 ₩4,000)을 매년 선납하면서 전액 보험료 비용으로 처리하였다.

구분	20X3년	
	기초이익잉여금	당기순이익
오류 1	①	②
오류 2	③	④
오류 3	⑤	⑥

해설

<오류 1-1> 자본화차입원가 오류

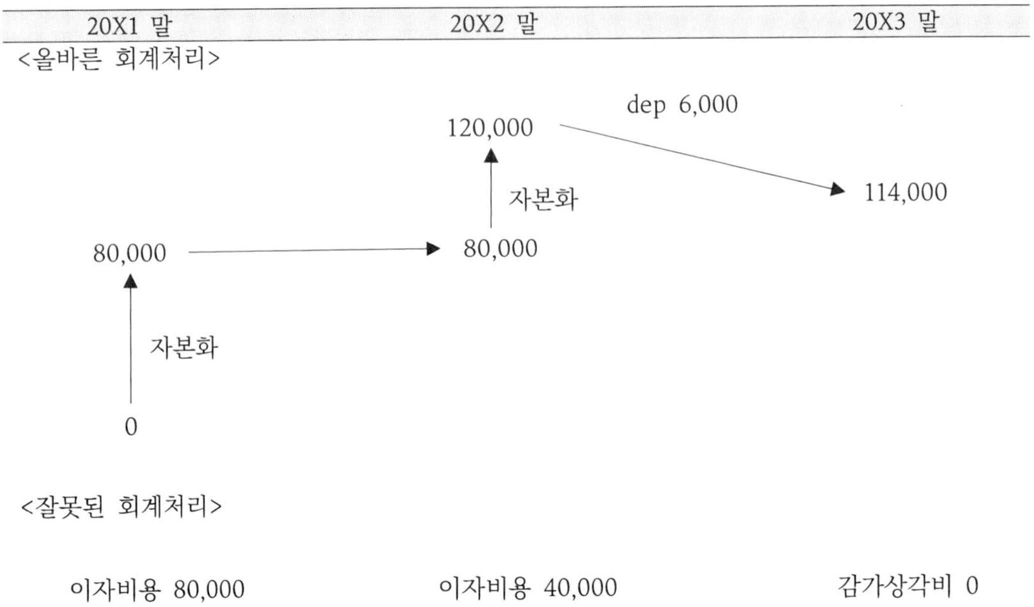

(차)	건물	114,000	(대)	이익잉여금	120,000
	감가상각비	6,000			

<오류 1-2> 취득세와 등록세 오류

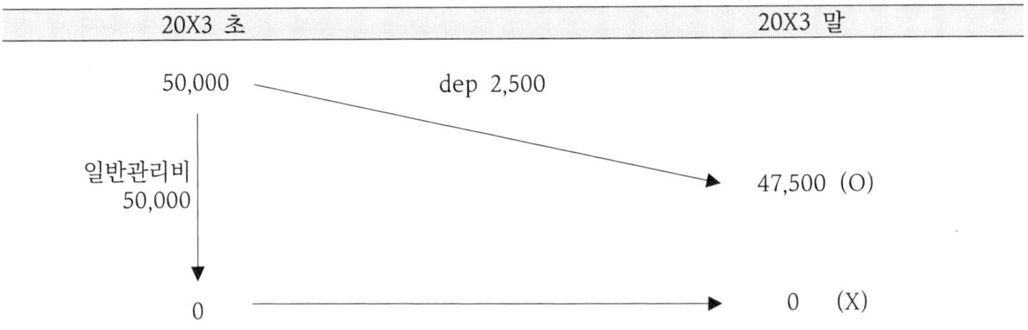

(차)	건물	47,500	(대)	일반관리비	50,000
	감가상각비	2,500			

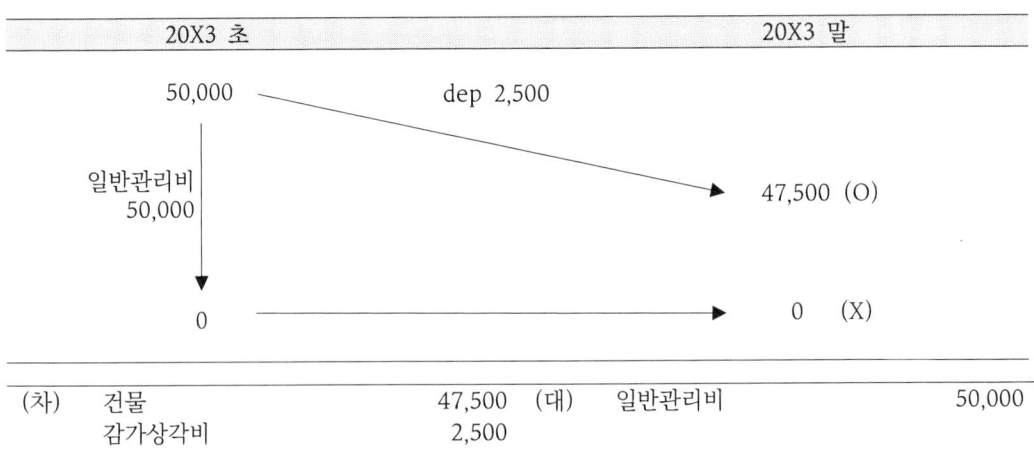

① 오류 1 – 기초이익잉여금 영향 = ₩120,000

② 오류 1 – 당기순이익 영향 = (6,000) + (2,500) + 50,000 = ₩41,500

<오류 2> 재고자산 오류

기말 재고자산 6,000 과소계상 / 매출원가 차이 (나머지)

(차)	재고자산	6,000	(대)	매출원가	11,000
	이익잉여금	5,000			

기초 재고자산 5,000 과대계상

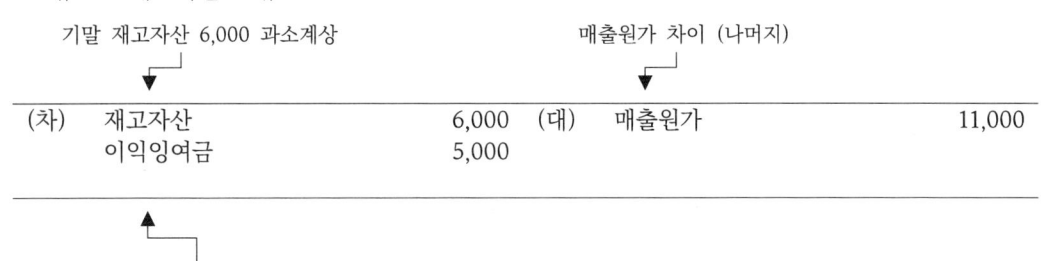

③ 오류 2 - 기초이익잉여금 영향 = (-)₩5,000

④ 오류 2 - 당기순이익 영향 = ₩11,000

<오류 3> 화재보험료 오류

20X3년 초 선급보험료 = 36,000 × 6/12 = ₩18,000 과소계상

20X3년 말 선급보험료 = 48,000 × 6/12 = ₩24,000 과소계상

기말 선급보험료 24,000 과소계상 / 기초 선급보험료 18,000 과소계상

(차)	선급보험료	24,000	(대)	이익잉여금	18,000
				보험료	6,000

보험료 차이 (나머지)

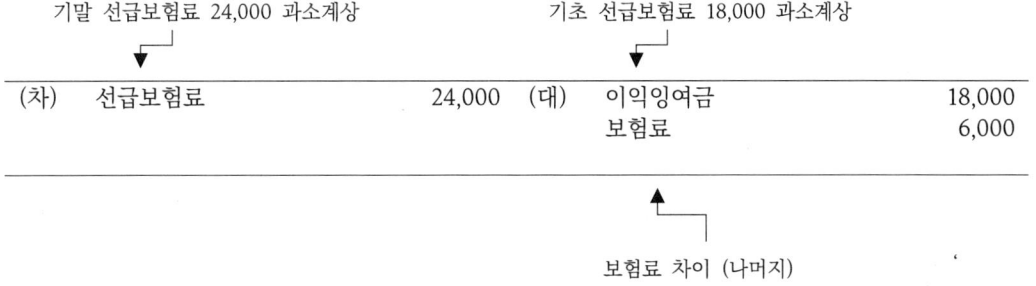

⑤ 오류 3 - 기초이익잉여금 영향 = ₩18,000

⑥ 오류 3 - 당기순이익 영향 = ₩6,000

문제 8

리스 관련 오류 | (회계사 2023, 11점)

※ 다음의 각 물음은 독립적이다.

<공통자료>

답안 작성 시 원 이하는 반올림한다.

기간	단일금액 ₩1의 현가계수		정상연금 ₩1의 현가계수	
	7%	10%	7%	10%
1	0.9346	0.9091	0.9346	0.9091
2	0.8734	0.8265	1.8080	1.7356
3	0.8163	0.7513	2.6243	2.4869
4	0.7629	0.6830	3.3872	3.1699

물음 1) 다음의 <자료 1>을 이용하여 답하시오.

<자료 1>

1. 20X1년 1월 1일에 ㈜대한은 보유하던 건물을 ㈜민국에게 ₩8,000,000에 매각하고, 동시에 동 건물을 리스하여 사용하는 계약을 체결하였다. 매각 직전 동 건물의 장부금액은 ₩6,000,000이며, 판매일에 동 건물의 공정가치는 ₩8,000,000이다.
2. 동 건물의 이전은 기업회계기준서 제1115호의 수익인식기준을 충족하는 판매이다.
3. 20X1년 1월 1일 동 건물의 잔존내용연수는 5년이고 잔존가치는 없다. ㈜대한은 감가상각 방법으로 정액법을 사용한다.
4. 리스개시일은 20X1년 1월 1일이며, 고정리스료는 리스기간 동안 매년 말 ₩1,000,000을 지급한다.
5. 리스기간은 리스개시일로부터 3년이며, 리스기간 종료시점의 해당 기초자산 잔존가치는 ₩0으로 추정된다. 리스 종료일에 소유권 이전, 염가매수선택권, 리스기간 변경선택권은 없다.
6. 리스계약과 관련하여 지출한 리스개설직접원가는 없다.
7. 리스의 내재이자율은 연 10%이다.

리스이용자인 ㈜대한은 20X1년도의 회계기록을 검토하던 중에 회계처리 오류(동 건물의 매각금액을 ₩7,000,000으로 인식)를 발견하였다. 이는 중요한 오류이며, 동 오류는 20X1년 장부 마감 전에 수정되었다. 이러한 오류수정이 ㈜대한의 20X1년도 당기순이익에 미치는 영향과 오류수정 후 20X1년 말 재무상태표에 표시되는 사용권자산을 각각 계산하시오. 단, 당기순이익이 감소하는 경우 금액 앞에 (-)를 표시하시오.

당기순이익에 미치는 영향	①
사용권자산	②

물음 2) 다음의 <자료 2>를 이용하여 답하시오.

<자료 2>

1. 리스이용자인 ㈜대한은 리스제공자 ㈜민국과 20X1년 1월 1일에 리스계약을 체결하였다.
2. 20X1년 1월 1일 기초자산인 동 건물의 내용연수는 6년이고 잔존가치는 없다. ㈜대한은 감가상각 방법으로 정액법을 사용한다.
3. 리스개시일은 20X1년 1월 1일이며, 고정리스료는 리스기간 동안 매년 말 ₩1,000,000을 지급한다.
4. 리스기간은 리스개시일로부터 4년이며, 리스기간 종료시점의 해당 기초자산 잔존가치는 ₩0으로 추정된다. 또한 리스기간 종료 후 1년간 리스기간을 연장할 수 있는 연장선택권이 부여되어 있으며, 20X4년 말 이후 연장기간 동안의 고정리스료는 ₩800,000으로 연말에 지급한다. ㈜대한은 리스개시일에 동 연장선택권을 행사하지 않을 것이 상당히 확실하다고 판단하였다.
5. 20X1년 1월 1일에 동 리스의 내재이자율은 연 10%이다.
6. 한편, ㈜대한은 20X2년 말에 동 연장선택권을 행사할 것이 상당히 확실하다고 판단을 변경하였다. 리스기간 연장 후 종료시점의 해당 기초자산의 잔존가치는 ₩0으로 추정되며, 소유권은 이전되지 않는다. 20X2년 말 현재 동 리스의 내재이자율은 연 7%이다.

㈜대한은 20X3년도의 회계기록을 검토하던 중에 회계처리 오류(20X2년 말 이후에도 동 연장선택권을 행사하지 않을 것이 상당히 확실하다고 계속 판단)를 발견하였다. 이는 중요한 오류이며, 동 오류는 20X3년 장부 마감 전에 수정되었다. 이러한 오류수정이 ㈜대한의 20X3년도 당기순이익에 미치는 영향과 오류수정 후 20X3년 말 재무상태표에 표시되는 사용권자산을 각각 계산하시오. 단, 당기순이익이 감소하는 경우 금액 앞에 (-)를 표시하시오.

당기순이익에 미치는 영향	①
사용권자산	②

물음 3)

리스가 토지 요소와 건물 요소를 포함하고 있으며, 그 리스에서 토지 요소와 건물 요소의 금액은 모두 중요하다. 리스제공자가 토지 및 건물의 리스를 분류하고 회계처리하는 경우, 리스약정일에 리스제공자가 리스의 토지 요소 및 건물 요소에 리스료를 배분하는 방법에 대해 간략히 서술하시오. 단, 토지 요소 및 건물 요소에 리스료를 신뢰성 있게 배분할 수 있다.

해설

물음 1)

<잘못된 회계처리>

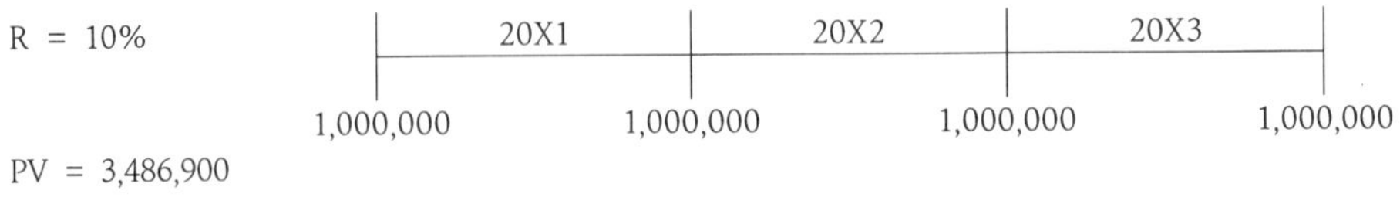

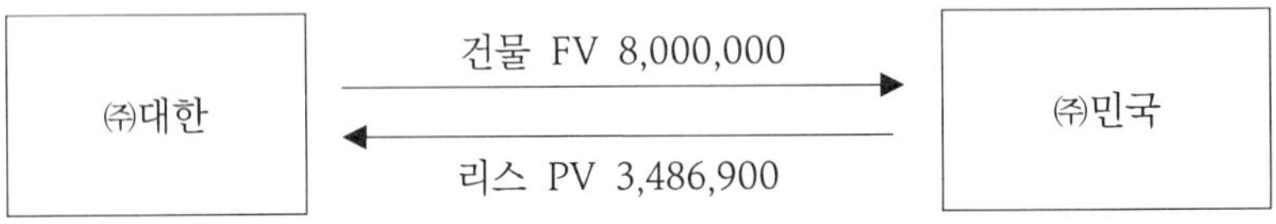

안팔린 비율 = 3,486,900/8,000,000 = 43.5863%
팔린 비율 = 56.4138%
사용권자산 = 6,000,000 × 43.5863% = ₩2,615,178
처분이익 = 2,000,000 × 56.4138% = ₩1,128,278

20X1년 감가상각비 = 2,615,178 × 1/3 = ₩871,726
20X1년 이자비용 = 2,486,900 × 10% = ₩248,690

20X1. 1. 1	(차)	현금	8,000,000	(대)	건물	6,000,000
		사용권자산	2,615,178		리스부채	3,486,900
					처분이익	1,128,278
	(차)	리스부채	1,000,000	(대)	현금	1,000,000
20X1.12.31	(차)	감가상각비	871,726	(대)	사용권자산	871,726
	(차)	이자비용	248,690	(대)	리스부채	248,690
		리스부채	1,000,000		현금	1,000,000

수정전 20X1년 당기손익영향 = 1,128,278 + (871,726) + (248,690) = ₩7,862

<올바른 회계처리>

R = 10%

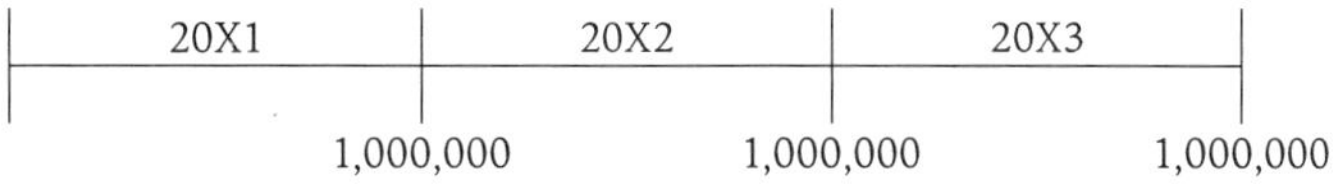

PV = 2,486,900

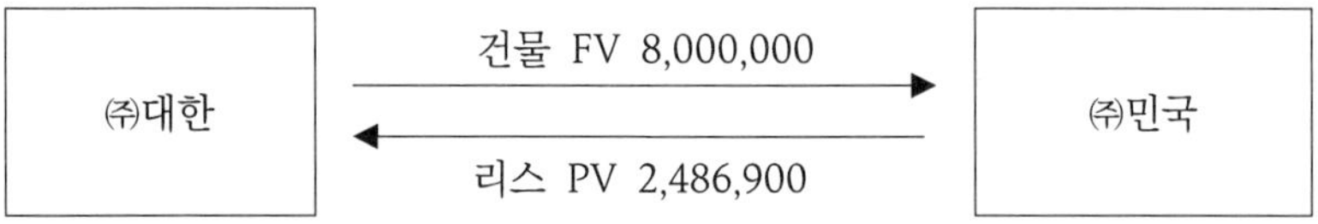

안팔린 비율 = 2,486,900/8,000,000 = 31.0863%
팔린 비율 = 68.9137%
사용권자산 = 6,000,000 × 31.0863% = ₩1,865,178
처분이익 = 2,000,000 × 68.9137% = ₩1,378,278

20X1년 감가상각비 = 1,865,178 × 1/3 = ₩621,726
20X1년 이자비용 = 2,486,900 × 10% = ₩248,690

20X1. 1. 1	(차)	현금	8,000,000	(대)	건물	6,000,000
		사용권자산	1,865,178		리스부채	2,486,900
					처분이익	1,378,278
20X1.12.31	(차)	감가상각비	621,726	(대)	사용권자산	621,726
	(차)	이자비용	248,690	(대)	리스부채	248,690
		리스부채	1,000,000		현금	1,000,000

수정후 20X1년 당기손익영향 = 1,378,278 + (621,726) + (248,690) = ₩507,862

① 당기순이익에 미치는 영향 = 507,862 - 7,862 = ₩500,000 증가
② 사용권자산 = 1,865,178 - 621,726 = ₩1,243,452

물음 2)

<잘못된 회계처리>

R = 10%		20X1	20X2	20X3	20X4
정기리스료		1,000,000	1,000,000	1,000,000	1,000,000
잔존가치보증					-

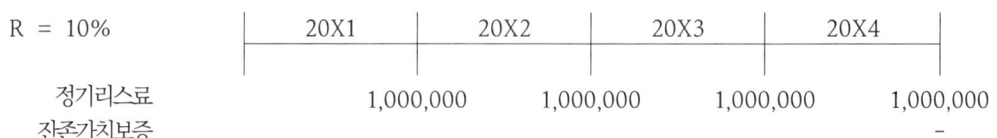

리스부채 = 1,000,000 × 3.1699 = ₩3,169,900

사용권자산 = ₩3,169,900

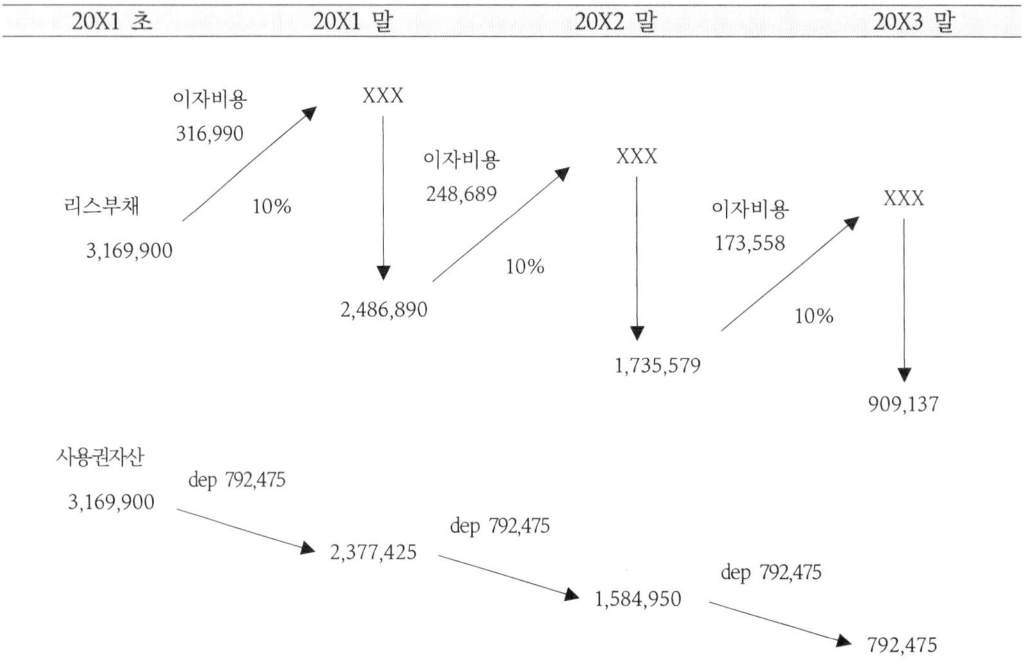

이자비용	1,735,579 × 10% =	(₩173,558)
감가상각비	3,169,900 × 1/4 =	(792,475)
20X3년 당기손익영향		(₩966,033)

<올바른 회계처리>

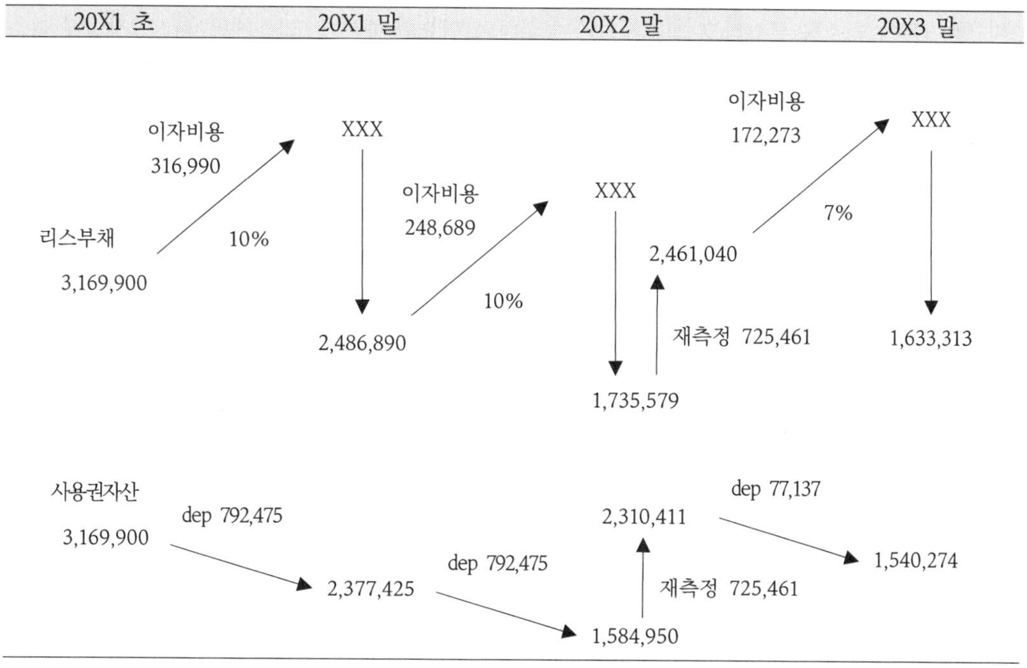

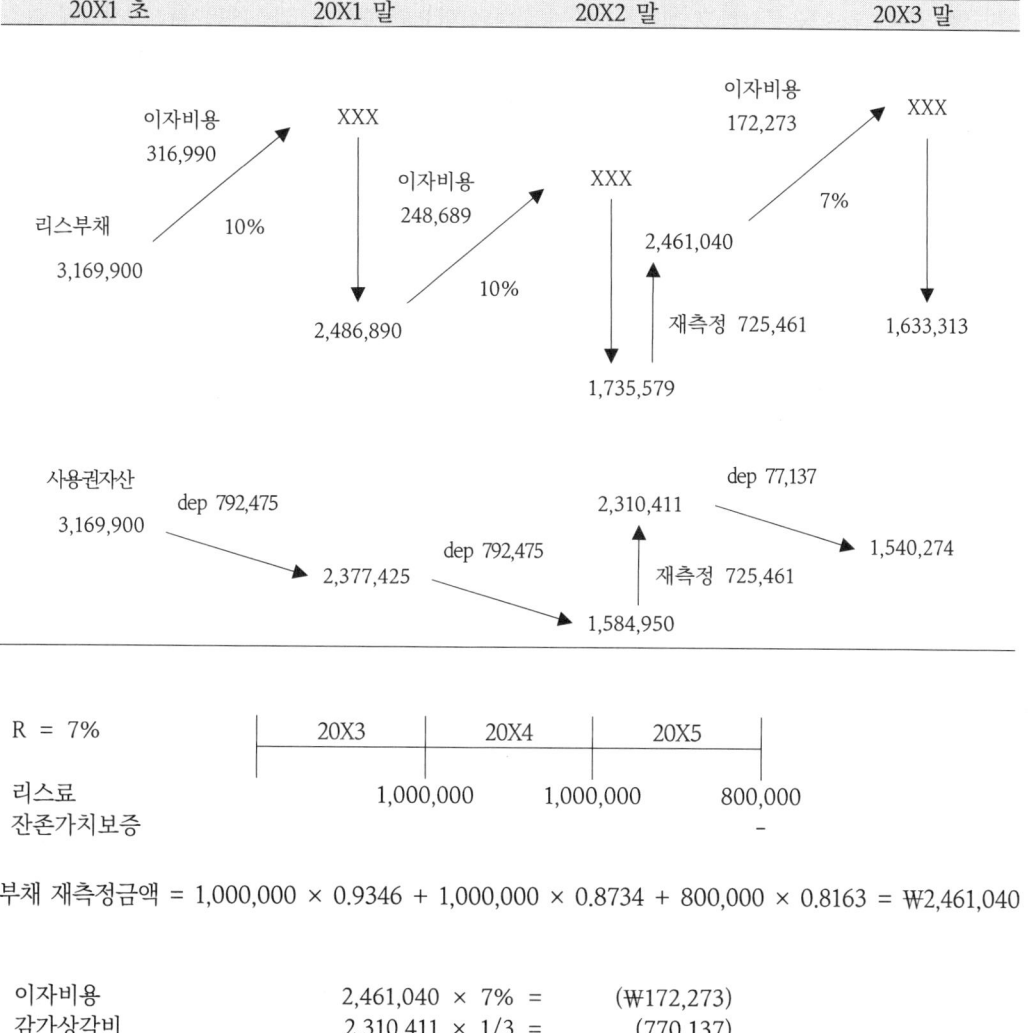

R = 7%	20X3	20X4	20X5
리스료	1,000,000	1,000,000	800,000
잔존가치보증			-

부채 재측정금액 = 1,000,000 × 0.9346 + 1,000,000 × 0.8734 + 800,000 × 0.8163 = ₩2,461,040

이자비용	2,461,040 × 7% =	(₩172,273)
감가상각비	2,310,411 × 1/3 =	(770,137)
20X3년 당기손익영향		(₩942,410)

① 당기순이익에 미치는 영향 = 966,033 - 942,410 = ₩23,623

② 사용권자산 = ₩1,540,274

물음 3)

토지 및 건물의 리스를 분류하고 회계처리하기 위하여 필요할 때마다, 리스제공자는 약정일에 리스의 토지 요소와 건물 요소에 대한 임차권의 상대적 공정가치에 비례하여 토지 및 건물 요소에 리스료(일괄 지급된 선수리스료를 포함함)를 배분한다. 이 두 요소에 리스료를 신뢰성 있게 배분할 수 없는 경우에는, 두 요소가 모두 운용리스임(전체 리스를 운용리스로 분류함)이 분명하지 않다면 전체 리스를 금융리스로 분류한다.

문제 9
전환사채 관련 오류 | (회계사 2024, 4점)

㈜대한이 20X2년 장부를 마감하기 전 재무제표에 대한 회계감사과정에서 공인회계사에게 적발된 중요한 오류는 <추가자료>와 같다. 이를 이용하여 물음에 답하시오.

<추가자료>

1. ㈜대한은 20X2년 1월 1일에 다음과 같은 조건의 전환사채를 액면발행하였다.

- 액면금액 : ₩1,000,000
- 만기상환일 : 20X4년 12월 31일
- 표시이자율 : 연 4%
- 이자지급일 : 매년 12월 31일
- 사채발행일 현재 동일 조건의 전환권이 없는 일반사채 시장수익률 : 연 10%
- 만기상환 : 20X4년 12월 31일에 전환권을 행사하지 않은 사채 액면금액의 110% 일시상환
- 전환조건 : 사채 액면금액 ₩10,000당 액면금액 ₩5,000 보통주로 전환
- 사채발행과 직접적으로 관련된 비용은 없음

2. ㈜대한은 전환사채 발행 시 수령한 현금만큼 전환사채를 인식하고 전환권대가 및 사채상환할증금을 별도로 인식하지 않았으며, 지급한 이자만 이자비용으로 인식하였다.

3. 현재가치 계산 시 아래의 현가계수를 이용한다.

기간	단일금액 ₩1의 현가계수		정상연금 ₩1의 현가계수	
	8%	10%	8%	10%
1	0.9259	0.9091	0.9259	0.9091
2	0.8573	0.8265	1.7832	1.7356
3	0.7938	0.7513	2.5770	2.4869
4	0.7350	0.6830	3.3120	3.1699

상기 거래에 대한 회계처리 오류는 20X2년 장부 마감 전에 수정되었다. 해당 오류수정이 ㈜대한의 20X2년도 포괄손익계산서 상 당기순이익에 미치는 영향을 계산하시오. 단, 감소하는 경우에는 금액 앞에 (-)를 표시하시오.

당기순이익에 미치는 영향	①

해설

R = 10%	20X2	20X3	20X4
원금			1,000,000
할증금			100,000
액면이자	40,000	40,000	40,000

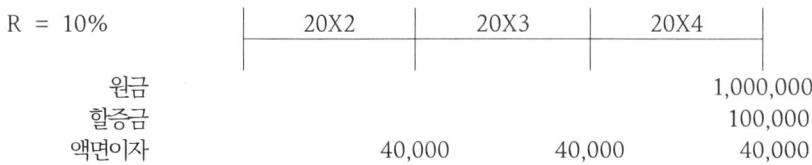

사채에 대한 대가 = 1,100,000 × 0.7513 + 40,000 × 2.4869 = ₩925,906

전환권대가 = 1,000,000 - 925,906 = ₩74,094

오류수정 전 20X2년 이자비용 = ₩40,000

오휴수정 후 20X2년 이자비용 = 925,906 × 10% = ₩92,591

① 오류수정의 20X2년 당기손익영향 = (-)₩52,591

<참고>

수정전 재무제표 (차)		(대)	
이자비용	40,000	전환사채	1,000,000

수정후 재무제표 (차)		(대)	
이자비용	92,591	전환사채	978,496
		전환권대가	74,094

<20X2년 재무제표 수정분개>

(차)	전환사채	21,504	(대)	전환권대가	74,094
	이자비용	52,591			

CHAPTER

제15장 주당이익

번호	내용	배점	난이도
1	주식선택권과 주식매입권 (회계사 2015)	6점	Lv 1
2	전환사채와 전환우선주 (회계사 2015)	6점	Lv 1
3	주당이익의 비교표시 (회계사 2016)	5점	Lv 2
4	전환우선주, 주식선택권, 신주인수권부사채 (세무사 2018)	12점	Lv 2
5	전환우선주와 주식선택권 (회계사 2021)	10점	Lv 1
6	현금결제선택권이 부여된 전환사채 (회계사 2023)	15점	Lv 4

〈난이도 분류〉
세무사 동차생 : Lv 1까지 / 세무사 유예생 : Lv 2까지 / 회계사 동차생 : Lv 3까지 / 회계사 유예생 : Lv 4까지

문제 1
주식선택권과 주식매입권 | (회계사 2015, 6점)

㈜상당의 결산일은 12월 31일이며, 20X1년 초 현재 유통 보통주는 10,000주이다. 20X1년 7월 1일 전기에 발행한 주식매입권(행사가격 ₩2,000) 중 50%가 행사되어 보통주 5,000주가 발행·교부되었다. 20X1년 초에 종업원에게 100개의 주식선택권을 부여하였다. 부여일 현재 가득되지 못한 주식선택권 행사가격은 ₩1,500이며 성과조건이 부여되어 있지 않고, 잔여가득기간에 인식할 보상원가는 ₩50,000이다. 20X1년 ㈜상당의 보통주 평균시장가격은 주당 ₩2,500이고, 기말종가는 ₩3,000이다. 20X1년도 희석주당이익 산정을 위한 ① 주식매입권의 잠재적 보통주식수, ② 주식선택권의 잠재적 보통주식수를 각각 구하시오.

주식매입권의 잠재적 보통주식수	①
주식선택권의 잠재적 보통주식수	②

해설

<주식매입권>

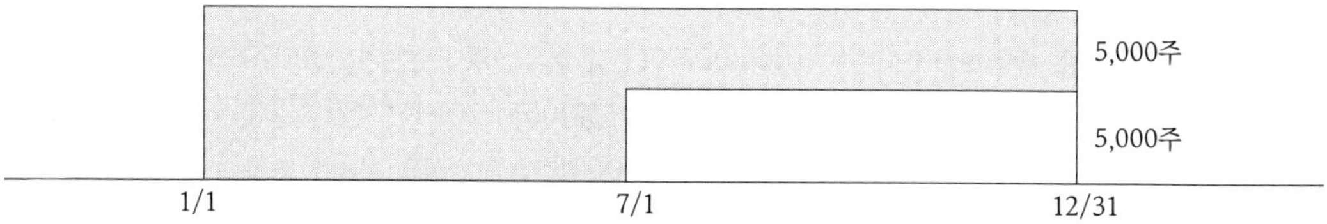

① 주식매입권 잠재적보통주 = (5,000 × 12/12 + 5,000 × 6/12) × $\frac{2,500-2,000}{2,500}$ = 1,500주

<주식선택권>

주식선택권 공정가치 = ₩50,000 ÷ 100개 = @500

제공받을 용역을 고려한 행사가격 = 1,500 + 500 = ₩2,000

② 주식선택권 잠재적보통주 = 100 × $\frac{2,500-2,000}{2,500}$ = 20주

문제 2
전환사채와 전환우선주 | (회계사 2015, 6점)

㈜내수의 20X1년 초 유통보통주식수는 100,000주이고 유통우선주식수는 12,000주(전환우선주, 액면금액 ₩1,000, 우선주 2주당 보통주 1주로 전환, 배당률 5%)이다. 20X1년 4월 1일에 ㈜내수는 전환사채(액면금액 ₩10,000,000)를 액면발행하였으며, 전환사채액면금액 ₩10,000당 보통주 1주로 전환이 가능하다. 당기 전환사채 이자비용은 ₩800,000이다. 한편 ㈜내수의 당기순이익은 ₩53,000,000이고, 한계세율은 30%이다. 상기 전환우선주 및 전환사채는 당기말까지 보통주로 전환되지 않았다. 당기 ① 기본주당이익, ② 희석주당이익을 계산하시오. 단, 전환우선주는 비누적적 우선주이며 당기 배당을 지급하기로 결의했다고 가정한다. 계산된 금액은 소수점 둘째자리에서 반올림한다.

기본주당이익	①
희석주당이익	②

해설

날짜	적요	주식수	가중치	평균주식수
1/1	전기이월	100,000	12/12	100,000
		가중평균유통보통주식수		100,000

당기순이익		₩53,000,000
우선주배당	12,000주 × @1,000 × 5% =	(600,000)
보통주귀속 당기순이익		₩52,400,000

① 기본주당순이익 = $\dfrac{₩52,400,000}{100,000\text{주}}$ = @524

<전환우선주>

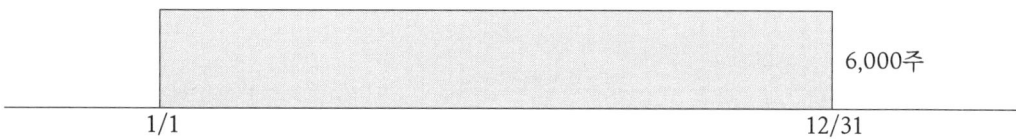

잠재적보통주 = 6,000주

당기손익영향 = ₩600,000

희석효과 = $\dfrac{₩600,000}{6,000\text{주}}$ = @100

<전환사채>

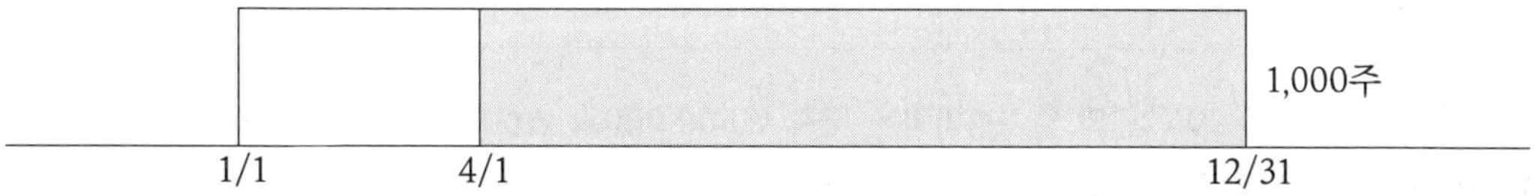

잠재적보통주 = 750주

당기손익영향 = 800,000 × 70% = ₩560,000

희석효과 = $\dfrac{₩560,000}{750\text{주}}$ = @747 (희석효과 없음)

② 희석주당순이익 = $\dfrac{52,400,000 + 600,000}{100,000 + 6,000}$ = @500

/@524　　　/@500

문제 3
주당이익의 비교표시 | (회계사 2016, 5점)

㈜한국의 20X1년과 20X2년의 유통보통주식수(주당 액면금액 ₩5,000)에 대한 <관련 자료>는 다음과 같다.

<관련 자료>

(1) 20X1년

날짜	내용	주식수
1월 1일	유통보통주식수	5,000주
7월 1일	자기주식 취득	500주
12월31일	유통보통주식수	4,500주

(2) 20X2년

날 짜	내 용	주식 수
1월 1일	유통보통주식수	4,500주
7월 1일	보통주 유상증자 (주당 발행금액 ₩10,000) (주당 공정가치 ₩20,000)	1,000주
12월31일	유통보통주식수	5,500주

㈜한국의 20X1년과 20X2년의 당기순이익은 각각 ₩500,000과 ₩600,000이다. 20X2년 말에 20X1년 재무제표가 20X2년 재무제표와 비교표시되는 경우, ① 20X1년 기본주당이익과 ② 20X2년 기본주당이익을 계산하면 각각 얼마인가? 계산된 기본주당이익 금액은 소수점 아래 첫째 자리에서 반올림한다.

20X1년 기본주당이익	①
20X2년 기본주당이익	②

해설

<20X1년 재무제표에 표시되는 20X1년 기본주당이익>

날짜	항목	주식수	가중치	평균주식수
1/1	기초보통주	5,000	12/12	5,000
7/1	자기주식취득	(500)	6/12	(250)
		가중평균유통보통주식수		4,750

$$20X1년\ 기본주당순이익 = \frac{₩500,000}{4,750주} = 주당\ ₩105$$

<20X2년 기본주당이익>

날짜	내용	주식수	가중치	평균주식수
1/1	기초보통주	4,500 + 450	12/12	4,950
7/1	유상증자	500 + 50	6/12	275
		가중평균유통보통주식수		5,225

<7월 1일 시가이하 보통주 유상증자>

시가 이하 유상증자	=	시가유상증자	+	무상증자
1,000주 × @10,000 = ₩10,000,000		500주 × @20,000 = ₩10,000,000		500주

② $$20X2년\ 기본주당순이익 = \frac{₩600,000}{5,225주} = 주당\ ₩115$$

<비교표시되는 20X1년 기본주당이익>

날짜	항목	주식수	가중치	평균주식수
1/1	기초보통주	5,000 + 500	12/12	5,500
7/1	자기주식취득	(500) + (50)	6/12	(275)
		가중평균유통보통주식수		5,225

① $$20X1년\ 기본주당순이익 = \frac{₩500,000}{5,225주} = 주당\ ₩96$$

문제 4
전환우선주, 주식선택권, 신주인수권부사채 | (세무사 2018, 12점)

㈜세무의 20X0년 말 재무상태표에서 확인한 자본계정은 다음과 같다.

<자본>
Ⅰ. 자본금*
1. 보통주자본금 ₩50,000,000 (총 10,000주)
2. 우선주자본금** ₩50,000,000 (총 10,000주)

Ⅱ. 자본잉여금
1. 주식발행초과금 ₩70,000,000
2. 감자차익 ₩6,000,000
3. 자기주식처분이익 ₩2,000,000

Ⅲ. 이익잉여금
1. 이익준비금 ₩10,000,000
2. 이월이익잉여금 ₩12,000,000

자본총계 : ₩200,000,000

* 보통주와 우선주의 1주당 액면가액은 동일하며, 20X1년에 배당 결의와 배당금 지급은 없었다.

** 우선주는 20X0년 1월 1일 발행된 전환우선주로, 전환우선주 1주를 보통주 1주로 전환할 수 있고, 누적적, 비참가적 우선주이며 액면금액을 기준으로 연 배당률은 6%이다. 해당 우선주는 최초 발행 이후 추가로 발행되거나 전환되지 않았다.

㈜세무의 20X1년 자본 변동과 관련한 사항은 다음과 같다. 물음에 답하시오.

• 1월 1일 :	㈜세무는 액면금액 ₩1,000,000의 신주인수권부사채를 액면발행하였다. 만기는 20X3년 말, 표시이자율은 5%이며, 사채상환할증금은 없다. 사채액면 ₩1,000당 현금 ₩10,000을 납입하고 보통주 1주(액면가액 ₩5,000)를 인수할 수 있다. 일반사채 시장이자율은 10%이며, 3기간 10% 단일금액의 현가계수는 0.75131, 연금의 현가계수는 2.48685이다.
• 1월 1일 :	㈜세무는 최고경영자인 나세무씨에게 주식선택권 10,000개(개당 행사가격 ₩14,000)를 부여하고 3년간 용역제공조건을 부여하였다. 용역제공조건 기간이 종료한 후 나세무씨는 주식선택권 1개당 보통주 1주로 행사가능하며, 주식선택권의 단위당 공정가치는 ₩1,800이다. ㈜세무는 나세무씨가 해당 주식선택권을 가득할 것으로 기대한다.
• 7월 1일 :	㈜세무는 보통주 5,000주 유상증자를 실시하였다. 납입금액은 주당 ₩11,000이고 유상증자 직전 보통주의 주당 공정가치는 ₩22,000이다.
• 9월 1일 :	㈜세무는 자기주식(보통주)을 주당 ₩8,000에 3,000주 취득하였다.
• 10월 1일 :	㈜세무는 자기주식(보통주)을 주당 ₩6,000에 1,200주 처분하였다.
• 11월 1일 :	㈜세무는 자기주식(보통주)을 주당 ₩15,000에 900주 처분하였다.
• 12월 31일 :	㈜세무는 작년(20X0년 4월 1일 취득)에 구입한 토지(취득가액 : ₩10,000,000)를 취득시점에 유형자산으로 분류했으며, 변경사항은 없다. 토지의 측정방법은 취득시점부터 재평가모형을 적용하고 있다. 20X0년 12월 31일 동 토지의 공정가치는 ₩8,000,000이며, 20X1년 12월 31일의 공정가치는 ₩15,000,000이다.
• 12월 31일 :	㈜세무가 20X1년도에 보고한 당기순이익*은 ₩54,800,000이다.

* 해당 당기순이익은 20X1년 발생한 ㈜세무의 모든 당기손익을 반영한 금액임.

㈜세무의 20X1년 보통주 시가평균은 ₩16,000이다. 당해 중단사업손익은 없으며, 법인세율은 단일세율로 20%이다. (단, 해당 세율을 이용한 법인세효과는 물음 3)의 희석효과 및 희석주당이익 계산에만 고려하고, 주당이익은 원 단위로 소수점 첫째자리에서 반올림하여 계산한다. (예 : ₩555.555.. → ₩556))

물음 1)

다음 절차에 따라 ㈜세무의 20X1년 기본주당이익을 계산하시오. (단, 가중평균유통보통주식수는 월할계산한다.)

20X1년의 가중평균유통보통주식수	①
20X1년의 기본주당이익	②

물음 2)

20X1년 말 ㈜세무가 보유한 잠재적 보통주식은 전환우선주와 신주인수권부사채 및 주식선택권이 있다. 셋 중 어떤 항목이 가장 희석효과가 높은지 기술하고 그 이유를 기재하시오.

물음 3)

㈜세무의 20X1년 희석주당이익을 계산하시오. (단, (1)과 상관없이 20X1년의 가중평균유통보통주식수는 10,000주이고 기본주당이익은 주당 ₩5,000으로 가정한다. 또한, 잠재적보통주식수의 가중평균은 월할계산한다.)

물음 4)

20X1년 초 발행한 ㈜세무의 신주인수권부사채가 모든 조건(액면금액, 이자지급조건, 이자율, 만기 등)이 동일한 전환사채라고 가정하자. 단, 전환사채는 전환권 행사 시 사채액면금액 ₩1,000당 보통주 1주(액면가액 : ₩5,000)로 전환가능하다. 이 경우 ㈜세무의 20X1년 희석주당이익을 계산하시오. (단, (1)과 상관없이 20X1년의 가중평균유통보통주식수는 10,000주이고 기본주당이익은 주당 ₩5,000으로 가정한다. 또한, 잠재적보통주식수의 가중평균은 월할계산한다.)

해설

물음 1)

날짜	내용	주식수	가중치	평균주식수
1/1	기초보통주	10,000 + 2,000	12/12	12,000
7/1	유상증자	2,500 + 500	6/12	1,500
9/1	자기주식	(3,000)	4/12	(1,000)
10/1	자기주식	1,200	3/12	300
11/1	자기주식	900	2/12	150
		가중평균유통보통주식수		12,950

우선주배당 = 50,000,000 × 6% = ₩3,000,000

보통주귀속당기순이익 = 54,800,000 - 3,000,000 = ₩51,800,000

① 가중평균유통보통주식수 = 12,950주

② 기본주당순이익 = $\frac{₩51,800,000}{12,950주}$ = 주당 ₩4,000

물음 2)

<전환우선주>

희석효과 = ₩3,000,000/10,000주 = @300

<신주인수권>

주식수 = 1,000 × $\frac{16,000-10,000}{16,000}$ = 375주

희석효과 = ₩0/375주 = @0

<주식선택권>

주식수 = 10,000 × $\frac{16,000-15,800}{16,000}$ = 125주

희석효과 = ₩4,800,000/125주 = @38,400

신주인수권의 희석효과가 가장 크다.

물음 3)

$$\text{희석주당이익} = \frac{50{,}000{,}000 + 0 + 3{,}000{,}000}{10{,}000 + 375 + 10{,}000} = \text{주당 ₩2,601}$$

/@5,000 /@4,819 /@2,601

물음 4)

20X1년 초 전환사채 = 1,000,000 × 0.75131 + 50,000 × 2.48685 = ₩875,653

20X1년 전환사채이자비용 = 875,653 × 10% = ₩87,565 (세후 ₩70,052)

전환사채 희석효과 = ₩70,052/1,000주 = @70

$$\text{희석주당이익} = \frac{50{,}000{,}000 + 70{,}052 + 3{,}000{,}000}{10{,}000 + 1{,}000 + 10{,}000} = \text{주당 ₩2,527}$$

/@5,000 /@4,552 /@2,527

문제 5
전환우선주와 주식선택권 | (회계사 2021, 10점)

㈜대한의 다음 <자료>를 이용하여 물음에 답하시오.

<자료>

1. 20X1년 1월 1일 ㈜대한의 유통주식수는 다음과 같다.
   - 유통보통주식수 : 5,000주(액면가 ₩1,000)
   - 유통우선주식수 : 1,000주(액면가 ₩1,000)
2. 20X1년 4월 1일 보통주에 대해 10%의 주식배당을 실시하였다.
3. 우선주는 누적적, 비참가적 전환우선주로 배당률은 연 7%이다. ㈜대한은 기말에 미전환된 우선주에 대해서만 우선주배당금을 지급한다. 우선주 전환 시 1주당 보통주 1.2주로 전환 가능하며, 20X1년 5월 1일 우선주 300주가 보통주로 전환되었다.
4. 20X1년 7월 1일 자기주식 500주를 취득하고 이 중 100주를 소각하였다.
5. 20X1년 초 대표이사에게 3년 근무조건으로 주식선택권 3,000개를 부여하였다. 주식선택권 1개로 보통주 1주의 취득(행사가격 ₩340)이 가능하며, 20X1년 초 기준으로 잔여가득기간에 인식할 총 보상원가는 1개당 ₩140이다. 당기 중 주식보상비용으로 인식한 금액은 ₩140,000이다.
6. ㈜대한의 20X1년도 당기순이익은 ₩500,000이며, 법인세율은 20%이다. 20X1년 보통주 1주당 평균 주가는 ₩900이다.
7. ㈜대한은 가중평균 유통보통주식수 산정 시 월할계산한다.

물음 1)

㈜대한의 20X1년도 기본주당이익을 계산하기 위한 ① 보통주 귀속 당기순이익과 ② 가중평균 유통보통주식수를 계산하시오.

보통주 귀속 당기순이익	①
가중평균 유통보통주식수	②

물음 2)

다음은 ㈜대한의 20X1년도 희석주당이익을 계산하기 위하여 전환우선주 및 주식선택권의 희석효과를 분석하는 표이다. 당기순이익 조정금액(분자요소)과 조정주식수(분모요소)를 각각 계산하시오.

구분	당기순이익 조정금액	조정주식수
전환우선주	①	②
주식선택권	③	④

물음 3)

㈜대한의 희석주당이익은 얼마인지 계산하시오. 단, 희석주당이익 계산 시 소수점 아래 둘째자리에서 반올림하여 계산하시오(예: 4.57은 4.6으로 계산).

희석주당이익	①

해설

물음 1)

날짜	내용	주식수	가중치	평균주식수
1/1	전기이월	5,000 + 500	12/12	5,500
5/1	우선주전환	360	8/12	240
7/1	자기주식취득	(500)	6/12	(250)
		가중평균유통보통주식수		5,490

우선주배당 = 700주 × @70 = ₩49,000

① 보통주 귀속 당기순이익 = 500,000 - 49,000 = ₩451,000

② 가중평균유통보통주식수 = 5,490주

물음 2)

<전환우선주>

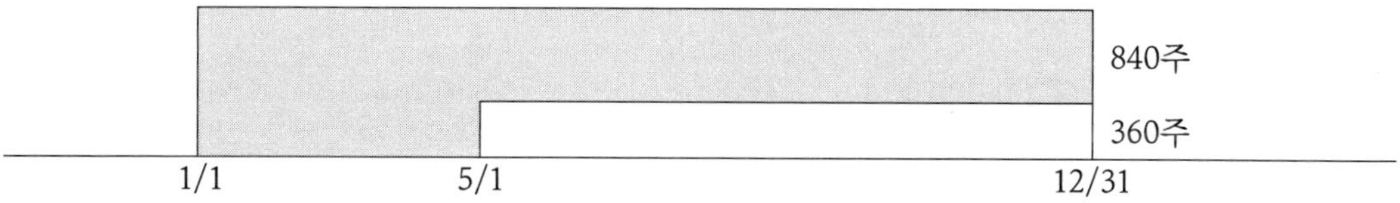

잠재적보통주 = 840 × 12/12 + 360 × 4/12 = 960주

당기손익영향 = ₩49,000

희석효과 = $\frac{\text{₩49,000}}{\text{960주}}$ = @51.04

① 당기순이익 조정금액 = ₩49,000

② 조정주식수 = 960주

<주식선택권>

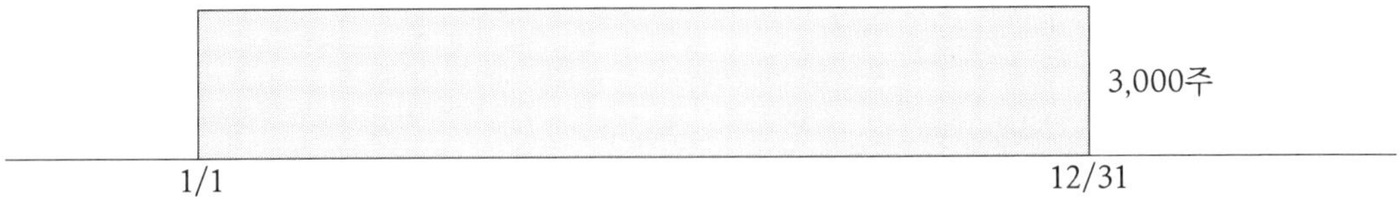

$$잠재적보통주 = 3{,}000주 \times \frac{900 - 480}{900} = 1{,}400주$$

$$당기손익영향 = 140{,}000 \times (1 - 20\%) = ₩112{,}000$$

$$희석효과 = \frac{₩112{,}000}{1{,}400주} = @80$$

③ 당기순이익 조정금액 = ₩112,000

④ 조정주식수 = 1,400주

물음 3)

$$희석주당순이익 = \frac{451{,}000 + 49{,}000}{5{,}490 + 960} = @77.5$$

/@82.1　　/@77.5

① 희석주당순이익 = ₩77.5

문제 6
현금결제선택권이 부여된 전환사채 | (회계사 2023, 15점)

※ 다음의 각 물음은 독립적이다.

㈜대한의 다음 <공통자료>를 이용하여 각 물음에 답하시오.

<공통자료>

1. 20X2년 1월 1일 유통주식수는 다음과 같다.

(단위: ₩)

구분	주식수	1주당 액면금액
보통주	18,000주	1,000
우선주A (비누적적, 비참가적)	2,000주	1,000
우선주B (누적적, 비참가적)	1,000주	1,000

2. 20X2년 3월 1일 보통주에 대해 주주우선배정 신주발행을 실시하여 2,400주가 증가하였다. 유상증자 시 1주당 발행가액은 ₩2,000이고, 유상증자 직전 보통주 1주당 공정가치는 ₩2,400이다. 20X2년 보통주 1주당 평균 시가는 ₩4,000이다.
3. 20X2년 9월 1일에 자기주식 1,000주를 1주당 ₩2,500에 취득하였으며, 이 중 600주를 20X2년 11월 1일에 1주당 ₩2,800에 재발행하였다.
4. 20X2년 12월 1일 공개매수 방식으로 우선주A 전부를 재매입하였으며, 우선주A 주주에게 공정가치인 1주당 ₩2,000을 지급하였다. 재매입일의 우선주A의 1주당 장부금액은 ₩1,600이다.
5. 우선주B에 대해 전기에 지급하지 못한 배당금과 당기 배당금을 모두 지급하기로 당기 중에 결의하였다. 우선주B의 배당률은 매년 연 10%이다.
6. ㈜대한의 20X2년도 당기순이익은 ₩5,000,000이며, 법인세율은 10%로 매년 동일하다.
7. 가중평균 유통보통주식수 및 이자 계산 시에는 월할계산하며, 계산과정에서 발생하는 소수점은 소수점 아래 첫째자리에서 반올림한다.

기간	단일금액 ₩1의 현가계수		정상연금 ₩1의 현가계수	
	5%	6%	5%	6%
1	0.9524	0.9434	0.9524	0.9434
2	0.9070	0.8900	1.8594	1.8334
3	0.8638	0.8396	2.7232	2.6730

물음 1)

㈜대한의 20X2년도 기본주당이익을 계산하기 위한 보통주 귀속 당기순이익과 가중평균 유통보통주식수를 각각 계산하시오.

보통주 귀속 당기순이익	①
가중평균 유통보통주식수	②

물음 2)

상기 <공통자료>와 다음 <추가자료 1>을 이용하여 각 <요구사항>에 답하시오. 단, <요구사항>은 독립적이다.

<추가자료 1>

㈜대한은 20X1년 1월 1일 복합금융상품(상환할증금 지급조건의 비분리형 신주인수권부사채)을 액면발행 하였으며, 발행조건은 다음과 같다.

- 액면금액 : ₩10,000,000
- 만기상환일 : 20X3년 12월 31일
- 표시이자율 : 연 3%
- 이자지급일 : 매년 12월 31일(연 1회)
- 보장수익률 : 연 5%
- 사채발행일 현재 동일 조건의 신주인수권이 없는 일반사채 시장수익률 : 연 6%
- 신주인수권 행사가격 : 사채액면 ₩2,000당 1주의 보통주
- 보통주 액면금액 : 1주당 ₩1,000
- 20X2년 보통주 평균 시가 : 1주당 ₩4,000

<요구사항 1>

다음은 ㈜대한의 20X2년도 희석주당이익을 계산하기 위하여 신주인수권의 희석효과를 분석하는 표이다. 20X2년 1월 1일에 상기 복합금융상품 중 30%의 신주인수권이 행사되어 보통주가 발행되었다고 할 때, 당기순이익 조정금액(분자요소)과 조정주식수(분모요소)를 각각 계산하시오.

구분	당기순이익 조정금액	조정주식수
신주인수권	①	②

<요구사항 2>

20X2년 3월 1일에 상기 복합금융상품 중 30%의 신주인수권이 행사되어 보통주가 발행되었다고 가정하는 경우, ㈜대한의 20X2년도 희석주당이익을 계산하기 위한 조정주식수(분모요소)를 계산하시오.

구분	조정주식수
신주인수권	①

물음 3)

상기 <공통자료>와 다음 <추가자료 2>를 이용하여 각 <요구사항>에 답하시오. 단, <요구사항>은 독립적이다.

<추가자료 2>

㈜대한은 20X1년 1월 1일 결제 선택권(주식결제 또는 현금결제)이 존재하는 복합금융상품(상환할증금 미지급조건의 전환사채)을 액면발행 하였으며, 발행조건은 다음과 같다.

- 액면금액 : ₩10,000,000
- 만기상환일 : 20X3년 12월 31일
- 표시이자율 : 연 3%
- 이자지급일 : 매년 12월 31일(연 1회)
- 사채발행일 현재 동일 조건의 전환권이 없는 일반사채 시장수익률 : 연 6%
- 보통주 액면금액 : 1주당 ₩1,000
- 결제 선택권 : 발행자인 ㈜대한의 선택에 의하여 사채액면 ₩2,000당 1주의 보통주로 전환하거나 액면금액의 110%에 해당하는 현금으로 결제 가능

<요구사항 1>

다음은 ㈜대한의 20X2년도 희석주당이익을 계산하기 위하여 전환권의 희석효과를 분석하는 표이다. 20X2년 1월 1일에 상기 복합금융상품 중 30%의 전환권이 행사되어 결제되었다고 할 때, 당기순이익 조정금액(분자요소)과 조정주식수(분모요소)를 각각 계산하시오. 단, 전환간주일은 고려하지 않는다.

구분	당기순이익 조정금액	조정주식수
전환권	①	②

<요구사항 2>

상기 복합금융상품의 결제 선택권(주식결제 또는 현금결제)을 발행자인 ㈜대한이 아닌 보유자가 가지고 있다고 가정하는 경우, 희석주당이익의 계산 방법을 간략히 서술하시오.

해설

물음 1)

우선주A 배당	2,000주 × @400 =	₩800,000
우선주B 배당	1,000주 × @100 =	100,000
우선주배당 합계		₩900,000

① 보통주귀속당기순이익 = 5,000,000 - 900,000 = ₩4,100,000

날짜	내용	주식수	가중치	평균주식수
1/1	기초 보통주	18,000 + 360	12/12	18,360
3/1	유상증자	2,000 + 40	10/12	1,700
9/1	자기주식취득	(1,000)	4/12	(333)
11/1	자기주식처분	600	2/12	100
			② 가중평균유통보통주식수	19,827주

시가이하 유상증자	=	시가유상증자	+	무상증자
2,400주 × @2,000 = ₩4,800,000		2,000주 × @2,400 = ₩4,800,000		400주

물음 2)

<요구사항 1>

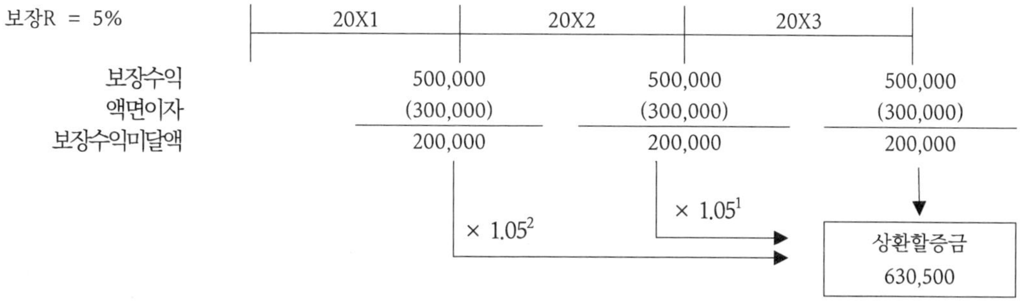

20X2년 초 할증금현재가치 = 630,500 × 0.8900 = ₩561,145

20X2년 할증금이자 = 561,145 × 70% × 6% = ₩23,568

① 당기순이익 조정금액 = 23,568 × (1 - 10%) = ₩21,211

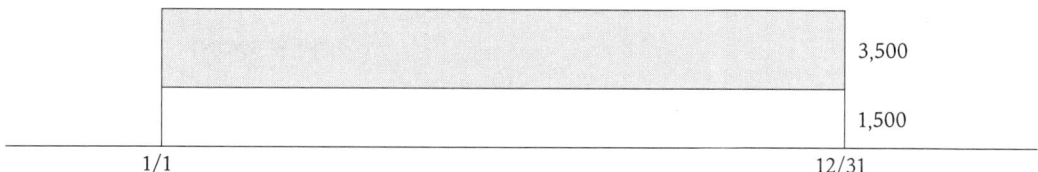

② 조정주식수 = 3,500 × $\frac{4,000-2,000}{4,000}$ = 1,750주

<요구사항 2>

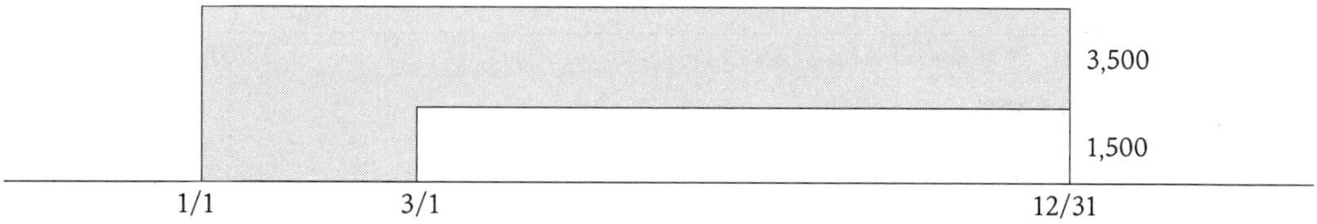

① 조정주식수 = 3,750 × $\frac{4,000-2,000}{4,000}$ = 1,875주

물음 3)

<요구사항 1>

R = 6%

	20X1	20X2	20X3
액면금액			10,000,000
상환할증금			-
액면이자	300,000	300,000	300,000

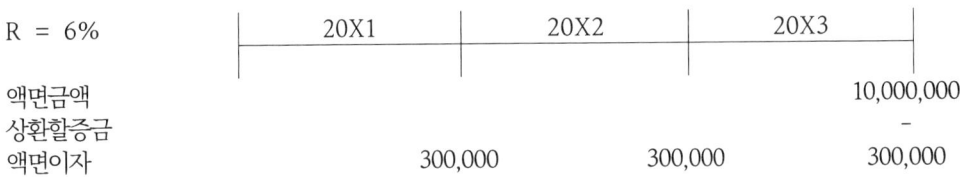

사채에 대한 대가 = 300,000 × 2.6730 + 10,00,000 × 0.8396 = ₩9,197,900

20X1 초	20X1 말	20X2 초	20X2 말

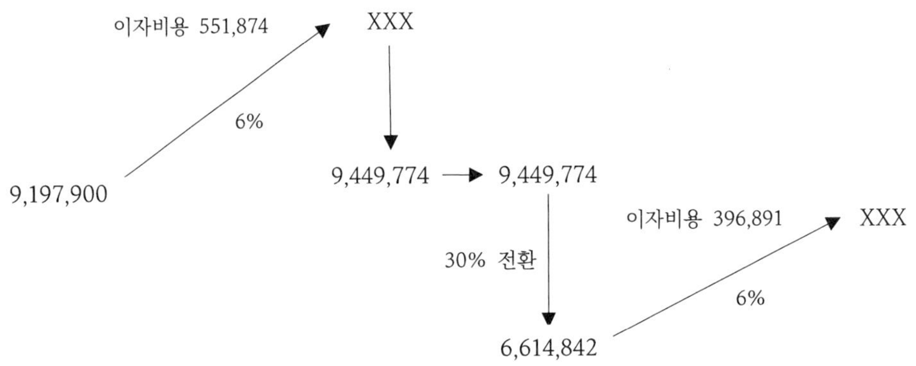

① 당기순이익 조정금액 = 396,891 × (1 - 10%) = ₩357,202

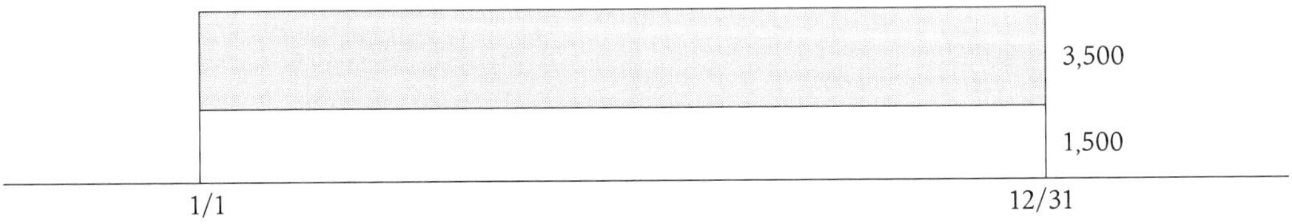

② 조정주식수 = 3,500주

<참고>

기업의 선택에 따라 보통주나 현금으로 결제할 수 있는 계약을 한 경우에 기업은 그 계약이 보통주로 결제될 것으로 가정하고 그로 인한 잠재적보통주가 희석효과를 가진다면 희석주당이익의 계산에 포함한다.

<요구사항 2>

보유자의 선택에 따라 보통주나 현금으로 결제하게 되는 계약의 경우에는 주식결제와 현금결제 중 희석효과가 더 큰 방법으로 결제된다고 가정하여 희석주당이익을 계산한다.

CHAPTER

제16장 현금흐름표

번호	내용	배점	난이도
1	현금흐름표를 통한 부채비율 추정, 이자지급액 (회계사 2017)	12점	Lv 2
2	당좌차월, 투자활동현금흐름 (세무사 2017)	15점	Lv 2
3	직접법과 간접법 (회계사 2018)	14점	Lv 1
4	직접법과 간접법 (세무사 2019)	30점	Lv 1
5	직접법과 간접법 (회계사 2020)	14점	Lv 3
6	직접법과 간접법 (세무사 2022)	14점	Lv 1
7	직접법에 의한 영업활동현금흐름 (회계사 2023)	6점	Lv 2
8	투자활동과 재무활동현금흐름 (회계사 2023)	5점	Lv 3

〈난이도 분류〉
세무사 동차생 : Lv 1까지 / 세무사 유예생 : Lv 2까지 / 회계사 동차생 : Lv 3까지 / 회계사 유예생 : Lv 4까지

문제 1
현금흐름표를 통한 부채비율 추정, 이자지급액 | (회계사 2017, 12점)

㈜한국의 재무자료와 관련된 각 물음에 답하시오. 제시된 물음은 독립적이다.

물음 1)

다음은 ㈜한국의 20X1년 12월 31일 약식 재무상태표와 20X2년도 약식 현금흐름표, 그리고 이와 관련된 추가 자료이다.

재무상태표

㈜한국 20X1년 12월 31일 현재 (단위: ₩)

자산		부채	
현금	275,000	매입채무	950,000
매출채권(순액)	800,000	미지급금	250,000
선급금	805,000	자본	
재고자산	1,000,000	보통주자본금(액면가: 1,000)	2,500,000
건물	2,200,000	자본잉여금	450,000
감가상각누계액	(100,000)	이익잉여금	850,000
특허권	20,000		
자산 합계	5,000,000	부채와 자본 합계	5,000,000

현금흐름표

㈜한국 20X2년 1월 1일부터 20X2년 12월 31일까지 (단위: ₩)

영업활동 순현금흐름		
당기순이익	800,000	
감가상각비	60,000	
특허권상각	5,000	
매입채무의 변동	(250,000)	
재고자산의 변동	300,000	915,000
투자활동 순현금흐름		
FVOCI금융자산의 취득	(600,000)	
건물의 취득	(500,000)	(1,100,000)
재무활동 순현금흐름		
장기차입금의 차입	450,000	
보통주의 발행	250,000	
배당금의 지급	(300,000)	400,000
현금의 증가		215,000
기초의 현금		275,000
기말의 현금		490,000

<추가자료>

(1) 보통주 100주가 20X2년 상반기에 발행되었다.

(2) 배당금은 20X2년 2월 중에 결의되고 20X2년 4월에 지급되었다.

위에서 주어진 재무상태표와 현금흐름표 및 추가 자료를 이용하여 20X2년 12월 31일 ㈜한국의 부채비율을 계산하시오. 단, 부채비율은 [(부채/자기자본) × 100]을 사용하며, 계산결과는 소수점 셋째자리에서 반올림한다. 표 안의 괄호( )는 마이너스(-) 표시이다.

물음 2)

다음은 ㈜한국의 20X1년 초와 20X1년 말 장기차입금의 장부금액과 20X1년 초에 발행한 두 개의 사채와 관련된 계정과목의 장부금액이다. 사채의 액면금액은 각각 ₩1,000,000이며, 20X1년도 중에 차입금의 신규 차입 및 사채의 추가발행이나 상환은 없다. ㈜한국은 이자지급 및 이자수취를 영업활동으로 분류하고 있다.

구분	20X1년 초	20X1년 말
장기차입금	₩600,000	₩450,000
유동성장기차입금	100,000	150,000
A사채	929,220	950,019
B사채	1,078,730	1,054,241
미지급이자비용	150,000	190,000

(1) ㈜한국은 유효이자율법을 사용하여 사채발행차금을 상각하고 있다.

(2) ㈜한국이 두 개의 사채와 관련하여 20X1년도 포괄손익계산서에 당기손익으로 인식한 이자비용은 ₩196,310이다.

(3) ㈜한국이 주거래은행으로부터 차입한 장기차입금 중에서 20X1년말에 유동성장기차입금으로 대체한 금액은 ₩150,000이다.

위에서 주어진 자료로 ㈜한국의 20X1년도 영업활동 현금흐름 유출입액을 계산하시오. [예: +₩1,000(유입액) 혹은 -₩1,000(유출액)]

물음 3)

현금흐름표 작성시 배당금 지급 및 수취에 따른 현금흐름을 어떤 활동으로 분류할 수 있는지를 모두 제시하고, 그 이유를 간략하게 설명하시오.

해설

물음 1)

매입채무	950,000 + (250,000) =	₩700,000
미지급금		250,000
장기차입금		450,000
20X2년 말 부채총계		₩1,400,000

납입자본	2,950,000 + 250,000 =	₩3,200,000
이익잉여금	850,000 + 800,000 + (300,000) =	1,350,000
20X2년 말 자본총계		₩4,550,000

20X2년 말 부채비율 = 1,400,000/4,550,000 = 30.77%

물음 2)

사채할인발행차금상각액 = 950,019 - 929,220 = ₩20,799

사채할증발행차금상각액 = 1,078,730 - 1,054,241 = ₩24,489

(차)	이자비용	196,310	(대)	사채할인발행차금	20,799
	사채할증발행차금	24,489		미지급이자	40,000
				현금	160,000

20X1년 영업활동현금 = (-)₩160,000 (유출액)

<참고>

차입금의 차입 및 상환은 재무활동이므로 이번 문제에서 분석할 필요는 없다.

물음 3)

배당금의 지급은 재무자원을 획득하는 원가이므로 재무활동 현금흐름으로 분류할 수 있다. 대체적인 방법으로, 재무제표이용자가 영업활동 현금흐름에서 배당금을 지급할 수 있는 기업의 능력을 판단하는 데 도움을 주기 위하여 영업활동 현금흐름의 구성요소로 분류할 수도 있다.

배당금수입은 당기순손익의 결정에 영향을 미치므로 영업활동 현금흐름으로 분류할 수 있다. 대체적인 방법으로 투자자산에 대한 수익이므로 투자활동 현금흐름으로 분류할 수도 있다.

문제 2

당좌차월, 투자활동현금흐름 | (세무사 2017, 15점)

㈜세무건설의 경영자는 20X7년도 현금흐름표를 작성하고 있다. 다음은 ㈜세무건설의 20X7년 말 비교재무상태표의 일부 자료이다.

비교재무상태표

(단위 : 원)

자산	20X6년 말	20X7년 말	부채 및 자본	20X6년 말	20X7년 말
현금및현금성자산	500,000	800,000	단기차입금	200,000	250,000
......	......	......	......	......	......
기계장치	2,000,000	1,500,000	미지급금	0	500,000
감가상각누계액*	(400,000)	(500,000)	......	......	......
......	......	......	......	......	......
자산총계	3,800,000	4,000,000	부채및자본 총계	3,800,000	4,000,000

* 감가상각누계액은 기계장치에 대한 것이다.

㈜세무건설은 20X7년에 처음으로 대한은행과 당좌차월 계약(금융회사의 요구에 따라 즉시 상환해야 하는 조건이 있음)을 체결하였으며, 20X7년 말 단기차입금 잔액 ₩250,000에는 당좌차월 금액 ₩150,000이 포함되어 있다. ㈜세무건설은 단기차입금을 항상 만기 3개월 이내로 차입하여 상환하고 있으며, 20X7년 중 당좌차월 거래를 제외한 단기차입금 상환액은 ₩1,000,000이다.

물음 1)

㈜세무건설이 20X7년 현금흐름표에 보고할 현금및현금성자산의 순증감액을 계산하시오. (단, 현금및현금성자산이 감소하는 경우에는 금액 앞에 (-)표시를 하시오.)

물음 2)

㈜세무건설이 20X7년 단기차입금 거래를 현금흐름표에 보고할 때, 현금유출입 금액을 계산하고 현금흐름의 활동구분을 기술하시오. (단, 현금유출의 경우에는 금액 앞에 (-)표시를 하시오.)

물음 3)

투자활동과 재무활동 현금흐름은 총현금유입과 총현금유출을 주요 항목별로 구분하여 총액으로 표시하는 것을 원칙으로 한다. 그러나 'K-IFRS 제1007호 문단 22'에는 영업활동, 투자활동 또는 재무활동에서 발생하는 현금흐름을 순증감액으로 보고할 수 있는 거래 유형이 제시되어 있다. ① 현금흐름표 작성 시 현금흐름을 순증감액으로 보고할 수 있는 현금흐름 거래 유형 2가지를 기술하고, ② ㈜세무건설의 단기차입금 거래가 현금흐름표에 순증감액으로 보고될 수 있는 현금흐름 거래 유형에 해당하는지를 간략히 설명하시오.

물음 4)

㈜세무건설은 20X7년 중에 ₩1,000,000의 기계장치를 구입하였으며, 장부금액이 ₩1,300,000인 기계장치를 ₩1,500,000에 처분하였다. 이외에 기계장치 구입 및 처분과 관련된 거래는 없다. 20X7년 말 미지급금 잔액 ₩500,000은 20X7년 중 기계장치를 취득하는 과정에서 발생한 것으로 기중에 상환된 금액은 없다. 20X7년 기계장치 감가상각비로 인식한 금액은 ₩300,000이다. 기계장치(기계장치감가상각누계액 포함)와 관련하여 20X7년 현금흐름표에 보고할 내용을 현금흐름의 활동구분과 함께 기술하시오. (단, 영업활동 현금흐름은 간접법으로 작성된다고 가정하고, 현금유출과 당기순이익 차감 조정항목은 금액 앞에 (-)표시를 하시오.)

해설

물음 1)

현금흐름표상 기초현금		₩500,000
현금흐름표상 기말현금	800,000 - 150,000 =	650,000
현금의 증가		₩150,000

당좌차월 ₩150,000은 기말재무상태표에는 단기차입금으로 보고되지만 현금흐름표에서는 현금의 차감으로 인식한다.

물음 2)

	기초	+	증가	=	감소	+	기말
단기차입금	200,000		차입 900,000		상환 1,000,000		100,000

단기차입금차입	₩900,000
단기차입금상환	(1,000,000)
재무활동순현금흐름	(-)₩100,000

물음 3)

① 현금흐름표 작성 시 현금흐름을 순증감액으로 보고할 수 있는 현금흐름 거래 유형

(1) 현금흐름이 기업의 활동이 아닌 고객의 활동을 반영하는 경우로서 고객을 대리함에 따라 발생하는 현금유입과 현금유출

(2) 회전율이 높고 금액이 크며 만기가 짧은 항목과 관련된 현금유입과 현금유출

② 단기차입금 거래가 회전율이 높고 금액이 크며 만기가 짧다면 순증감액으로 보고할 수 있다.

물음 4)

	기초	+	증가	=	감소	+	기말
기계장치	2,000,000		현금취득 500,000 외상취득 500,000		처분 1,500,000		1,500,000
감가상각누계액	400,000		dep 300,000		처분 200,000		500,000

처분한 유형자산 BV	₩1,300,000
처분이익	200,000
처분대가	₩1,500,000

<영업활동>

감가상각비 300,000

유형자산처분이익 (-)200,000

<투자활동>

기계장치취득 (-)500,000

기계장치처분 1,500,000

문제 3
직접법과 간접법 | (회계사 2018, 14점)

다음은 유통업을 영위하고 있는 ㈜대한의 20X1년과 20X2년의 비교잔액시산표이다.

계정과목	20X1년	20X2년
현금및현금성자산	₩20,000	₩184,000
매출채권	185,000	271,000
대손충당금	9,200	15,000
재고자산	100,000	70,000
토지	300,000	238,000
건물	540,000	430,000
감가상각누계액	220,000	100,000
매입채무	130,000	55,000
미지급이자	35,000	34,000
미지급법인세	30,000	34,500
유동성장기차입금	60,000	20,000
장기차입금	140,000	120,000
사채	-	40,000
사채할증발행차금	-	4,000
이연법인세부채	8,000	11,000
자본금	100,000	100,000
이익잉여금	412,800	412,800
매출액	-	870,000
매출원가	-	505,000
급여	-	20,000
대손상각비	-	9,800
감가상각비	-	57,000
이자수익	-	3,000
이자비용	-	5,000
유형자산처분이익	-	33,000
법인세비용	-	62,500

㈜대한의 추가적인 자료는 다음과 같다.

<추가 자료>

(1) ㈜대한은 현금흐름표에서 이자와 배당금의 수취 및 지급, 법인세의 환급 및 납부는 영업활동현금흐름으로 분류하는 정책을 채택하고 있다.

(2) 20X2년 4월 1일 ㈜대한은 장부금액이 ₩62,000인 토지를 ㈜민국이 보유하고 있던 건물(취득원가 ₩120,000, 감가상각누계액 ₩50,000)과 교환하고 추가로 현금 ₩8,000을 지급하였다. 해당 토지의 신뢰성 있는 공정가치는 ₩82,000이다. 본 교환거래는 상업적 실질이 있으며 당기 중 추가적인 토지 관련 거래는 없다.

(3) 당기 중 액면가액 ₩40,000의 사채가 할증발행되었으며 당기에 상각된 사채할증발행차금은 ₩1,000이다.

물음 1)

간접법을 이용하여 ㈜대한의 20X2년도 현금흐름표를 작성할 때, ①~⑧에 알맞은 금액을 계산하시오. (단, 현금유출은 (-)로 표시하고 현금유출입이 없는 경우에는 '0'으로 표시하시오.)

<현금흐름표>

영업활동현금흐름	
영업에서 창출된 현금	₩ ?
이자 수취액	①
이자 지급액	②
법인세 납부액	③
영업활동순현금흐름	?
투자활동현금흐름	
토지의 처분	④
건물의 취득	⑤
건물의 처분	⑥
투자활동순현금흐름	?
재무활동현금흐름	
유동성장기차입금의 상환	⑦
사채의 발행	⑧
재무활동순현금흐름	?
현금및현금성자산 순증가	164,000
기초 현금및현금성자산	20,000
기말 현금및현금성자산	₩184,000

물음 2)

직접법을 이용하여 ㈜대한의 20X2년도 현금흐름표를 작성할 때, ①~③에 알맞은 금액을 계산하시오. (단, 현금유출은 (-)로 표시하고 현금유출입이 없는 경우에는 '0'으로 표시하시오.)

<현금흐름표>

영업활동현금흐름	
고객으로부터의 현금유입	①
공급자 및 종업원에 대한 현금유출	②
영업으로부터 창출된 현금	?
이자 수취액	?
이자 지급액	?
법인세 납부액	?
영업활동순현금흐름	③

해설

물음 1)

<영업에서 창출된 현금>

당기순이익	246,700
감가상각비	57,000
이자수익	(3,000)
이자비용	5,000
유형자산처분이익	(33,000)
법인세비용	62,500

(차)	매출채권	86,000	(대)	영업창출손익	335,200
	매입채무	75,000		대손충당금	5,800
	현금	210,000		재고자산	30,000

<이자수취액>

(차)	현금	3,000	(대)	이자수익	3,000

① 이자수취액 = ₩3,000

<이자지급액>

(차)	이자비용	5,000	(대)	현금	7,000
	사채할증발행차금	1,000			
	미지급이자	1,000			

② 이자지급액 = (-)₩7,000

<법인세납부액>

(차)	법인세비용	62,500	(대)	이연법인세부채	3,000
				미지급법인세	4,500
				현금	55,000

③ 법인세납부액 = (-)₩55,000

<토지>

	기초 +	증가 =	감소 +	기말
토지	300,000	취득 0	교환처분 62,000	238,000

(차)	건물	90,000	(대)	토지	62,000
				현금	8,000
				처분이익	20,000

④ 토지의 처분 = ₩0

<건물>

유형자산처분이익 = 토지처분이익 20,000 + 건물처분이익 13,000 = ₩33,000

	기초 +	증가 =	감소 +	기말
건물	540,000	교환취득 90,000	처분 200,000	430,000
감가상각누계액	220,000	dep 57,000	처분 177,000	100,000

처분한 유형자산 BV	₩23,000
처분이익	13,000
처분대가	₩36,000

⑤ 건물의 취득 = (-)₩8,000

⑥ 건물의 처분 = ₩36,000

<차입금 증감분석>

	기초 +	증가 =	감소 +	기말
유동성장기차입금	60,000	대체 20,000	상환 60,000	20,000
장기차입금	140,000	차입 -	대체 20,000 조기상환 0	120,000

⑦ 유동성장기차입금의 상환 = (-)₩60,000

<사채>

	기초	+	증가	=	감소	+	기말
사채	-		발행 40,000		상환 -		40,000
사채할증발행차금	-		발행 5,000		상각 1,000 상환 -		4,000

⑧ 사채의 발행 = ₩45,000

영업에서창출된현금	₩210,000
이자수취액	3,000
이자지급액	(7,000)
법인세납부액	(55,000)
영업활동순현금흐름	₩151,000

물음 2)

<고객으로부터유입된 현금>

매출 870,000
대손상각비 (9,800)

(차)	매출채권	86,000	(대)	당기손익영향	860,200
	현금	780,000		대손충당금	5,800

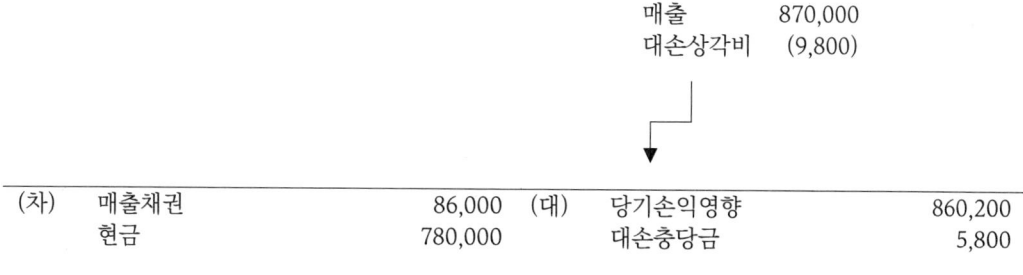

① 고객으로부터유입된현금 = ₩780,000

<공급자에 대한 현금유출>

매출원가 (505,000)

(차)	당기손익영향	505,000	(대)	재고자산	30,000
	매입채무	75,000		현금	550,000

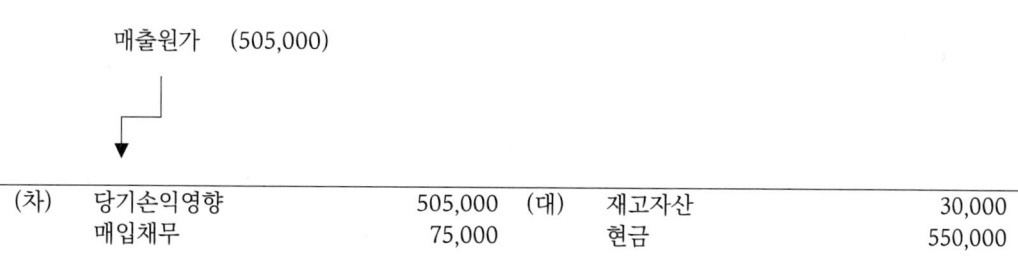

<종업원에 대한 현금유출>

급여 (20,000)

↓

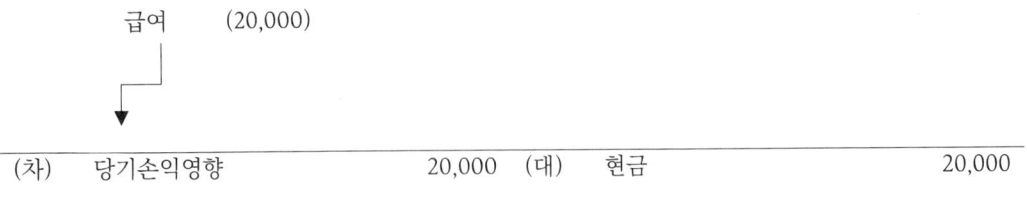

(차)	당기손익영향	20,000	(대)	현금	20,000

② 공급자 및 종업원에 대한 현금유출 = (550,000) + (20,000) = (-)₩570,000

고객으로부터의 현금유입	780,000
공급자및종업원에대한 현금유출	(570,000)
영업에서창출된현금	₩210,000
이자수취액	3,000
이자지급액	(7,000)
법인세납부액	(55,000)
③ 영업활동순현금흐름	₩151,000

문제 4
직접법과 간접법 | (세무사 2019, 30점)

다음은 유통업을 영위하고 있는 ㈜세무의 20X2년도 비교재무상태표와 포괄손익계산서이다. 이들 자료와 추가정보를 이용하여 각 물음에 답하시오.

비교재무상태표

계정과목	20X2.12.31	20X1.12.31	계정과목	20X2.12.31	20X1.12.31
현금및현금성자산	₩74,000	₩36,000	매입채무	₩70,000	₩44,000
매출채권	53,000	38,000	미지급이자	18,000	16,000
손실충당금	(3,000)	(2,000)	미지급법인세	2,000	4,000
재고자산	162,000	110,000	사채	200,000	0
금융자산(FVPL)	25,000	116,000	사채할인발행차금	(8,000)	0
차량운반구	740,000	430,000	자본금	470,000	408,000
감가상각누계액	(60,000)	(100,000)	자본잉여금	100,000	100,000
			이익잉여금	139,000	56,000
자산총계	₩991,000	₩628,000	부채와자본총계	₩991,000	₩628,000

포괄손익계산서

계정과목	금액
매출액	₩420,000
매출원가	(180,000)
판매비와관리비	(92,000)
영업이익	₩148,000
유형자산처분이익	4,000
금융자산(FVPL)평가이익	5,000
금융자산(FVPL)처분손실	(2,000)
이자비용	(8,000)
법인세비용차감전순이익	₩147,000
법인세비용	(24,000)
당기순이익	₩123,000
기타포괄손익	0
총포괄손익	₩123,000

[추가정보]

(1) 금융자산(FVPL)은 단기매매목적으로 취득 또는 처분한 자산으로 당기손익-공정가치모형을 적용해오고 있다.

(2) 20X2년 중에 취득원가가 ₩100,000이고, 80% 감가상각된 차량운반구를 ₩24,000에 매각하였다.

(3) 20X2년 중에 액면금액이 ₩100,000인 사채 2좌를 1좌당 ₩95,000에 할인발행하였다.

(4) 20X2년도 자본금의 변동은 유상증자(액면발행)에 따른 것이다.

(5) 포괄손익계산서의 판매비와관리비 ₩92,000에는 매출채권 손상차손 ₩2,000이 포함되어 있으며, 나머지는 급여와 감가상각비로 구성되어 있다.

(6) 포괄손익계산서의 이자비용 ₩8,000에는 사채할인발행차금상각액 ₩2,000이 포함되어 있다.

(7) 이자 및 배당금 지급을 영업활동현금흐름으로 분류하고 있다.

물음 1)

㈜세무가 20X2년도 현금흐름표 상 영업활동현금흐름을 간접법으로 작성한다고 가정하고, 다음 ①~⑤에 알맞은 금액을 계산하시오. (단, 현금유출은 (-)로 표시하고 현금유출입이 없는 경우에는 '0'으로 표시하시오.)

영업활동현금흐름	
법인세비용차감전순이익	₩?
가감 :	
감가상각비	①
매출채권의증가(순액)	②
재고자산의 증가	?
금융자산(FVPL)의 감소	?
매입채무의 증가	?
유형자산처분이익	?
이자비용	③
영업으로부터 창출된 현금	₩④
이자지급	?
법인세의 납부	?
배당금지급	?
영업활동순현금흐름	₩⑤

물음 2)

㈜세무가 20X2년도 현금흐름표 상 영업활동현금흐름을 직접법으로 작성한다고 가정하고, 다음 ①~⑥에 알맞은 금액을 계산하시오. (단, 현금유출은 (-)로 표시하고 현금유출입이 없는 경우에는 '0'으로 표시하시오.)

영업활동현금흐름	
고객으로부터의 유입된 현금	₩①
금융자산(FVPL)으로부터의 유입된 현금	②
공급자와 종업원에 대한 현금유출	③
영업으로부터 창출된 현금	₩?
이자지급	④
법인세의 납부	⑤
배당금지급	⑥
영업활동순현금흐름	₩?

물음 3)

현금흐름표 상 영업활동현금흐름은 직접법 또는 간접법으로 작성될 수 있다. 직접법과 간접법의 장·단점을 기술하시오.

물음 4)

20X2년도 차량운반구 취득으로 인한 현금유출액을 계산하시오.

물음 5)

20X2년도 현금흐름표 상 재무활동순현금흐름을 계산하시오. (단, 현금유출의 경우에는 금액 앞에 (-)표시를 하시오.)

해설

물음 1)

① 감가상각비 = ₩40,000
② 매출채권의 증가(순액) = (-)₩14,000
③ 이자비용 = ₩8,000
④ 영업으로부터 창출된 현금 = ₩242,000
⑤ 영업활동순현금흐름 = ₩172,000

물음 2)

① 고객으로부터의 유입된 현금 = ₩404,000
② 금융자산(FVPL)으로부터 유입된 현금 = ₩94,000
③ 공급자와 종업원에 대한 현금유출 = (-)₩256,000
④ 이자지급 = (-)₩4,000
⑤ 법인세납부 = (-)₩26,000
⑥ 배당금지급 = (-)₩40,000

물음 3)

<직접법의 장점과 단점>
영업활동현금흐름의 구성내역을 파악할 수 있어서 정보이용자에게 유용한 정보를 제공하는 것이 장점이다. 당기손익과 영업활동현금흐름간의 차이내역을 파악할 수 없으며 실무적용이 어렵다는 단점이 있다.

<간접법의 장점과 단점>
당기손익과 영업활동현금흐름간의 차이내역을 파악할 수 있으며 실무적용이 쉽다는 장점이 있다. 영업활동현금흐름의 구성내역을 파악할 수 없어서 정보이용자에게 유용한 정보를 제공하지 못하는 것이 단점이다.

물음 4)

차량운반구 취득으로 인한 현금유출액 = ₩410,000

물음 5)

재무활동순현금흐름 = ₩252,000

<차량운반구>

	기초	+	증가	=	감소	+	기말
차량운반구	430,000		취득 410,000		처분 100,000		740,000
감가상각누계액	100,000		감가상각비 40,000		처분 80,000		60,000

처분자산 장부가치	₩20,000
유형자산 처분이익	4,000
유형자산 처분대가	₩24,000

<사채>

	기초	+	증가	=	감소	+	기말
사채	0		발행 200,000		상환 0		200,000
사채할인발행차금	0		발행 10,000		상각 2,000 상환 0		8,000

<자본>

	기초	+	증가	=	감소	+	기말
자본금	408,000		유상증자 62,000				470,000
이익잉여금	56,000		당기순이익 123,000		현금배당 40,000		139,000

<고객으로부터 유입된 현금>

매출	420,000
매출채권손상차손	(2,000)

(차)	매출채권	15,000	(대)	당기손익영향	418,000
	현금	404,000		손실충당금	1,000

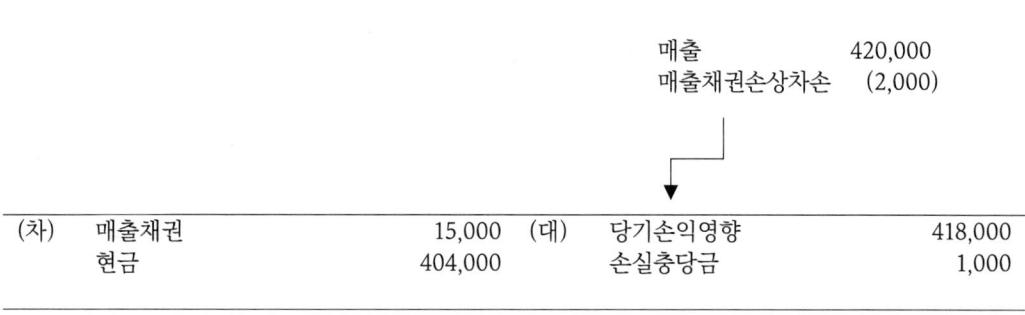

<공급자에게 유출된 현금>

매출원가 (180,000)

↓

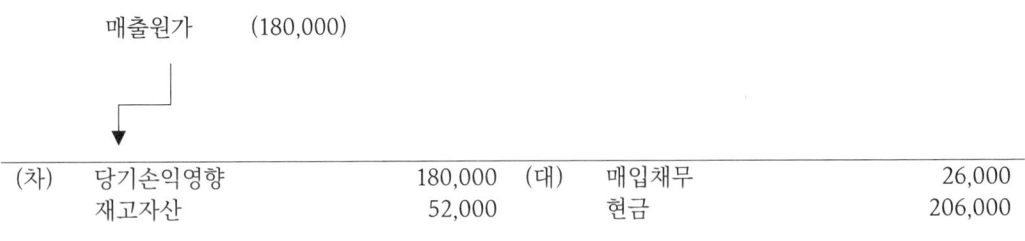

(차)	당기손익영향	180,000	(대)	매입채무	26,000
	재고자산	52,000		현금	206,000

<종업원에 대한 현금유출>

판매관리비(₩92,000)의 구성 ➔ 매출채권손상차손 2,000 / 감가상각비 40,000 / 급여 50,000

(차)	급여	50,000	(대)	현금	50,000

<단기매매목적 FVPL금융자산>

FVPL평가이익 5,000
FVPL처분손실 (2,000)

↓

(차)	현금	94,000	(대)	당기손익영향	3,000
				FVPL금융자산	91,000

<이자지급>

(차)	이자비용	8,000	(대)	미지급이자	2,000
				사채할인발행차금	2,000
				현금	4,000

<법인세납부>

(차)	법인세비용	24,000	(대)	현금	26,000
	미지급법인세	2,000			

<간접법에 의한 영업활동현금흐름>

당기순이익	123,000
법인세비용	24,000
이자비용	8,000
감가상각비	40,000
유형자산처분이익	(4,000)

↓

(차)	매출채권	15,000	(대)	영업창출손익	191,000
	재고자산	52,000		손실충당금	1,000
	현금	242,000		FVPL금융자산	91,000
				매입채무	26,000

법인세비용차감전순이익	₩147,000
이자비용	8,000
감가상각비	40,000
유형자산처분이익	(4,000)
순매출채권의증가	(14,000)
재고자산의증가	(52,000)
FVPL금융자산감소	91,000
매입채무의증가	26,000
영업활동에서 창출된 현금흐름	₩242,000
이자지급	(4,000)
법인세납부	(26,000)
배당지급	(40,000)
영업활동순현금흐름	₩172,000

<직접법에 의한 영업활동현금흐름>

고객으로부터 유입된 현금	₩404,000
FVPL금융자산 유입 현금	94,000
공급자와종업원에 대한 현금유출	(256,000)
영업활동에서 창출된 현금흐름	₩242,000
이자지급	(4,000)
법인세납부	(26,000)
배당지급	(40,000)
영업활동순현금흐름	₩172,000

<투자활동현금흐름>

차량운반구취득	(₩410,000)
차량운반구처분	24,000
투자활동현금흐름	(₩386,000)

<재무활동현금흐름>

유상증자	₩62,000
사채발행	190,000
재무활동현금흐름	₩252,000

문제 5
직접법과 간접법 | (회계사 2020, 14점)

다음의 <자료>를 이용하여 물음에 답하시오.

<자료>

다음은 제조업을 영위하고 있는 ㈜대한의 재무상태표 계정 중 20X2년 기초대비 기말잔액이 증가(감소)한 계정의 일부이다(자산 및 부채 모두 증가는 (+), 감소는 (-)로 표시하였음).

계정	증감
매출채권	(+) ₩200,000
손실충당금(매출채권)	(+) 30,000
토지	(+) 50,000
건물	(+) 250,000
감가상각누계액(건물)	(-) 7,000
제품보증충당부채	(+) 45,000
사채	?
사채할인발행차금	?

20X2년 12월 31일로 종료되는 회계연도의 현금흐름표를 작성할 때 추가적으로 고려하여야 할 항목들은 다음과 같다.

1. ㈜대한의 매출채권은 전액 미국에 수출하여 발생한 것이다. 매출채권과 관련하여 당기 포괄손익계산서에 계상된 외화환산손실은 ₩40,000이고 외환차손은 ₩20,000이며 손상차손은 ₩5,000이다.
2. 당기 중 토지 ₩50,000을 주주로부터 현물로 출자 받았고, 건물을 ₩300,000에 신규 취득하였다. 토지와 건물의 증감은 토지의 취득, 건물의 취득 및 처분으로 발생한 것이다. 포괄손익계산서에 계상된 당기의 감가상각비는 ₩3,000이고, 건물의 처분으로 인하여 발생한 처분이익은 ₩10,000이다.
3. ㈜대한은 판매한 제품에 대하여 2년간 보증해주고 있으며 재무상태표에 제품보증충당부채를 표시하고 있다. 당기 말에 최선의 추정치로 측정하여 포괄손익계산서에 계상한 품질보증비용은 ₩60,000이고, 이외의 변동은 모두 보증으로 인한 수리활동으로 지출된 금액이다.
4. 사채는 전액 당기 초에 발행되었고, 발행 시 액면금액은 ₩90,000(액면이자율 연 8%), 사채할인발행차금은 ₩6,000이다. 당기 포괄손익계산서에 계상된 사채의 이자비용은 ₩9,000이다. 동 사채 액면 ₩90,000중 ₩30,000은 당기 말에 상환되었으며, 포괄손익계산서에 계상된 사채상환이익은 ₩800이다.

㈜대한이 20X2년 12월 31일로 종료되는 회계연도의 현금흐름표를 간접법으로 작성하는 경우 상기 4가지 추가항목과 관련하여 현금흐름표 상 영업, 투자 또는 재무활동으로 인한 현금흐름에 가산 또는 차감 표시하여야 할 금액을 아래 양식에 따라 각 항목별로 표시하시오. 단, ㈜대한은 이자수취 및 지급을 영업활동으로 분류하고 있으며, 당기순이익은 영업활동으로 인한 현금흐름에 가산하였다.

(예시) 5. 당기 무형자산의 취득액은 ₩12,000이고, 무형자산 상각액은 ₩4,000이다.

항목 번호	활동 구분	현금흐름 가산(+) 또는 차감(-)	금액
5	영업	+	4,000
	투자	-	12,000
	재무	없음	

해설

항목번호 1)

당기순이익	XXX
감가상각비	3,000
유형자산처분이익	(10,000)
이자비용	9,000
사채상환이익	(800)

↓

(차)	매출채권	200,000	(대)	영업창출손익	XXX
	현금	XXX		손실충당금	30,000
				제품보증충당부채	45,000

영업활동에서 조정할 금액 = 매출채권 증가 (200,000) - 손실충당금 증가 30,000 = (₩170,000)

항목번호	활동구분	현금흐름 가산 (+) 또는 차감 (-)	금액
1	영업	(-)	170,000
	투자	없음	
	재무	없음	

항목번호 2)

	기초	+	증가	=	감소	+	기말
토지	XXX		현물출자 50,000				XXX
건물	XXX		취득 300,000		처분 50,000		XXX
감가상각누계액	XXX		감가상각비 3,000		처분 10,000		XXX

처분자산 장부가치	₩40,000
유형자산 처분이익	10,000
유형자산 처분대가	₩50,000

영업활동에서 조정할 금액 = 감가상각비 3,000 + 처분이익 (10,000) = (₩7,000)

투자활동에 표시할 금액 = 건물취득 (300,000) + 건물처분 50,000 = (₩250,000)

항목번호	활동구분	현금흐름 가산 (+) 또는 차감 (-)	금액
2	영업	(-)	7,000
	투자	(-)	250,000
	재무	없음	

항목번호 3)

영업활동에서 조정할 금액 = 충당부채 증가 45,000 = ₩45,000

항목번호	활동구분	현금흐름 가산 (+) 또는 차감 (-)	금액
3	영업	(+)	45,000
	투자	없음	
	재무	없음	

항목번호 4)

유효이자율법에 의한 이자비용 = ₩9,000

액면이자 = 90,000 × 8% = ₩7,200

사채할인발행차금 상각액 = 9,000 - 7,200 = ₩1,800

조기상환시 제거되는 사채할인발행차금 = (6,000 - 1,800) × 30,000/90,000 = ₩1,400

	기초	+	증가	=	감소	+	기말
사채	0		발행 90,000		조기상환 30,000		60,000
사채할인발행차금	0		발행 6,000		조기상환 1,400 상각 1,800		2,800

조기상환사채 장부가치	30,000 - 1,400 =	₩28,600
사채상환이익		800
조기사채상환대가		₩27,800

영업활동에서 조정할 금액 = 이자비용 9,000 + 상환이익 (800) + 이자지급 (7,200) = ₩1,000

재무활동에 표시할 금액 = 사채발행 84,000 + 사채상환 (27,800) = ₩56,200

항목번호	활동구분	현금흐름 가산 (+) 또는 차감 (-)	금액
4	영업	(+)	1,000
	투자	없음	
	재무	(+)	56,200

문제 6
직접법과 간접법 | (세무사 2022, 14점)

㈜세무는 유통업을 영위하며 20X2년 재무상태표와 포괄손익계산서는 다음과 같다. 이들 자료와 추가정보를 이용하여 각 물음에 답하시오.

재무상태표

과목	20X2.12.31	20X1.12.31
현금및현금성자산	₩88,000	₩38,000
단기대여금	30,000	10,000
매출채권(순액)	31,000	40,000
미수이자	3,000	2,000
재고자산	118,000	70,000
토지	420,000	300,000
건물(순액)	580,000	250,000
자산총계	₩1,270,000	₩710,000
매입채무	₩60,000	₩32,000
단기차입금	140,000	150,000
미지급이자	8,000	6,000
미지급법인세	2,000	4,000
미지급판매비와관리비	4,000	8,000
사채	500,000	0
사채할인발행차금	(30,000)	0
자본금	460,000	400,000
자본잉여금	0	60,000
이익잉여금	150,000	50,000
토지재평가잉여금	15,000	0
자기주식	(39,000)	0
부채와자본총계	₩1,270,000	₩710,000

포괄손익계산서
(20X2.1.1 ~ 20X2.12.31)

과목	금액
매출액	₩950,000
매출원가	(510,000)
급여	(105,000)
매출채권손상차손	(8,000)
감가상각비	(48,000)
기타판매비와관리비	(85,000)
유형자산처분이익	18,000
이자수익	5,000
이자비용	(50,000)
법인세비용차감전순이익	₩167,000
법인세비용	(42,000)
당기순이익	₩125,000
토지재평가차익	15,000
총포괄이익	₩140,000

<추가정보>

1) ㈜세무는 이자 및 배당금 수취는 영업활동으로, 이자 및 배당금 지급은 재무활동으로 분류하는 방식을 채택하고 있다.
2) 20X2년 중에 장부금액 ₩100,000인 건물을 처분하고 유형자산처분이익 ₩18,000을 인식하였다.
3) 20X2년 초에 액면금액이 ₩500,000인 사채를 ₩455,000에 할인발행하였다. 포괄손익계산서의 이자비용에는 사채할인발행차금상각액이 포함되어 있다.
4) 20X2년 중에 자본잉여금 ₩60,000을 자본금으로 전입하였으며, 발행주식 일부를 ₩39,000에 현금취득하였다.
5) 20X1년 말 단기차입금과 단기대여금은 20X2년에 모두 상환 또는 회수되었다.

물음 1)

㈜세무가 영업활동현금흐름을 직접법으로 표시하는 20X2년 현금흐름표를 작성할 경우에, 다음 ① ~ ⑩에 표시될 금액은 얼마인가? (단, 현금흐름표의 괄호 표시항목은 유출을 의미한다.)

영업활동현금흐름		
고객으로부터 유입된 현금	₩ ①	
공급자에 대한 현금유출	(②)	
종업원 및 판매관리활동 현금유출	(③)	
영업에서 창출된 현금	₩ ?	
이자수취	④	
법인세납부	(⑤)	
영업활동순현금흐름		₩ ?
투자활동현금흐름		
토지의 취득	(⑥)	
건물의 취득	(⑦)	
단기매여금의 회수	?	
건물의 처분	⑧	
단기대여금의 대여	(?)	
투자활동순현금흐름		(?)
재무활동현금흐름		
단기차입금의 상환	(?)	
이자지급	(⑨)	
배당금지급	(⑩)	
사채발행	?	
단기차입금의 차입	?	
자기주식취득	(?)	
재무활동순현금흐름		?
현금및현금성자산 순증가		50,000
기초 현금및현금성자산		38,000
기말 현금및현금성자산		88,000

물음 2)

영업활동현금흐름을 간접법으로 표시할 때, 법인세비용차감전순이익에 가감조정할 영업활동관련 자산과 부채의 변동액(순액)은 얼마인가? (단, 영업활동관련 자산과 부채의 변동액(순액)을 법인세비용차감전순이익에 차감 조정할 경우에는 금액 앞에 (-)로 표시하고, 조정금액이 없을 경우는 '0'으로 표시하시오.)

해설

물음 1)

매출	950,000
매출채권손상차손	(8,000)

↓

(차)	현금	951,000	(대)	당기손익영향	942,000
				매출채권	9,000

① 고객으로부터 유입된 현금 = ₩951,000

매출원가	(510,000)

↓

(차)	당기손익영향	510,000	(대)	매입채무	28,000
	재고자산	48,000		현금	530,000

② 공급자에 대한 현금유출 = ₩530,000

급여	(105,000)
기타판매비와관리비	(85,000)

↓

(차)	당기손익영향	190,000	(대)	현금	194,000
	미지급판매비와관리비	4,000			

③ 종업원 및 판매관리활동 현금 유출 = ₩194,000

(차)	미수이자	1,000	(대)	이자수익	5,000
	현금	4,000			

④ 이자수취 = ₩4,000

(차)	법인세비용	42,000	(대)	현금	44,000
	미지급법인세	2,000			

⑤ 법인세납부 = ₩44,000

	기초	+	증가	=	감소	+	기말
토지	300,000		취득 105,000 OCI 15,000				420,000

⑥ 토지의 취득 = ₩105,000

	기초	+	증가	=	감소	+	기말
건물	250,000		취득 478,000		dep 48,000 처분 100,000		580,000

처분 BV	₩100,000
처분이익	18,000
처분대가	₩118,000

⑦ 건물의 취득 = ₩478,000

⑧ 건물의 처분 = ₩118,000

	기초	+	증가	=	감소	+	기말
사채	0		발행 500,000				500,000
사채할인발행차금	0		발행 45,000		상각 15,000		30,000

사채의 발행 = ₩455,000

(차)	이자비용	50,000	(대)	사채할인발행차금	15,000
				미지급이자	2,000
				현금	33,000

⑨ 이자지급 = ₩33,000

	기초	+	증가	=	감소	+	기말
이익잉여금	50,000		당기순이익 125,000		현금배당 25,000		150,000

⑩ 배당금지급 = ₩25,000

물음 2)

법인세비용차감전순이익	167,000
이자비용	50,000
이자수익	(5,000)
유형자산처분이익	(18,000)
감가상각비	48,000

(차)	재고자산	48,000	(대)	영업창출손익	242,000
	미지급판매비와관리비	4,000		매출채권	9,000
	현금	227,000		매입채무	28,000

영업으로부터 창출된 현금 = ₩227,000

가감조정할 금액 = 9,000 + 28,000 + (48,000) + (4,000) = (-)₩15,000

문제 7
직접법에 의한 영업활동현금흐름 | (회계사 2023, 6점)

㈜대한은 현금흐름표를 직접법으로 작성하고 있다.

<자료>

1. 다음은 ㈜대한의 20X2년과 20X1년 재무제표 일부이다.

(단위: ₩)

계정	20X2년 말	20X1년 말
매출채권	12,000	11,500
손실충당금(매출채권)	(1,050)	(950)
선급이자비용	1,250	870
재고자산	28,000	26,000
평가충당금(재고자산)	(1,900)	(2,300)
매입채무	25,000	17,000
미지급이자비용	2,330	3,150
미지급법인세	9,600	7,500
이연법인세부채	1,200	1,130

(단위: ₩)

계정	20X2년도	20X1년도
매출액	98,000	95,000
매출원가	49,000	48,300
이자비용	4,800	4,670
법인세비용	8,750	6,800

2. 20X2년 중 매출채권과 상계된 손실충당금은 ₩800이다.
3. 20X2년 중 매입채무와 관련하여 외환차익 ₩200과 외화환산이익 ₩400이 발생하였다.
4. 20X2년 법인세비용에는 유형자산처분이익으로 인해 추가 납부한 법인세 ₩280이 포함되어 있다.

<자료>를 이용하여 ㈜대한의 20X2년도 영업활동 현금흐름에 포함될 다음 금액을 계산하시오.

고객으로부터 유입된 현금	①
공급자에게 지급한 현금	②
법인세로 납부한 현금	③
이자로 지급한 현금	④

해설

매출	98,000
대손상각비	(900)

↓

(차)	매출채권	500	(대)	당기손익영향	97,100
	현금	96,700		손실충당금	100

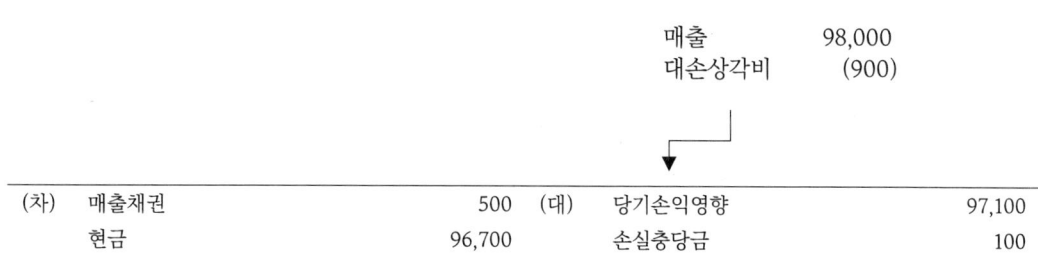

① 고객으로부터 유입된 현금 = ₩96,700

<참고>

	기초	+	증가	=	감소	+	기말
손실충당금	950		대손상각비 900		대손 800		1,050

매출원가	(49,000)
재고자산평가손실환입	400
환율변동이익	600

↓

(차)	당기손익영향	48,000	(대)	매입채무	8,000
	재고자산	2,000		현금	42,400
	재고자산평가충당금	400			

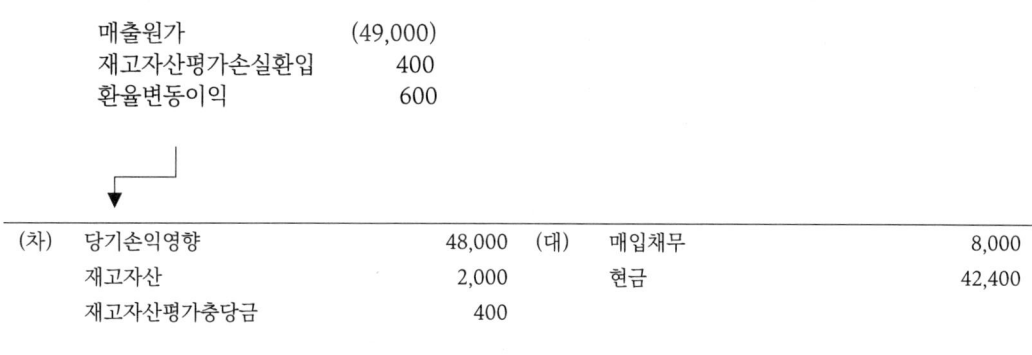

② 공급자에게 유출된 현금 = ₩42,400

<참고>

재고자산평가손실환입의 매출원가 포함여부가 제시되어 있지 않다. 기초대비 기말 평가충당금의 감소를 보고 평가손실환입을 찾아낸뒤 이를 당기손익영향에 추가로 고려하는 것이 출제자의 의도라도 생각된다. 따라서 평가손실환입은 매출원가에 포함되어 있지 않고 추가로 고려해야한다고 가정하여 문제를 풀이하였다. 만약 평가손실환입이 매출원가에 이미 포함되었다면 정답은 ₩42,800이다.

(차)	법인세비용	8,750	(대)	미지급법인세	2,100
				이연법인세부채	70
				현금	6,580

③ 법인세로 납부한 현금 = 6,580 - 280 = ₩6,300

(차)	이자비용	4,800	(대)	현금	6,000
	미지급이자	820			
	선급이자	380			

④ 이자로 지급한 현금 = ₩6,000

문제 8
투자활동과 재무활동 현금흐름 | (회계사 2023, 5점)

다음은 ㈜대한의 20X2년도 현금흐름표 작성을 위한 자료이다.

<자료>

1. 다음은 ㈜대한의 20X2년과 20X1년 재무제표 일부이다.

(단위: ₩)

계정	20X2년 말	20X1년 말
유형자산(취득원가)	270,000	245,000
감가상각누계액	(178,000)	(167,000)
미지급금	30,000	11,500
사채	270,000	200,000
사채할인발행차금	(35,000)	(35,000)
자본금	115,000	100,000
자본잉여금	52,000	40,000
자기주식	(8,500)	(10,000)
이익잉여금	75,000	90,000

(단위: ₩)

계정	20X2년도	20X1년도
감가상각비(유형자산)	32,000	31,500
유형자산처분이익	13,000	4,500
사채할인발행차금상각	4,000	4,100
사채상환이익	1,000	800
당기순이익	38,000	16,000

2. 20X2년 취득한 유형자산 구입금액 중 ₩15,000은 미지급금에 포함되어 있으며, ㈜대한은 해당 유형자산을 취득하면서 복구충당부채 ₩3,000에 대한 회계처리를 누락하였다.
3. 유형자산의 처분과 사채의 발행 및 상환은 현금거래로 이루어졌으며, 현금 지급된 사채이자는 없는 것으로 가정한다.
4. 20X1년에 액면발행한 상환주식(㈜대한이 상환권 보유) ₩30,000을 20X2년 중 이사회 결의를 통해 발행 금액으로 상환을 완료하였다. 상환과 관련하여 주주총회를 개최하지 않았으며, 상법규정에 따라 회계처리하였다.
5. 20X2년 중 장부금액 ₩5,000의 자기주식을 처분하였다.
6. 20X2년 3월 개최된 정기주주총회에서 주식배당 ₩15,000과 현금배당이 의결되었으며, 현금배당에 따른 이익준비금은 적립되지 않았다.

<자료>를 이용하여 ㈜대한의 20X2년도 현금흐름표에 포함될 다음 금액을 계산하시오.

유형자산 관련 순현금유출액	①
사채 관련 순현금유입액	②
배당으로 지급된 현금	③
자본 관련 현금유출액	④

해설

감가상각비	(32,000)
유형자산처분이익	13,000

↓

(차)	당기손익영향	19,000	(대)	감가상각누계액	11,000
	유형자산	28,000		미지급금	15,000
				복구충당부채	3,000
				현금	18,000

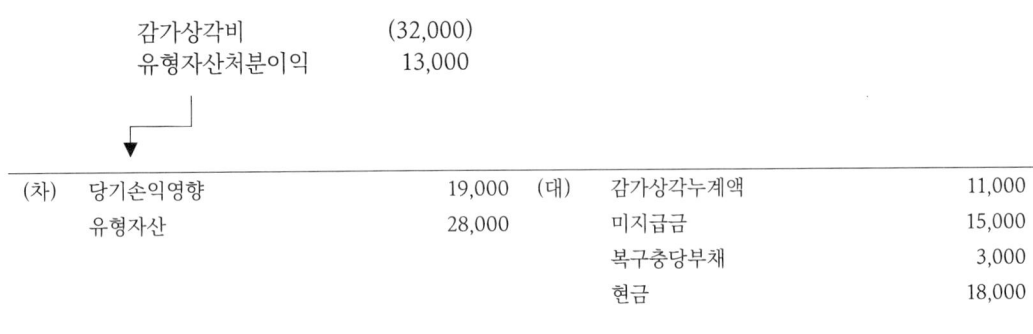

① 유형자산 관련 순현금유출액 = ₩18,000

<참고>

다음과 같은 수정분개 후 현금흐름을 분석한다.

(차)	유형자산	3,000	(대)	복구충당부채	3,000

복구충당부채 인식으로 인하여 추가적인 감가상각비와 이자비용이 발생하지만 해당 금액을 구할 수 있는 단서가 없으므로 추가적인 감가상각비와 이자비용은 없다고 가정하고 문제를 풀이하였다.

사채상환이익	1,000

↓

(차)	사채할인발행차금	4,000	(대)	당기손익영향	1,000
	현금	67,000		사채	70,000
(차)	이자비용	4,000	(대)	사채할인발행차금	4,000

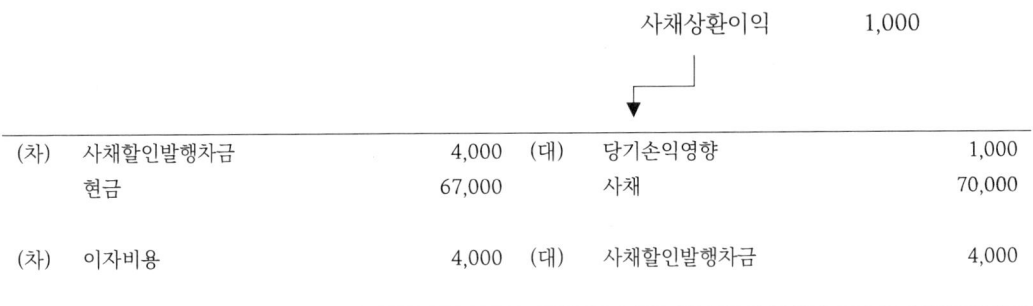

② 사채 관련 순현금유입액 = ₩67,000

	기초	+ 증가	= 감소	+ 기말
자본금	100,000	주식배당 15,000		115,000
자본잉여금	40,000	자처익 12,000		52,000
자기주식	10,000	취득 3,500	처분 5,000	8,500
이익잉여금	90,000	당기순이익 38,000	우선주상환 30,000 주식배당 15,000 현금배당 8,000	75,000

③ 배당으로 지급된 현금 = ₩8,000

자기주식취득	(₩3,500)
우선주상환	(30,000)
④ 자본관련 현금유출액	(₩33,500)

<참고>

현금배당 지급액은 별도로 물어봤으므로 자본관련 현금유출액에는 현금배당을 제외하였다.

<참고>

만약 자본관련순현금유출액을 물어봤다면 정답은 다음과 같다.

자기주식취득	(₩3,500)
우선주상환	(30,000)
자기주식처분	17,000
자본관련 순현금유출액	(₩16,500)

<참고>

상환우선주와 관련된 회계처리는 다음과 같다.

(차)	자기주식	30,000	(대)	현금	30,000
(차)	미처분이익잉여금	30,000	(대)	자기주식	30,000

MEMO

CHAPTER

제17장 법인세회계

번호	내용	배점	난이도
1	기타포괄손익에 대한 법인세효과 (세무사 2016)	30점	Lv 1
2	재평가모형과 전환사채에 대한 법인세효과 (회계사 2017)	15점	Lv 4
3	다기간 법인세회계 (회계사 2022)	12점	Lv 2
4	FVOCI금융자산과 전환사채에 대한 법인세효과 (회계사 2023)	12점	Lv 4
5	다기간 법인세회계 (세무사 2023)	10점	Lv 1

〈난이도 분류〉
세무사 동차생 : Lv 1까지 / 세무사 유예생 : Lv 2까지 / 회계사 동차생 : Lv 3까지 / 회계사 유예생 : Lv 4까지

문제 1
기타포괄손익에 대한 법인세효과 | (세무사 2016, 30점)

다음은 20X1년 1월 1일에 설립되어 영업을 시작한 ㈜세무의 20X1년도 법인세와 관련된 자료이다. 물음에 답하시오.

(1) ㈜세무의 법인세비용 세무조정을 제외한 20X1년도 세무조정사항은 다음과 같다.

<소득금액조정합계표>

익금산입 및 손금불산입			손금산입 및 익금불산입		
과 목	금 액	소득처분	과 목	금 액	소득처분
감가상각부인액	₩20,000	유보	미수수익	₩10,000	유보
제품보증충당부채	5,000	유보	FVOCI금융자산	5,000	유보
접대비한도초과액	10,000	기타사외유출			
FVOCI평가이익	5,000	기타			
합 계	₩40,000		합 계	₩15,000	

(2) 20X1년도 과세소득에 적용되는 법인세율은 20%이며, 차기 이후 관련 세율 변동은 없는 것으로 가정한다.

(3) 20X1년도 법인세비용차감전순이익(회계이익)은 ₩120,000이다.

(4) 세액공제 ₩8,000을 20X1년도 산출세액에서 공제하여 차기 이후로 이월되는 세액공제는 없으며, 최저한세와 농어촌특별세 및 법인지방소득세는 고려하지 않는다.

(5) 20X1년도 법인세부담액(당기법인세)은 ₩21,000이며, 20X1년 중 원천징수를 통하여 ₩10,000의 법인세를 납부하고 아래와 같이 회계처리하였다.

(차) 당기법인세자산	10,000	(대) 현 금	10,000

(6) 당기법인세자산과 당기법인세부채는 상계조건을 모두 충족하며, 이연법인세자산과 이연법인세부채는 인식조건 및 상계조건을 모두 충족한다.

(7) 포괄손익계산서 상 기타포괄손익항목은 관련 법인세 효과를 차감한 순액으로 표시하며, 법인세 효과를 반영하기 전 기타포괄이익은 ₩5,000이다.

물음 1)

㈜세무의 20X1년도 포괄손익계산서와 20X1년 말 재무상태표에 계상될 다음 각 계정과목의 금액을 계산하시오.

재무제표	계정과목	금 액
포괄손익계산서	법인세비용	①
	기타포괄이익	②
재무상태표	이연법인세자산	③
	이연법인세부채	④
	당기법인세부채(미지급법인세)	⑤

물음 2)

㈜세무의 20X1년도 평균유효세율(%)을 계산하시오.

물음 3)

㈜세무의 회계이익에 적용세율(20%)을 곱하여 산출한 금액과 물음 1)에서 계산된 법인세비용 간에 차이가 발생한다. 해당 차이를 발생시키는 각 원인을 모두 수치화하여 기술하시오.

물음 4)

이연법인세자산은 차감할 일시적차이 등과 관련하여 미래 회계기간에 회수될 수 있는 법인세 금액을 말한다. 미래 과세소득의 발생가능성이 높은 경우, 차감할 일시적차이 이외에 재무상태표 상 이연법인세자산을 인식할 수 있는 항목을 모두 기술하시오.

물음 5)

재무상태표 상 이연법인세자산과 이연법인세부채를 상계하여 표시할 수 있는 조건을 기술하시오.

해설

물음 1)

	20X1	차기이후 (20%)
세전이익	₩120,000	
감가상각비	20,000	(20,000)
제품보증비	5,000	(5,000)
접대비	10,000	
FVOCI금융자산	(5,000)	5,000
	5,000	
미수수익	(10,000)	10,000
과세소득	₩145,000	
	× 20%	
	29,000	
세액공제	(8,000)	
법인세부담액	₩21,000	

20X1년 말 이연법인세자산 = 25,000 × 20% = ₩5,000

20X1년 말 이연법인세부채 = 15,000 × 20% = ₩3,000

(차)	이연법인세자산	2,000	(대)	당기법인세자산	10,000
	법인세비용	19,000		당기법인세부채	11,000
(차)	FVOCI평가이익*1	1,000	(대)	법인세비용	1,000

*1 : 5,000 × 10% = ₩2,000

① 법인세비용 = ₩18,000

② 기타포괄손익 = 5,000 + (1,000) = ₩4,000

③ 이연법인세자산 = ₩2,000

④ 이연법인세부채 = ₩0

⑤ 당기법인세부채 = ₩11,000

물음 2)

평균유효세율 = 18,000/120,000 = 15%

물음 3)

법인세부담액		₩21,000
감가상각비로 인한 일시적차이	20,000 × 20% =	(4,000)
제품보증비로 인한 일시적차이	5,000 × 20% =	(1,000)
미수수익으로 인한 일시적차이	10,000 × 20% =	2,000
FVOCI금융자산으로 인한 일시적차이	5,000 × 20% =	1,000
FVOCI금융자산평가이익에 대한 법인세효과	5,000 × 20% =	(1,000)
법인세비용		₩18,000

물음 4)

(1) 동일 과세당국과 동일 과세대상기업에 관련하여 다음의 회계기간에 소멸이 예상되는 충분한 가산할 일시적차이가 있을 때

(2) 차감할 일시적차이가 소멸될 회계기간(또는 이연법인세자산으로 인하여 발생된 세무상결손금이 소급공제되거나 이월공제되는 회계기간)에 동일 과세당국과 동일 과세대상기업에 관련된 충분한 과세소득이 발생할 가능성이 높다.

(3) 세무정책으로 적절한 기간에 과세소득을 창출할 수 있는 경우

물음 5)

(1) 기업이 당기법인세자산과 당기법인세부채를 상계할 수 있는 법적으로 집행가능한 권리를 가지고 있다.

(2) 이연법인세자산과 이연법인세부채가 동일한 과세당국에 의해서 부과되는 법인세와 관련되어 있다.

문제 2
재평가모형과 전환사채에 대한 법인세효과 | (회계사 2017, 15점)

㈜대한의 법인세와 관련된 각 물음에 답하시오. 제시된 물음은 독립적이다.

<공통 자료>

(1) 20X1년의 법인세부담액은 ₩38,000이며, 선급법인세자산으로 ₩11,000을 인식하였다.

(2) 20X1년 중 일시적차이의 변동 내역은 다음과 같다.

구분	기초잔액	감소	증가	기말잔액
매출채권 대손충당금	₩45,000	₩12,000	₩26,000	₩59,000
기계장치 감가상각누계액	120,000	32,000	56,000	144,000
연구및인력개발준비금	(60,000)	(20,000)	-	(40,000)

* 주: ( )는 가산할 일시적차이를 의미한다.

(3) 20X1년까지 법인세율은 30%이며, 미래에도 동일한 세율이 유지된다.

(4) 20X0년 말과 20X1년 말 미사용 세무상결손금과 세액공제, 소득공제 등은 없으며, 차감할 일시적차이가 사용될 수 있는 과세소득의 발생가능성은 높다.

(5) ㈜대한은 법인세 관련 자산과 부채를 상계하여 표시하는 것으로 가정한다.

(6) ㈜대한은 20X2년 3월 30일에 20X1년분 법인세를 관련 세법규정에 따라 신고, 납부하였으며, 법인세에 부가되는 세액은 없는 것으로 가정한다.

물음 1)

<공통 자료>에 추가하여, ㈜대한은 20X0년 초에 건물 1동을 ₩1,000,000에 취득하고 정액법을 이용하여 감가상각하고 있다(내용연수 10년, 잔존가치 없음). ㈜대한은 동 건물에 대하여 재평가모형을 선택하였으며, 재평가이익으로 인하여 이연법인세부채에 영향을 미치는 부분은 법인세비용에 반영하지 않고 관련 법인세효과를 재평가잉여금에서 직접 차감한다. 또한, 기타포괄손익누계액에 계상된 재평가잉여금은 당해 자산을 사용하면서 일부를 이익잉여금으로 대체한다. 동 건물은 ㈜대한이 소유하고 있는 유일한 건물이며, 연도별 공정가치는 다음과 같다.

구분	20X0. 1. 1.	20X0.12.31.	20X1.12.31.
건물의 공정가치	₩1,000,000	₩1,080,000	₩960,000

㈜대한의 20X0년 및 20X1년의 포괄손익계산서와 재무상태표에 계상될 다음 각 계정과목의 금액을 계산하시오. 해당 금액이 없는 경우에는 '0'으로 표시하시오.

회계연도	재무제표	계정과목	금액
20X0	포괄손익계산서	기타포괄이익(손실)	①
20X1	재무상태표	미지급법인세	②
20X1	재무상태표	이연법인세자산(부채)	③
20X1	재무상태표	기타포괄이익(손실)누계액	④
20X1	포괄손익계산서	법인세비용(수익)	⑤

물음 2)

<공통 자료>에 추가하여, ㈜대한은 20X1년 1월 1일 액면금액이 ₩500,000인 전환사채(20X3년 12월 31일 만기, 액면상환조건)를 액면발행하였다. 전환권이 없는 동일 조건의 일반사채 유효이자율은 12%이다. 동 전환사채의 액면이자율은 10%이며, 이자지급방법은 매년말 현금지급 조건이다. 전환청구기간은 사채발행일 이후 1개월 경과일로부터 상환기일 30일전까지이며, 전환조건은 사채발행금액 ₩10,000당 주식 1주로 전환하는 조건이다. 관련 현재가치계수는 다음과 같다.

구분	10%	12%
3기간 단일금액 1원	0.7513	0.7118
3기간 정상연금 1원	2.4869	2.4018

전환사채 거래 이외에 20X2년 중 일시적차이의 변동은 없는 것으로 가정한다. 이 경우 ㈜대한의 20X1년 및 20X2년의 포괄손익계산서와 재무상태표에 계상될 다음 각 계정과목의 금액을 계산하시오. 단, 발행 이후 20X2년말까지 전환권은 행사되지 않았다고 가정한다. 모든 계산은 소수점 첫째 자리에서 반올림하며, 해당 금액이 없는 경우에는 '0'으로 표시하시오.

회계연도	재무제표	계정과목	금액
20X1	포괄손익계산서	법인세비용(수익)	⑥
20X1	재무상태표	이연법인세자산(부채)	⑦
20X1	재무상태표	전환권대가	⑧
20X2	재무상태표	이연법인세자산(부채)	⑨

물음 3)

이연법인세자산 및 부채에 대해 현재가치평가를 배제하는 이유를 간략하게 설명하시오.

해설

물음 1)

20X0 초	20X0 말		20X1 말
재평가잉여금	OCI 180,000	대체 (20,000)	-

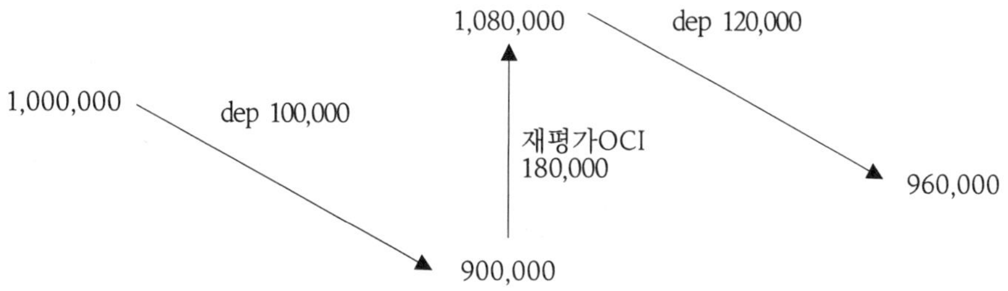

구분	기초잔액	감소	증가	기말잔액
매출채권 대손충당금	₩45,000	₩12,000	₩26,000	₩59,000
기계장치 감가상각누계액	120,000	32,000	56,000	144,000
연구및인력개발준비금	(60,000)	(20,000)	-	(40,000)
건물재평가	(180,000)	(20,000)		(160,000)
합계	(75,000)	XXX	XXX	3,000

기초 이연법인세부채 = 75,000 × 30% = ₩22,500

기말 이연법인세자산 = 3,000 × 30% = ₩900

(차)	이연법인세부채	22,500	(대)	선급법인세	11,000
	이연법인세자산	900		미지급법인세	27,000
	법인세비용	14,600			
(차)	미처분이익잉여금	6,000	(대)	재평가잉여금	6,000

① 20X0년 기타포괄손익 = 180,000 × (1 - 30%) = ₩126,000

② 20X1년 말 미지급법인세 = ₩27,000

③ 20X1년 말 이연법인세자산 = ₩900

④ 20X1년 말 기타포괄손익누계액 = 160,000 × (1 - 30%) = ₩112,000

⑤ 20X1년 법인세비용 = ₩14,600

<참고>

재평가 관련 세무조정은 다음과 같다.

	20X0년	20X1년
회계상 세전이익	(₩100,000)	(₩120,000)
	손入 (180,000) △유보	손不 20,000 유보
	익入 180,000 기타	
세무상 과세소득	(₩100,000)	(₩100,000)

물음 2)

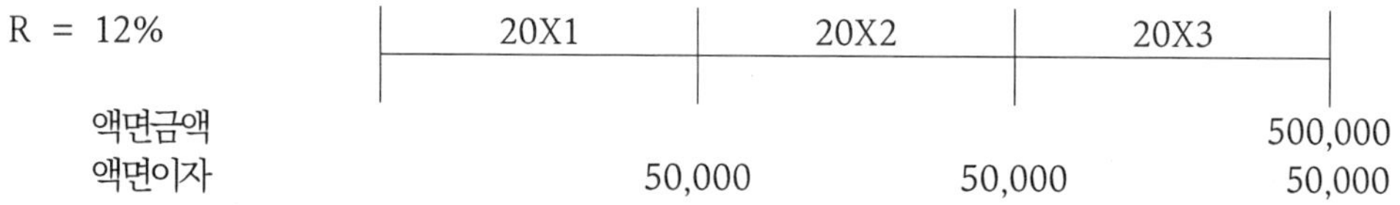

사채에 대한 대가 = 500,000 × 0.7118 + 40,000 × 2.4018 = ₩475,990

전환권대가 = 500,000 − 475,990 = ₩24,010

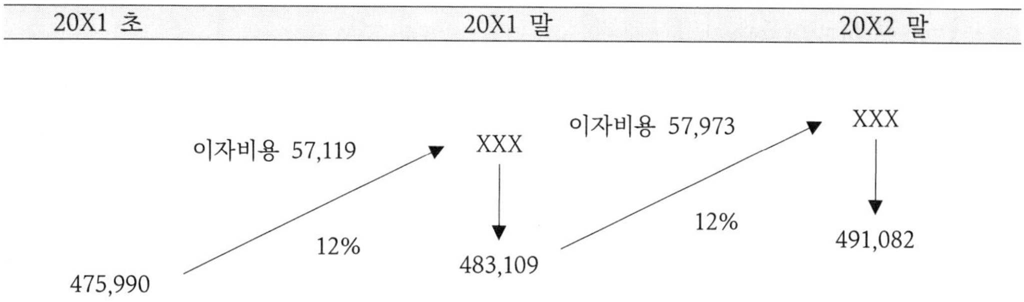

구분	기초잔액	감소	증가	기말잔액
매출채권 대손충당금	₩45,000	₩12,000	₩26,000	₩59,000
기계장치 감가상각누계액	120,000	32,000	56,000	144,000
연구및인력개발준비금	(60,000)	(20,000)	-	(40,000)
전환사채	-	(7,119)	(24,010)	(16,891)
합계	105,000	XXX	XXX	146,109

기초 이연법인세자산 = 105,000 × 30% = ₩31,500

기말 이연법인세자산 = 146,109 × 30% = ₩43,833

(차)	이연법인세자산	12,333	(대)	미지급법인세	27,000
	법인세비용	25,667		선급법인세	11,000
(차)	전환권대가	7,203	(대)	법인세비용	7,203

⑥ 20X1년 법인세비용 = ₩18,464

⑦ 20X1년 말 이연법인세자산 = ₩43,833

⑧ 20X1년 말 전환권대가 = 24,010 × (1 − 30%) = ₩16,807

<20X2년 일시적차이의 변동>

구분	기초잔액	감소	증가	기말잔액
매출채권 대손충당금	₩59,000			₩59,000
기계장치 감가상각누계액	144,000			144,000
연구및인력개발준비금	(40,000)			(40,000)
전환사채	(16,891)	(7,973)		(8,918)
합계	146,109	XXX	XXX	154,082

⑨ 20X2년 말 이연법인세자산 = 154,082 × 30% = ₩46,225

<참고>

전환사채 관련 세무조정은 다음과 같다.

	20X1년	20X2년
회계상 세전이익	(₩57,119)	(₩57,973)
	손入 (24,010) △유보	
	익入 24,010기타	
	손不 7,119 유보	손不 7,973 유보
세무상 과세소득	(₩50,000)	(₩50,000)

물음 3)

이연법인세 자산과 부채를 신뢰성 있게 현재가치로 할인하기 위해서는 각 일시적차이의 소멸시점을 상세히 추정하여야 한다. 많은 경우 소멸시점을 실무적으로 추정할 수 없거나 추정이 매우 복잡하다. 따라서 이연법인세 자산과 부채를 할인하도록 하는 것은 적절하지 않다. 또한 할인을 강요하지 않지만 허용한다면 기업 간 이연법인세 자산과 부채의 비교가능성이 저해될 것이다. 따라서 이 기준서에서는 이연법인세자산과 부채를 할인하지 않도록 하였다.

문제 3
다기간 법인세회계 | (회계사 2022, 12점)

20X1년 초에 설립된 ㈜대한의 다음 <자료>를 이용하여 각 물음에 답하시오.

<자 료>

1. 20X1년 법인세 계산 관련 자료

- ㈜대한의 20X1년도 법인세비용차감전순이익은 ₩100,000이다.
- 당기에 납부한 세법상 손금으로 인정되지 않는 벌금 ₩10,000을 당기비용으로 인식하였다.
- 당기 말에 판매보증충당부채 ₩30,000을 인식하였다. 동 판매보증충당부채는 20X2년부터 20X4년까지 매년 ₩10,000씩 소멸되었다.
- 당기 말에 당기손익-공정가치 측정 금융자산의 평가이익 ₩15,000을 당기이익으로 인식하였다. 동 당기손익-공정가치 측정 금융자산은 20X2년에 모두 처분되었다.
- 20X1년에 적용할 세율은 10%이나, 20X1년 중 개정된 세법에 따라 20X2년에 적용할 세율은 20%이고, 20X3년부터 적용할 세율은 30%이다.

2. 20X2년 법인세 계산 관련 자료

- ㈜대한의 20X2년도 법인세비용차감전순이익은 ₩200,000이다.
- 당기에 발생한 접대비한도초과액은 ₩20,000이며, 당기비용으로 인식하였다.
- 당기에 발생한 감가상각비한도초과액은 ₩60,000이며, 동 감가상각비한도초과액은 20X3년부터 20X5년까지 매년 ₩20,000씩 소멸되었다.
- 당기 중 ₩50,000에 매입한 재고자산의 당기 말 순실현가능가치가 ₩20,000으로 하락함에 따라 세법상 인정되지 않는 저가법을 적용하여 평가손실을 당기비용으로 처음 인식하였다. 동 재고자산은 20X3년에 모두 외부로 판매되었다.
- 당기 중 ₩90,000에 취득한 토지의 당기 말 공정가치가 ₩100,000으로 상승함에 따라 세법상 인정되지 않는 재평가모형을 적용하여 재평가잉여금을 자본항목으로 처음 인식하였다. 동 토지는 20X3년에 모두 외부로 처분되었다.
- 당기 중 ₩20,000에 취득한 자기주식을 당기 말에 현금 ₩40,000에 모두 처분하고 자기주식처분이익을 자본항목으로 처음 인식하였다.
- 20X2년에 적용할 세율은 20%이나, 20X2년 중 개정된 세법에 따라 20X3년에 적용할 세율은 25%이고, 20X4년부터 적용할 세율은 20%이다.

3. 이연법인세자산과 이연법인세부채는 상계하지 않으며, 이연법인세자산의 실현가능성은 매년 높다고 가정한다.

물음 1)

㈜대한이 20X1년도 포괄손익계산서에 당기손익으로 인식할 법인세비용과 20X1년 말 재무상태표에 표시할 이연법인세자산과 이연법인세부채의 금액을 각각 계산하시오.

당기손익으로 인식할 법인세비용	①
이연법인세자산	②
이연법인세부채	③

물음 2)

㈜대한이 20X2년도 포괄손익계산서에 당기손익으로 인식할 법인세비용과 20X2년 말 재무상태표에 표시할 이연법인세자산과 이연법인세부채의 금액을 각각 계산하시오.

당기손익으로 인식할 법인세비용	①
이연법인세자산	②
이연법인세부채	③

해설

물음 1)

	20X1	20X2	20X3	20X4
법인세비용차감전순손실	₩100,000			
벌과금	10,000			
제품보증비	30,000	(10,000)	(10,000)	(10,000)
FVPL평가손익	(15,000)	15,000		
과세소득	₩125,000			
법인세율	× 10%			
법인세부담액	₩12,500			

20X1년 말 이연법인세자산 = 10,000 × 20% + 20,000 × 30% = ₩8,000

20X1년 말 이연법인세부채 = 15,000 × 20% = ₩3,000

(차)	이연법인세자산	8,000	(대)	당기법인세부채	12,500
	법인세비용	7,500		이연법인세부채	3,000

① 법인세비용 = ₩7,500

② 이연법인세자산 = ₩8,000

③ 이연법인세부채 = ₩3,000

물음 2)

	20X2	20X3	20X4	20X5
법인세비용차감전순손실	₩200,000			
제품보증비	(10,000)	(10,000)	(10,000)	
FVPL평가손익	15,000			
접대비	20,000			
감가상각비	60,000	(20,000)	(20,000)	(20,000)
재고자산평가손실	30,000	(30,000)		
토지재평가	(10,000)	10,000		
	10,000			
자기주식처분이익	20,000			
과세소득	₩335,000			
법인세율	× 20%			
법인세부담액	₩67,000			

20X1년 말 이연법인세자산 = 60,000 × 25% + 50,000 × 20% = ₩25,000

20X1년 말 이연법인세부채 = 10,000 × 25% = ₩2,500

(차)	이연법인세자산	17,000	(대)	당기법인세부채	67,000
	이연법인세부채	500			
	법인세비용	49,500			
(차)	재평가잉여금(OCI)*1	2,500	(대)	법인세비용	2,500
(차)	자기주식처분이익*2	4,000	(대)	법인세비용	4,000

*1 : 10,000 × 25% = ₩2,500

*2 : 20,000 × 20% = ₩4,000

① 법인세비용 = 49,500 + (2,500) + (4,000) = ₩43,000

② 이연법인세자산 = ₩25,000

③ 이연법인세부채 = ₩2,500

문제 4

FVOCI금융자산과 전환사채에 대한 법인세효과 | (회계사 2023, 12점)

※ 다음의 각 물음은 독립적이다.

㈜대한의 당기(20X1년) 법인세 관련 <공통자료>를 이용하여 각 물음에 답하시오. 단, 답안 작성 시 원 이하는 반올림한다.

<공통자료>

1. 당기(20X1년)의 법인세부담액(당기법인세)은 ₩50,000이다.
2. 다음은 당기 중 일시적차이 변동내역의 일부이다. 단, (　　)는 가산할 일시적차이이다.

(단위: ₩)

구분	기초	감소	증가	기말
FVPL금융자산	(3,500)	(3,000)	(2,500)	(3,000)
매출채권 손실충당금	12,000	2,500	1,500	11,000

3. 당기의 평균 법인세율과 전기 말 및 당기 말의 일시적차이가 소멸될 것으로 예상되는 기간의 과세소득에 적용될 것으로 예상되는 평균 법인세율은 22%이다.
4. 전기 말과 당기 말 현재 차감할 일시적차이가 사용될 수 있는 미래과세소득의 발생가능성은 높다.
5. 회계처리 수행 시 이연법인세자산과 이연법인세부채는 상계하며, 포괄손익계산서에서 기타포괄손익은 관련 법인세효과를 가감한 순액으로 표시한다.

물음 1)

<공통자료>와 <추가자료 1>을 활용하여 각 <요구사항>에 답하시오. 단, <요구사항>은 독립적이다.

<추가자료 1>

- 당기 중 <공통자료>에서 제시된 일시적차이의 변동 외에 추가 변동내역은 다음과 같다. 단, ( )는 가산할 일시적차이이다.

(단위: ₩)

구분	기초	감소	증가	기말
FVOCI금융자산(채무상품)	(4,500)	(2,000)	(500)	(3,000)

- FVOCI금융자산과 관련된 일시적차이 감소액 ₩2,000은 당기 중 FVOCI금융자산 일부 처분에 따른 감소분이며, 일시적차이 증가액 ₩500은 당기 중 발생한 FVOCI금융자산평가이익이다.

<요구사항 1>

㈜대한의 당기 중 일시적차이의 변동내역을 모두 반영하여 20X1년 말 회계처리를 수행하고, 20X1년도 포괄손익계산서의 당기순이익에 미치는 영향을 계산하시오. 단, 당기순이익이 감소하는 경우 금액 앞에 (-)를 표시하시오.

20X1년 말 회계처리	①
20X1년도 당기순이익에 미치는 영향	②

<요구사항 2>

당기 중 ₩4,000에 취득하였던 자기주식을 당기에 ₩6,000에 처분한 경우, ㈜대한의 당기 중 일시적차이의 변동내역을 모두 반영한 20X1년도 포괄손익계산서에 인식할 법인세비용을 계산하시오.

20X1년도 법인세비용	①

물음 2)

<공통자료>와 <추가자료 2>를 활용하여 물음에 답하시오.

<추가자료 2>

- ㈜대한은 20X1년 1월 1일 액면금액이 ₩100,000인 전환사채(20X4년 12월 31일 만기, 액면상환조건)를 액면발행하였다. 전환권이 없는 동일 조건의 일반사채 시장이자율은 연 9%이다. 동 전환사채의 표시이자율은 연 7%이며, 이자는 매년 말 현금지급한다. 전환청구기간은 사채발행일 이후 2개월 경과일로부터 상환기일 30일 전까지이며, 전환조건은 사채액면금액 ₩2,000당 주식 1주이다.
- 사채와 관련하여 이자계산 시 월할계산한다.

기간	단일금액 ₩1의현가계수		정상연금 ₩1의현가계수	
	7%	9%	7%	9%
1	0.9346	0.9174	0.9346	0.9174
2	0.8734	0.8417	1.8080	1.7591
3	0.8163	0.7722	2.6243	2.5313
4	0.7629	0.7084	3.3872	3.2397

㈜대한의 20X1년 말 재무상태표에 인식할 이연법인세자산(부채)와 20X1년도 포괄손익계산서에 인식할 법인세비용을 각각 계산하시오.

20X1년 말 이연법인세자산(부채)	①
20X1년도 법인세비용	②

해설

물음 1)

<요구사항 1>

(단위: ₩)

구분	기초	감소	증가	기말
FVPL금융자산	(3,500)	(3,000)	(2,500)	(3,000)
매출채권 손실충당금	12,000	2,500	1,500	11,000
FVOCI금융자산 (채무상품)	(4,500)	(2,000)	(500)	(3,000)
합계	4,000	XXX	XXX	5,000

기초 이연법인세자산 = 4,000 × 22% = ₩880

기말 이연법인세자산 = 5,000 × 22% = ₩1,100

FVOCI처분	(차)	FVOCI평가손익	2,000	(대)	FVOCI처분이익	2,000
FVOCI평가	(차)	FVOCI금융자산	500	(대)	FVOCI평가손익	500
법인세회계	(차)	이연법인세자산 법인세비용	220 49,780	(대)	당기법인세부채	50,000
	(차)	FVOCI평가손익	110	(대)	법인세비용	110
	(차)	법인세비용	440	(대)	FVOCI평가손익	440

① 20X1년 말 회계처리

(차)	이연법인세자산 법인세비용	220 50,110	(대)	당기법인세부채 FVOCI평가손익	50,000 330

② 20X1년 당기손익영향 = (₩50,110)

<요구사항 2>

법인세회계	(차)	이연법인세자산 법인세비용	220 49,780	(대)	당기법인세부채	50,000
	(차)	FVOCI평가손익	110	(대)	법인세비용	110
	(차)	법인세비용	440	(대)	FVOCI평가손익	440
	(차)	자기주식처분이익	440	(대)	법인세비용	440

① 20X1년 법인세비용 = 49,780 + (110) + 440 + (440) = ₩49,670

<참고>

문제에서 제시한 법인세부담액 ₩50,000는 요구사항 2의 자기주식처분이익에 대한 세무조정까지 반영된 금액이라고 가정하고 풀이하는 것이 타당하다.

<참고>

처분된 FVOCI금융자산 관련 세무조정은 다음과 같다.

	20X0년	20X1년
회계상 세전이익	-	₩2,000
	익不 (2,000) △유보	익入 2,000 유보
	익入 2,000 기타	익不 (2,000) 기타
세무상 과세소득	-	₩2,000

물음 2)

R = 9%	20X1	20X2	20X3	20X4
액면금액				100,000
상환할증금				-
액면이자	7,000	7,000	7,000	7,000

사채에 대한 대가 = 100,000 × 0.7084 + 7,000 × 3.2397 = ₩93,518

전환권대가 = 100,000 - 93,518 = ₩6,482

<회계처리>				<세무조정>			
<20X1 초>				<20X1 초>			
현금	93,518	전환사채	100,000	손금산입	전환권조정	(6,482)	△유보
전환권조정	6,482						
현금	6,482	전환권대가	6,482	익금산입	전환권대가	6,482	기타
<20X1 말>				<20X1 말>			
이자비용	8,417	현금	7,000	손금불산입	전환권조정	1,417	유보
		전환권조정	1,417				

(단위: ₩)

구분	기초	감소	증가	기말
FVPL금융자산	(3,500)	(3,000)	(2,500)	(3,000)
매출채권 손실충당금	12,000	2,500	1,500	11,000
전환사채	-	(1,417)	(6,482)	(5,065)
합계	8,500	XXX	XXX	2,935

20X1년 초 이연법인세자산 = 8,500 × 22% = ₩1,870

① 20X1년 말 이연법인세자산 = 2,935 × 22% = ₩646

법인세회계	(차)	법인세비용	51,224	(대)	당기법인세부채	50,000
					이연법인세자산	1,224
	(차)	전환권대가	1,426	(대)	법인세비용	1,426

② 20X1년 법인세비용 = ₩49,798

문제 5
다기간 법인세회계 | (세무사 2023, 10점)

㈜세무의 법인세에 대한 세무조정 관련 자료는 다음과 같다. 다음 자료를 이용하여 각 물음에 답하시오.

1. ㈜세무의 20X1년도 법인세비용차감전순이익은 ₩500,000이며, 20X1년도에 발생한 세무조정 사항은 다음과 같다.

구분	금액	비고
재고자산평가손실	₩20,000	재고자산평가손실에서 발생한 일시적차이는 20X2년도에 모두 소멸된다.
제품보증충당부채	15,000	제품보증충당부채는 20X2년부터 매년 1/3씩 소멸된다.
정기예금 미수이자	20,000	정기예금의 이자는 만기에 수취하고, 정기예금의 만기는 20X2년 3월 말이다.
국세과오납 환급금이자	5,000	-
벌금 및 과태료	10,000	-

2. ㈜세무의 20X2년도 법인세비용차감전순이익은 ₩700,000이며, 20X2년도에 추가로 발생한 세무조정 사항은 다음과 같다.

구분	금액	비고
당기손익-공정가치 측정 금융자산평가이익(지분상품)	₩12,000	당기손익-공정가치 측정 금융자산은 20X3년도 중에 처분될 예정이다.
감가상각비 한도초과액	40,000	감가상각비 한도초과는 20X3년부터 매년 1/4씩 소멸된다.
자기주식처분이익	8,000	20X2년도에 취득한 자기주식 처분 시 자기주식처분이익(자본잉여금)으로 처리하였다.
접대비 한도초과액	30,000	-

3. 20X1년도와 20X2년도에 당기법인세 계산 시 적용될 세율은 20%이며 20X1년 말 세법개정으로 미래 적용세율이 다음과 같이 변동하였고, 이후 적용세율의 변동은 없다.

연도	20X3년도	20X4년도 이후
적용세율	25%	30%

4. 20X1년 초 전기에서 이월된 일시적차이는 없고, 20X1년 말과 20X2년 말 각 연도의 미사용 세무상결손금과 세액공제는 없다.
5. 일시적차이가 사용될 수 있는 미래 과세소득의 발생가능성이 높으며, 이연법인세자산과 이연법인세부채는 상계하지 않는다.

물음 1)

㈜세무가 20X1년 말에 인식할 ① 이연법인세자산 ② 이연법인세부채를 계산하시오.

이연법인세자산	①
이연법인세부채	②

물음 2)

㈜세무의 법인세 관련 회계처리가 ① 20X2년도 법인세비용에 미치는 영향 ② 20X2년 말 이연법인세자산에 미치는 영향 ③ 20X2년 말 이연법인세부채에 미치는 영향을 계산하시오. (단, 법인세비용, 이연법인세자산, 이연법인세부채가 감소하는 경우 금액 앞에 '(-)'를 표시하시오.)

20X2년도 법인세비용에 미치는 영향	①
20X2년 말 이연법인세자산에 미치는 영향	②
20X2년 말 이연법인세부채에 미치는 영향	③

해설

물음 1)

	20X1	20X2	20X3	20X4
법인세비용차감전순이익	₩500,000			
(손不) 재고자산평가	20,000	(20,000)		
(손不) 충당부채	15,000	(5,000)	(5,000)	(5,000)
(익不) 미수이자	(20,000)	20,000		
(익不) 국세이자	(5,000)			
(손不) 벌금 등	10,000			
과세소득	₩520,000			
법인세율	× 20%			
법인세부담액	₩104,000			

① 20X1년 말 이연법인세자산 = 25,000 × 20% + 5,000 × 25% + 5,000 × 30% = ₩7,750

② 20X1년 말 이연법인세부채 = 20,000 × 20% = ₩4,000

물음 2)

	20X2	20X3	20X4 이후
법인세비용차감전순이익	₩700,000		
(손入) 재고자산평가	(20,000)		
(손入) 충당부채	(5,000)	(5,000)	(5,000)
(익入) 미수이자	20,000		
(익不) FVPL금융자산	(12,000)	12,000	
(손不) 감가상각비	40,000	(10,000)	(30,000)
(익入) 자기주식처분이익	8,000		
(손不) 접대비	30,000		
과세소득	₩761,000		
법인세율	× 20%		
법인세부담액	₩152,200		

20X2년 말 이연법인세자산 = 15,000 × 25% + 35,000 × 30% = ₩14,250

20X2년 말 이연법인세부채 = 12,000 × 25% = ₩3,000

(차)	이연법인세자산	6,500	(대)	미지급법인세	152,200
	이연법인세부채	1,000			
	법인세비용	144,700			
(차)	자기주식처분이익	1,600	(대)	법인세비용	1,600

① 20X2년도 법인세비용에 미치는 영향 = 144,700 − 1,600 = ₩143,100

② 20X2년 말 이연법인세자산에 미치는 영향 = ₩6,500

③ 20X2년 말 이연법인세부채에 미치는 영향 = (-)₩1,000

MEMO

CHAPTER

제18장 재무회계 기타사항

번호	내용	배점	난이도
1	처분자산집단 손상차손과 매각예정비유동자산 (회계사 2015)	5점	Lv 3
2	거래별 회계처리 (회계사 2016)	13점	Lv 2
3	재무제표 작성 (회계사 2018)	14점	Lv 3

〈난이도 분류〉
세무사 동차생 : Lv 1까지 / 세무사 유예생 : Lv 2까지 / 회계사 동차생 : Lv 3까지 / 회계사 유예생 : Lv 4까지

문제 1
처분자산집단 손상차손과 매각예정비유동자산 | (회계사 2015, 5점)

㈜한국은 20X1년 11월 1일에 자산집단을 매각하여 처분하기로 결정하였는데 매각예정 분류기준을 충족하고 있다. 처분자산집단에 속한 자산은 다음과 같이 측정한다. 단, 유형자산A의 재평가잉여금은 없다.

	매각예정으로 분류하기 전 보고기간 말의 장부금액	매각예정으로 분류하기 직전에 재측정한 장부금액
영업권	₩30,000	₩30,000
유형자산A(재평가액으로 표시)	92,000	80,000
유형자산B(원가로 표시)	120,000	120,000
재고자산	48,000	44,000
FVOCI금융자산	36,000	30,000
계	₩326,000	₩304,000

물음 1)

매각예정으로 분류하기 직전에 장부금액을 재측정함으로써 발생하는 손실 중 ① 당기손익으로 인식할 금액과 ② 기타포괄손익으로 인식할 금액을 구하시오.

당기손익	①
기타포괄손익	②

물음 2)

20X1년 12월 31일에 처분자산집단의 순공정가치가 ₩266,000으로 평가되었을 경우 인식되는 손상차손을 처분자산집단에 대해 배분하고자 한다. 다음 표의 ①과 ②에 해당하는 금액을 구하시오.

	매각예정으로 분류하기 직전에 재측정한 장부금액	손상차손배분
영업권	₩30,000	①
유형자산A(재평가액으로 표시)	80,000	②
유형자산B(원가로 표시)	120,000	?
재고자산	44,000	?
FVOCI금융자산	30,000	?
계	₩304,000	?

물음 3)

20X2년 3월 2일에 유형자산B를 매각하지 않기로 결정하고 매각예정으로 분류된 처분자산집단에서 제외하였다. 이때 이 자산의 장부금액은 ₩110,000이고 회수가능액은 ₩87,000이며 매각예정으로 분류하지 않고 정상적으로 감가상각하였을 경우의 장부금액은 ₩100,000이라고 가정한다. 매각예정에서 제외되면서 인식한 유형자산B의 손상차손을 구하시오.

해설

물음 1)

유형자산A(재평가액으로 표시)	80,000 - 92,000 =	(₩12,000)
재고자산	44,000 - 48,000 =	(4,000)
① 당기손익		(₩16,000)

FVOCI금융자산	30,000 - 36,000 =	(₩6,000)
② 기타포괄손익		(₩6,000)

물음 2)

	영업권	유형자산A (재평가)	유형자산B (원가)	재고자산	FVOCI 금융자산	합계
손상인식 전	₩30,000	₩80,000	₩120,000	₩44,000	₩30,000	₩304,000
손상배분	(30,000)	(3,200)	(4,800)	-	-	(38,000)
손상인식 후	₩0	₩76,800	₩115,200	₩44,000	₩30,000	₩266,000

유형자산A 손상차손 배분액 = (38,000 - 30,000) × 80,000/200,000 = ₩3,200
유형자산B 손상차손 배분액 = (38,000 - 30,000) × 120,000/200,000 = ₩4,800

① 영업권에 배분될 손상차손 = ₩30,000
② 유형자산A에 배분될 손상차손 = ₩3,200

물음 3)

더 이상 매각예정 또는 소유주에 대한 분배예정으로 분류할 수 없거나 매각예정 또는 소유주에 대한 분배예정으로 분류된 처분자산집단에 포함될 수 없는 비유동자산(또는 처분자산집단)은 다음 중 작은 금액으로 측정한다.

⑴ 당해 자산(또는 처분자산집단)을 매각예정 또는 소유주에 대한 분배예정으로 분류하기 전 장부금액에 감가상각, 상각, 또는 재평가 등 매각예정 또는 소유주에 대한 분배예정으로 분류하지 않았더라면 인식하였을 조정사항을 반영한 금액
⑵ 매각하지 않거나 분배하지 않기로 결정한 날의 회수가능액

매각계획변경에 따른 유형자산B 손상차손 = 110,000 - min(100,000, 87,000) = ₩23,000

문제 2
거래별 회계처리 | (회계사 2016, 13점)

다음에 제시되는 사례는 서로 독립된 상황이다.

㈜대한은 제조 및 판매를 주영업으로 하는 기업이다. 회계담당자는 20X1년 12월 31일에 아래의 사례에 대한 회계처리 및 재무제표 보고 방법에 대하여 결정해야 한다.

<공통사항>

㈜대한은 다음과 같은 분류체계를 갖고 항목을 보고하고 있다. 특별한 언급이 없으면 기초 잔액은 ₩0으로 가정한다. 재무제표에 보고할 사항이 없으면 '해당사항 없음'으로 표시하시오.

재무상태표	
(1) 유동자산	(5) 유동부채
(2) 유형자산	(6) 비유동부채
(3) 무형자산	(7) 납입자본
(4) 기타자산	(8) 이익잉여금
	(9) 기타자본

포괄손익계산서
(11) 매출
(12) 매출원가
(13) 판매비 및 관리비
(14) 영업외손익
(15) 법인세비용
(16) 중단영업손익
(17) 당기순이익
(18) 기타포괄손익

<예시>

㈜대한은 건물(취득원가 ₩10,000, 감가상각누계액 ₩500)을 보유하고 있다. 20X1년 건물의 감가상각비는 ₩200이다.

(물음) ① 20X1년 12월 31일에 ㈜대한이 수행해야 하는 회계처리를 제시하시오. ② 재무상태표에 위의 건물과 관련한 항목을 어떻게 표시할 지 설명하시오.

<답안작성 예시>

(회계처리)

감가상각비 200 / 감가상각누계액-건물 200

(재무상태표 표시)

(2)의 유형자산에 '건물' ₩10,000 표시

(2)의 유형자산에 '감가상각누계액-건물' (₩700) 표시

답안지에 다음과 같은 표를 작성하고 답을 제시하시오. 단, 손익에 대한 영향으로 인한 이익잉여금 변동과 이연법인세 효과는 설명하지 않는다.

	회계처리	표시방법
(물음 1)	①	②
(물음 2)	③	④
(물음 3)	⑤	⑥
(물음 4)		⑦
(물음 5)		⑧
(물음 6)		⑨

<사례 1>

㈜대한은 20X0년 1월에 ㈜우리를 인수하면서 무형자산 상표권 ₩40,000(비한정내용연수)과 영업권 ₩100,000을 인식하였다. 하지만, 이후 해당 사업분야의 부진으로 인하여 20X0년 12월 31일에 상표권 ₩20,000, 영업권 ₩50,000을 손상처리하였다. 20X1년 해당 사업이 개선되면서 손상회복의 증거가 나타났고, 상표권의 회수가능액은 ₩30,000, 영업권의 회수가능액은 ₩70,000으로 평가되었다.

물음 1)

① 20X1년 12월 31일에 ㈜대한이 수행해야하는 회계처리를 제시하시오. ② 재무상태표에 위의 무형자산을 어떻게 표시할 지 설명하시오.

<사례 2>

㈜대한은 20X1년 1월 1일에 신주인수권부사채를 ₩100,000에 발행하였다. 신주인수권부사채의 액면가는 ₩100,000, 액면이자율 연 8%, 만기 20X3년 12월 31일, 유효이자율 연 10%, 이자지급일은 매년 12월 31일이다. 만약, 해당 사채의 신주인수권이 없었다면 사채는 ₩95,000에 발행되었을 것이다.

물음 2)

③ 20X1년 12월 31일에 ㈜대한이 수행해야하는 회계처리를 제시하시오. ④ 재무상태표에 위의 신주인수권부사채와 관련된 항목을 어떻게 표시할 지 설명하시오.

<사례 3>

㈜대한은 비유동자산에 대해서 원가모형을 적용하고 있다. 20X1년 ㈜대한은 택배 사업에 대해서 향후 수익성이 없다고 판단하고 20X2년에 매각하기로 결정하였다. 해당 의사결정은 중단영업의 조건을 만족시킨다. ㈜대한의 택배사업과 관련된 자산은 토지(취득원가 ₩40,000)와 건물(취득원가 ₩30,000, 감가상각누계액 ₩10,000)이다. 20X1년 택배사업과 관련한 영업손실은 ₩30,000이다. 20X1년 12월 31일 현재 택배사업관련 토지의 순공정가치는 ₩50,000이며, 건물의 순공정가치는 ₩25,000이다. 법인세율은 30%라고 가정하라.

물음 3)

⑤ 20X1년 12월 31일에 ㈜대한이 수행해야하는 회계처리를 제시하시오. ⑥ 포괄손익계산서와 재무상태표에 위의 택배사업과 관련된 항목을 어떻게 표시할 지 설명하시오.

<사례 4>

다음은 ㈜대한의 종업원급여와 관련된 정보이다.

확정급여채무의 기말현재가치	₩120,000
사외적립자산의 기말공정가치	100,000
확정급여채무에 대한 보험수리적손실	(30,000)
사외적립자산의 재측정이익	20,000

물음 4)

⑦ 포괄손익계산서와 재무상태표에 위의 종업원급여와 관련된 정보를 어떻게 표시할 지 설명하시오.

<사례 5>

㈜대한은 20X1년 3월 1일, 택배물류자동시스템의 구축공사를 수주하였다. 공사는 20X2년 12월에 완공될 예정이며 20X1년 12월 31일 기준으로 약 65%가 진행되었다. ㈜대한은 해당 건설공사의 수익과 비용을 진행률 기준으로 정상적으로 인식하였으나 다음의 계정에 대하여 공시할 방법을 찾고 있다.

미성공사	₩35,000
진행청구액	40,000

물음 5)

⑧ 재무상태표에 위의 건설계약과 관련된 항목을 어떻게 표시할 지 설명하시오.

<사례 6>

㈜대한은 위탁판매한 상품의 하자로 인하여 20X1년 ₩100,000의 손해배상청구소송이 진행 중이다. ㈜대한은 위탁판매자로서 책임이 없음을 주장하고 있으며, ㈜대한은 법률고문으로부터 소송에서 패할 가능성이 15% 미만이라고 조언받았다.

물음 6)

⑨ 포괄손익계산서와 재무상태표에 위의 소송에 대해서 어떻게 표시할 지 설명하시오.

해설

물음 1)

① 20X1년 12월 31일 회계처리

20X1.12.31	(차)	손상차손누계액-상표권	10,000	(대)	손상차손환입	10,000

② 재무상태표 표시

(3) 무형자산에 영업권 ₩100,000 표시
(3) 무형자산에 손상차손누계액-영업권 (₩50,000) 표시
(3) 무형자산에 상표권 ₩40,000 표시
(3) 무형자산에 손상차손누계액-상표권 (₩10,000) 표시

물음 2)

③ 20X1년 12월 31일 회계처리

20X1.12.31	(차)	이자비용	9,500	(대)	현금	8,000
				(대)	신주인수권조정	1,500

④ 재무상태표 표시

(6) 비유동부채에 신주인수권부사채 ₩100,000 표시
(6) 비유동부채에 신주인수권조정 (₩3,500) 표시
(9) 기타자본에 신주인수권대가 ₩5,000 표시

물음 3)

⑤ 20X1년 12월 31일 회계처리

20X1.12.31	(차)	매각예정비유동자산	40,000	(대)	토지	40,000
	(차)	매각예정비유동자산	20,000	(대)	건물	30,000
	(차)	감가상각누계액-건물	10,000			
	(차)	당기법인세부채	9,000	(대)	중단영업손실	9,000

⑥ 포괄손익계산서와 재무상태표 표시

(1) 유동자산에 매각예정비유동자산 ₩60,000 표시
(5) 유동부채에 당기법인세부채 (₩9,000) 표시
(16) 중단영업손익에 중당영업손실 (₩21,000) 표시

물음 4)

⑦ 포괄손익계산서와 재무상태표 표시

(6) 비유동부채에 순확정급여부채 ₩20,000 표시
(9) 기타자본에 재측정요소 (₩10,000) 표시
(18) 기타포괄손익에 재측정요소 (₩10,000) 표시

물음 5)

⑧ 재무상태표 표시

(5) 유동부채에 초과청구공사 (또는 계약부채) ₩5,000 표시

물음 6)

⑨ 포괄손익계산서와 재무상태표표시

경제적효익의 유출가능성이 높지 않으므로 충당부채를 인식하지 않는다.

문제 3
재무제표 작성 | (회계사 2018, 14점)

㈜대한은 특수운송장비를 제조하는 기업으로 20X1년 12월 31일 기준으로 아래의 <자료>와 같은 불완전한 수정 전 계정 정보를 갖고 있다.

<자료>

	차변	대변
현금및현금성자산	₩20,000	
매출채권	300,000	
매출채권 -기대손실충당금		₩1,000
재고자산	63,000	
미성공사	70,000	
진행청구액		60,000
유형자산	700,000	
확정급여채무		45,000
사외적립자산	50,000	
매입채무		100,000
장기차입금		370,000
자본금		300,000
기타포괄손익누계액 -보험수리적재측정요소		50,000
기타포괄손익누계액 -자산재평가잉여금		200,000
매출		300,000
매출원가 및 공사원가	185,000	
판매 및 일반관리비	93,000	
합계	₩1,481,000	₩1,426,000

㈜대한은 다음과 같은 추가적인 정보를 획득하였다.

<추가정보>

(1) ㈜대한은 20X1년 12월 31일 보유하고 있는 매출채권에 대해 ₩3,000의 기대손실을 예상하고 있다.

(2) <자료>의 확정급여채무(₩45,000)와 사외적립자산(₩50,000)은 공정가치를 제외한 다른 요소를 모두 반영한 금액이며, 관련 손익은 일반관리비 등에 적절하게 반영되어있다. ㈜대한은 20X1년 12월 31일 확정급여채무와 사외적립자산의 공정가치가 각각 ₩50,000과 ₩60,000이라는 정보를 추가로 받았으며, 이에 대한 회계처리는 이루어지지 않았다.

(3) ㈜대한은 유형자산에 대해 재평가모형을 적용하지만 20X1년에는 장부금액과 공정가치에 유의한 차이가 존재하지 않아 재평가를 실시하지 않았다.

(4) ㈜대한은 20X1년 12월 31일에 보유하고 있던 유형자산 중 장부금액 ₩200,000의 토지(취득원가 ₩120,000, 재평가잉여금 ₩80,000)를 ㈜민국에게 현금 ₩250,000을 받고 매각하였으나 해당 거래가 아직 기록되지 않은 것을 발견하였다.

(5) <자료>의 미성공사(₩70,000)와 진행청구액(₩60,000)은 ㈜대한이 20X0년 6월 30일 ㈜만세로부터 주문받은 냉장차 운송설비 제작과 관련하여 진행기준을 적용한 금액이다. 해당 주문은 20X2년 8월 31일에 완료 예정이며, 해당 계약에 따른 당기수익 및 공사원가 등 관련 거래는 적절하게 기록되어 <자료>의 매출과 공사원가 등 관련 계정에 정상적으로 반영되어있다.

(6) 장기차입금(₩370,000)의 만기는 20X5년 12월 31일이다.

(7) ㈜대한의 20X1년도의 기초이익잉여금은 ₩55,000이며, ㈜대한은 20X1년도에 배당을 실시하지 않았다.

(8) 20X2년 2월 15일 ㈜대한은 ㈜누리와의 소송 1심에서 패소한 사실을 알게 되었다. ㈜대한의 재무제표 발행승인일은 20X2년 3월 31일이다. 해당 소송은 20X0년 7월에 발생하였으나 ㈜대한은 해당 소송에서 패소할 가능성은 거의 없다고 판단하여 지금까지 아무런 회계처리를 하지 않았다. ㈜대한은 즉각 항소하기로 결정하였으나, 변호인은 소송의 1심 패소로 ㈜대한이 향후 소송에서 패소할 가능성이 높으며 ₩30,000의 손실이 예상된다고 조언하였다.

위의 정보에 기반하여 ㈜대한이 20X1년 12월 31일에 보고하는 재무상태표를 제시하시오. 단, 법인세 및 이연법인세에 대한 효과는 고려하지 않는다.

해설

기말 결산 수정분개는 다음과 같다.

(1)	(차)	매출채권손상차손	2,000	(대)	매출채권-기대손실충당금	2,000
(2)	(차)	사외적립자산	10,000	(대)	확정급여채무	5,000
				(대)	재측정요소(OCI)	5,000
(4)	(차)	현금	250,000	(대)	토지	200,000
				(대)	처분이익	50,000
	(차)	재평가잉여금	80,000	(대)	미처분이익잉여금	80,000
(8)	(차)	손해배상손실	30,000	(대)	손해배상충당부채	30,000

<수정후시산표>

	차변	대변
현금및현금성자산	₩270,000	
매출채권	300,000	
매출채권 -기대손실충당금		₩3,000
재고자산	63,000	
미성공사	70,000	
진행청구액		60,000
유형자산	500,000	
확정급여채무		50,000
사외적립자산	60,000	
매입채무		100,000
장기차입금		370,000
충당부채		30,000
자본금		300,000
기타포괄손익누계액 -보험수리적재측정요소		55,000
기타포괄손익누계액 -자산재평가잉여금		120,000
미처분이익잉여금		135,000
매출		300,000
매출원가 및 공사원가	185,000	
판매 및 일반관리비	95,000	
영업외수익		50,000
영업외비용	30,000	
합계	₩1,573,000	₩1,573,000

재무상태표

20X1년 12월 31일 현재

과목		금액	과목	금액
유동자산			유동부채	
현금및현금성자산		270,000	매입채무	100,000
매출채권	300,000		장기차입금	370,000
손실충당금	(3,000)	297,000	비유동부채	
재고자산		63,000	손해배상충당부채	30,000
미청구공사		10,000	자본금	300,000
비유동자산			재측정요소	55,000
유형자산		500,000	재평가잉여금	120,000
순확정급여자산		10,000	미처분이익잉여금	175,000
자산총계		₩1,150,000	부채와자본총계	₩1,150,000

MEMO

[제2판]
공인회계사·세무사 2차 재무회계 기출문제

초판 발행일 1쇄 2023년 5월 30일
2판 발행일 1쇄 2024년 9월 30일
2판 발행일 2쇄 2025년 5월 25일

저 자 황 윤 하
발행인 이 종 은
발행처 새 흐 름
서울특별시 마포구 독막로 295 삼부골든타워 212호
등록 2014. 1. 21, 제2014-000041호(윤)
전 화 (02) 713-3069
F A X (02) 713-0403
홈페이지 www.sehr.co.kr

ISBN 979-11-6293-561-3(93320)
정 가 31,000원